21世纪全国高职高专财经管理系列实用规划教材

国际商务谈判

(第2版)

主　编　刘金波　王　葳
副主编　苗　闫　张　涛　景文艳
参　编　程英春　杨丽杰

北京大学出版社
PEKING UNIVERSITY PRESS

内容简介

本书是作者结合多年的教学经验和对国际商务谈判领域的深入研究编写而成的，主要包括两个部分：国际商务谈判的基础理论知识部分，即国际商务谈判的概念、类型、程序、谈判人员的基本素质，国际商务谈判中的跨文化背景，国际商务谈判风格，等等；国际商务谈判的业务实务部分，即国际商务谈判前的准备、开局、磋商、结束等阶段的策略，国际商务谈判的价格谈判和沟通技巧以及谈判的礼仪、礼节等。本书加大了国际商务谈判的业务实务流程和基本技能的力度，运用大量的实践训练和具体案例分析问题和解决问题，可以使学生的学习产生事半功倍的效果。

本书可作为高等职业技术院校、成人高等院校学生的教材，也适合作为企业、公司及各类管理人员学习商务谈判知识和继续参加教育培训的教材。

图书在版编目(CIP)数据

国际商务谈判/刘金波，王葳主编. —2版. —北京：北京大学出版社，2012.1
(21世纪全国高职高专财经管理系列实用规划教材)
ISBN 978-7-301-19705-9

Ⅰ. ①国… Ⅱ. ①刘…②王… Ⅲ. ①国际商务—商务谈判—高等职业教育—教材 Ⅳ. ①F740.41

中国版本图书馆CIP数据核字(2011)第231678号

书　　名：国际商务谈判(第2版)
著作责任者：刘金波　王　葳　主编
策划编辑：吴　迪
责任编辑：翟　源
标准书号：ISBN 978-7-301-19705-9/F・2951
出 版 者：北京大学出版社
地　　址：北京市海淀区成府路205号　100871
网　　址：http://www.pup.cn　http://www.pup6.cn
电　　话：邮购部62752015　发行部62750672　编辑部62750667　出版部62754962
电子邮箱：pup_6@163.com
印 刷 者：北京京华虎彩印刷有限公司
发 行 者：北京大学出版社
经 销 者：新华书店
787mm×1092mm　16开本　18.5印张　420千字
2008年8月第1版　2012年1月第2版　2015年8月第3次印刷
定　　价：35.00元

丛书总序

随着我国改革开放的逐步深化，社会主义市场经济对高等职业技能型人才的需求迅猛增加。2002年，《国务院关于大力推进职业教育改革与发展的决定》(国发[2002]16号)的颁布，揭开了我国高等职业教育发展的新篇章。为贯彻落实《国务院关于大力推进职业教育改革与发展的决定》，“十一五”期间，教育部、财政部决定实施国家示范性高等职业院校建设计划，通过重点建设100所国家示范性高职院校，带动全国高职院校深化改革，提升高等职业教育的整体水平。国家启动示范性高等职业院校建设计划，标志着我国高等职业教育进入了一个追求内涵发展的新的历史阶段，这是科学发展观在我国高等教育领域的具体体现，对促进我国高等职业教育更好更快地发展具有巨大的战略意义。

财经管理类专业是我国高职高专教育极其重要的组成部分。2005年，全国高职高专院校在校生427万，其中财经管理类专业在校生超过80万，占18.7%。高职高专财经管理类专业主要着眼于培养社会主义市场经济发展所需要的德、智、体全面发展的高素质专门人才，要求学生具有较强的职业技能和较好的创新精神以及实践能力。

在当前开拓新型工业化道路，推进全面小康社会建设的新时期，进一步加强经济管理人才的培养，注重经济理论的系统化学习，特别是现代经济管理理论的学习，提高学生的专业理论素质和应用实践能力，培养出一大批高水平、高素质的经济管理人才，越来越成为提升我国经济竞争力、保证国民经济持续健康发展的重要前提。这就要求高职高专财经管理类职业教育要更加注重依据国内外社会经济条件的变化，适时变革和调整教育目标和教学内容；要求财经管理学科专业更加注重应用、注重实践、注重规范、注重国际交流；要求财经管理学科专业与其他学科专业相互交融与协调发展；要求财经管理职业教育培养的人才具有更加丰富的社会知识和较强的人文素质及创新精神。要完成上述任务，高职高专院校需要进行深入的教学改革和创新，特别是要搞好有较高质量的教材的编写和创新工作。

出版社的领导和编辑通过对国内高职高专院校财经管理学科教材使用情况的调研，在与各院校的专家学者讨论的基础上，决定组织编写和出版《21世纪全国高职高专财经管理系列实用规划教材》，这是一项有利于促进高职高专院校财经管理专业教学改革发展的重要措施。

本系列教材是按照高职高专院校财经管理学科专业规范、培养方案，以及课程教学大纲的要求，合理定位，由长期在教学第一线从事教学工作的教师立足于21世纪财经管理学科发展的需要，深入分析财经管理专业学生现状及存在问题，探索财经管理专业学生综合素质培养的途径，以科学性、先进性、系统性和实用性为目标，其编写的特色主要体现在以下几个方面。

(1) 关注财经管理学科发展的大背景，在掌握必要的理论知识基础上，着眼于增强教学内容的联系实际和应用性，突出创造能力和创新意识。

(2) 体系完整、严密。本系列涵盖财经类、管理类相关专业，并把握相关课程之间的关系，整个系列丛书形成一套完整、严密的知识结构体系。

(3) 内容新颖。借鉴国内外最新的教材，融会当前有关财经管理学科的最新理论和实践经验，用最新知识充实教材内容。

(4) 合作交流的成果。本系列教材是由全国上百所高职高专院校教师共同编写而成，在相互进行学术交流、经验借鉴、取长补短、集思广益的基础上，形成编写大纲。最终融合了各地特点，具有较强的适应性。

(5) 案例教学。教材具备大量案例研究分析，让学生在学习过程中理论联系实际，特别列举了我国财经管理工作中的大量实际案例，这可大大增强学生的实际操作能力。

(6) 注重能力培养。力求做到不断强化自我学习能力、思维能力、创造性解决问题的能力以及不断自我更新知识的能力，促进学生向着富有鲜明个性的方向发展。

(7) 配套产品种类丰富。每本教材除了有电子课件方便老师备课以外，还提供有教材习题答案、考试题库，为使用本系列教材的老师提供了方便。

作为高要求，高职高专财经管理类教材应在基本理论上做到以马克思主义为指导，结合我国财经管理工作的新实践，充分汲取中华民族优秀文化和西方科学管理思想，形成具有中国作风、气派和特色的创新教材。这一目标不可能一蹴而就，需要作者通过长期艰苦的学术劳动和不断地进行教材内容的更新才能达成。我们希望这一系列教材的编写，将是我国拥有较高质量的高职高专财经管理学科教材建设工程的新尝试和新起点。

我们要感谢参加本系列教材编写和审稿的各位老师所付出的大量卓有成效的辛勤劳动。由于编写时间紧、相互协调难度大等原因，本系列教材肯定还存在一些疏漏。我们相信，在各位老师的关心和帮助下，本系列教材一定能不断地改进和完善，并在我国高职高专财经管理类学科专业的教学改革和课程体系建设中起到应有的促进作用。

《21 世纪全国高职高专财经管理系列实用规划教材》
专家编审委员会
2007 年 8 月

第 2 版前言

国际上的商务交往是国际关系的重要内容，是和平时期国际交往的主旋律。随着我国市场经济的推进和对外开放的进一步扩大，尤其是加入 WTO 后，我国各企业和单位所进行的国际商务谈判越来越多。国际商务谈判作为商战的序幕，已经越来越频繁地出现在经济活动中。

所谓谈判，其一般含义是指在社会生活中，人们为满足自身需要和维护自身利益，双方妥善地解决某一问题而进行的协商。曾有人说"生活本身就是一系列无休止的谈判"，这也是不无道理的。而商务谈判是指谈判双方为实现某种商品或劳务的交易，对多种交易条件进行的协商。随着商品经济的发展，商品概念的外延也在扩大，它不仅包括一切劳动产品，而且包括资金、技术、信息、服务等。因此，商务谈判是指一切商品形态的交易洽谈，如商品供求谈判、技术引进与转让谈判、投资谈判等。

本书将对国际商务谈判中涉及的相关内容做重点探讨，使学生对商务谈判的基础与实务内容有全面的了解。本书是作者结合多年的教学经验和对国际商务谈判领域的深入研究，并邀请了长期从事商务贸易谈判工作的专家共同编写而成的。本书内容主要包括国际商务谈判的概念、类型与程序，商务谈判前的准备、谈判中的磋商、谈判结束等阶段的实务探讨，商务谈判中的价格谈判，国际商务谈判的策略与沟通技巧，国际商务谈判的跨文化背景以及谈判的礼仪、礼节等。较之第 1 版本书的结构更加符合高职高专院校的人才培养目标，既包含了基础知识，又有实训内容，使学生能够在学习时进行角色扮演，运用所学的基础知识进行实际谈判预演，从而达到解决实际问题的能力。

概括起来，本书着重突出以下特点。

(1) 新颖性。本书既借鉴了国内外著作的精华，又参考了最新研究成果，力求突破单纯介绍理论的传统模式，侧重于将各种理论和实际工作中的案例进行融合、归纳、集成，形成一个比较完整的理论与实践的有机统一体系，具有较强的科学性、系统性、实用性和超前性。

(2) 结合性。本书把国际商务谈判的基础理论与实务相结合，在体例上具有独特之处，重视案例教学和技能实训，每个项目都有案例导入和相关的小知识、阅读材料，将学习、探究、实训、拓展有机结合，可以使学生在学习知识的同时，提高自主学习的能力。

(3) 实用性。本书注重实用性，力求在内容的介绍上使复杂的问题简单化、枯燥的原理形象化、零散的问题系统化。本书针对高等职业技术教育对国际金融、国际贸易、商务管理等专业的文化水平和职业要求，注重培养应用型职业岗位群所需的新型人才所要求的一切特定素质、知识及能力要素，并将这些要求融入每个项目的内容和习题中，用具体的技能训练来促使学生进一步加深理解和掌握所学的知识。在人才培养上，本书更注重实际动手能力和知识应用能力的培养，目的是培养具有复合型能力或技能的人才。

本书的建议学时为 51～68 个，其中项目一建议学时为 3～4 个，项目二建议学时为 3～4 个，项目三建议学时为 3～4 个，项目四建议学时为 4～6 个，项目五建议学时为 5～7 个，项目六建议学时为 4～6 个，项目七建议学时为 5～7 个，项目八建议学时为 7～9 个，项目九建议学时为 7～9 个，项目十建议学时为 7～8 个，项目十一建议学时为 3～4 个。

本书的编写人员及分工如下：刘金波(哈尔滨金融学院，项目三、项目六、项目十)，王葳(哈尔滨金融学院，项目五、项目十一)，苗闫(哈尔滨金融学院，项目一、项目四、项目九)，张涛(哈尔滨金融学院，项目二的单元一至单元三、项目八)，景文艳(黑龙江工商职业技术学院，项目七的单元一)，程英春(哈尔滨金融学院，项目七的单元二和课后习题)，杨丽杰(哈尔滨职业技术学院，项目二的单元四)。其中，刘金波负责全书总体结构的设计、大纲的拟定和初稿的修改补充，并对全书进行总纂。

由于国际商务谈判领域理论和实践的发展变化日新月异，加之作者水平有限，本书虽经过多次修改，但难免有疏漏之处，敬请读者批评指正。

编　者

2011年10月

第1版前言

国际间的商务交往是国际关系的重要内容，是和平时期国际交往的主旋律。随着我国市场经济的推进和对外开放的进一步扩大，尤其是加入 WTO 后，我国各企业和单位所进行的国际商务谈判越来越多，国际商务谈判作为商战的序幕，已越来越频繁地出现在经济活动中。

所谓谈判，其一般含义是指在社会生活中，人们为满足自身需要和维护自身利益，双方妥善地解决某一问题而进行的协商。曾有人说“生活本身就是一系列无休止的谈判”，这也是不无道理的。而商务谈判是指谈判双方为实现某种商品或劳务的交易，对多种交易条件进行的协商。随着商品经济的发展，商品概念的外延也在扩大，它不仅包括一切劳动产品，还包括资金、技术、信息、服务等。因此，商务谈判是指一切商品形态的交易洽谈，如商品供求谈判、技术引进与转让谈判、投资谈判等。

本书将对国际商务谈判中涉及的相关内容做重点探讨，使学生对商务谈判的基础与实务内容有全面的了解。本书是作者结合多年的教学经验和对国际商务谈判领域的深入研究，并邀请了长期从事商务贸易谈判工作的相关专家共同编写而成的。本书内容主要包括国际商务谈判的概念、类型与程序，商务谈判前的准备、谈判中的磋商、谈判结束等阶段的实务探讨，商务谈判中的价格谈判，国际商务谈判的策略与沟通技巧，国际商务谈判的跨文化背景以及谈判的礼仪、礼节等。

概括起来，本书着重点突出以下特点。

(1) 新颖性。本书既借鉴了国内外著作的精华，又参考了最新研究成果、力求突破单纯介绍理论的传统模式，侧重于将各种理论和实际工作中的案例进行融合、归纳、集成，形成一个比较完整的理论与实践有机统一的体系，具有较强的科学性、系统性、实用性和超前性。

(2) 结合性。本书把国际商务谈判的基础理论与实务相结合，在体例上具有独特之处，重视案例教学和技能实训，每章都有案例导入和相关的小知识、阅读材料，将学习、探究、实训、拓展有机结合，可以使学生在学习知识的同时，提高自主学习的能力。

(3) 实用性。本书注重实用性，力求在内容的介绍上让复杂的问题简单化、枯燥的原理形象化、零散的问题系统化。针对高等职业技术教育对国际金融、国际贸易、商务管理等专业的文化水平和职业要求，注重培养应用型职业岗位群所需的新型人才要求的一切特定素质、知识及能力要素，并将这些要求融入每章的内容和习题中，用具体的技能训练和实训来促使学生进一步加深理解和掌握所学的知识。在人才培养上，更注重实际动手能力和知识应用能力的培养，目的是培养具有复合型能力或技能的人才。

本书的建议学时为 51～68 学时，其中第 1 章建议学时为 3～4 学时，第 2 章建议学时为 3～4 学时，第 3 章建议学时为 3～4 学时，第 4 章建议学时为 4～6 学时，第 5 章建议学时为 5～7 学时，第 6 章建议学时为 4～6 学时，第 7 章建议学时为 5～7 学时，第 8 章建议学时为 7～9 学时，第 9 章建议学时为 7～9 学时，第 10 章建议学时为 7～8 学时，第 11 章建议学时为 3～4 学时。

本书的编写人员及分工如下：卞桂英(哈尔滨金融高等专科学校，第 1 章)，刘金波(哈尔滨金融高等专科学校，第 6 章、第 10 章)，张涛(哈尔滨金融高等专科学校，第 2 章、第 8 章)，王葳(哈尔滨金融高等专科学校，第 5 章、第 11 章)，苗闫(哈尔滨金融高等专科学校，第 4 章、第 9 章)，程英春(哈尔滨金融高等专科学校，第 7 章)，景文艳(黑龙江工商职业技术学院，第 3 章第 1 节、第 2 节)，杨丽杰(哈尔滨高等职业技术学院，第 3 章第 3 节)。其中，卞桂英、刘金波负责全书总体结构的设计、大纲的拟定和初稿的修改补充，并对全书进行总纂、定稿。

由于国际商务谈判领域理论和实践的发展变化日新月异，加之作者水平有限，本书虽经过多次修改，但仍难免有疏漏之处，敬请批评指正。

编　者

2008 年 4 月

目　　录

21世纪全国高职高专财经管理系列实用规划教材

专家编审委员会

项目一　国际商务谈判基本要领解读

知识目标

(1) 掌握国际商务谈判的特点、种类。

(2) 掌握国际商务谈判的基本原则及谈判步骤。

能力目标

(1) 能够灵活运用国际商务谈判原则进行谈判实践。

(2) 能够依照国际商务谈判步骤进行谈判实践。

素质目标

培养学生善于思辨、信息多元、注重礼节、团结协作的职业素养。

导入案例

在某外贸交易会上，我方外贸部门与一外商洽谈出口业务。在第一轮谈判中，外商通过罗列过时行情，故意压低购货价格和数量等招数来试探我方底线。我方立即中止谈判，搜集相关情报，了解到日本一家生产同类商品的厂商发生了重大事故已经停产，又了解到该产品可能有新的用途。在掌握了上述情报后，谈判重启。我方后发制人，明示对方：我方的货源不多、产品的需求很大、与我方相竞争的日本厂商不能供货。对方立刻意识到我方对这场交易背景的了解程度，甘拜下风。在经过一些小的交涉之后，接受了我方的价格，购买了大量该产品。

(资料来源：中国网职场频道)

通过上例可以看出国际商务谈判应该遵循什么样的原则呢？

单元一 国际商务谈判概述

任务一 国际商务谈判的概念

1. 谈判

谈判一词的历史比较久远，自从有了人类社会，谈判就存在于人类活动的各个方面。无论是在政治、文化、教育、婚姻、家庭及社会经济活动中，还是在人们的日常生活中，谈判无处不在。例如，在政治活动中的“西安事变”和“重庆谈判”，已经成为在处理重大问题上发挥重要作用的成功范例；在经济活动中，发展中国家引进外资、吸收国外的先进技术和设备，通过交换观点与发达国家进行磋商取得一致意见的谈判实例不胜枚举。

关于谈判的定义，长期以来西方经济学家对其有不同的解释，美国谈判学会会长、著名律师杰列德在《谈判艺术》一书中将谈判定义为：“谈判的定义最为简单，而涉及的范围却最为广泛。每一个要求满足的欲望，每一个寻求满足的需要，都是诱发人们展开谈判的潜在原因。只要人们为了改变相互关系而交换观点，为了取得一致意见而磋商协议，就是在进行谈判。”美国著名交易谈判专家威恩巴罗和格莱思艾森认为：“谈判并不是新东西，从古到今它一直是人们生活中的一个组成部分。实质上，谈判是一种在双方都致力于说服对方接受自己要求时所运用的一种交换意见的技能，其最终目的就是要达成一项对双方都有利的协议。”此外，还有其他说法。概括地说，谈判是指有厉害关系的双方为了满足各自的需要，就所关心的问题进行磋商，通过磋商而争取达到一致意见的行为和过程。

2. 商务谈判

商务谈判是对于商业事务的谈判，具体是指两个或两个以上从事商务活动的组织和个人，为了满足各自经济利益的需要，对涉及各方切身利益的分歧意见进行交换和磋商，谋求取得一致和达成合同的经济交往活动，也有人称之为经济谈判。

商务谈判是商品经济的产物。商品经济是交换经济，在商品交换中，买者希望以较少的货币获取较多、较好的商品，而卖者则希望以同样的商品较快、较多地换回货币，由于买卖双方各自的需要与欲望相互矛盾，因而产生了商务谈判。商务谈判一般包括营销买卖、工程承包、索赔保险、技术转让、融资谈判等涉及群体和个人利益的经济事务关系的谈判。

3. 国际商务谈判

国际商务谈判是指在国际商务活动中，不同国家或不同地区商务活动的当事人为了达成某项交易，而就交易的各项条件进行协商的行为过程。只要谈判的双方是不同国家的企业，谈判的目的是不同国家间的某些商务活动，就可以称之为国际商务谈判。国际商务谈判是国际经济活动中的重要环节，是在一种对外经贸活动中普遍存在的、解决不同国家在商业机构及商业个人之间的利害冲突、实现共同利益的一种必不可少的手段。如何解决谈判中的矛盾和冲突，通过谈判达到自己的交易目的，也正是谈判人员所承担的任务和双方普遍关注的环节。

任务二　国际商务谈判的特点

在探讨国际商务谈判的特点之前，首先了解一下谈判与商务谈判的基本特点。

1. 谈判的特点

通常情况下，谈判具有以下几个特点：竞争性、沟通性、合作性、行为性。所谓竞争性是指谈判的目的是通过双方的磋商使自己的需求得到满足，以期达到各自目标。事实上，每项谈判都有竞争性。所谓沟通性是指谈判的成功需要以信息交流和思想沟通为基础。在谈判过程中，为了实现利益的互得，必须进行信息交流，信息交流的深入会使谈判更加顺利和有效。所谓合作性是指谈判双方为实现自己的利益目标，能够做到互惠、互利，有必要的让步，以取得一致的谈判意见。所谓行为性是指人的理性行为的表现。人们为了满足自己的谈判需求，谈判人员或表现出针锋相对、步步为营，或表现为以退为进、怀柔的行为特征。人的行为表现复杂多样，而得体的行为表现是谈判取得成功的前提条件。

2. 商务谈判的特点

(1) 商务谈判以获得经济利益为目的。商务谈判的主要特征是以经济和商务目的为中心，以获取经济利益为基本目的。所以人们通常以获取经济利益的多少来评价一项商务谈判成功与否，以使商务谈判的经济效益和价值能够实现。但是其他谈判(如政治谈判、外交谈判和军事谈判等)，常常是围绕着某一种基本利益进行，其重点不一定是经济利益。

(2) 商务谈判以价值谈判为核心。在商务谈判中，双方是以价值谈判为核心内容的。价格是价值的直接表现形式，谈判双方在利益上的得与失，是通过价格的升降来体现的。双方在谈判过程中一方面以价格为中心争取对自己有利的结果，另一方面，也不会局限于价格不放，而是拓宽思路，从其他利益因素上争取应得的利益。

商务谈判的结果是由谈判双方协商一致的合同来体现的。合同条款反映了各方的权利和义务，其严密性和准确性是保证谈判获得成功的重要前提。例如，在谈判过程中，有些谈判者已经获得有利的时机，可以获得满意的谈判结果，但如果在拟订合同条款时不注意合同条款的完整性、严密性、准确性、合理性、合法性，其结果会让对方在条款措词上利用表达技巧使自己掉进陷阱，而使自身的利益遭受损失。如果忽略了合同条款的准确性和严密性，就会前功尽弃，这种例子在商务谈判中屡见不鲜。

3. 国际商务谈判的特点

在分析了谈判、商务谈判的特点以后，再进一步来分析国际商务谈判的特点。国际商务谈判除了具有一般商务谈判的特点以外，还具有国际经济活动的特殊性，主要表现在以下几个方面。

1) 较强的政策性

国际商务谈判既是一项商务交易的谈判，又是一项涉外活动，具有较强的政策性。由于谈判双方的商务关系是两国和两个地区之间经济关系的一部分，常常会涉及两国或地区间的政治关系和外交关系，因此，国际商务谈判必须遵守国家的有关方针政策和外交政策，还应注意国别和地区政策以及执行对外经济贸易的一系列法律和规章制度。

2) 按国际惯例办事

国际商务谈判涉及的是两国或两个地区企业之间的商务利益关系，因此，在法律方面，就不能以任何一方国家或地区的商法为准则，而应该以国际商法为准则，以国际惯例行事。谈判人员应该熟悉国际惯例，熟悉谈判对方国家的法律条款，熟悉国际经济组织的各项条款和规章制度，按国际商法办事。

3) 要坚持平等互利的原则

所谓平等互利，是指国家不分大小、强弱，在相互关系中应和平相处、互惠互利。不强加于人，也不接受不平等条件。在相互贸易关系中，应根据双方的需求，按照公平合理的价格，互通有无，使双方都有利可得，以促进彼此经济的发展。

4) 谈判的难度大

国际商务谈判具有一定的难度，因为参加谈判的双方是在不同国家、不同地区、不同企业之间，有着不同的经济、政治、文化、价值观、思维方式、行为方式、语言风俗习惯的人构成，人们为了各自的经济利益，站在不同的立场上，追求自己的目标。又由于谈判人员的性格特征差异，因而在谈判过程中必然有许多的矛盾和冲突，使谈判的难度增大。

单元二 国际商务谈判的类型

任务一 按参加谈判的人数规模划分

按参加谈判的人数规模可以将谈判划分为个体谈判和集体谈判。个体谈判是指谈判双方各有一人参加的一对一的个体谈判，集体谈判是指各方都有多人参加的谈判。一般来说，对于重大而比较复杂的问题的谈判大多是集体谈判。

个体谈判与集体谈判由于人员规模上的差异，决定了在谈判人员的选择、谈判的组织与管理等方面都有很大的不同。例如，如果是一对一的个体谈判，就要选择谈判经验丰富全面的人员。也就是说，谈判人员要具备本次谈判所要求的各个方面的知识和能力，如国际金融，金融市场，国际贸易和国际、国内金融法律、法规等知识。因为在谈判过程中，只有一个人面对谈判对方，如果知识能力不全，就不会使谈判达到预期目的。个体谈判虽然在谈判过程中不能得到他人的帮助，但能使谈判者充分发挥自己的聪明才智，灵活掌握，按自己的设想和意愿达到谈判的目的。集体谈判能集中多数人的智慧，应付全局，考虑问题和处理问题比较全面、周到，但需要协调不同人的观点，最后达成一致，因此，在协调上需耗费精力。

任务二 按参加谈判的不同利益主体划分

根据谈判涉及的利益主体不同，将谈判分为双方谈判(两个利益主体)及多方谈判(两个以上的利益主体)。在谈判的过程中，如果是涉及双方两个利益主体的谈判，如中方一家企业和外方一家企业，两个企业之间的意见就比较容易协调。如果是涉及中外多方企业参与的商务谈判，需要协调多方利益关系，谈判的难度就会增大。

任务三 按谈判进行的地点划分

根据谈判进行的地点不同，可以将谈判分为主场谈判、客场谈判、中立谈判 3 种。主场谈判是指谈判其中一方在自己所在的国家或地区进行，这个参谈方即为东道主，对其而言，就是主场谈判。相应的，谈判的另一方就为客场谈判，对方是以宾客的身份来参加谈判的。谁为主场和客场，往往由实力强的国家决定。中立谈判是指在谈判双方所在国家和地区以外的地点进行的谈判。对于双方来讲，没有主客之分。

由于谈判的地点不同，谈判者则会利用有利于自己的条件，选择合适的技巧，争取主动，以实现谈判目标。

任务四 按谈判各方所采取的态度和方针划分

按照谈判双方所采取的态度，将其划分为 3 种类型：原则型(价值型谈判)、立场型(硬型谈判)、让步型(软型谈判)。

1. 原则型谈判

原则型谈判也称价值型谈判，是要求谈判双方尊重对方的基本需求，寻求双方利益上的共同点，积极设想对双方都有利的方案。当双方发生利益冲突时，坚持以公平的原则来做评判，强调公正原则和公平价值。

原则型谈判认为，在谈判双方对立立场的背后，存在某种共同利益和冲突性利益。人们常常会因为对方的立场与自己的立场对立，而认为对方的全部利益与自己的利益都是冲突的。但是事实上，经分析会发现，在许多谈判中双方共同性的利益要多于冲突性的利益。如果双方都能认识并看重共同性的利益，调节冲突性利益就容易了。

2. 立场型谈判

立场型谈判也称硬型谈判。立场型谈判者认为在谈判这种意志力的竞赛和搏斗中，态度越强硬，取得收获的可能性越大，获得的利益也就越多，即强硬的态度与收获是成正比的。

在立场型谈判中，如果双方都把注意力集中到维护自己的立场和否定对方的立场上，忽略对方的谈判要求和条件，就会导致双方关系紧张，增加谈判的时间和成本，降低谈判的效率，致使谈判一方被迫让步签订协议。但是这样容易导致协议履行过程中的消极行为，被迫签订协议的一方甚至可能会想办法阻止协议的执行。

总之，由于立场型谈判双方态度僵硬，忽略了双方的真实利益，不注意寻求双方利益的共同点，因此，很难达成协议。

3. 让步型谈判

这种类型的谈判也称软型谈判，即谈判者准备随时做出让步，达成协议，回避一切可能发生的冲突，追求双方满意的效果。双方持此态度参加谈判，看中的是双方友好关系的建立与维持，而看轻利益获取的多少。在让步型谈判中，一般的做法为：提议、让步、磋商，最后达成协议。

如果谈判双方都站在友善、宽大的立场上进行谈判，就会减少谈判的时间和成本，提高谈判的效率，取得满意的谈判效果。然而由于利益的驱使，一方谈判者的出发点、价值观和个性特征不同，在遇到一些问题上采取强硬态度，而另一方仍采取让步、宽容的态度，这样会使让步一方容易受到伤害。因而，在实际的商务谈判中，采取让步型谈判的人是极少的，一般只限于双方的合作关系非常好，并有长期的业务往来关系的人。从上述 3 种谈判方法来看，它们都是比较理论化的谈判方法，实际谈判中运用起来比较复杂，有时需要 2 种或 3 种方法的综合。如何选择正确的方式，应视具体情况而定，主要注意以下情况。

(1) 是否与对方继续保持业务关系。如果一方与对方还需保持长期的业务关系，而且有以往的业务经历，应采取原则型和让步型相结合的谈判方法。反之，如果是一次性的、偶然的业务交易，或者本方认为双方没有必要再往来下去，则可以采取立场型谈判法。

(2) 看双方实力对比情况。如果谈判的双方实力接近，可以采取原则型的谈判法。如果本方谈判实力大于对方，则可以考虑适当增加硬性谈判的比例，尽可能地为本方争得更多的利益。

(3) 看该笔交易的重要程度。如果该笔交易很重要，可以采取原则型与立场型谈判相结合的谈判方法。

(4) 看谈判成本和时间方面的限制。如果谈判花费的时间长，而且在人力、物力等成本上支出较多，就应该考虑采用让步型谈判方法，或视具体情况而定。

任务五　按商务谈判的具体内容划分

商务谈判涉及的内容复杂多样，主要分为投资谈判、货物买卖谈判、技术贸易谈判、劳务合作谈判和租赁业务谈判等内容。

1. 投资谈判

投资是指把一定的资本投入和运用于某一项以盈利为目的的事业。投资谈判是指谈判的双方就其共同参与或涉及的某项投资活动，对投资活动所涉及的有关投资周期、方向、方式、内容、条件、投资项目的经营、管理以及投资者在投资活动中的权利、义务、责任等内容而进行的谈判。

2. 货物买卖谈判

货物买卖谈判是指一般商品的买卖谈判，即买卖双方就买卖货物所涉及的有关内容，如质量、数量、货物的转移方式、时间，买卖的价格条件、支付方式以及交易过程中双方的权利、责任和义务等内容而进行的谈判。

货物买卖谈判是商务谈判中数量最多的一种谈判，在国际商务谈判中占有十分重要的地位。

3. 技术贸易谈判

技术贸易谈判是指技术的转让方与技术的接受方就转让技术的形式、内容、质量、价格条件以及双方在转让过程中所承担的一些权利、责任和义务等问题而进行的谈判。

技术买卖谈判不同于一般的商品买卖谈判，在谈判的过程中，所涉及的技术产权保护、技术风险等问题要比商品买卖谈判复杂得多。因此，要求参加谈判的人员应具有一定的修养和谈判技能。

4. 劳务合作谈判

劳务合作谈判是指劳务合作双方就劳务提供的形式、内容、时间、劳务的价格、计算方法、劳务费的支付方式以及有关合作双方涉及的权利和义务关系等问题所进行的谈判。

劳务本身不是具体的商品，而是一种通过人的特殊劳动将某种生产资料改变其性质和形状，以满足人们某种需求的劳动过程。因此，劳务合作谈判与一般货物买卖谈判有明显的不同。

5. 租赁业务谈判

租赁谈判是指本国企业即承租人从国外租用机器和设备而进行的谈判。它涉及机器设备的选定、交货、维修保养、到期后的处理、租金的计算、支付以及在租赁期内租赁公司和承租企业双方的责任、权利和义务关系等问题。

除以上5类谈判内容以外，还有工程承包业务谈判、“三来一补”谈判、资金筹措业务谈判、外汇业务谈判及房地产业务谈判等。

单元三　国际商务谈判要遵循的基本原则

国际商务谈判的基本规则是指商务谈判过程中谈判各方应当遵循的指导思想和基本准则。基本准则是从谈判实践中抽象出来的，是任何商务谈判都适用的最高规范，也是谈判取得圆满成功的基本要求，具有一定的指导意义。根据我国对外贸易的一贯政策，国际商务谈判一般应遵循以下7种基本原则。

任务一　平等互惠原则

平等互惠的原则是指在商务谈判活动中，双方都处在平等地位，没有高低贵贱之分，谈判双方根据需要与可能，有来有往，互通有无，做到双方互惠。这是洽谈的一个前提条件。平等互惠是国际商务谈判过程中必须遵循的一条基本原则。本着平等互惠的原则进行谈判，有助于不同国家和地区企业之间建立良好的业务往来关系，是维持长期业务关系的保障。该原则有以下具体要求。

(1) 平等是指不管双方经济实力强弱、组织规模大小，都应该坚持地位平等、自愿合作、平等协商、公平交易，不能强迫对方，双方地位都是平等的。如果一方由于某些特殊原因不能将对方置于对等的地位，那么，另一方就不会再把他作为谈判对手，而使谈判不能按预期目的进行。所以平等协商是商务谈判的基础。

(2) 互惠是指谈判达成的协议对于各方都有利。如果谈判只有利于一方，单纯由一方获利，另一方就会因自己的利益受到损失而退出谈判，导致达不到谈判的目的。互惠是商务谈判的目标，只有坚持互惠互利，争取互惠双赢，才能实现各自的利益目标，获得谈判的成功。当然，在谈判的过程中，利益的取得不都是对等的，利益对等仅仅是一种理想的结果。更常见的是谈判者都试图从中获得较大的利益，尽管谈判强调合作大于冲突，但是在任何一项谈判中都会存在矛盾和冲突，如何避免冲突和矛盾，在平等互利的基础上，努力为本方争取更大的利益，是谈判双方共同追求和争取的目标。

任务二　公平竞争原则

所谓公平竞争，是指通过竞争达到一致，通过竞争形式的合作达到互利，从对方承诺中获得更多的利益。这种竞争是指公平的竞争、合法的竞争、道德的竞争。该原则有以下具体要求。

(1) 双方提供方案的机会是均等的，在谈判过程中，是先由双方各自提出自己的方案，不能因为一方实力强就由其独揽。另外，在选择具体的方案时，双方选择方案的权利是平等的。

彼此尊重对方的选择权，在各自的方案中选出最佳的方案，以满足双方对谈判内容达成最终协议的需求。

(2) 达成和履行协议是公平的，达成协议是指各方在都感到最大限度地满足了本方的利益需求时，双方达成的共识。协议一旦签署，双方就要按协议规定的具体内容履行。在履行协议时，双方都不可以按自己的意愿更改协议内容，在履行协议方面，双方是公平的、相互尊重的。

任务三 合法原则

合法原则是指商务谈判应该遵守国家的法律、政策。国际商务谈判必须遵循有关的国际法和国际商务法规，依法行事。合法原则具体体现在以下几个方面。

(1) 谈判的主体合法，即参加谈判的组织和个人具有合法的资格。谈判的议题合法，即谈判的内容符合法律要求，对法律不允许的行为，如贩卖人口、买卖毒品，走私贩运货物等违法的活动不作为谈判议题。谈判的手段合法，即通过公开、公平、公正的手段达到谈判的目的。切忌使用要挟、欺骗和其他强硬的或行贿、受贿等方式达到谈判的目的。

(2) 谈判的书面文字合法，谈判的当事人发言，特别是书面文字要符合法律规定和要求，一切语言文字都应具有双方一致承认的明确的合法内涵，以免因解释条款的分歧导致签约后在执行过程中发生争议。

任务四 讲求效益原则

讲求效益是谈判必须遵循的又一原则。在谈判过程中，双方应追求谈判效率，降低谈判成本，使谈判取得较好的经济效益。因谈判直接关系着国家的宏观利益和企业的微观利益，在科学技术日新月异发展的今天，产品更新换代的速度很快，企业往往在新产品未上市前就开始进行广泛的商品供需洽商，为了尽快打开市场，赢得顾客，获得更多的经济效益，这就从客观上要求商务洽谈人员讲求谈判效率。只有企业效益增加了，市场才会繁荣，国家宏观经济利益也才能得到保证。

任务五 机动灵活原则

在国际商务谈判过程中，谈判双方要运用多种谈判技巧以求获得谈判的成功。谈判固然需要遵守原则，但原则还要有灵活性。谈判的过程是一个不断组织思考的过程，是不断地分析对方的心理和计策，不断变换思维方式，应付突发问题并圆满解决问题的思维过程。如何使自己在谈判过程中始终立于不败之地，知己知彼是谈判取得成功应坚持的重要原则。

任务六 注重信息原则

信息的快捷、准确、多元是谈判取得成功的重要一环。掌握信息原则应从以下几个方面入手。

(1) 注意收集与谈判有关的信息材料。

(2) 将获得的信息分类整理好。

(3) 注意信息的保密。

(4) 善于制造假信息。

任务七　注重心理活动原则

谈判是与人打交道，人的心理活动决定他的言谈、举止和行为。因此，在谈判过程中，要善于观察和把握人物内心世界的变化，使谈判多向有利于自己的方向发展。坚持此原则应从以下几方面考虑。

(1) 注意观察对方的言行，做有心人。

(2) 显示自己放松的心态。

(3) 调动他人的心理活动。

(4) 在不重要的谈判事情上，做一些让步。

单元四　国际商务谈判的步骤

国际商务谈判的步骤即谈判的基本程序。基本程序的确定，是长期以来国际商务谈判经验的总结，并以此作为工作的规范和要求。国际商务谈判的基本程序包括准备、开局、正式谈判和签约 4 个阶段。

任务一　准备阶段

在商务谈判前的准备工作是谈判达到预期目的和获得圆满成功的基础。不仅要看谈判过程中的战略战术和谈判技巧，还要看谈判前充分细致的准备工作。尤其是在缺少谈判经验的情况下，准备工作就显得更为重要。在与经验丰富的对手谈判时，就更要重视谈判前的准备工作。包括对谈判的信息准备、对对方国家政治、经济、法律和文化的了解、明确谈判的目的和主题及谈判的方案等内容。为了确保谈判的圆满成功，也可以做一下模拟训练等准备工作，谈判时方能处于主动地位。

任务二　开局阶段

开局阶段是指谈判双方在做了各种准备工作以后，双方约定见面，先相互介绍、寒暄及就谈判的话题进行交谈的一段时间和经过。开局阶段所占用的时间较短，谈论的内容还没有进入主题，但这个阶段比较重要，因为它为谈判过程确定了基调，关系到谈判的发展趋势，一个好的开局将为谈判的成功奠定良好的基础。

谈判双方初次见面，要互相介绍参加谈判的人员，包括姓名、职业和角色等情况，明确谈判的目标、谈判的时间进度以及双方需要共同遵守的谈判规定和各自履行的谈判义务等内容。

谈判的内容、形式、地点不同，谈判气氛也各不相同，有的谈判气氛热烈，双方抱着友好合作的态度参加谈判，通过共同努力，签订一份令双方都满意的协议；也有的谈判气氛紧张、冷淡，双方抱着寸土不让、寸利必得的态度参加谈判，使谈判结果事与愿违；有的速战速决，有的拖延时间，谈判风格各异。因此，通过谈判气氛，能够感受到谈判双方参加者的修养、水平、个性特征和谈判风格，为下一步谈判做好准备。

实训案例

某政府官员在同外商谈判时，发现对方对自己的高官身份持有强烈的戒备心理。这种状态妨碍了谈判的进行。于是，这位官员当机立断，站起来对对方说道："我是政府官员，但也懂经济、搞经济，并且拥有决策权。我们摊子小，实力不强，但人实在，愿意真诚与贵方合作。咱们谈得成也好，谈不成也好，至少你这个外来的'洋'先生可以交一个我这样的'土'朋友。"寥寥几句肺腑之言，打消了对方的疑惑，使谈判顺利地向纵深发展。

【案例分析】

上例中官员运用的是坦诚式开局策略即以开诚布公的方式向谈判对手陈述自己的观点或想法，从而为谈判打开局面。在谈判开局阶段该官员的一席话使谈判的气氛由紧张变为放松、亲切、友好，为下一步谈判奠定了良好的基础。可见谈判开局阶段的成功与否对整个谈判的成败起着重要的作用。

任务三　正式谈判阶段

正式谈判阶段又称实质性谈判阶段，是指从开局阶段结束到最后谈判协议的签订或谈判的失败过程，它是整个谈判过程的主体。其基本程序包括询盘、发盘、还盘、接受(达成协议)、签订合同等。几个过程既相互独立又有一定的逻辑关系。

子任务一　询盘

询盘是指在外贸交易洽谈中，由买卖双方中的一方向另一方就某项商品的交易内容和条件发出询问(一般多由买方向卖方发出询问)，以便为下一步彼此间进行详细而周密的洽谈奠定基础。询盘可以是口头表示，也可以是书面表示；可以只询问价格，也可以询问其他交易条件。由于询盘纯属试探性接触，询盘的一方对能否达成协议不负有任何责任，因而它既没有约束性，也没有固定格式。

子任务二　发盘

发盘又称发价，它是由交易的一方向另一方以书面或口头形式提出的交易条件，并表示愿意按照有关条件进行磋商，达成协议，签订合同。在多数情况下，发盘是由卖方向买方发出。有时也可以由买方主动发出，这种由买方主动作出的发盘，国际上称为买方发盘和递盘。发盘是交易洽谈中至关重要的一环。有实盘和虚盘之分。虚盘指发盘人有保留地愿意按一定条件达成交易的一种表示，它对发盘人和受盘人都没有约束力。特点是交易条件不完整、不明确、不肯定，或发盘人保留对交易的最后决定权，即在发盘中保留条件。实盘对发盘人具有约束力，在有效期内，发盘人不得随意撤回或更改其内容。特点是：①必须明确表示发盘人愿意按所提出的条件订立合同，不得附加任何保留条件；②必须提出完整、明确的各主要交易条件；③一定要有有效期。

子任务三　还盘

还盘是指受盘人不同意发盘的交易条件而提出的修改或增加条件的表示。还盘的具体做法一般有：①请求重新发盘，受盘人对发盘中的交易条件不能接受，可以请求发盘人重新发盘，如果要求重新发盘，就是对原发盘的完全拒绝，同时提出了发盘邀请，这种还盘方法的优点是向发盘人表明受盘人的态度，一方面不同意发盘条件，另一方面又愿意就此标的进一步磋商谈判，同时自己不承担义务；②修改发盘，发盘中有商品品质、数量、包装、价格、装运、支付等若干项交易条件，受盘人若不同意其中任何一项，都可以明确提出修改的具体内容或自己所能接受的交易条件，不论修改幅度多大，即构成还盘。

在讨价还价的过程中，一笔交易往往需要一次或多次往返的还盘。当受盘人还盘后，原发盘即告失败，取而代之的是新发盘。如经原发盘人接受，即算达成交易。

子任务四　接受

接受是买方或卖方无条件同意对方在发盘中提出的交易条件，并愿意按这些条件与对方达成交易、订立合同的一种肯定表示。一方的发盘经另一方接受，交易即告达成。合同成立后，双方就应分别履行其所承担的合同义务。一般用“接受”、“同意”和“确认”等术语表示接受。作为一项有效的接受，应具备相应的条件。

任务四　签约阶段

签订合同是交易洽谈的最后环节。谈判双方经多次反复的洽谈，就合同的各项条款达成协议后，为了明确各方的权利和义务，通常要以文字形式签订书面合同。书面合同是确定双方权利和义务的重要依据，因此，合同内容必须与双方谈妥事项及其要求完全一致，特别是主要的交易条件都要明确和肯定。拟订合同要求所涉及的概念不应有歧义，前后的叙述不能自相矛盾或出现疏漏和差错。

在国际贸易中，对销售合同的书面形式没有特定的限制，从事进出口贸易的买卖双方，可采用正式合同、确认书、协议书等，也可采用备忘录等形式。在我国进出口业务中，主要采用合同和确认书两种形式，这两种形式在法律上具有同等效力。

知识拓展

国际商务谈判中的禁忌

东南亚：与东南亚商人洽谈商务时，严禁跷二郎腿，鞋底悬着颠来颠去，否则，会引起对方反感。

中东：中东阿拉伯国家的商人，往往在咖啡馆里洽谈贸易，与他们会面时，宜喝咖啡、茶或清凉饮料，严禁饮酒、吸烟、谈女人、拍照，也不要谈论中东政局和国际石油政策。

南美：在洽谈交易的过程中，宜穿深色服装，谈话宜亲切并且距离靠近一些；忌穿浅色服装和谈论当地政治问题。

美国：与美国人洽谈交易时，不必过多地握手与客套，贸易谈判可直截了当进入正题，甚至从吃早点时即可开始。

俄罗斯：俄罗斯及东欧诸国对商人很热情。在同俄罗斯人洽谈贸易时，切忌称呼“俄国人”。

英国：到英国洽谈贸易时，要有3条禁忌：①忌系有纹的领带(因为带纹的领带可能被认为是军队或学生校服领带的仿制品)；②严禁以皇家的家事为谈话的笑料；③不要把英国人称呼为“英国人”。

法国：到法国洽谈贸易时，严禁过多谈论个人私事。

德国：德国商人很注重工作效率。因此，同他们洽谈贸易时，严禁狂聊或节外生枝地闲谈。德国北部地区的商人，均重视自己的头衔，每次称呼其头衔时，他们会格外高兴。

(资料来源：沧州晚报2009年04月13日第07版)

知识链接

国际商务谈判人才紧缺

商务谈判作为商战的序幕，已频繁地出现在经济活动中。无论是中外商务往来、贸易合作，还是经贸洽谈会、招商引资会和商品交易会，商务谈判师都是不可或缺的角色，决定着贸易的成败和巨额资金的流向。目前许多大中型公司都专门设有国际商务谈判代表一职，也有很多公司的采购、营销、贸易洽谈或咨询等人员承担者商务谈判的工作。据专家统计，全国现有 40 余万的政府机构和部门、大中型企业、公司等经济贸易部门需要 360 万的国际商务谈判人才，而目前全国从事此方面工作的高级人才不足万人。在此背景下，一名合格的国际商务谈判师的薪资待遇将是非常高的。那么如何能够成为一名合格的国际商务谈判师呢？首先就是要做好知识的储备和资质的储备：知识的储备包括国际商务英语、国际贸易、国际商法、市场营销等知识，而资质的储备可以通过考取相关的资格证书来实现，比如 注册国际商务谈判专家认证(CIBNE)，它是美国管理认证协会面向全球推出的一项权威专业认证，旨在聚集全球的商务谈判精英，促进合作与融合，推动经济全球一体化的进程；其次还要口齿清晰流利，谙熟谈判技巧，掌握国际市场规则、国际商务谈判的基本程序和决策程序，善于组织国际商务谈判，精通各国文化习俗和谈判思维，能灵活运用国际商务谈判策略、用语及其他信息，精于制作合同文本，精通 WTO 规则，能够解决贸易争端，等等。

课后习题

一、判断题

1．商务谈判的主要特征是以经济和商务目的为中心，以获取经济利益为基本目的。（　）

2．主场谈判是指由自己一方做主人所进行的谈判。（　）

3．原则性谈判要求谈判双方并肩合作而不是作为敌人来对待。（　）

4．处理谈判的对立之举是调和双方的立场而不是调和双方的利益。（　）

5．谈判开局阶段包括开盘、询盘、发盘和接受。（　）

6．平等互惠是国际商务谈判过程中必须遵循的一条基本原则。（　）

7．国际商务谈判的基本程序包括准备、开局、签约和正式谈判 4 个阶段。（　）

8．在商务谈判中，双方是以价值谈判为核心内容的。（　）

二、案例分析题

【案例题 1】 遇到这种情况你该怎么办？

美国一公司的商务代表迈克到法国去进行一场贸易谈判，受到法国人的热烈欢迎。法国人开着小车到机场迎接，然后，又把他安排在一家豪华宾馆。迈克有一种宾至如归的感觉，觉得法国人的服务水平够棒。安排好之后，法国人似乎无意地问："您是不是要准时搭飞机回国去呢？到时我们仍然安排这辆轿车送您去飞机场。"迈克点了点头，并告诉了对方自己回程的日期，以使对方尽早安排。法国人掌握了迈克谈判的最后期限，只有 10 天的时间。

接下来，法方先安排迈克游览法国的风景区，丝毫不提谈判的事。直到第 7 天，才安排谈判，但也只是泛泛地谈了一些无关紧要的事。第 8 天重开谈判，但却草草收场。第 9 天仍没有实质性的进展。第 10 天，双方正谈到关键的问题上，接迈克上机场的小车来了，法国人建议剩下的问题在车上谈。

迈克进退维谷，如果不尽快作出决定，那就白跑一趟，如果不讨价还价，似乎又不甘心。权衡利弊，为了不至于一无所获，只好答应法方的一切条件。

问题：

1．法国人获悉迈克的返程日期时，运用了什么谈判技巧？

2．法国人是如何迫使迈克接受一切谈判条件的？

3．迈克之所以在谈判的过程中处于一种尴尬的境地，是因为他没有把握好什么原则？如果你是迈克，遇到这种情况你会怎样办？

【案例题 2】 这样的谈判有什么问题？

在上海进行的一项关于特许权的谈判中，谈判的甲方花费了一个多小时的时间提出了一项新的、极端的扩充方案，并列举了对方必须接受这一方案的种种理由，他们的做法激起了乙方的强烈反应，乙方的首席代表发表了下列意见："如果贵方必须引入这样一个代价昂贵而危险的计划，那么，让我们也来谈谈我们的想法……。"接着乙方提出了一个根本没有希望被接受的方案。他们这样做的目的是为了让第二个方案能折中调和第一个极端方案。

显然，在这项谈判中，讨论将集中在双方最大的冲突上，双方在谈判一开始就坚持各自最极端的立场，他们倾向于把谈判导向"赢—输"式的结局，而不是使双方都满意的结局。

问题：

1．在该项谈判中，谈判双方的做法是否存在不当之处？

2．你是如何看待这一问题的？

3．你认为应如何把此项谈判引入正常发展的轨道？

4．你认为这样的谈判违背了谈判的哪些原则？为什么会出现这样的情况？

5．如果是你，你会如何处理已经发生的情况？

【案例题 3】 这样的谈判错在哪里？

欧洲 A 公司代表 B 公司到中国与中国的 C 公司谈判出口工程设备的交易。中方根据其报价提出了意见，建议对方考虑中国市场的竞争性和该公司第一次进入市场，认真考虑改变价格。该代理商做了一番解释后仍不降价，并说其委托人的价格是如何合理。中方对其条件又做了分析，代理人又做了解释，一上午下来，竟无结果。中方认为其过于傲慢与固执，代理人认为中方毫无购买诚意且没有理解力，双方相互埋怨之后，谈判不欢而散。

问题：

1．案例中谁是享有本次谈判和义务的当事人，即谁是第一层面当事人？

2．第二层面当事人在未得到第一层面当事人授权的情况下，有无谈判权力？

3．双方是怎样谈判的？谈判双方为什么未能最终达成共识？

项目二　国际商务谈判的组织与管理

知识目标

(1) 了解谈判人员的组织结构。
(2) 掌握谈判人员应具备的基本素质和能力。

能力目标

(1) 能正确进行对待谈判小组成员之间的分工与合作。
(2) 掌握谈判人员的基本素质。

素质目标

培养学生谈判的素质和能力。

导入案例

1918年的一天，希尔顿酒店的创始人老希尔顿带着装在衣服口袋里的5 000美元，越过州界，进入得克萨斯州，决定到充满石油发财机会的锡施戈镇去冒险。他走进靠近火车站的一家银行，问经理："你们这家银行要多少钱才出售？"对方答："75 000 美元。"5 000美元对75 000美元的差额是如此悬殊，然而希尔顿似乎并没有为手中的钱不够而烦恼，他顾不得同对方讨价还价，就急忙来到火车站拍电报给那家银行的业主，表示准备以75 000美元的价格购买该银行。他满怀信心地认为："对于一切好的东西，一个人应该而且完全能够想方设法去获得它。"

电报发出后，希尔顿悠然自得地漫步在大街上，想象着今后自己如何经营这家银行，梦想着成为"银行业王国"的国王。然而，当他重新踏进银行大门时，迎接他的并不是银行主的允诺，而是报务员交给他的一份电报，电文中说："售价已涨到80 000美元，不必争论。"这无异于当头一棒，希尔顿气得涨红了脸，差点儿把电报纸朝报务员脸上摔过去，最后，他强忍住怒火，对脸上充满惊异之色的报务员说了一句："他可以保留他的银行。"就大踏步地走了出去。

夜色降临了，他横过街道向一座写着“莫希利旅店”的两层红砖楼房走去，想在这里住一夜。希尔顿跨进旅店大门，看到走廊里站满了人，他挤到柜台前，争着让值班员办理住宿登记手续。正当他准备开口要一个房间时，只见那个值班员猛然盖上他的旅店登记簿，说：“客满了！”顿时，许多人目瞪口呆，没等希尔顿想出办法，就看到那些人像小孩抢座位一样，争夺着走廊里仅有的几张椅子。等他也想挤进这个行列时，座位已经被占满了。希尔顿只好靠着一根褪了漆的柱子站着，盘算着下一步该怎么办。一位板着面孔的绅士出现了，他推推这个，又推推那个，力图赶走坐在椅子上的人。最后，他走到希尔顿面前说：“对不起，朋友，请8点钟以后，当我们腾空这个地方的时候再来。”希尔顿几乎要发火，短短的几个小时，一连串倒霉的事都发生在他身上。他刚想发作，却又灵机一动地问：“你的意思是说，你让他们睡8个小时，就做第二轮生意吗？”“是的，一天到头，每24小时做3轮生意，如果我允许，他们可以付款，睡在工具室的餐桌上。”“你是这家旅店的主人”他平静地问：“你是不是说，这家旅店准备出售？”“……是的，任何人付出50 000美元现金，就可以获得这座旅店，连同这里的所有设备。”希尔顿马上接口说：“先生，你已经找到一个买主了！”用了3个小时，希尔顿查阅了莫希利旅店的账簿，发现这个想要发石油财的人是个十足的傻瓜。经过一番唇枪舌剑，最后店主愿以45 000美元的价格出售，比原来的开价降低了10%。

希尔顿对形势的准确把握和临场的紧急策划与决定，使他从此一步步走上了旅店国王的宝座。他的机遇是偶然的，他现场的正确发挥却是必然的。他虽然没有预先计划，但他所拥有的这份素养却发挥了作用。

(资料来源：刘文广. 商务谈判. 北京：高等教育出版社，2000.)

要使谈判取得成功，不仅要组建一支优秀的谈判队伍，还要通过有效地管理使谈判组织提高谈判能力，使整个队伍朝着正确的方面进行有效地工作，实现谈判的最终目标。所以，建立一个人员齐备、相互协调、素质高、能适应各种谈判的团体，并能调动其积极性，这对提高谈判效率是非常重要的。

单元一　谈判人员的组织结构

谈判科学之父贾拉德·尼伦伯格曾说：“事先有准备的谈判者，最有成功的把握”；有谚语说：“良好的开始是成功的一半”；我国古代先哲们早就提出：“凡事预则立，不预则废”。商务谈判能否取得成功，不仅取决于谈判桌上的唇枪舌剑、讨价还价，而且有赖于谈判前充分细致的准备工作，可以说，任何一项成功的谈判都是建立在良好的准备工作的基础之上的。其中，谈判人员的准备工作——如何组建谈判团队是至关重要的。

任务一　谈判班子的规模

组建谈判班子首先碰到的问题就是规模，即谈判班子的规模多大才是最为合适的。

根据谈判的规模，可将其分为一对一的个体谈判和多人参加的集体谈判。个体谈判即参加谈判的双方各派出一名谈判人员完成的谈判。美国人常常采用此种方式进行谈判，他们喜欢单独或在谈判桌上只有极少数人的情况下谈判，并风趣地称为“孤独的守林人”。个体谈判的好处在于：在授权范围内，谈判者可以随时根据谈判桌上的风云变幻做出自己的判断，不失时机地做出决策以捕获转瞬即逝的机遇，而不必像集体谈判那样，对某一问题的处理首先要在内部取得一致意见，然后再做出反应而常常延误战机，也不必担心对方向自己一方谈判成员中较弱的一人发动攻势以求个别突破，或利用计谋在己方谈判人员间制造意见分歧，从中渔利，一个人参加谈判独担责任，无所依赖和推诿，全力以赴，因此，会产生较高的谈判效率。

谈判班子由一个人组成，也有其缺点，它只能适用于谈判内容比较简单的情况。在现代社会里，谈判往往是比较复杂的，涉及面很广。从涉及的知识领域来讲，包括商业、贸易、金融、运输、保险、海关、法律等多方面的知识，并且谈判中所要收集的资料也非常多，这些绝非个人的精力、知识、能力所能胜任的，何况还有“智者千虑，必有一失”之说。

在通常情况下，谈判班子的人数在一人以上。在由多人组成谈判班子的情况下，可以满足谈判多学科、多专业的知识需要，在谈判人员之间取得知识结构上的互补，发挥整体优势。其次，谈判人员分工合作、集思广益、群策群力，形成集体的进取与抵抗的力量，常言说得好：“三个臭皮匠，顶过一个诸葛亮”，“一个人是一条虫，齐心协力一条龙”。因此，成功的谈判有赖于谈判人员集体智慧的发挥。研究日本问题的专家指出，日本人就像一群小鱼在鱼王的率领下在大海中游行，遇到危险的信号时，不是四处逃散，而是随鱼王迅速调转方向，集体脱险，这可以说是日本民族精神的形象描绘，从中也可悟出日本为什么会成为东方民族经商的代表。但多人组成的谈判班子的缺点是意见有时不好统一。

谈判班子人数的多少没有统一的标准，谈判的具体内容、性质、规模以及谈判人员的知识、经验、能力不同，谈判班子和规模也不同。实践表明，直接上谈判桌的人不宜过多。如果谈判涉及的内容较广泛、较复杂，需要由各方面的专家参加，则可以把谈判人员分为两部分：一部分主要从事背景材料的准备，人数可适当多一些；另一部分直接上谈判桌，这部分人数与对方相当为宜。在谈判中，应注意避免对方出场人数很少，而己方人数很多的情况。

谈判小组一经形成，就要制定相应的谈判工作规范，明确成员的职责分工，弄清应注意的事项和应遵循的准则。如有必要，还应对谈判小组成员在专业知识、谈判技巧和策略等方面进行必要的培训。

为了准确反映企业消费税应缴、已缴、欠缴、计提等情况，需要缴纳消费税的企业针对消费税核算常用的会计科目有“应交税金——应交消费税”、“营业税金及附加”等会计科目。

任务二　商务谈判人员的配备

在现代社会中，谈判所涉及的面很广，从它所涉及的知识领域来讲，包括商业、贸易、金融、技术、法律、保险和海关等多方面的内容。谈判所处的环境是错综复杂的，面对谈判对手的挑战，需要收集多方面的资料，这些不是个人的精力、能力所能胜任的。因此，在大多数情况下采用小组谈判。小组谈判的好处在于可以有许多不同知识和背景的人参与谈判，取得知识结构上的互补并发挥整体优势，能够集思广益，使对方感到有更大的压力。

在一般的商务谈判中，组建谈判小组成员所需的知识大体上可以概括为以下几个方面：① 有关技术方面的知识；② 有关价格、交货、支付条件等商务方面的知识；③ 有关合同法律方面的知识；④ 语言翻译方面的知识。

根据谈判对知识的要求，谈判班子应配备相应的人员，包括业务熟练的经济人员、技术精湛的专业人员、精通经济法的法律人员、熟悉业务的翻译人员等。

从实际出发，谈判班子还应配备一名有身份、有地位的负责人组织协调整个谈判班子的工作，一般由单位副职领导兼任，称之为首席代表，另外还应配备一名记录人员。这样，不同类型和专业的人员就组成了一个分工协作、各负其责的谈判组织群体。在这个群体内部，每位成员都有自己分工明确的职责。

1. 首席代表

首席代表是指那些对谈判负有领导责任的高层谈判人员，他们在谈判中的主要任务是领导谈判的组织工作，这就决定了他们除应具备一般谈判人员必要的素养外，还应阅历丰富、目光远大，具有审时度势、随机应变、当机立断的能力，具有善于控制与协调谈判小组成员的能力。因此，无论从什么角度来看他们，都应该是富有经验的谈判高手。其主要职责如下所述。

(1) 监督谈判的程序。

(2) 掌握谈判的进程。

(3) 听取专业人员的建议、说明。

(4) 协调谈判班子成员的意见。

(5) 决定谈判过程中的重要事项。

(6) 代表单位签约。

(7) 汇报谈判工作。

2. 专业人员

专业人员是谈判组织的主要成员之一。其基本职责如下所述。

(1) 阐明己方参加谈判的愿望、条件。

(2) 弄清对方的意图、条件。

(3) 找出双方的分歧或差距。

(4) 同对方进行有关专业细节方面的磋商。

(5) 修改草拟谈判文书中的有关条款。

(6) 向首席代表提出解决专业问题的建议。

(7) 为最后决策提供专业方面的论证。

3. 经济人员

经济人员又称商务人员，是谈判组织中的重要成员。其具体职责如下所述。

(1) 掌握该项谈判总的财务情况。

(2) 了解谈判对手在项目利益方面的预期指标。

(3) 分析、计算修改中的谈判方案所带来的收益变动。

(4) 为首席代表提供财务方面的意见、建议。

(5) 在正式签约前提供合同或协议的财务分析表。

4. 法律人员

法律人员是重要谈判项目的必要成员，如果谈判小组中有一位精通法律的专家，将会有利于谈判所涉及的法律问题的顺利解决。其主要职责如下所述。

(1) 确认谈判对方经济组织的法人地位。
(2) 监督谈判在法律许可范围内进行。
(3) 检查法律文件的准确性和完整性。

5. 翻译人员

翻译人员在谈判中占有特殊的地位，是谈判双方进行沟通的桥梁。翻译人员的职责在于准确地传递谈判双方的意见、立场和态度。一个出色的翻译人员，不仅能起到语言沟通的作用，而且必须能够洞察对方的心理和发言的实质，既能改变谈判气氛，又能挽救谈判失误，增进谈判双方的了解、合作和友谊，因此，对翻译人员的素质有很高的要求。

在谈判双方都具有运用对方语言进行交流能力的情况下，是否还需配备翻译人员在现实谈判中往往是配备的，因为利用翻译提供的重复机会，可争取更多的思考时间。谈判中配备翻译人员，可利用翻译复述谈判内容的时间，密切观察对方的反应，迅速捕捉信息，考虑回应对方的战术。

6. 记录人员

记录人员在谈判中也是必不可少的，一份完整的谈判记录既是一份重要的资料，也是进一步谈判的依据。为了出色地完成谈判的记录工作，要求记录人员要有熟练的文字记录能力，并具有一定的专业基础知识。其具体职责是准确、完整、及时地记录谈判内容。

任务三　合格谈判小组的标准

1. 知识互补

知识互补包含两层意思：一是谈判人员具备自己专业的知识，都是处理不同问题的专家，在知识方面相互补充，形成整体的优势，例如，谈判人员如果分别精通商业、外贸、金融、法律和专业技术等知识，就会组成一支知识全面而又各自精通一门专业的谈判队伍；二是谈判人员学到的书本知识与工作经验的互补，谈判队伍中既有高学历的青年知识学者，也有身经百战具有丰富实践经验的谈判老手，高学历学者可以发挥理论知识和专业技术特长，有实践经验的人可以发挥见多识广、成熟老练的优势，这样能实现知识与经验互补，提高谈判队伍的整体战斗力。

2. 性格协调

要协调谈判队伍中的谈判人员的性格，只有将不同性格的人的优势发挥出来，互相弥补其不足，才能发挥出整体队伍的最大优势。性格活泼开朗的人，善于表达、反应敏捷、处事果断，但是性情可能比较急躁，看问题也可能不够深刻，甚至会疏忽大意；性格稳重的人，办事认真细致，说话比较谨慎，原则性较强，看问题比较深刻，善于观察和思考，理性思维比较强，但是他们不够热情，不善于表达，反应相对比较迟钝，处理问题不够果断，灵活性较差。如果这两类性格的人组合在一起，分别担任不同的角色，就可以发挥出各自的性格特长，优势互补，协调合作。

3. 分工与合作

谈判小组中的每个人都要有明确的分工，每个人都有自己特殊的任务，不能越位工作，混淆角色。遇到争论，不能七嘴八舌争先恐后地发言，该谁讲谁讲，要有主角和配角，要有中心和外围，要有台上和台下。谈判队伍要明确分工，纪律严明。当然，明确分工的同时要注意大家都要为一个共同的目标而通力合作，协同作战。

任务四　选定谈判人员

谈判小组人员的选择是谈判成功的一个重要因素，由忠诚、有能力、能吃苦的谈判人员组成的小组是谈判获取成功的重要条件。

子任务一　选定谈判人员要求

1. 选用品质可靠的人员

商务谈判工作多数是在单独一人的情况下进行的，谈判中所涉及的很多购销条件，在一定限度内可由谈判人员自己掌握。因此，谈判者必须忠诚可靠，并能赢得客户对他的信任。如果一位商务人员欺诈客户和自家企业，而使自己从中获得好处，其后果是可以想象的。但是，这类人的品质事先却难以衡量，道德和个人人格问题，必须要经过一定时间的接触才能有所了解。一般的办法是，征询过去与他有关的人的看法，如他的介绍人、同事及领导等，在可能的情况下，应向他以前的老客户询问。

2. 选用具有独立工作能力又有合作精神的人员

商务谈判人员依靠自身的力量，发掘自身的潜力，是一项必不可少的品质，他需独立工作，上司很少会给他以直接的帮助和指导。所以要能不受任何外界干扰，顶住压力，独立做出自己的决断。商务谈判人员是否具有积极主动、自愿肯干的精神，是一项十分重要的条件。谈判是一个团队的工作，需要相互配合，才能形成战斗力。因此，既要有独立工作的能力，又要不放弃合作精神，这两者是完全可以相融的。

3. 选用具有相当智力与谈判水平的人员

商务谈判人员的知识范围、智力水平和谈判能力是一项必不可少的重要条件。例如，谈判者要有相当程度的记忆力、相当广泛的知识面，必须对公司的每项产品或服务有深入的认识，对各种可能的客户有深入地了解，还必须谈吐自如、举止适度。因此，在选用谈判人员时，必须要考核他在这几方面是否能与其所从事的工作相适应。

4. 选用愿去各地出差的人员

很多人都认为商务工作是件美差，但却不知道它的辛苦，特别是长时间出差在外，所以，在选用商务谈判人员时，须向其说明有多少时间要出差，特别是有多少时间出差外埠。商务谈判人员是否具有经常出差的条件很重要。

5. 选用具有良好的判断力而且可以听取各方意见的人员

能够洞悉问题的症结所在，并且能够注意到可能影响谈判结果的潜在因素。有忍受冲突和面对暧昧态度的耐心。对待事物能分清主次，抓住重点，合理掌握时间进度。

子任务二　不宜选用的谈判人员

1. 不能选用遇事相要挟的人员

很多企业和公司的领导人，常以某人手里是否有客户、有关系为条件而选用商务人员，实际上这是很片面的。这类人员确实能够在短期内给公司带来可观的收入，但这类人却常常居功自大，无限向上边要条件，如果不能如愿，随时可能离去，并将其客户带走。

2. 不能选用缺乏集体精神和易于变节的人员

由于商务谈判人员对企业的里里外外所知甚多，工作性质比较特殊，因此，容易产生个人私利。如果商务谈判人员发展到这种程度，管理者便无法掌握了，谈判人员甚至可以携秘密服务于竞争者。此类事件在国内外企业界经常发生，是个很好的教训。

单元二 谈判人员的基本素质

商务谈判是企业之间的业务沟通活动，谈判人员的素质则直接关系到谈判的成败。所谓素质，是人的品质与技能的综合，它是指人们在先天因素的基础上通过接受教育和客观实践锻炼形成的，经过有选择、有目标、有阶段的努力训练而产生的结果。人是谈判行为的主体，谈判人员的素质是筹备和策划谈判谋略的主观决定性因素，它直接影响整个谈判过程的发展，影响谈判的成功与失败，最终影响谈判双方的利益分割。可以说，谈判人员的素质是事关谈判成败的关键。因此，谈判人员的素质是谈判能否取得成功的决定性因素。

那么，作为一名成熟的、成功的谈判者，必须具备哪些基本素质呢？弗雷斯·查尔斯·艾克尔在《国家如何进行谈判》一书中写到："根据17、18世纪的外交规范，一个完美无缺的谈判者，应该心智机敏，而且有无限的耐心；能巧言掩饰，但不欺诈行骗；能取信于人，而不轻信于人；能谦恭节制，但又刚毅果断；能施展魅力，而不为他人所惑；能拥有巨富、藏娇妻，而不为钱财和女色所动"。当然，对于谈判人员的素质，古今中外向来是仁者见仁、智者见智，但一些基本的要求却是共同的，并被许多谈判者所遵奉。

任务一 政治思想素质

这是谈判人员必须具备的首要条件，也是谈判成功的必要条件，它首先表现在，作为谈判人员，必须遵纪守法，廉洁奉公，忠于国家、组织和职守。其次，必须具有强烈的事业心、进取心和责任感。在商务谈判中，有些谈判人员不能抵御谈判对手变化多端的攻击手段，为了个人私欲损公肥私，通过向对手透露情报资料，甚至与外商合伙谋划等方式，使己方丧失有利的谈判地位，使国家、企业蒙受巨大的经济损失。因此，谈判人员在谈判中不应考虑个人的荣誉得失，应以国家、企业的利益为重，始终把握"失去集团利益就是失职，赢得集团利益就是尽职、成功"的原则，发扬献身精神，有一种超越私利之上的使命感，使外在的压力变成内在的动力。

任务二 知识素质

谈判是人与人之间利益关系的协调磋商过程。在这个过程中，合理的学识结构是讨价还价、赢得谈判的重要条件。合理的学识结构是指谈判者必须具备丰富的知识，不仅要有广博的知识面，而且要有较深的专业学问，两者构成一个"T"字形的知识结构。

子任务一 谈判人员的横向知识结构

一名优秀的谈判人员，必须具备完善的相关学科的基础知识，要把自然科学和社会科学统一起来，普通知识和专业知识统一起来，在具备贸易、金融、营销等一些必备的专业知识的同时，还要对心理学、经济学、管理学、财务学、控制论、系统论等一些学科的知识广泛摄取，为己所用，这是谈判人员综合素质的体现。除此之外，商务谈判，特别是国际商务谈判必然会涉及许多法律问题，不仅在讨论合同条款时要尽可能做到仔细、详尽，而且要注意在合同引起争议时有关适用法律的规定。因此，谈判者不仅要有较强的法律意识，也要尽可能熟练地掌握本国经济法以及国际经济法的有关规定。在现实的经贸往来中，谈判人员的知识技能单一化已成为一个现实的问题，技术人员不懂商务、商务人员不懂技术的现象大量存在，这给谈判工作带来了很多困难，因此，谈判人员必须具备多方面的知识，即知识必须有一定的宽度，才能适应复杂的谈判活动的要求。

实训案例 2-1

知识的力量

在 1954 年，周总理出席日内瓦会议，准备放映新拍摄的戏剧电影《梁山伯与祝英台》招待与会的外国官员和新闻记者。出于帮助外国观众看懂这部电影考虑，有关人员将剧情介绍与主要唱段用英文写成长达 16 页的说明书，剧名也相应改为《梁与祝的悲剧》。有关人员拿着说明书样本向周总理汇报，满以为会受到表扬，不料却受到了周总理的批评。周总理认为这样的说明书是不看对象，是“对牛弹琴”。周总理当场设计了一份请柬，请柬上只有一句话：“请您欣赏一部彩色歌剧影片——《中国的罗密欧与朱丽叶》。”收到这份请柬的外国官员和记者都兴趣大增，纷纷应邀出席，电影招待会取得了成功。

(资料来源：潘马琳. 商务谈判实务. 郑州：河南人民出版社，2000.)

实训案例 2-2

知识的力量

法国盛产葡萄酒，外国的葡萄酒要想打入法国市场是很困难的，然而，四川农学院留学研究生李华博士经过几年的努力，终于使中国的葡萄酒奇迹般地打入了法国市场。可是，中国葡萄酒在中国的香港地区转口时却遭遇了麻烦。中国港方人员认为，按照土酒征 80%关税、洋酒征 300%关税的规定，内地的葡萄酒要按洋酒征税。面对这一问题，李华在与港方的谈判中吟出了一句唐诗：“葡萄美酒夜光杯，欲饮琵琶马上催。”并解释说：“这说明中国唐朝就能生产葡萄酒了，唐朝距今已有 1 300 多年了，英国和法国生产葡萄酒的历史，要比中国晚上几个世纪，怎么能说中国葡萄酒是洋酒呢？”一席话驳得港方有关人员哑口无言，只好将中国葡萄酒按土酒征税。

(资料来源：杨晶. 商务谈判. 北京：清华大学出版社，2005.)

子任务二　谈判人员的纵向知识结构

优秀的谈判人员，除了必须具备广博的知识面外，还必须具有较深的专业知识。专业知识是谈判人员在谈判活动中必须具备的知识，没有系统而精深的专业知识功底，就无法进行成功的谈判。改革开放以来，在我国的对外经济交往中，发生了许多因缺乏系统的专业知识、不懂专业技术而造成进口设备重大失误的案件，也发生过一些因财务会计的预算错误造成经济损失的事件、因不懂法律造成的外商趁机捣鬼事件，令人十分痛心。因此，谈判者专业知识的学习和积累是必不可少的。

知识的增长主要靠自己有心积累，要仔细观察，多考虑一些问题，在平时多听、多学、多分析、多实践。天长日久，日积月累，知识就会丰富起来，就能得心应手地驾驭整个谈判。全面的知识结构不仅构筑了一个谈判者的自信与成功的背景，而且在谈判实践中，当碰到某些复杂的专业问题时，这种背景也能帮其很快地找到通往成功之路的钥匙，至少会知道应向谁请教什么问题。

一个人不可能事事精通，但只要充分认识到“三人行，必有吾师焉”、“十步之内，必有芳草”的道理，就能克服盲目自信的障碍，避免给工作造成不必要的损失，博采众长，最终比较完美地完成任务。可以说，谦虚好学是任何一个商务谈判者成长的必要素质。

总之，扩大知识视野，深化专业知识，猎取有助于谈判成功的广博而丰富的知识，能使谈判人员在谈判的具体操作中左右逢源、运用自如，最终取得谈判的成功。

任务三　心理素质

从来就没有一帆风顺的谈判。谈判过程，特别是讨价还价阶段是一个非常困难的过程，其中充满了困难和曲折；有时谈判会变成一项马拉松式的较量，这不仅对谈判人员的知识技能、体力等方面是一个考验，而且也要求有良好的心理素质。

健全的心理素质是谈判者主体素养的重要内容之一，表现为谈判者主体应具备坚强的意志力和良好的心理调适能力。

谈判的艰巨性不亚于其他任何事业，谈判桌前持久的讨价还价枯燥乏味、令人厌倦。这时，谈判者之间的持久交锋，不仅是一种智力、技能和势力的比试，更是一场意志、耐心和毅力的较量，如果谈判者没有坚韧不拔、忍耐持久的恒心和泰然自若的态度，是难以适应的。有一位很著名的谈判能手曾说过：“永远不轻易放弃，直到对方至少说了 7 次‘不’”。谈判者只有具备了这样的素质，才能应付各种艰巨复杂的谈判。

实训案例 2–3

耐心的力量

美国总统吉米·卡特是一个富有伦理道德的正派人，他最大的特点就是有惊人的耐心。正是由于他的耐心、坚忍不拔、毫不动摇，使他成功地斡旋了埃以两国争端，并促使两国达成了著名的戴维营和平协议。

埃及和以色列两国争端由来已久，积怨颇深，谁也不想妥协。卡特邀请他们坐下来进行谈判，精心考虑后，地点确定在戴维营。尽管那里设施齐备，安全可靠，但却没有游览之处，散步成了人们主要的消遣方式。此外，还有两辆供锻炼身体用的自行车和 3 部供娱乐观看的电影。所以，两国谈判代表团在住了几天之后，都感到十分厌烦。但是，每天早上 8 点钟，萨达特和贝京都会听到敲门声，接着就是那句熟悉的话语：“你好，我是卡特，再把那个乏味的题目讨论上一天吧。”结果等到第 13 天，他们谁都忍耐不住了，再也不想为谈判中的一些问题争论不休了，这就有了著名的戴维营和平协议，它的成功，有一半归功于卡特总统的耐心与持久。

(资料来源：朱凤仙. 商务谈判与实务. 北京：清华大学出版社，2006.)

这种意志力、忍耐力还表现在，一个谈判人员无论在谈判的高潮阶段还是低潮阶段，都能心平如镜，特别是当胜利在望或陷入僵局时，要能控制自己的情感，喜形于色或愤愤不平不仅有失风度，而且会让对方抓住自己的弱点与疏漏，给对方造成可乘之机。

谈判是斗智斗勇的高智能竞技活动，感情用事会影响谈判，控制自己的非理性情感的发泄，幽默大度、灵活巧妙地转化消极情绪为积极情绪，才能使谈判者的才能得到充分发挥，使自己摆脱困境、战胜对方。因此，良好的心理调适能力是谈判人员必不可少的素质。

知识拓展

培养耐心的方法

《耐心的力量》的作者M•J•瑞安说："耐心是可以培养的，就像肌肉可以锻炼一样。"下面是几招帮你培养耐心的方法。

10分钟法：没有耐心的原因常常是因为人们从没做到过满足自己的需求。每天早晨抽出10分钟，好好想一想，确定哪些是最优先的需求。

小石头疗法：兜里放一块鹅卵石，当你失去耐心，坏脾气就要爆发时，把那块小石头从一个兜放到另一个兜里。

心理暗示法：对自己说，你完全有时间来做某事，然后看看，你觉得你的耐心增加了多少。

吃健康的食品：低血糖确实会使你的脾气变坏。增加睡眠、减少咖啡因的摄入量是耐心的天然增效剂。

让大家都有耐心：与别人交流、观察别人的耐心，你就会学到更多的增加耐心的诀窍，甚至会在你周围产生连锁反应，形成推崇耐心的风气。

(资料来源：同在天涯社区(www.i66v.com/bbs))

任务四　综合能力素质

谈判者的综合能力是指谈判人员驾驭商务谈判这个复杂多变的"竞技场"的能力，是谈判者在谈判桌上充分发挥作用所应具备的主观条件。它包括以下内容。

1. 敏锐的观察能力

一个健康、成熟、优秀的谈判人才应当是一个善于控制自我和善于观察别人的人。谈判实际上是双方心理和智慧的较量过程。一个人的心理活动可以通过表情、身体姿势等方面表现出来，观察到对方的相关情况，大到遣词用句、态度立场，小到观察肢体语言的暗示，读懂对方一个手势、一个眼神的潜台词，洞察对方的心理世界，进而随机应变，取得谈判的主动权。

2. 灵活的应变能力

谈判中要随机应变、善用技巧。谈判者需要根据环境的变化、对方的要求变化做出决策。既然双方能坐在谈判桌前，就说明双方有诚意来达成协议。凡是有谈判经验的人都知道，在这之前，双方已做了大量的准备工作，包括初步询价、还价，甚至寄样品并验收样品。如果仅仅因为在商务谈判中某方坚持不必要的立场而导致谈判破裂，实在是得不偿失，但在现实谈判中，确实有这样的情况。在千变万化的谈判中，要求谈判人员必须具备沉着、机智、灵活的应变能力，以控制谈判的局势。应变能力主要包括处理意外事故的能力、化解谈判僵局的能力、巧妙袭击的能力等。

实训案例2-4

不变通的后果

美国一家较大的贸易公司看中了中国某厂家生产的砂轮机，于是，在样品验收后便派来了3人组成的谈判小组来中方谈商务合同，可令美方费解的是，中方一定要开立不可撤销的即期信用证，理由是初次与美方做生意。美方解释了他们公司的习惯做法均为D/A 60天，并出示了他们的银行信用及中方客户名单，可中方厂长毫不变通，谈判最后不欢而散，一条“大鱼”就这样眼睁睁地溜走了。

(资料来源：朱凤仙. 商务谈判与实务. 北京：清华大学出版社，2006.)

3. 有效的沟通能力

谈判也是沟通的艺术，谈判双方的信任与合作是建立在良好的沟通基础上的，谈判是一个信息交流的过程。要胜任谈判工作，谈判者就必须具备较强的信息沟通能力，善于恰当地传递信息，及时准确地理解、接受有关信息，并充分利用有关信息来实现自己的谈判目标。

要实现顺利地沟通，首先要具备优秀的语言表达能力。在谈判中，语言表达能力十分重要，因为叙事清晰、论点明确、证据充分的语言表达能够有力地说服对方，取得相互之间的谅解，协调双方的目标和利益，保证谈判的成功。在谈判中，双方的接触、沟通与合作都是通过语言表达来实现的。说话的方式不同，对方接收的信息、做出的反应也都不同。这就是说，虽然人人都会说话，但说话的效果却取决于表达的方式。其次是商务谈判人员应该有较强的人际交往能力，特别是要注意积累各方面的关系。谈判人员应同政府官员、金融机构、工商企业等各界朋友建立广泛的联系，这样在谈判时，就可能获得一个方便的信息通道或若干义务咨询顾问，这对了解谈判对手、确定谈判方案、突破谈判僵局都大有益处。

4. 运筹、计划能力

谈判的进程如何把握，谈判在什么时候、什么情况下可以由准备阶段进入到接触阶段、实质阶段，进而达到协议阶段，在谈判的不同阶段要注意重点的转移，采取何种技巧、策略，对此，谈判者都要进行精心设计与统筹安排。当然，这种计划离不开对谈判对手背景、需要、可能采用的策略的调查了解与充分估价，由此才能做到知己知彼、成竹在胸。

任务五　礼仪素质

礼仪是一种知识、修养与文明程度的综合表现，它在人际交往的许多细节中都能体现出来，例如，赴约要遵守时间，既不要早到，也不要晚到；宴会时要注意主人对餐桌次序的安排；在正式场合要注意穿戴合适；等等。

礼仪是一个人修养的反映，在商务谈判中，礼仪也是影响谈判气氛与进程的一个重要因素。在和高层商务人员交往时，不注意细节，对方会觉得不受尊重，或者认为差距太大不值得交往。因此，项目谈判人员要十分注意社交的规范性，尊重对方的文化背景和风俗习惯。这对于赢得对方的尊重和信任，推动谈判的顺利进行，特别是在关键场合同关键人物谈判时，往往能起到积极的作用。注重礼仪的内容还包括谈判人员在谈判破裂时能给对方留住面子，不伤感情并为以后的合作与交往留下余地，做到“生意不成友情在”，这样就会有越来越多的客商愿意与己方发展合作关系。

任务六　身体素质

毛泽东曾经讲过：“身体是革命的本钱”。谈判的复杂性、艰巨性也要求谈判者必须有一个良好的身体素质。

商务谈判往往是一项牵涉面广、经历时间长、节奏紧张、压力大、耗费谈判人员体力和精力的工作。如果赴国外谈判，还要遭受旅途颠簸、生活不适之苦。如果接待客商来访，则要尽地主之谊，承受迎送接待、安排活动之累。所有这些都要求谈判人员必须具备良好的身体素质，同时这也是谈判人员保持顽强意志力与敏捷思维的物质基础。撒切尔夫人的铁腕风范不仅表现在她的政治手腕与处世态度上，也反映在她可以在十几小时内完成对几个国家的旋风式的访问中。这些政界、商界谈判高手的成就显然离不开其强健体魄的支持。

人们对商务谈判人员的素质要求很高，但这并不等于要求一个人只有在全面具备了各项素质后，才能够坐到谈判桌上。这就像要求一个初上赛场的短跑运动员非要在有打破世界纪录的能力后才准许站到百米起跑线上一样不切实际。滴水穿石，非一日之功。一个谈判高手的成长也要经历实践的磨炼与摔打。所以，这里提出的各项素质要求应成为一个谈判人员毕生追求的目标，在商务谈判生涯中，时时处处都需要提醒自己注意积累。谈判人员必须热爱自己的工作，才能志向远大、眼界开阔，而后才能不断地努力进取，自觉地培养与提高自己的谈判素质。如果没有工作热情和献身精神，一个商务谈判人员就不可能成为一个谈判场上的高素质人员。对工作热忱投入，可以说是一个谈判高手成长的起点，也构成了一个谈判人员最基本的素质内涵。

单元三　商务谈判的管理

任务一　谈判小组的负责人

谈判小组的负责人(组长)一般情况下也是主谈，或称谈判首席代表，在谈判的某一阶段针对某一个或几个方面的议题，由他为主进行发言，阐述己方的观点和立场。因此，主谈是谈判班子的核心，是谈判工作能否达到预期目标的关键性人物。

子任务一　谈判负责人的条件

谈判组织负责人应当根据谈判的具体内容、参与谈判人员的数量和级别，从企业内部有关部门中挑选，可以是某一个部门的主管，也可以是企业的最高领导。谈判组织负责人有时并不一定是己方主谈人员，但他是直接领导和管理谈判队伍的人。应具备如下条件。

1. 人品要好

这是最重要的条件，可以保证企业的安全和最根本的利益的实现。

2. 具备组织和果断的决策能力

负责人的能力对谈判的成败具有至关重要的作用。如果本方领导人的能力低于对方的领导人，必然会处于被动地位。负责人应能够敏锐地利用机遇，解决问题，做出果断的判断和正确的决策。能够分清主次，知人善任，善于倾听各方面的意见，善于与各种人打交道。

3. 具备较全面的知识

谈判负责人除应具有较高的思想政治素质和业务素质之外，还必须掌握整个谈判涉及的各方面知识。只有这样，才能针对谈判中出现的问题提出正确的见解，制定正确的策略，使谈判朝着正确的方向发展。

4. 有感召力

谈判的负责人能够通过自身的行为感召团队的成员，使整个集体更具有凝聚力，这是现代谈判的要求，也是克服困难的保障。因此，谈判小组领导人的工作方式必须与本企业的工作方式相一致，整个谈判小组才能有效地工作。

5. 具有一定的权威地位

谈判负责人要具有权威性，有较大的权力，如决策权、用人权、否决权和签字权等；要有丰富的管理经验和领导威信，能胜任对谈判队伍的管理。谈判负责人一般由高层管理人员或某方面的专家担任，最好与对方谈判负责人具有相对应的地位。

6. 具有激励团队的能力

谈判经常面临巨大的压力和困难，这时就需要有人能够激励整个团队渡过难关，所以谈判负责人必须能承受压力而不表现出来，而且还要让大家看到希望。

子任务二　谈判小组负责人的职责

(1) 负责挑选谈判人员，组建谈判小组，并对谈判过程中的人员变动与上层领导取得协调。

(2) 管理谈判队伍，协调谈判队伍各成员的心理状态和精神状态，负责振奋大家的精神，使大家在任何情况下都能以高昂的士气参加谈判。处理好成员间的人际关系，增强队伍的凝聚力，团结一致，共同努力，实现谈判目标。

(3) 制定谈判计划，确定谈判各阶段的目标和策略，并根据谈判过程中的实际情况灵活调整。

(4) 总管谈判进程，组织谈判策略的实施，负责具体的让步时间、幅度，掌握谈判节奏、决策的时机。

(5) 负责向上级或有关的利益各方汇报谈判进展情况，贯彻执行上级的决策方案。

任务二　谈判小组的分工与相互合作

子任务一　谈判人员的分工与合作

谈判人员的分工是指每一个谈判者都有明确的分工，都有自己适合的角色，各司其职。谈判人员的配合是指谈判人员之间思路、语言、策略的互相协调，行为步调一致。要明确各类人员之间的主从关系、呼应关系和配合关系。

1. 主谈与其他人员(辅谈)的配合

主谈是谈判工作能否达到预期目标的关键性人物，其主要职责是将已确定的谈判目标和谈判策略在谈判中实现。主谈必须与辅谈密切配合才能真正发挥主谈的作用。

(1) 在谈判中，己方一切重要的观点和意见都应主要由主谈表达，尤其是一些关键的评价和结论更得由主谈表述。辅谈不能随意谈个人观点或说与主谈不一致的结论，辅谈要配合主谈，起到参谋和支持作用。

(2) 在主谈发言时，辅谈自始至终都应支持。可以通过口头语言或肢体语言做出赞同的表示，并随时拿出相关证据证明主谈观点的正确性。

(3) 当对方集中火力，多人多角度攻击主谈时，辅谈要善于使主谈摆脱困境，从不同角度反驳对方的攻击，加强主谈的谈判地位。

(4) 辅谈充当“黑脸者”的角色。“黑脸者”的主要任务是在谈判过程中，根据不同的情况，采取强硬的态度，有意去激怒对方，使对方怒中失态，怒中出错。特别是当有些问题不便由主谈或负责人出面拒绝或否定时，“黑脸者”就应挺身而出，毫不留情地加以拒绝或否定。

尤其是当己方主谈处于被动或困境时，“黑脸者”应采取强硬立场，“引火烧身”，转移对方的视线，以帮主谈摆脱困境。

(5) 辅谈充当调和者的角色。调和者就应把握时机和分寸，为防止僵局扩大，以调和的姿态，缓和的口气，再借助“诚恳”的态度，温和的言词，提出似乎“合情合理”的条件，这种做法是很明智和有策略性的。要知道在商务谈判中，如果在出现僵局之前能及时采取措施挽救，不但可以避免不愉快的事情出现，有时还可“因祸得福”，获取对方以让步或优惠条件作为报答。因为双方都不希望出现僵局，辅谈如果能采取措施避免对方的不快，对方当然会表示感谢。

(6) 当主谈提到辅谈所熟知的专业问题时，辅谈应给予主谈更详尽、更充足的证据支持。例如，在进行合作商务谈判时，专业技术人员和法律人员应从技术的角度和法律的角度对谈判问题进行论证并提供依据，给予主谈有力的支持。主谈与辅谈的身份、地位、职能不能发生角色越位，辅谈不可以因为自己在某一方面的特长而喧宾夺主，否则，谈判就会因为己方乱了阵脚而陷于被动。

(7) 可以运用“游击战”的策略进行人员间的配合。在谈判中，各个角色应有意识地调换，使对方捉摸不透，也免得己方某一角色成为对方的众矢之的。在谈判中，如果一个人的长处被对方设法避开了，弱点却被对方死死抓住，即使是一个天才也是不难攻破的。防线一旦被攻破，谈判者要么冲动、愤怒而失态，要么气馁而消沉。所以应在对方尚未攻破己方组员前及时调换其所担任的角色是十分必要的。

2. “台上”和“台下”的配合

在比较复杂的谈判中，为了提高谈判的效果，可组织“台上”和“台下”两套班子。台上人员是直接在谈判桌上谈判的人员，台下人员是不直接与对方面对面地谈判，而是为台上谈判人员出谋划策或准备各种必需的资料和证据的人员。有下面两种情况。

(1) 台下人员是负责该项谈判的主管领导，可以指导和控制台上人员按既定目标和准则行事，也可以是台上人员的幕后操纵者。台上人员在大的原则和总体目标上接受台下班子的指挥，敲定谈判成交时也必须得到台下人员认可，但是台上人员在谈判过程中仍然具有随机应变的战术权力。

(2) 台下人员是各种专业的参谋，如法律专家、贸易专家和技术专家等，主要向台上人员提供专业方面的参谋建议，台上人员有权对其意见进行取舍。当然台下人员不能过多、过滥，也不能过多地干预台上人员，要充分发挥台上人员的职责权力和主观能动性，争取实现谈判的目标。

子任务二　调换组员所充任的角色

应根据以下两个方面来调换组员所充任的角色。

(1) 当对方对本次谈判欠诚意，或是对方有求于己方，而己方对本次贸易谈判兴趣不太大时，可适当加强“黑脸者”攻势，并适当调换充任“黑脸者”这一角色的组员。

(2) 根据谈判的议题，充分考虑每个人的专长和业务能力。当谈判技术条款时，应以技术人员为主谈，商务、法律人员为辅谈，以确保合同技术条款的准确性；而当涉及合同法律条款时，律师等法律人员应成为主谈；如果是在商务条款的谈判中，商务人员则应作为主谈。例如，日本人在进行较大型的商务谈判时，往往根据不同的议题由不同的专家充当主谈，其他的角色也相应地有所变换，这个策略使日本商人受益匪浅。

知识拓展

谈判小组成员相互支持经常采用的方法

(1) 夸大地介绍本组成员，但要注意分寸。

(2) 必须肯定本组成员提出的问题。

(3) 对主谈表示尊重和支持，如不断地点头、目光注视、不时传递信息等。

(4) 组内互相通气。

(5) 己方成员出现错误时想办法为其开脱。

任务三　对谈判的管理和控制

谈判是一个复杂的过程，要使谈判取得成功，需要对谈判的计划执行情况进行控制和管理，才能不偏离方向。对谈判的控制和管理就是对谈判人员的控制与管理，所以需要对谈判人员的心理和行为有充分的了解。

子任务一　满足谈判人员的心理需要

谈判人员的行为是由其心理决定的，其行为表现的类型主要有：进取型(以取得成功为满足)、关系型(以与别人保持良好的关系为满足)、权力型(以对别人和谈判局势施加影响为满足)。因此，可以把谈判人员分为以下3类，并在谈判中给他们安排不同的角色，满足他们的需要，这样才能有利于谈判的成功。

1. 对成功的期望很高、对关系的期望很低、对权力的期望很高的人员的使用

在谈判中，这种类型的人，凡是个人认为重要的东西，都无所顾忌地争取，对其所代表的企业有时却不以为然。由于这类人员在人事关系上不寄予高的希望，所以不十分在乎领导和同事的看法，有功则沾沾自喜。此外，这类人员还采取强权的办法求得利益，极力地向对方施加压力。对这种人可以让其负责谈判的进程，让其第1个陈述，以满足其对权力的需求，从而使其觉得自己获得了一种特权。但同时还必须有策略地控制谈判进程，坚持要有一个明确的计划，并使这个计划贯彻始终。所以管理者要注意把目标定得相对合理一些，此类人员受成功愿望的驱使，就可以让其经过艰苦努力后，达到这一有限的目标，从而使其获胜心理得到满足。

2. 对成功期望很高、对关系期望很高、对权力期望很低的人员的使用

这种人也渴望获得成功，希望与领导和同事们共同分享成功的快乐，这类人员不仅求得与领导和同事们友好相处，也较多地注重与对方人员保持友好关系。由于这类人员热衷于关系而不追求权力，这就意味着其在谈判过程中更容易处于被动地位，与这类人员谈判成功的概率极大。如果这类人员与一个权力型的人谈判，极可能被操纵。如果这类人员受过极为良好的训练，或许会取得令人满意的成果，所以此类人员可以做调和人员。

3. 对成功的期望一般、对关系的期望一般、对权力的期望一般的人员的使用

这种人的特点是，对关系和权力的要求相同。这类人员认为，对权力要求过高可能使对方产生敌对情绪，所以只希望能够影响对方而不是支配对方。一般来说，这类人员能够与对方建立友好关系，能够满足公司及同事的要求；能够有力地控制谈判过程，能把自己的意志

体现在谈判内容和谈判过程中；这类人员的成功只要人们满意而不期望特别的赞赏；随时有可能在高压下做出让步，愿意有个较为满意的结果而不愿意使谈判破裂。在谈判领域，这类人员被认为是最为理想和具有潜力的谈判人员。但必须是在受过良好的训练和他本人有足够的智慧的前提下，才可以作为谈判的负责人。

子任务二　对谈判人员的激励

对商务谈判的管理应该以激励谈判人员为主。对谈判人员的激励有物质和精神两种。精神方面是指内在报酬，如表扬、提升；物质形式是指外在报酬，如奖金或实物等。管理理论认为，应该根据不同人员的需求特点采用不同的激励因素，而且要注意物质激励与精神激励相结合。对谈判人员的激励方法主要有以下几种。

(1) 对取得的成果进行肯定和鼓励，如对谈判人员给予表扬、公布成绩、授予荣誉称号等。

(2) 对其工作的信任。

(3) 为其安排更重要的工作。

(4) 提升、学习。

(5) 物质上的奖励。

(6) 提高福利、增加假期等。

子任务三　对谈判人员的监督

为了使谈判能够向成功的方向发展，需要对商务谈判的过程和人员进行监督和控制，监督和控制的手段很多，常见的有下列几种。

(1) 对现场的直接监督与控制。

(2) 对通信的监督与控制。

(3) 通过完善的制度进行自动监督与控制。如报酬制度、地域分派制度、销售配额制度和费用控制制度等。

(4) 通过商务谈判人员的工作报告来控制。

(5) 通过定期集会来控制。

(6) 通过内部舆论进行监督与控制。

子任务四　提高谈判队伍的团队意识的管理

实践证明，在实际谈判工作中，由于商务谈判人员的目的不同、需求不同、经历不同以及观察事物的方法不同，因而常常会产生矛盾和冲突。为了使谈判团队能够顺利地完成谈判任务，需要提高谈判队伍的团队意识，以保证谈判组织的团结和协调，使谈判人员之间能很好地合作。所以，应该做好以下几个方面的工作。

(1) 使谈判人员认识到共同的职责和职权。

(2) 树立企业精神。要信任谈判人员，给予其较大的自主权与灵活性，让谈判人员掌握谈判中的问题、机会和目标，这样会使谈判人员更具有责任感。

(3) 尊重所有的谈判人员。辅助性人员应同一线谈判者共同制定谈判计划，以使计划更周密，使所有参与谈判的人员都得到尊重。

(4) 加强信息交流。保持辅助人员与一线谈判人员之间的联系，使其在谈判过程中相互支持，彼此监督，协调相互间的利益问题，并根据谈判形势的变化而修订计划。

子任务五　在谈判过程中对谈判人员进行指导和调控

高层领导应与谈判人员保持密切联系，随时给谈判人员以指导和支持。谈判内外的情况在不断发展变化，谈判桌上有些重要决策需要高层领导批准；有时谈判外部形势发生变化，企业决策有重大调整，高层领导要给予谈判者及时的指导或建议，对谈判队伍进行指挥。通常在遇到下述情况时，高层领导对谈判人员必须进行指导和调控。

(1) 谈判桌上出现重大变化，与预料的情况差异很大，交易条件变化已超出授权界限时，需要高层领导做出策略调整，重新确定目标和策略。

(2) 企业本部或谈判班子获得某些重要的新信息，需要对谈判目标、策略作重大调整时，高层领导应及时根据新信息做出决定，授权谈判班子执行。

(3) 谈判队伍人员发生变动时，尤其是主谈发生变动时，高层领导要任命新的主谈，并明确调整后的分工职责。

(4) 在谈判的关键时刻，高层领导应该适当干预谈判。

(5) 当谈判陷入僵局时，高层领导可以主动出面干预，可以会见谈判对方高层领导或谈判班子，表达友好合作意愿，调解矛盾，创造条件使谈判走出僵局，顺利实现理想目标。

总之，对商务谈判的管理需要考虑的因素很多，包括谈判人员的选择与配备、队伍的规模、内部的分工与合作、激励与控制等问题，都需要经过全面的分析研究，才能针对实际情况，采用合理的管理方式，使谈判向有利于成功的方向发展。

单元四　谈判时的组织和管理实训

1. 实训资料：对已支付鱿鱼处理的谈判

甲方：北京某进出口公司

乙方：西班牙某公司

案例背景：

北京某进出口公司向西班牙某公司提供了两个集装箱的冰冻小鱿鱼。货到西班牙港口后，乙方进行入关商检，发现“含铅量超标”，不许入关。乙方电话告知甲方此事并提出或就地销毁，或退货将货运回中国。甲方电告乙方：原合同没有规定该项指标，该批货不能销毁，中国市场可以销售。于是乙方把货又给甲方发回。由于是信用证合同，甲方已议付完货款。

2. 实训要求

(1) 为妥善解决双方的分歧，维护双方的友好合作关系，谈判双方应组织哪些人员进行谈判？

(2) 谈判人员应具备什么素质以便做好前期准备和进行谈判？

课 后 习 题

一、判断题

1. 由多人组成的谈判班子，可以满足谈判多学科、多专业的知识需要，而且会产生较高的谈判效率。　　(　　)

2. 首席代表是对谈判负有领导责任的高层谈判人员，他们在谈判中的主要任务是领导谈判组织的工作。　　(　　)

3．知识互补指谈判人员具备自己专业的知识，在知识方面相互补充，形成整体的优势。（　）

4．谈判人员必须具备的首要条件是知识素质能力。（　）

5．健全的心理素质是谈判者主体素养的重要内容之一，表现为谈判者主体应具备坚强的意志力和良好的心理调适能力。（　）

二、填空题

1．根据谈判的规模，可将谈判分为________和________。

2．一个谈判小组由________、专业人员、经济人员、法律人员、________和________组成。

3．合格谈判小组的标准为________、________和________。

4．一个优秀的谈判人员需要具备的基本素质有________、________、________、身体素质、________和________。

5．综合能力素质包括________、有效沟通能力、________和________。

三、简答题

1．个体谈判和集体谈判的优点和弊端分别是什么？

2．谈判小组由哪些人员构成？

3．选择谈判人员的要求有哪些？

4．优秀的谈判人员需要具备的基本素质有哪些？

5．什么是综合能力素质？

6．首席代表的条件是什么？

7．首席代表如何对谈判小组进行管理和控制？

四、案例分析题

【案例题 1】 中国某工程承包公司在加蓬承包了一项工程任务。当工程的主体建筑完工之后，中方由于不再需要大量的劳动力，便将从当地雇用的大批临时工解雇，谁知此举导致了被解雇工人持续 40 天的大罢工。中方不得不同当地工人举行了艰难的谈判，被解雇的工人代表提出让中方按照当地的法律赔偿被解雇工人一大笔损失费，此时中方人员才意识到他们对加蓬的法律太无知了。根据加蓬的劳动法，一个临时工如果持续工作一周以上而未被解雇则自动转成长期工，作为一个长期工，他有权获得足够维持两个妻子和 3 个孩子生活的工资，此外，还有交通费和失业补贴等费用。一个非熟练工人如果连续工作一个月以上则自动转成熟练工，如果连续工作 3 个月以上则提升为技术工人。工人的工资也应随着技术的提升而提高。而我国公司的管理人员按照国内形成的对临时工、长期工、非熟练工、熟练工以及技工的理解来处理加蓬的情况，结果为自己招来了如此大的麻烦。谈判结果可想而知，公司不得不向被解雇的工人支付了一大笔失业补贴，总数目相当于已向工人支付的工资数额，而且这笔费用属于意外支出，并未包括在工程的预算中，全部损失由公司自行支付。

问题：从该例的商务活动中，你认为应该汲取什么教训？

【案例题 2】 中国某公司与伊朗某公司谈判出口陶瓷品的问题。中方给伊方提供了报价，伊方说还需要研究，约定第 2 天早晨 8:30 到某饭店咖啡厅继续谈判。中方小组 8:20 就到了伊方指定的饭店，等到 9:00 还未见伊方人影，咖啡喝了好几杯了。这时有人建议离开，也有人抱怨，太过分了。组长认为既来了，就等下去吧。一直等到9:30，伊方人员才晃晃悠悠来了，一见中方人员就握手致敬，但未讲一句道歉的话。

双方在咖啡厅谈了一个小时，没有结果，伊方要求中方降价。组长告诉对方，按照约定8:20来此地，我方已等了一个小时。桌上的咖啡杯可以作证，说明诚心与对方做生意，价格没有太多余地了。对方笑了笑说，昨天睡得太晚了，谈判条件仍难以接受。中方建议认真考虑后再谈。伊方沉思了一下，提出下午2:30到他家去谈。

下午2:30，中方小组准时到了他家，并带了几件高档丝绸衣料作礼物，在对方西式的客厅坐下后，他招来他的3个妻子与客人见面。3个妻子年岁不等，脸上没有平日阿拉伯妇女带的面纱，中方组长让翻译表示问候，并送上事先准备好的礼品，3位妻子很高兴。

伊方代表说："我让她们见你们，是把你们当朋友，不过，你们别见怪，我知道在中国是一夫一妻制，我还有权按穆斯林的规定再娶一个，等我赚钱再说。"中方人员趁机祝他早日如愿，并借此气氛将新的价格条件告诉对方。对方随即表示："不管新条件如何，贵方说研究，就拿出了新条件，我佩服贵方信誉好。"于是，他也顺口讲出了自己的条件。中方一听该条件虽与自己的新方案仍有距离，但已进入成交范围。

翻译看着组长，组长自然地说："贵方也很讲信用，研究了新方案，但看来双方还有差距，怎么办呢？我有个建议，既然来到您的家，我们也不好意思只让你让步，我们双方一起让如何？"伊方看了中方组长一眼说："可以考虑。但价格外的其他条件呢？"中方说："我们可以先清理然后再谈价"。于是双方把合同的产品规格、交货期的文本等清理了一下。伊方说："好吧，我们折中让步吧，将刚才贵方的价与我方的价进行折中成交。"中方说："贵方的折中是个很好的建议，不过该条件对我方还是过高，我建议将我方刚才的价与贵方同意折中后再进行折中，并以此价成交。"伊方大笑，说："贵方真能讨价还价，看在贵方等我一个小时的诚意上，我接受！"

问题：

1. 为什么中方人员对对方迟到的处理是继续等待？
2. 伊方把中方请到家里的做法意味着什么？
3. 中方为什么给伊方带礼物？
4. 你认为中方的组长怎么样？

项目三 国际商务谈判中的跨文化背景

知识目标

(1) 文化差异，对国际商务谈判的影响文化的基础。

(2) 国际商务谈判中的跨文化问题，不同国家商务谈判的注意事项。

能力目标

(1) 掌握文化的概念，了解文化的多元性。

(2) 掌握文化对谈判的影响所体现的几个方面。

(3) 了解国际商务谈判中的跨文化谈判涉及的内容，掌握国际商务谈判中的跨文化谈判的具体体现。

(4) 掌握日本、韩国、欧美等主要国家商务谈判的注意事项。

素质目标

培养学生了解各国文化的基础、根据文化差异进行谈判的职业素养。

导入案例

直至 1992 年，迪斯尼公司在开办主题公园方面一直是非常成功的。法国政府渴望把迪斯尼公司吸引到巴黎来，法国知识分子则攻击移植迪斯尼梦幻世界到巴黎是对法国文化的侮辱。迪尼斯到了法国之后发生的是经营上的失误，还有职工问题，大约有 1 000 名雇员(雇员总数的 10%)辞职不干，最大的问题是欧洲人游园的时间并不像迪斯尼公司期望的那样长。结果，到 1994 年年底，欧洲迪斯尼乐园累计亏损额达 20 亿美元。

在实际工作中了解各国文化的差异是至关重要的，商务谈判也不例外，本章大家要着重学习有关国际商务谈判中的跨文化问题。

单元一　文化的基础

任务一　文化的多元性

国别差异及环境上的不同，导致产生了一系列的问题，展示出国际商务活动及谈判的复杂性与艰巨性。本章将侧重讲述面向不同国家而展开的特殊谈判方式与内容。

商务谈判作为人际交往中的特殊形式，必然涉及不同地域、民族、社会文化的交往与接触，从而导致跨文化谈判。在跨文化谈判中，不同地域、民族、文化的差异必将影响到谈判者的思维、谈判风格和行为，从而影响到整个谈判的进程。因此，从事商务活动尤其是跨国的商务活动，必须了解和掌握不同文化间的联系与差异。在进行谈判的准备与组织时，更要明确文化差异对谈判的影响，只有积极地面对这种影响，才能实现预期的目标。

文化是一个国家和民族特定的观念和价值体系，这些观念影响人们在生活、工作中的行为。世界各民族因特定的历史和地域而逐渐形成了自己独有的文化传统和文化模式。由于中西方传统习惯、价值观念、宗教信仰、思维方式等的不同，使得中西方文化表现出诸多差异。

造成世界文化多元性的原因很多，归纳起来，文化差异的主要来源有以下几个方面。

1. 地域差异

地域差异指不同地理区域由于地理环境、经济发展水平和传统习惯等的差异，人们往往有着不同的语言、生活方式和爱好，而这些会影响到人们的行为习惯。例如，欧洲和美洲一些国家的人们把圣诞节看得很重，而长年都没有下雪的地区(如赤道附近非洲一些国家)的人们可能没有圣诞节这个概念，原因是圣诞节的最好修饰是雪，而长年都没有下雪的地区自然对过圣诞节的感觉没有欧美国家那么强烈。

2. 民族差异

民族差异是指不同的民族群体在长期的发展过程中，形成了各自的语言、风俗、爱好和习惯。人们在饮食、服饰、居住、节日、礼仪等物质和文化生活方面各有特点。就拿我国历史上匈奴人和汉族人来说，匈奴人性情彪悍，具有典型游牧民族的特征，而汉族人性格温顺，具有典型的农耕民族特征。匈奴人在饮食、服饰、居住、节日、礼仪等物质和文化生活方面与汉族人都相差很大。

3. 政治差异

政治差异是由于各国的政治制度及政策法规对人们的行为具有统一规范的作用，从而使得各国人民在政治观念等方面存在着差异。拿美国和法国来说，美国总统的权力受到宪法的严格限制，并受到其他两大权力机构国会与最高法院强有力的制约，而法国人则不得不将当年保皇派制定的随时准备复辟君主制的第三共和国宪法稍加修改，进一步扩大总统的权力面。

4. 经济差异

经济差异是由于经济因素造成文化差异的一种体现。例如，西方发达国家的人们生活富裕，受教育水平高，人们更注重生活质量，而经济落后的第三世界国家，人们更加关心的是温饱问题。

5. 宗教差异

宗教是人类社会发展到一定阶段的历史现象，有其发生、发展的过程。世界上有 3 大宗教：基督教、佛教和伊斯兰教。基督教(新教)主要流行于北欧、北美和澳洲，基督教(天主教)主要流行于西欧和南美国家，中东及北非的大部分国家流行伊斯兰教，亚洲很多地区的人们则信奉佛教。不同的宗教有着不同的文化倾向和戒律，从而影响到人们认识事物的方式、行为准则和价值观念。

6. 观念差异

价值观念是指人们对客观事物的评价标准。它包括时间观念、财富观念、对待生活的态度、对待风险的态度等。同样的事物和问题，不同社会的人会得出不一样甚至截然相反的结论。

地域差异、民族差异、政治差异、经济差异、宗教差异和观念差异等对人们的影响渗透在饮食、服饰、居住、节日、礼仪等物质和文化生活的各个方面，从而影响了人们的行为习惯、价值观念、宗教信仰和思维方式，最终形成了各国各地区的文化差异。

文化差异是客观存在的，个人或群体的态度倾向决定着文化差异的作用，它可以夸大文化的差异，也可以将文化差异引起的障碍降低到最低点。人们在进行跨文化商务谈判时，如果能克服文化障碍，知己知彼，入乡随俗，学会站在他人的角度上思考问题，那就能促进双方的相互了解，共同努力，创造一个能适应双方的经济文化环境，以便走向成功。

国际商务谈判是进行多国和跨文化的商务交易过程，它比国内谈判要复杂得多，因为世界各国的政治、法律和经济制度不同，各民族间也有着迥然不同的历史、文化传统，各国客商的文化背景和价值观念也存在着明显的差异。

中国古代哲人的一句名言“性相近，习相远。”用词少但精练且意义深邃。人类的本性具有相同性，无论人们来自哪个国家或民族，都具有爱心、同情心，喜欢美好的事物，希望富有和得到尊重，因而对于理解人类的整体并不难，但是由于习性上的不同，要想真正地理解不同文化背景下的人群和个体确实是一个十分具有挑战意义的难题。

谈判是一种进行往返沟通的过程，在知识社会中，沟通是谈判最重要的构成元素之一。高质量的沟通在国际商务谈判中可以解决文化差异所带来的问题，成功的跨文化沟通是提高谈判效率的关键。

子任务一　文化的多元性

每个国家或民族都有自己独特的文化遗产、共同经验和那些共同分享而产生的文化知识，这个文化背景向其成员提供了一整套复杂的价值观念、个性、道德与习俗，它指导人们如何行动以及如何调节自己的行为。

在东西文化中，西方文化注重自我意识和个人奋斗，强调独立性和非依赖性是一种“我”的强烈意思，而东方文化则注重集体意识和集体主义。中国有句谚语：“一根柱子无论多么结实，也撑不起一座房子。”它具有一种“我们”的强烈意思，并且要求少数服从多数，国家利益高于集体利益和个人利益，因此，两种文化对个人与集体认识的差异会影响沟通。

西方文化强调求异思维方式和个性差异，而东方文化更强调求同思维方式，在谈判中倾向于一致性，舍己求同。荷兰学者吉尔特曾经在世界的一些国家和地区的经理中就其自我意识进行了一次调查，并给出了相应的分数值，见表 3-1。

表 3-1 自我意识调查

国家和地区	分 值	国家和地区	分 值
美国	91	以色列	55
澳大利亚	90	西班牙	53
英国	89	印度	48
加拿大	77	日本	46
丹麦	75	阿根廷	46
意大利	74	巴西	38
比利时	74	墨西哥	32
瑞典	71	中国香港	25
瑞士	70	新加坡	20
法国	70	中国台湾	17

可见，高度强调个人主义的美国文化在比较强调集体主义的文化中是很难奏效的。在谈判中，具有强烈的个人主义或以自我为中心特点的谈判代表往往表现出高度的主动性，比如美国人会立即切入正题，不拐弯抹角。相反，具有集体主义特点的谈判对手步调缓慢，在谈判前需要营造一种朋友氛围，比如日本人刚开始谈判时只是喝茶、聊天、交换名片而已，在谈判中很难表现出灵活性，因为任何对其提议中的修正都需要全体成员长时间的讨论。

在谈判过程中经常会涉及合同问题，不同文化对合同的内容、作用存在不同的理解。西方文化尤其是美国文化强调客观性，注重平等观念，因此，他们界定的严密合同常常长达百页以上，以此来保障权利和规定义务。另外，他们还将合同签定仪式视为既浪费时间又浪费金钱的举动，所以合同常常是通过寄发邮件来签订的。

而东方文化尤其是那些注重关系的文化，其争端的解决往往不完全依赖法律体制，常常依赖双方间的关系。所以，在这些文化中，书面合同很短，主要用来描述商业伙伴各自的责任，有时甚至写得不严密，仅仅包含处理相互关系的原则的说明而已。在谈判过后，通常需要举行一个由各自执行总裁参加的正式签字仪式。

子任务二 语言文字沟通和非语言沟通

人类学家和语言学家 Benjamin Lee Whorf(1965)提出了 Whorf 假设：语言决定着文化，语言和文化之间存在着密切的关系。一般人只能理解相同文化背景的讲话者讲话内容的 80%～90%，也就是说，有 10%～20%的信息被误解或听错了。可以想象，当一个人讲第二语言时，误解或听错的百分比将会急剧上升。

跨文化谈判总是面临着语言障碍，为了确保沟通的顺利进行，一般在国际商务谈判中要求使用翻译，一个好的翻译不但要会熟练地说两种语言，而且还应具备相应的技术知识和词汇，马克·吐温说过这么一句话："一个差不多准确的词和一个非常准确的词的区别就像一只萤火虫发出的光与一道闪电之间的差异。"在书面沟通中，它也同样要求用词的准确。翻译不仅涉及语言的不同，而且也涉及文化的不同。在绝大部分非洲国家的语言中，心脏是感受快乐的地方，但是在乍得语中，肝脏则是能感受到高兴情绪的地方。据说希伯来语是使用肾来感受快乐，而在玛雅语中，则是腹部。

所以即使翻译人员能完全理解原文，但是也难以找到与之等同的翻译语言，因此，翻译人员不仅要具备丰富的实践能力，还要求有渊博的知识。

语言沟通固然重要，但它只是沟通的方式之一。有一项研究表明，在面对面的沟通中，那些来自语言文字的信息不会超过35%，有65%的信息是通过非语言形式传送的，而且有时非语言信息比语言信息更具有说服力。

非语言沟通中的主要方式是体态语言，它包括眼睛、脸部和身体语言，读懂体态语言有助于提高沟通效果。

眼睛在接受信息时扮演着重要的角色。在人们所有的知觉中，依靠最多的是视觉，它是人们获得周围信息的主要来源。经理们常常这样说："我最好去巡视一下，看看工作情形如何？"可见人们是多么依赖视觉收集信息。同时"眼睛是心灵的窗户"，喜怒哀乐能同时表现在眼睛和脸上。据统计，人类的脸部可以做出 250 000 多种不同的表情，因此，在国际商务谈判沟通中，要善于捕捉谈判对手发出的体态语言信息。

在不同的文化中，这种非语言表达的方式也不同。在美国，大拇指和食指圈成一个圈意味着一切都很好，很顺利，然而在德国和南美的一些地方，这种手势则表达一种下流的意思；在英格兰和苏格兰用手碰碰鼻子表示"只有你我知道这个秘密"，而在威尔士则表示"你真爱多管闲事"；在荷兰用一根手指点一下对方的脑门表示"你真聪明"，可在欧洲其他地方，同一手势表示"你一定疯了"或者"这是多么荒唐的念头啊"；希腊人点头表示同意，这一点和美国一样，但是表示"不"时，希腊人则扬起脸向后甩头，他们把一只手或两只手同时高举到肩部表示"坚决不"；在日本长时间的目光接触被视为粗鲁、恐吓和不敬，但阿拉伯人则认为这种目光交流是对对方的关注，而且有助于评估对方话语的真实性。

除了体态语言能够传递非语言信息外，在沟通过程中，还有几个外部因素也在传递信息，它们是时间、空间和距离。

生活的快节奏和严酷的竞争要求每一个人都必须准时，在美国等一些国家的人们认为时间就是金钱，在谈判中守时是代表诚信，有助于更好地沟通，但在世界的其他地方，时间是弹性地并且不被看做是有限的，人们可能会迟到，或者根本不出现，比如中东和拉丁美洲的一些国家。

每个人都有自己的私人空间，当被侵入私人空间时，人们会变得极端不安。但是这一"私人空间"的范围却因文化不同而有所不同。一般来说，强调个人主义的文化比强调集体主义的文化需要的个人空间大。例如，阿拉伯人和拉丁美洲人与他人交谈时喜欢站近一些，它们之间的间距不到 0.5m，而美国人之间比较舒适的谈话距离要宽得多，将近 1m，但对于中国人来说，通常是保持 0.5～1m 的距离。

子任务三　跨文化的沟通技巧

1. 承认文化的差异

在国际商务谈判前人们首先要承认文化的差异，做好心理准备，这样在出错时才能及时调整好心理状态。在谈判时应尽量避免含糊不清的语言和动作。

2. 主动耐心地倾听并认可对方所表达的想法

倾听是国际商务谈判的一项重要活动。谈判者的首要任务就是收集信息，从而增强创造力。作为谈判者，可以明白对方的观点，但也可以完全不同意对方的想法。

谈判者都希望自己的想法被对方理解，而对方的理解并不等于是同意。因此，如果自己不断地点头或者重复对方的观点，如"你的意思是这样吗？"，让对方道尽观点，努力了解对方的想法、需要和条件，这样，对方根本不会责怪自己，反而会逐渐感到满意和被理解，从而对自己所提出的观点也会表示理解。主动仔细地倾听，还有助于澄清因文化差异造成的一些模糊不清的问题，增加谈判成功的可能性。国外谈判专家有句话称：“最便宜的让步就是让对方知道，他的话已被听进去了。”

3. 一定要将自己的想法让对方听明白

为了让对方了解自己的想法，一定要让对方明白自己的谈话，声东击西、兜圈子的话往往并不会增加谈判成功的可能性。虽然东方一些国家的谈判人员比较含蓄，会对沟通造成一定的麻烦，但是如果自己也含蓄，那么谈判过程将更难，因此，国际商务谈判者要学会表达自己的感受，而不是要指责对方。

谈判不是辩论，谈判双方也不是一个案子的原告和被告的关系，而是处于相同地位的审理同一个案子的两个法官的关系，也就是双方虽然有不同的见解，但最终还是要对“裁决”取得一致的意见。

4. 沟通的内容应该有针对性

谈判者在充分沟通的同时也要注意，内容太多、缺乏针对性也会妨碍谈判的效率，有时还会产生相反的效果。在谈判中，浪费时间和精力对双方来说都是一种损失。尤其是针对那些高度个人主义的谈判人员，应做到“买卖不成，仁义在”。

沟通需要建立在相互信任、相互理解、相互尊重、保持友好的基础上，这样才能保持长久的合作关系。

任务二　跨文化谈判

子任务一　国际商务谈判中的跨文化问题

在谈判实践中，很多谈判者常常没有领悟、重视或注意到文化对谈判方式的重要影响。对于外国谈判方的文化，有些谈判者也许已经注意到对方的一些“不同”或者“费解”的谈判方式的具体表现，但却认为并不重要。有的人盲目地认为涉外谈判是用事实和数据说话，而事实和数据是通用的。同样，有些谈判者去异国他乡谈判时，为与对方保持融洽的关系，只会注意到双方文化上的相似之处，而忽视其不同之处。

不同的国家存在着不同的文化，国际商务谈判中存在的跨文化问题主要通过语言、礼仪、禁忌、宗教信仰与谈判风格体现出来。

1. 语言

国际商务谈判大多用英语进行，而谈判双方的母语往往又不都是英语，这就增加了交流的难度。在这种情况下，谈判人员要尽量用简单、清楚、明确的英语，不要用易引起误会的多义词、双关语、俚语、成语，也不要用易引起对方反感的词句，如“To tell you the truth”、“I'll be honest with you…”、“I will do my best.”、“It's none of my business but …”。这些词句带有不信任色彩，会使对方担心，从而不愿积极与自己合作。跨文化交流的一个严重通病是“以己度人”，即主观地认为对方一定会按照自己的意愿、自己的习惯去理解自己的发言，或从对方的发言中自己所理解的意思正是对方想表达的意思。最典型的例子就是“Yes”和“No”的使用和理解。有一家美国公司和一家日本公司进行商务谈判，在谈判中，美国人很高兴地发现，每当他提出一个意见时，对方就点头说“Yes”，他以为这次谈判特别顺利。直到他要求签合同时才震惊地发现日本人说的“Yes”是表示礼貌的“I hear you”的“Yes”，不是“I agree with you”的“Yes”。实际上，“Yes”这个词的意思是非常丰富的，除了以上两种外，还有“I understand the question”的“Yes”和“I'll considerate”的“Yes”。No”的表达方式也很复杂，有些文化的价值观反对正面冲突，因此，人们一般不直接说“No”，而用一些模糊的词句表示拒绝。例如，巴西人用“Somewhat difficult”代替“Impossible”，没有经验的谈判者若按字面意思去理解，就会浪费时间，延缓谈判进程。因此，人们必须尽量了解对方的文化，对方的价值观和风俗习惯，只有这样，才能正确无误地传递和接受信息。

为了避免误会，人们可用释义法确保沟通的顺利进行。释义法就是用自己的话把对方的话解释一遍，并询问对方自己的理解是否正确，这样做的另一个好处是可以加深对方对这个问题的印象。

2. 礼仪

国际商务谈判实际上也可以说是人与人之间的交流活动。人们之间的交往要符合一定的礼仪规范。在商业谈判中，懂得必要的礼节与礼仪是谈判人员必须具备的基本素质。如果违反礼仪规范，不仅会影响双方融洽关系的形成，而且还会影响对方对自己在修养、身份、能力等方面的评价，甚至影响谈判的成功。当与外国人进行商务谈判时，由于各自生活在不同的社会文化背景之中，因此，各自的民族文化、习俗以及礼仪等差别就比较悬殊。

礼仪在人们的交往过程中具有重要作用。首先，它可以沟通人们之间的感情，感受人格的尊严，增强人们的尊严感；其次，它有助于发展我国人民同世界各国、各地区人民的友谊，在涉外交往中，遵守国际惯例和一定的礼节，有利于我国的对外开放，有利于展现中国礼仪之邦的风范；最后，健康、必要的礼仪可以赢得人们的尊敬和爱戴，广交朋友，避免隔阂和怨恨。如果一个人在日常生活、工作中彬彬有礼，待人接物恰如其分，诚恳、谦恭、和善，他就必定会受到人们的尊重。

国际社交场合中的服装大致分为礼服和便装两种。正式的、隆重的、严肃的场合着深色礼服(燕尾服或西装)，一般场合则可着便装。目前，除个别国家在某些场合另有规定(如典礼活动禁止妇女穿长裤或超短裙)外，穿着趋于简化。

在涉外交往中，任何服装都应做到清洁、整齐、挺直。上衣应熨平整，下装熨出裤线。衣领、袖口要干净，皮鞋应上油擦亮。穿中山装要扣好领扣、领钩、裤扣。穿长袖衬衣要将前后摆塞在裤内，袖口不要卷起，长裤裤筒也不允许卷起。两扣西服上衣若系扣子，可系上边一个，若是一扣或多扣西服上衣，均应扣全。男士在任何情况下均不应穿短裤参加涉外活动。女士夏天可光脚穿凉鞋，穿袜子时，袜口不要露在衣、裙之外。

在交际场合中，一般是在相互介绍和会面时握手，握手也有先后顺序，应由主人、年长者、身份高者、妇女先伸手，客人、年轻者、身份低者见面先问候，待对方伸出手后再握。多人同时握手，切忌交叉进行，应等别人握手完毕后再伸手。男子在握手前应先脱下手套，摘下帽子。握手时双目应注视对方，微笑致意。

涉外交往中，在与外商谈话时表情要自然，语言和气亲切，表达得体。谈话时可适当做些手势，但动作不要过大，更不要手舞足蹈，用手指点人。谈话时与对方的距离要适中，太远或太近均不适合，不要拖拖拉拉、拍拍打打。

参加别人的谈话要先打招呼，别人在个别谈话时，不要凑前旁听；有事需与某人谈话，可待别人谈完后再进行；有人主动与自己说话，应乐于交谈；发现有人欲与自己谈话，可主动询问；第三者参与谈话，应以握手、点头或微笑表示欢迎；若谈话中有急事需离开，应向对方打招呼，表示歉意。

3. 禁忌与宗教信仰

在包括涉外商务活动的对外活动中，禁忌是不得不考虑的事项，特别是在东亚、南亚、中亚、北非这些宗教盛行的地区。了解一些国家的风土人情、习惯禁忌，对于与对方交流、准备把握对方的谈判思路和及时完成谈判任务，都具有非常重要的作用。

子任务二 文化差异对国际商务谈判的影响

文化对谈判的影响是广泛而深刻的，不同的文化自然地将人们划分为不同的类群，一方面，这种地域的、所属群体上的差别有使不同文化的群体相互疏远的倾向；另一方面，不同的文化也是人们沟通与交往中的障碍。因此，要求谈判者要接纳彼此的文化，而且要透过文化的差异无误地揭示、了解对方的目的与行为，并使自己被对方所接受，最终达成一致的协议。

总的来说，文化对谈判的影响主要体现在以下几个方面。

1. 沟通过程

文化差异对谈判沟通过程的影响首先表现在谈判的语言沟通过程中。语言是任何国家、任何地区、任何民族之间进行沟通的桥梁，各国的公司、个人要进行商务谈判，首先必须过语言这关。国际商务活动的语言差异也是最直接明了的，例如，中国的“白象”牌电池，译成英语“White Elephant”之后便会引起不好的联想。因为“White Elephant”除表示动物的名称外，还有两层含义：对主人没有用，但可能对别人有用的东西；不重用的东西。解决语言问题的方法很简单，谈判人员可以雇用一位翻译或者用共同的第三语言交谈就行了。虽然谈判人员所使用的语言行为在各种文化中具有较高的相适性，但不管如何，差异也是显而易见的。以日本、巴西和法国为例，日本商人的交流风格是最礼貌的，较多地采用正面的承诺、推荐和保证，而较少采用威胁、命令和警告性言论，他们礼貌的讲话风格中最突出的是不常使用“不”、“你”和面部凝视，但经常保持一段沉默；巴西商人使用“不”和“你”字的频率较高，他们的谈判风格显得较为放肆，而且在谈判中似乎不甘寂寞，不时地凝视对方并触碰对方；法国商人的谈判风格显得更为放肆，特别是他们使用威胁和警告的频率最高，此外，他们还很频繁地使用插话、面部凝视以及“不”和“你”字。可见，只有弄清楚这些差异，方能避免对日本人的沉默寡言、巴西人的热心过头和法国人的威胁的误解，从而取得国际商务谈判的成功。

文化差异对谈判过程的影响不仅表现在语言沟通过程中，还表现在非语言沟通过程中。文化的差异会导致不同国家或地区的谈判者在形体语言、动作语言的运用上存在巨大的差异，甚至，同样的动作语言传递着截然相反的信息。例如，绝大多数的国家都是以点头的方式来表示赞成。但是印度、尼泊尔等国则以摇头表示肯定，也就是一面摇头，一面露微笑表示赞成、肯定之意：有些人只是以斜着抬头方式来表示倒还算好；有些人则是口中一面频称“You are right!”一面却不断地摇头。常令对方摸不清楚其真正的心理，满腹怀疑。可见谈判者的形体、动作、语言、认识和运用的差异，同样也会给谈判中的沟通制造障碍。

文化差异还会导致谈判者沟通方式的差异。不同文化的人群有其所偏好和习惯的沟通方式，在跨文化谈判中的谈判双方经常属于不同的文化圈，有各自习惯的沟通方式。习惯于不同沟通方式的双方要进行较为深入的沟通，往往就会产生各种各样的问题。文化修养高的谈判人员和文化修养低的谈判人员在谈判过程中表达的方式可能截然不同。文化修养高的谈判人员可能会选用委婉的、间接的方式来表达自己的意思，而文化修养低的谈判人员则偏爱较多地运用口头表达，直接发出或接受明确的信息，直截了当地表达自己的意思。文化层次高的谈判者在进行谈判时，往往是一方认为对方过于粗鲁，而另一方可能认为对方缺乏谈判的诚意，或将对方的沉默误解为对其所提条件的认可。

2. 谈判风格

谈判风格是谈判者在谈判活动中所表现的主要气度和作风，谈判风格体现在谈判者谈判过程中的行为、举止和控制谈判进程的方法、手段上。谈判者的谈判风格带有深深的文化烙印。文化不仅决定着谈判者的伦理道德规范，而且影响着谈判者的思维方式和个性行为，从而使不同文化背景的谈判者形成风格迥异的谈判风格。谈判风格对于谈判过程中谈判双方的交往方式、交往关系甚至谈判结构都有着直接的影响。

遵循文化的差异，可以把谈判风格分为两种类型：东方型谈判风格和西方型谈判风格。东方型谈判风格是以东方文化为背景的亚洲国家的谈判风格，其中，以日本、韩国为典型代表。

日本人保守，注重身份地位，重视信用和初次合作，讲究互相依赖关系，精于谈判。日本人很注重在交易谈判中建立和谐的人际关系。如与日本人有过交往，在谈判前就应该回忆一下过去双方的交往与友谊，这对将要进行的谈判是有好处的。他们不赞成也不习惯直接的、纯粹的商务活动。如果初次同日本企业建立贸易关系，本方地位较高的负责人拜访对方企业中同等地位的负责人是十分重要的，这会促使日本企业重视与本方之间的交易关系。而且与日方谈判时，派出场的人员最好是官阶、地位都比对方高一级，这样会有利于谈判的进行。还应该注意的一点是，日本妇女在社会中的地位较低，一般都不允许参与大公司的经营管理活动，日本人在一些重要场合也是不带女伴的。所以遇到正式谈判，一般不宜让妇女参加，否则，他们可能会表示怀疑，甚至流露出不满。

韩国人性格倔强，在谈判中往往坚持己见，不会轻易让步。在这种情况下，必须把握策略，既要坚持据理力争，但又要通情达理，掌握一定的分寸，还需要有耐心。另一方面，韩商在谈判中很少直接表达看法，往往需要对方揣摩，为了准确了解对方的意思，韩商可能会反复问同一问题，以使在做决定时能确保正确性。和韩国人签订合约的一次成功并不意味他们就不会再改变了，他们也会因为其他原因要求修改，或重新开始谈判。

而西方型的谈判风格是以西方文化为背景的欧美国家的谈判风格，其主要的代表有美国和英国等。

美国人常讲“Business is business”(生意归生意)，是指做生意要六亲不认，坚持对事不对人的原则。“时间就是金钱”、“金钱决定一切”是美国人不渝之信条。他们在商务活动中往往直截了当，急于求成，谈生意开门见山，总是拨个电话就谈，坐下来没有寒暄，单刀直入，他们以小时和天数来计算进度，往往使他们的对手感到有压力。美国商人不太喜欢使用代理人或带顾问参加谈判，给人的印象是他们自己就可以代表公司拍板。他们喜欢坐下来立即谈妥生意。另外，美国商人极注重经济效益，他们有一句俚语叫做“Bang for the buck”，即以最少的投入获取最大的利益。

英国商人在从事商业活动时比世界其他国家的商人更正规，也更为保守。即便是当今世界进入了电子信息时代，但在英国通过电话谈生意也是很难让人接受的。英国商人更愿意事前做好充分准备，然后进行面对面商谈。只要他们认为某一细节没有解决，绝不会同意签字，一切都得按规矩办。由于英国人很重视地位，头衔对他们也十分重要，因此，选择有地位的人作为经纪人对商务谈判很有影响，政治势力和工会的作用在商务中也不可忽视。

当然，在实际的谈判过程中还要注意，虽然具有相同文化背景的谈判者的谈判风格有着明显的趋同性，然而，因受到文化以及其他因素的影响，同一文化背景的谈判者个体，其谈判风格可能也是大相径庭的。

3. 伦理与法制

中国文化习惯于回避从法律上考虑问题，而是着重于从伦理道德上考虑问题，而大多数西方人却恰恰相反，他们更多的是从法律上考虑问题。

在中国，“伦理至上”的观念始终占据着人们思想的重要地位，一旦发生纠纷，首先想到的是如何赢得周围舆论的支持，“得道多助，失道寡助”在中国人看来有着极其特殊的内涵和意义。于是，很多应该利用法律来解决的问题，中国人感到不习惯，而是习惯通过组织、通过舆论来发挥道德规范的作用。

日本人不喜欢谈判中有律师参与，他们认为带律师参加谈判，一开始就考虑日后纠纷的处理，是缺乏诚意的表现。当合同双方发生争执时，日本人通常不选择诉诸法律这一途径，而是愿意坐下来重新协商。西方人则与此不同，他们对于纠纷的处置，惯用法律的手段来解决，而不是靠良心和道德。例如，美国人在进行商务谈判特别是在国外进行商务谈判时，一定会带上自己的律师。他们常说的一句话是：“我要征求律师的意见。”

实训案例 3-1

商务谈判要避免文化歧义

商务谈判大多用英语进行，要避免跨国文化交流产生的歧义，尽量用简单、清楚、明确的英语。

避免使用易引起对方反感的词句，如下面列举了一些带有不信任色彩的词句，否则，会导致对方不愿积极与本方合作。

“To tell you the truth”，“I'll be honest with you…”，“I will do my best”，“It s none of my business but…”。

为了避免误会，可用释义法确保沟通的顺利进行。

例如，“We would accept the price if you could modify your specifications.”

我们可以说：“If I understand you correctly， what you are really saying is that you agree to accept our price if we improve our product as you request.”

最后，为确保沟通顺利进行的另一个方法是在谈判结束前作一个小结，把到现在为止达成的协议重述一遍并要求对方予以认可。

子任务三　不同国家商务谈判的注意事项

国际商务谈判中最重要也是最艰难的一个环节就是谈判中的较量，即使准备得相当充分，如果在实际运作中把握不住，往往也会前功尽弃。谈判中的较量关键是要了解不同国家的风俗习惯，下面将详细介绍不同国家的风俗习惯和谈判时的注意事项。

1. 与日本人谈判的实用技巧

日本人的谈吐举止都要受到严格的礼仪约束，称呼他人用“先生”、“夫人”、“小姐”等，不直呼其名。而且鞠躬是很重要的礼节。与日本人交换名片时，要向日方谈判班子的每一位成员递送名片，不能遗漏。日本人不喜欢有狐狸图案的礼品，他们把狐狸视为贪婪的象征。日本人忌讳“4”与“9”两个数字，因为日文中“四”与“死”发音相同，“九”与“苦”发音相同。日本人的宗教信仰比较复杂，按日本的传统，多数人信奉佛教和本国特有的神道教。

1) 非事务性接触阶段

商务谈判中，人们习惯于5～10分钟寒暄后便进入谈判主题，而这对日本人来说是不太合适的。在与日本人谈判时，高层官员的作用只是礼仪上的，通常在谈判后参加合同的签署。有时，他们也参加早期的非事务性活动，地点选择在饭馆、高尔夫球场等非正式场所。一位日本高级主管人员说，98%的话题与体育、政治和家庭有关，只有2%的话题和商业有关。许多日本公司有他们高层主官的简历，本方可以从中获得信息。和日本高层主管谈话时，说什么并不比怎么说重要。日本高层主管往往会对对方公司的正直、可信、履约能力做个整体判断。另外，还需要注意以下一些细节。

(1) 名片可以交换也可以不交换。当双方总裁相见时，名片并不需要，但要准备好日文名片以备交换。

(2) 带点小礼物是必要的，如印有本公司标志的铅笔、领带及其他装饰品，但象征恶化的裁纸刀、剪彩刀是不合适的。礼物互换只表示心意，太贵重的礼物不合适。

(3) 在欢迎仪式后表达双方将来真诚合作的愿望是必要的，要注意表达必须用间接和暗示的方式。例如，我们很高兴将来能对贵公司有所支持；我们以自己产品的高质量而自豪，希望贵公司能分享；贵公司和我公司很明显在某些方面有着共同目标。

(4) 下面这些做法是不合适的，例如，如果双方能在价格方面达成协议，那其余问题都是次要的；有关公司的分配计划会对双方都有利。最后，当高层接触在我方举行时，应感谢对方的到来，并接送到宾馆，最初的会谈最好在客厅中举行，而不应在办公室。要注意的是，高层领导并不是讨价还价的对象，这不是他们的职能。

在日本，一般行政人员的非事务性接触典型的途径如下：日本谈判将在某个下午较晚时邀请谈判对手和介绍人到日本公司见面，在那儿参观并进行一些事务性闲聊，下午6:00左右，日方将建议吃晚饭，通常由他们选择餐厅和付账单，我方将没有付款的机会，因为我方看不到账单，此时，商业话题仍不合适。晚饭后，日方将建议到我方酒吧聊一聊，这样一直到晚上11:00左右，以安排将来会见的日程。通过这段时间的交流，只有一些模糊的双方合作意向，值得注意的是，交换名片是必要的，离开办公室时赠送给日方一些小礼物。

2) 事务性信息交流

(1) 表达信息。日本人列出问题的方式类似于中国旧叙事诗的三段式：情景介绍、详细描写、道出主旨，只有经过很长时间的说明，才说出自己的目的。其次是提出问题的次数，日本人会不断地重复问问题，甚至许多人会问同一个问题，通常让我方发怒，“难道他们不相信我方的话。”其实这与日本人集体决定有关，我方要有耐心并准备足够信息，但也要适时地控制他们的提问。例如，“我昨天已和某某先生谈了这个问题，不过我可以重复……”或者“这是我以前讲过的同一个问题，但我再重述一下”；写下被问的问题，以便与日本人分享；一般的，重复的问题，第2次回答时花10分钟，第3次只花1分钟，当第4次被问时，合适的反应是沉默或转移话题。

(2) 获得信息。幸运的是，日本对手重复问我方问题时，会暴露给我方更多的信息，当我方从会谈纪要上看到，如果日本人6次询问送货日程，只有两次询问服务合同，那他们看重的是送货时间。从日方获得的信息，需要经过认真推敲，如果我方问日本人有关报价时，他们会说："噢，它看起来很好。"他们很可能内心认为这很糟，解释一下这3条不可测的行为：集体决定，任何人无权代表集体讲话；想保持和谐关系；我方不能明白那些微妙的非言语的否定线索，如面部表情、眼神等。

要真正了解建立非正式的交流渠道，而这种非正式的交流渠道须由较低级行政人员去完成，这也是谈判团里要有低级行政人员的原因之一。这里用一个例子来说明非正式交流的重要性。一家美国大公司寻求和一家日本小公司合作，谈判在主管人员之间没有取得结果，虽然日方主管在许多方面都表现出兴趣，但似乎仍犹豫不决，美方决定采取"等一下"的战略。但是6个月后什么也没发生，过后，美方公司的低层行政人员受到日方低层行政人员的邀请，约一杯茶的时间后，日方解释了推迟的原因，"我有一些事要告诉你，但我的老板却不便对你的老板讲"，他讲出了价格和公司更名的问题，其实，如果及早提出，问题也早就解决了，但是日方认为在谈判桌上向一个高地位的买者提出反对是不合适的。

3) 劝说和辩论

和日方谈判时，我方可用下列劝说技巧(按下面的顺序和环境)。

(1) 多问问题。多问问题会使对方对自己的回答有所怀疑，也使自己可以在某个问题上要作出让步前获得最佳回答并明白真正的原因。

(2) 重述我方的立场、需要和愿望。

(3) 使用其他的主动技巧。如承诺"如果对方能在7月1日前送货，我方将立即签订下一个订单"，建议"如果你方仍采用原公司名称就不会失去老顾客"，赞扬"谈判进展顺利，得益于你方的支持"，等等。

(4) 如果我方仍不满意他们的回答，可以试着沉默，给他们思考和改变立场的机会，但日本人是善于利用沉默的专家。如果我方感到难以利用沉默至少要提防日本人常常利用。

(5) 如果1～4步仍不能让对手让步，通过改变话题或者要求休息等非正式途径解决。

(6) 侵略性的技巧，如威胁"如果你方坚持这些条款，我方将寻找另外的合作者"，警告"如果我们不能达成协议，也没有公司会对你方计划感兴趣"，等等，只能用在最危急的时刻或者特殊环境。①最好通过非正式渠道和尽可能用间接方式表达。与其说"如果贵公司仍不能降价，我方将寻找另外的供应商"，不如说"贵公司降低价格将有助于避免我们不得不寻找另外的机会"；②明显对自己有利的场合。即使在这两种情形下，使用威胁也将破坏长期利益。如果利益地位变换，日方将会改变立场。

(7) 如果1～6步仍没有使日方让步，我方应建议给他们时间去考虑和达成一致，日本人很少立即作出让步。我方许多人忽视了时间策略，其实"让事情挂一挂"是必要的策略。

(8) 让介绍人或调解人参与，但要记住第三者的仲裁将只起一次作用。

(9) 最后，如果仍行不通，有必要让两公司的行政主管聚集在一起，以期待更好的合作。但是如果这次失败，特别是过去又有威胁方法运用时，那就意味着谈判的最终破裂。

4) 让步和签约

谈判需要双方共同合作，双方都要放弃某些利益，才能共同将蛋糕做大。谈判不能仅着眼于眼前的利益，而要增进了解，为的是长期利益。一旦建立良好的关系，一系列问题都能迎刃而解。

和日本人谈判，往往会出现有进展的信号，更高级的行政人员被邀参加讨论，讨论的问题专注于某方面，对某些问题的“柔化”，如“让我们花时间研究一下”。抓住这些信号，在谈判中就能游刃有余。

谈判中部分让步、阶段让步对日本人来说不起多大作用，他们着眼于整个问题的解决，我方建议一直到所有议题和利益均讨论过后再做出让步，那时，小的让步有助于关系的建立。在结束讨论之前，有 3 点对我方来说是看不惯的，而对日本人来说是正常的：①经常打断一方谈判；②在谈判中途，日方人员会自由进入或离开会场；③当我方正和一群日本人讨论时，发现一个很可能是主管人员闭着眼在听。

谈判是一门复杂的艺术，需要人们多看、多听、多实践。签订协议并不表示谈判的成功，也许这只完成了一项事务，建立良好的商业关系是谈判的关键所在。

2. 美国人的谈判风格

除各种动物内脏之外，美国人在饮食上一般没什么禁忌。但是他们比较忌讳 13 日和星期五。对菜肴要求量少质高，用餐省时快速。美国人不喜欢谈个人私事，特别尊重个人隐私权。无论在何种场合与美国人交谈，说话必须谨慎，因为他认为每个人说的话都是算数的。

在美国人中，有 30%信奉基督教，20%信奉天主教。美国人过的宗教节日主要是圣诞节和复活节。此外，他们还过感恩节，很多美国人在感恩节时回家团聚。节日期间举行各种体育竞赛和文娱活动，晚上围着壁炉谈天说地，共享欢乐。

美国人在谈判风格上有以下特点。

1) 自信心强，自我感觉良好

美国是世界上经济最发达的国家之一，国民经济实力也最为雄厚，不论是美国人所讲的语言，还是美国人所使用的货币，都在世界经济交往中占有重要的地位。英语几乎是国际谈判的通用语言，世界贸易有 50%以上用美元结算。所有这些，都使美国人对自己的国家深感自豪，具有强烈的民族自尊感与荣誉感。这种心理在他们的贸易活动中充分表现出来。他们在谈判中，自信心和自尊感都比较强，加之他们信奉自我奋斗的信条，常使与他们打交道的外国谈判者感到美国人有自我优越感。

美国人的自信还表现在他们坚持公平合理的原则上。他们认为两方进行交易，双方都要有利可图。在这一原则下，他们会提出一个“合理”方案，并认为是十分公平合理的。他们喜欢的谈判方式是在双方接触的初始就阐明自己的立场、观点，推出自己的方案，以争取主动。他们在双方的洽商中充满自信，语言明确肯定，计算也科学准确。如果双方出现分歧，他们只会怀疑对方的分析、计算，而坚持自己的看法。

美国人的自信还表现在他们对本国产品的品质优越、技术先进性毫不掩饰的称赞上。他们认为，如果人有十分能力，就要表现出十分来，千万不要遮掩、谦虚，否则很可能被看做是无能。如果我方的产品质量过硬，性能优越，就要让购买我方产品的人认识到，那种到实践中检验的想法，美国人认为是不妥的。

美国人的自信与傲慢还表现在他们喜欢批评别人、指责别人。当谈判不能按照他们的意愿进展时，他们常常会直率地批评或抱怨。这是因为，他们往往认为自己做的一切都是合理的，缺少对别人的宽容与理解。

美国人的谈判方式往往让人觉得美国人傲慢、自信。他们说话声音大、速度快，办事讲究效率，而且很少讲对不起。他们喜欢别人按他们的意愿行事，喜欢以自我为中心。“想让美国人显得谦卑、暴露自己的不足或承认自己的无知实在太困难了。”总之，美国人的自信让他们赢得了许多生意，但是也让东方人感到他们的咄咄逼人、傲慢、自大和粗鲁。

2) 讲究实际，注重利益

美国人做交易，往往以获取经济利益为最终目标。所以，他们有时对日本人、中国人在谈判中要考虑其他方面的因素(如由政治关系所形成的利益共同体等)表示不理解。尽管他们注重实际利益，但他们一般不漫天要价，也不喜欢别人漫天要价。他们认为，做买卖双方都要获利，不管哪一方提出的方案都要公平合理。所以，美国人对于日本人、中国人习惯的注重友情和看在老朋友的面子上或可以随意通融的做法很不适应。

美国人做生意时考虑更多的是生意所能带来的实际利益，而不是生意人之间的私人交情。所以，亚洲国家和拉美国家的人都有这种感觉，美国人谈生意就是直接谈生意，不注意在洽商中培养双方的友谊和感情，而且还力图把生意和友谊清楚地分开，所以显得比较生硬。但是从美国人的角度看，他们对友谊与生意的看法却与这些国家大相径庭。一位美国专家指出：美国人感到，在中国，像是到朋友家作客，而不像是做生意。同中国人谈判，是“客人”与“主人”的谈判。中国人掌握着谈判日程和议事内容，他们有礼貌，或采取各种暗示、非直接的形式请客人先谈，让客人“亮底”，如谈判出现障碍或僵局时，东道主会十分热情地盛宴招待对方。中国人的地主之谊、客气和热情，常使美国的“客人”为顾全情面而做出慷慨大方的决策。

美国人注重实际利益，还表现在他们一旦签订了合同，就非常重视合同的法律性，合同履约率较高。在他们看来，如果签订合同不能履约，那么就要严格按照合同的违约条款支付赔偿金和违约金，没有再协商的余地。所以，他们也十分注重违约条款的磋商与执行。

3) 热情坦率，性格外向

美国人性格外向，他们的喜怒哀乐大多通过言行举止表现出来。在谈判中，他们精力充沛，感情洋溢，不论是在陈述己方观点，还是在表明对对方的立场态度上，都比较直率。如果对方提出的建议他们不能接受，他们也会毫不隐讳的直言相告，甚至唯恐对方误会。所以，他们对日本人和中国人的表达方式表示明显的异议。美国人常对中国人在谈判中的迂回曲折、兜圈子感到莫名其妙。对于中国人在谈判中用微妙的暗示来提出实质性的要求，美国人感到十分不习惯。他们常常惋惜，不少美国厂商因不善于品味中国人的暗示，而失去了不少极好的交易机会。

谈判中的直率也好，暗示也好，看起来是谈判风格的不同，实际上是文化差异的问题。东方人认为直接地拒绝对方，表明自己的要求，会损害对方的面子，僵化关系，像美国人那样感情爆发、直率、激烈的言辞是缺乏修养的表现。同样，东方人所推崇的谦虚、有耐性、涵养，可能会被美国人认为是虚伪、客套、耍花招。

4) 重合同，法律观念强

美国是一个高度法制化的国家。有关资料统计表明：平均450名美国人中就有一名律师，这与美国人解决矛盾纠纷时习惯于诉诸法律有直接的关系。他们这种法律观念在商业交易中也表现得十分明显。美国人认为，交易最重要的是经济利益。为了保证自己的利益，最公正、最妥善的解决办法就是依靠法律和合同，其他的都是靠不住的。因此，他们特别看重合同，十分认真地讨论合同条款，而且特别重视合同违约的赔偿条款。一旦双方在执行合同条款中出现意外情况，就按双方事先同意的责任条款来处理。因此，美国人在商业谈判中对于合同的讨论特别详细、具体，也关心合同适用的法律，以便在执行合同中能顺利地解决各种问题。

美国人的这种法律意识与中国人的传统观念相差较大，这也反映在中美谈判人员的洽商中。中国人重视协议的“精神”，而美国人重视协议本身的条文。一旦遇到矛盾，中国人就喜欢提醒美国伙伴注重协议的精神，而不是按协议的条款办事。与中国人签约，本身就是一种“精神的象征”。

美国人重合同、重法律，还表现在他们认为商业合同就是商业合同，朋友归朋友，两者之间不能混淆。私交再好，甚至是父子关系，在经济利益上也是绝对分明的。因此，美国人对中国人的传统观念，如既然是老朋友，就可以理所当然地要对方提供比别人更优惠的待遇，出让更大的利益，表示难以理解。这一点也值得中国人认真考虑，并在谈判中加以注意。

5) 注重时间效率

美国是一个高度发达的国家，生活节奏比较快。这使得美国人特别珍惜时间，注重活动的效率。所以，在商务谈判中，美国人常抱怨其他国家的谈判对手拖延，缺乏工作效率，而这些国家的人也埋怨美国人缺少耐心。

在美国人的企业中，各级部门职责分明，分工具体。因此，谈判的信息收集、决策都比较快速、高效率。加之他们个性外向、坦率，所以，他们一般谈判的特点是开门见山，报价及提出的具体条件也比较客观，水分较少。他们也喜欢对方这样做，几经磋商后，两方意见很快趋于一致。但是如果对方的谈判特点与他们不一致或相反，那么他们就会感到十分不适应，而且常常直接表示出他们的不满，就更显得他们缺乏耐心。人们也就常常利用美国人夸夸其谈、准备不够充分、缺乏必要的耐心等弱点，牟取最大利益。当然，美国人的干脆利落，如果谈判对手也是这种风格，确实很有效率。

美国商人重视时间，还表现在做一切事都要井然有序，有一定的计划性。不喜欢事先没预约的不速之客来访。与美国人约会，早到或迟到都是不礼貌的。

实训案例 3-2

如何与美国商人谈判

美国在国际贸易中的地位使美国文化给谈判带来的特点引人注目。从总体上来说，美国人的性格通常是外向的。因此，有人将美国人的性格特点归纳为：外露、坦率、真挚、热情、自信、滔滔不绝，追求物质上的实际利益。

与美国人做生意，“是”和“否”必须分清楚，这是一条基本的原则。当无法接受对方提出的条款时，要明白地告诉对方不能接受，而不要含糊其辞，使对方存有希望。有些人为了不致失去继续洽谈的机会，便装着有意接受的样子而含糊作答，或者答应以后作答，而实际上却迟迟不作回答，这些都会导致纠纷的产生。

万一产生了纠纷，就更要注意谈判的态度，必须诚恳、认真，绝对不要笑。因为在美国人看来，出现了纠纷而争论时，双方的心情都很恶劣，笑容必定是装出来的，这就会使得对方更为生气，甚至认为我方已经自认理亏了。

与美国人谈判，绝对不要指名批评某人。不要指责客户公司中某人的缺点，或把以前与某人有过摩擦的事作为话题，或把处于竞争关系的公司的缺点抖搂出来进行贬抑等，这些都是绝对不可以的。这是因为美国人谈到第三者时，都会避免损伤其人格。这一点务必牢记于心，否则是会被对方蔑视的。

美国人对商品的包装和装潢比较讲究。这是因为在美国，包装与装潢对商品的销路具有重要的影响，只有新奇的符合国际潮流的包装与装潢，才能激发消费者的购买欲，扩大销售。在美国，一些日用品花费在包装装潢上的费用占到商品成本的很大比例。

有一种不正确的理解认为美国人做生意很死板，丝毫不讲人情。实际上，美国是人种熔炉，美国人的传统是从事商业，特别是犹太血统的人具有经商的长处。

3. 欧洲人的谈判风格

1) 德国人的谈判风格

(1) 思维缜密，考虑问题周到，有计划性。
(2) 十分讲究效率。
(3) 十分自信、自负。
(4) 重合同、守信用。
(5) 对待个人关系非常严肃。

2) 法国人的谈判风格

(1) 坚持在谈判中使用法语。
(2) 重视人际关系。
(3) 偏爱横向谈判。
(4) 喜欢度假。
(5) 大都重视个人的力量。
(6) 时间观念不强。

3) 英国人的谈判风格

(1) 英国人不轻易与对方建立个人关系。
(2) 重视礼仪，崇尚绅士风度。
(3) 不能按期履行合同，不能按期交货。
(4) 做成生意的欲望不强。

4) 意大利人的谈判风格

(1) 不遵守时间。
(2) 性格外向，情绪多变，决策过程缓慢。
(3) 注重商人的个人作用。
(4) 崇尚时髦。
(5) 注重节约。
(6) 地区差别大。

5) 俄罗斯人的谈判风格

(1) 谈判时缺乏灵活性。
(2) 善于讨价还价。
(3) 重视谈判项目中的技术内容和索赔条款。
(4) 喜欢采用易货贸易形式。

6) 荷兰人的谈判风格

(1) 荷兰人善于理财，讲究秩序，注重工作效率，办事认真负责。
(2) 荷兰人性格坦率、开诚布公、守时、正派、热情好客。
(3) 荷兰人爽直，极注重商业道德，但在价格上喜欢斤斤计较。
(4) 荷兰人会讲多种外国语言。

7) 比利时人的谈判风格

(1) 比利时人中，日耳曼血统的荷兰系弗拉芒人与法国系瓦隆人各占一半。两个民族感情上相当独立。弗拉芒人朴实、勤劳、吝啬，瓦隆人乐观、开朗、大方。

(2) 比利时人注重对方的地位、外表。

(3) 比利时人喜欢社交活动，常把生意和娱乐结合在一起。

(4) 比利时人勤勤恳恳、兢兢业业。

8) 西班牙人的谈判风格

(1) 西班牙人常使谈判对手感觉到傲慢。

(2) 西班牙人注重穿戴，不愿看到穿戴不整的人坐到谈判桌上。

(3) 西班牙人地区差别很大。

(4) 在生意中，西班牙人强调维护个人信誉，一旦签订合同，一般都会非常认真地履行。

9) 希腊人的谈判风格

(1) 希腊商人做生意的方法还是传统的，讨价还价的现象到处可见。

(2) 希腊商人的时间观念不强。

(3) 在商务谈判中，希腊人不希望对方提到土耳其，两国人的怨恨很深。

(4) 希腊商人诚实可靠，但履行义务的效率不高。

(5) 希腊商人不十分讲究穿戴。

10) 葡萄牙人的谈判风格

(1) 葡萄牙人在某些地方很像希腊人，他们比较随便，约会经常迟到。

(2) 葡萄牙人穿着比较讲究。

(3) 葡萄牙人性情随和，注重感情，惯于社交，但较为保守。

11) 奥地利人的谈判风格

(1) 奥地利人和蔼可亲，善于交际。

(2) 奥地利人很正统、严肃，商人们在公共场合一般都相当安静。

(3) 奥地利商人穿着传统，严格遵守约定的时间。

(4) 在商务谈判中，奥地利一方参加的人员较多，无明确的商谈负责人。

(5) 奥地利商人重视信用。

12) 瑞士人的谈判风格

(1) 瑞士人团结一致，具有强烈的排他性。

(2) 瑞士商人一般较谨慎、保守。

(3) 在谈判中，瑞士人对产品的要求一般是“质量第一，价格第二”。

(4) 瑞士商人崇尚节约。

(5) 瑞士商人时间观念强，对时间安排很精确。

(6) 瑞士商人商誉较佳，遵守契约，诚实不欺。

13) 北欧人的谈判风格

(1) 北欧人自立性强、态度谦恭、平和、坦率、沉着，愿意主动提出建设性意见以求做出积极的决策。

(2) 北欧人讲究文明礼貌，但比较固执。

(3) 北欧人工作态度严肃认真，办事计划性强，属于务实型的。

(4) 北欧人普遍喜欢饮酒。

(5) 一般来说，挪威人注重理论，勤于思考，富有创造性，善于形成理论体系；瑞典人善于应用，精于加工制造；丹麦人善于推销，是一流的商人。

14) 东欧、南欧人的谈判风格

(1) 在谈判过程中，他们的国家利益、组织观念比较强。

(2) 匈牙利人具有东方人的气质，商人大多重视商业道德。在谈判中，良好的人际关系是重要的成功因素之一。

(3) 罗马尼亚人非常善于交际，和蔼可亲、快乐、爽朗，比较热衷于做生意，在谈判中，他们长于察言观色，精于讨价还价，遵守时间。

(4) 波兰人的办事效率较低，进行商务谈判需要多次交涉。

(5) 捷克人反应迅速，以头脑精明而著称，而且谈判时一向准时赴约。

4. 韩国人的谈判风格

怎么与韩国商人沟通？

韩国商人在长期的对外贸易实践中积累了许多经验。在参照国际惯例的基础上，他们根据本国的国情采取了一些独特的做法，常在已不利的贸易谈判中战胜对手，被西方发达国家称为“谈判强手”。

韩国商人十分重视贸易谈判。谈判之前，他们通常都要通过海外咨询机构了解对方的底细以及有关商品行情等，做好准备后才会与对方坐到谈判桌前。韩国商人喜欢谈判内容条理化，谈判开始后，他们往往先与对方商谈主要议题。谈判的主要议题虽然每次各有不同，但一般包括各自阐明意图、叫价、讨价还价、协商、签订合同5个方面的内容。

韩国商人常用的谈判方法有以下3点。

(1) 横向协议法，即在进入实质性谈判时，先把需要讨论的条款统统罗列出来，然后逐条逐款磋商。从头到尾商议一遍后，再从第一条款开始检查有无分歧或需要补充的内容，直至最后一款。在此基础上，就分歧或补充内容进行磋商，寻找共同点。

(2) 纵向协商法，即对共同提出的条款逐项进行磋商，在出现的问题或争议得到解决后，才转入下一条款的磋商。

(3) 此外，有的韩国商人在谈判中将“横向协议法”和“纵向协商法”结合使用，即在磋商前后两部分条款时分别采用纵、横两种协商方法。这主要视条款内容而定，以选择有利于自己的谈判方法为前提。

韩国商人常用的技巧与策略有以下3点。

(1) 声东击西，即在谈判中利用对自己不太重要的问题吸引和分散对方的注意力。例如，在谈判中，韩国商人最关注运输问题，而对方把注意力放在价格上，韩国商人就会提出付款问题，把对方注意力引到这一问题上来，以迷惑对方，并相应给对方一点好处，以诱迫对方在关键条款上作出让步。同时，也可协商最重要条款，争取准备时间，并缓解争议，以变换手法，采取新的对策等。

(2) 先“苦”后乐，即在谈判中以率先忍让的假象换取对方的最终让步。例如，韩国商人打算要求对方降低价格，但已探明不增加购货量对方很难接受，而自己又不愿增加购货量，这时，他们会先在产品质量、运输条件、交货期限、付款条件等问题上向对方提出严格要求，然后在磋商上述条款时，极力让对方感到他们是在遭受风险作出让步，这时再提出降价问题，对方大多会给予考虑的。

(3) 此外，韩国商人还针对不同的谈判对象，使用“疲劳战术”、“限期战术”等策略。

5. 东南亚人的谈判风格

新加坡人喜欢红、绿、蓝 3 种颜色，视黑色为不吉利；在商品上不能用如来佛的形象，禁止使用宗教用语。

印度视牛为神圣的动物，视孔雀为祥瑞，并将其视为国鸟，喜欢红、黄、蓝、紫等鲜艳的色彩，不喜欢黑色和白色。

东南亚国家的习俗、忌讳特别多。谈判时，一般不允许跷二郎腿。如果谈判者无意之中将鞋底朝向对方，则谈判宣告失败。

东南亚人崇奉佛教文化，很多特征与中华民族相通，这主要是当地华人比较多的缘故。

6. 阿拉伯人的谈判风格

最好不要对阿拉伯人的私生活表示好奇。尽管阿拉伯人热情好客，但因阿拉伯人所信仰的伊斯兰教规矩很严，他们的日常生活带有明显的宗教色彩，稍有不慎，就会伤害他们的宗教感情。通常而言，这是一个话题的禁区。因此，初次与阿拉伯人谈判时必须特别注意，要尊重他们的信仰。不尊重阿拉伯人的宗教信仰，其后果将是不可想象的。

全球的经理们能够通过研究谈判行为的差异来使自己从中受益，帮助他们了解谈判进程中正在发生什么事情。以巴西为例，巴西人是那种自然、热情且充满活力的风格。巴西人健谈并特别喜欢说“不”，在半小时内可使用 40 多次，而美国人则使用 4.7 次，日本人仅使用 1.9 次。巴西与美、日更为明显的不同是他们更习惯使用较随意的合同。

在谈判中，当日本人不敢用眼光与对手直视或在面临严峻形势下仍保持微笑时，日本文化的彬彬有礼和情绪掩饰常使美国人不知所措。重要的是美国人还应了解对于日本人来讲什么是礼貌而什么是冒犯。美国人必须避免夸张、随意等诸如此类的行为和身体接触，因为日本人重视谦逊。基于一贯的传统文化，日本人还注重维持和谐，他们宁可推托甚至离开房间，也不愿意直接给予对方一个否定的回答。日本文化的根本是关心整个团体的利益，任何影响了一个人或一小部分人的事件都同样会影响其他人。因此，日本人决策时十分谨慎，以便考虑其长期效果，他们会进行客观的分析并注意对方的反应。

北美谈判者认为谈判应该是实事求是的。他们的事实倾向基于自己所相信的客观信息，并在对方也会合乎逻辑地进行理解的前提下向其传递该信息。阿拉伯谈判者的感情倾向主要是基于自身的主观感情和感受，而俄罗斯谈判者的公理倾向则是基于其所在社会中普遍认同的理想信念。俄罗斯人是强硬的谈判者，他们通过不停地争论和拖延使西方谈判者沮丧并使谈判陷入僵局。这是因为俄罗斯人对时间概念的理解不同于西方人，俄罗斯人不认同西方人所信仰的“时间就是金钱”的观念。俄罗斯人是很沉得住气、坚决固执的谈判者。他们会努力去最大限度地减少自己的微笑及其他表情以显示一个平静的外表。

与俄罗斯人相反，阿拉伯人喜欢成为长期的合作伙伴，因而更易于做出让步。与西方人相比，阿拉伯人对时限不够重视并经常缺少足够的权威去完成一项交易。

对成功谈判者进行比较是很有用途的。例如，印度谈判者谦逊、耐心、尊重他人，与总是坚持强硬立场的美国谈判者相比，印度谈判者更容易妥协。阿拉伯谈判者与他国谈判者相比，一个很重要的不同是他们把自己置于中立地位，不认为自己属于任何一方，因此，相互之间极少发生直接对抗。成功的瑞典谈判者是保守和谨慎的人，他们依据事实和详细的信息处理问题。意大利谈判者是精力充沛、富于表现的人，但与瑞典谈判者相比，他们不够坦率。

实训案例 3-3

日本与澳大利亚的煤铁谈判

日本的钢铁和煤炭资源短缺，渴望购买煤和铁。澳大利亚生产煤和铁，并且在国际贸易中不愁找不到买主。按理来说，日本的谈判者应该到澳大利亚去谈生意，但日本人总是想尽办法把澳大利亚人请到日本去谈生意。

澳大利亚人一般都比较谨慎，讲究礼仪，而不会过分侵犯东道主的权益。澳大利亚人到了日本，就使日本方面和澳大利亚方面在谈判桌上的相互地位发生了显著的变化。澳大利亚人过惯了富裕的舒适生活，他们的谈判代表到了日本之后不几天就急于想回到故乡别墅的游泳池、海滨和妻儿身旁去，在谈判桌上常常表现出急躁的情绪，而作为东道主的日本谈判代表则不慌不忙地讨价还价，他们掌握了谈判桌上的主动权。结果日本方面仅仅花费了少量款待作"鱼饵"，就钓到了"大鱼"，取得了大量谈判桌上难以获得的东西。

【案例分析】

日本人在了解了澳大利亚人恋家的特点之后，宁可多花招待费用，也要把谈判争取到自己的主场进行，并充分利用主场优势掌握谈判的主动权，使谈判的结果最大程度对己方有利。

子任务四　如何对待国际商务谈判中的文化差异

承认和包容文化差异，才能在谈判的全过程中采取相应对策，包括在谈判前的了解可能出现的文化差异，谈判中正确处理文化差异，谈判后针对文化差异搞好后续交流。

1. 在谈判前要了解可能出现的文化差异

谈判前了解文化差异必不可少。谈判的准备工作包括谈判背景、对人和形势的评估、谈判过程中需要核实的事实、议事日程、最佳备选方案和让步策略。其中，谈判背景又包括谈判地点、场地布置、谈判单位、参谈人数、听众、交流渠道和谈判时限。所有这些准备都必须考虑可能的文化差异。例如，场地布置方面的文化差异对合作可能会稍微有些影响。在等级观念较重的文化中，如果房间安排不当、较随便，可能会引起对方的不安甚至恼怒。

另外，谈判方式也因文化而异。美国人倾向于众人一起来"敲定一个协议"；而日本人喜欢先与每个人单独谈，如果每个人都同意，再安排范围更广的会谈；俄罗斯人喜欢累计的方法，和一方先谈，达成一项协议，然后前面的两方再邀请第三方，如此进行下去。

谈判时限的控制也很重要。不同文化具有不同的时间观念。例如，北美文化的时间观念很强，对美国人来说时间就是金钱；而中东和拉丁美洲文化的时间观念则较弱，在他们看来，时间应当是被享用的。因此，在国际商务谈判中，对时间观念差异应有所准备。

2. 在谈判中要正确处理文化差异

首先，在谈判语言的选择和运用上，对于西方国家，我方必须采取外向型交流方式，尽量以简单、明了和坦率的方式表达自己的思想，是就是，非就非，不要模棱两可、含糊其辞。例如，美国人对争辩情有独钟，语言具有对抗性，口气断然，他们认为争辩不仅仅是发表个人意见的权利，也有利于解决问题，观点的分歧并不会影响人际关系。而在东方文化中，为了保全双方的面子、群体的面子或别人的面子，经常使用模糊的、间接的语言。即使不同意对方的意见，也很少直接予以拒绝或反驳，而是迂回曲折地陈述自己的见解，或是支支吾吾以示为难。"和为贵"的价值观使中国人把创造和谐的气氛作为谈判的重要手段，在谈判过程中，尽量避免摩擦，友谊第一，所追求的是永久的友谊和长期性的合作。

其次，在谈判方法上，由于东方人的思维模式是整体取向，他们在谈判中采用的方法是从整体到局部，由大到小，从笼统到具体，也就是先就总体原则达成共识，然后以此去指导具体解决问题方案的制定。他们不存在明显的次序之分，通常要到谈判的最后，才会就所有的问题做出让步和承诺，从而达成协议。而西方人由于受分析思维模式的影响，他们最重视事物之间的逻辑关系，重具体胜过重整体，谈判一开始就急于谈论具体条款。因此，他们经常将价格、交货、担保和服务合同等问题分次解决，每解决一个问题，从头到尾都有让步和承诺，最后的协议就是一连串小协议的总和。

3. 谈判后要针对文化差异搞好后续交流

谈判后的管理涉及合同管理及后续交流行为。首先就合同而言，在那些注重人与人之间关系的国家，如中国，其争端的解决往往不完全依赖法律体制，而常常依赖双方间的关系。在这些文化中，书面合同很短，主要用来描述商业伙伴各自的责任。而西方国家(如美国)一般将合同签定仪式视做既浪费时间又浪费金钱的举动，所以合同常常是通过寄发邮件来签订的。就后续交流而言，美国文化强调把“人和事区分开来”，所以不太注意后续交流。而在东方文化国家，如日本，保持与大多数外国客户的后续交流被看做国际商务谈判的重要部分。他们在合同签定很久以后，仍然会进行信件、图片和互访等交流。

实训案例 3-4

认识国际商务谈判中的国家的文化和习俗

巴西人用“Somewhat difficult”代替“Impossible”，没有经验的谈判者若按字面意思去理解，就会浪费时间，延缓谈判进程。因此，人们必须尽量了解对方的文化、对方的价值观和风俗习惯，只有这样，才能正确无误地传递和接受信息。

为了避免误会，人们可用释义法确保沟通顺利进行。释义法就是用自己的话把对方的话解释一遍，并询问对方理解是否正确。例如，对方说：“We would accept private if you could modify your specifications.”我们可以说：“If I understand you correctly, what you are really saying is that you agree to accept our price if we improve our product as you request.”这样做的另一个好处是可以使对方加深对这个问题的印象。

单元二 国际商务谈判中的文化冲突实训案例分析

任务一 国际商务谈判中双方的文化差异

1992 年，来自中国商务谈判的代表和其他 12 名不同专业的专家组成一个代表团，去美国采购约 3 000 万美元的化工设备和技术产品。美方自然会想方设法令他们满意。其中一项是在第一轮谈判后送给代表团每人一个小纪念品。纪念品的包装很讲究，是一个漂亮的红色盒子，红色代表发达。可当代表团高兴地按照美国人的习惯当面打开盒子时，每个人的脸色都显得很不自然——里面是一顶高尔夫球帽，但是颜色却是绿色的。美国商人的原意是签完合同后，大伙去打高尔夫。但是他们哪里知道“戴绿帽子”是中国男人最大的忌讳。最终代表团没签下合同，不是因为美国人“骂”人，而是因为他们工作太粗心，连中国男人忌讳“戴绿帽子”这点常识都搞不清，怎么能放心地把几千万美元的项目交给他们？由此可见，美国人这次谈判的失败，是由于他们不了解中国文化。

从上述例子中可以得出，在商务谈判中，如果不重视对方文化的差异性，就容易导致谈判的失败。

任务二　外商谈判风格

1. 日本

日商很注重面对面地接触洽谈，不习惯电报、电传、电话式的联系。如果中间人有一定的地位，经其介绍与日商面对面地洽谈后，效果会更好。日商很重视人际关系。在结识之初，如果用点头或轻度鞠躬致意，在日本会收到比握手更好的效果。日本人经常说的“哈伊”，只表示他听明白了你说的话，不表示他同意你的意见。在商务谈判中，日商很注意对方的感情、语气、语调等细微变化和反应，很会避开正面争执或尴尬局面，会用间接语句来表示不同意你的观点。在没有摸清对方的真实意图前，他们一般不会轻易同意签约。日本人对外贸易一般多以集体商定为准。他们习惯于搞长期可靠、面面俱到的合同条款商谈，一旦达成协议，习惯于就事论事解决问题，不主张到公证机关去解决。

2. 美国

美国人喜欢边吃边谈，一般洽谈商务，最好在吃早餐时开始。同美国人谈生意，不必过多的礼节。美国人一般精力充沛、外向、热情、自信、果断，在贸易谈判中，以取得最大效益为目的。另外，美国人善于讨价还价，并能及其自然地把话题引到这个方面。美国人对包装极感兴趣。谈判时，他们很重视包装。因为在美国，包装对商品的销路十分重要。如，我的美国朋友就曾经就一个包装细小问题和我谈了一个半月。

3. 英国

英国人不像美国人那样，他们对准备工作做的不是很充分，但有自己的特点：讲礼仪，友好，善于交往，并使人感到愉快。同英国人谈生意有三忌：一是不要佩带有条纹的领带，二是不要以英国皇室的私事作为话题，三是不要直接称呼他们为“英国人”，要说“大不列颠人”，这样会使他们非常高兴。

4. 法国

法国人不喜欢你提过多的个人问题，特别是私事。谈生意时，要尽量避免上面的话题。法国人喜欢用法语作为谈判语言，喜欢先就主要交易条件达成协议，然后才谈合同条文，并在谈判中反复多次地提及交易的全部条款内容。

5. 德国

德国人做事很严谨，很少和你讨价还价，一经出价，就不喜欢再还价了。他们比较缺乏灵活性，不会做出重大让步。德国人注重选择合适的谈判对象，很善于和你一起去解决问题。重视体面，注意形式。对有头衔的商人，一定要称呼他的头衔。另外，见面和告别时要和他们握手。

6. 北欧

北欧(芬兰，瑞典，丹麦，挪威等)一些国家的商人比美法商人都文静得多。谈判开始，常沉默不语，听你说完后，才提出他的问题，谈吐坦率，善于发现并抓住能达成生意的机会。看重老牌公司，如果你的公司是成立很久的，一定不要忘了告诉他们。

7. 加拿大

加拿大商人不喜欢做薄利多销的生意，不喜欢价格变来变去，喜欢长期合作。

8. 澳大利亚

澳大利亚商人喜欢有决策权的人来和他们谈判，不喜欢价格变来变去，价格一旦确定，就不再讨论价格问题了。

任务三　国际商务谈判中文化差异实训

1. 实训资料

某非洲国家对大型成套设备公开招标，来自不同国家的许多大公司都参与了这场竞标，当中不乏以高技术和好质量著称的德国公司。在这种情况下，中国的一家 A 公司在去非洲竞标前做足了准备：对该国家的风土人情做了详细调查，了解到在当地，社会地位、尊严和声誉非常重要。做足了准备之后，中国公司踏上了非洲之行。

在第一轮谈判过程中，中方代表有公司的总经理、首席谈判代表、当地业务代表和翻译。对方代表有决策者和秘书。首先，总经理与对方谈及中非两国间的美好友谊，并表达了真挚的合作意愿；然后，中方的谈判代表开始就中方的产品、人员优势进行介绍。非方代表表现得十分礼貌友好，即使在气温高达 40 摄氏度的环境中，仍然一丝不苟地穿着笔挺的正装。这轮谈判的效果双方都很满意。

之后，无意中，中方代表打听到一些部落的首领能够对政府施加影响力，于是，中方利用短暂的时间尽力与这些部落首领建立了良好的关系。最后，这些首领帮助 A 公司赢得了这次竞标。

2. 实训要求

(1) 分析在谈判中中方注意了哪些内容？
(2) 在跨文化谈判中应注意哪些问题？
(3) 分析中方为何取得胜利？如果你是谈判方应如何应对？

知识拓展

以英语文化为背景的礼貌准则

在爱尔兰，以英语文化为背景的礼貌准则为基础英国语言学家 Leech 根据英国文化的特点列举了 6 条礼貌原则，①策略准则又称得体准则(Tact maxim)：尽量减少他人付出的代价，尽量增大对他人的益处；②慷慨准则(Generosity maxim)：尽量减少对自己的益处，尽量增大自己付出的代价；③赞扬准则(Approbation maxim)：尽量缩小对他人的批评，尽量增强对他人的赞扬；④谦虚准则(Modesty maxim)：尽量缩小对自己的标榜，尽量夸大对自己的批评；⑤赞同准则(Agreement maxim)：尽量缩小与他人的不同意见，尽量夸大与他人的相同意见；⑥同情准则(Sympathy maxim)：尽量缩小对他人的厌恶，尽量扩大对他人的同情。在英语文化中，“得体准则”(即策略准则)是人们交际时最经常采用的准则。从礼貌原则的不同体现中可以看出，中西方虽然对于礼貌原则在很大程度上是一致的，人们都很注重求同存异，尊重对方，赞扬对方，自己的一言一行要谦虚，但差异也是显而易见的。若将我们的礼貌准则放入英汉跨文化交际中，经常会产生文化冲突。完全遵循中国式的礼貌策略常常不能达到以示礼貌的良好愿望。比如孩子之间闹矛盾了，中国的家长往往即使错不在己方也会训斥自己的孩子，以示对对方父母的尊重。而西方家长则会对此感到很尴尬，甚至认为中国的家长不够爱自己的孩子。他们对待孩子之间的分歧要讲究公平，只批评犯错的一方。再如，在得到别人帮助或接受别人的好意之后，西方人会说“Thank you very much”(非常感谢)。中国人会说“Sorry for the inconvenience”(对不起，给您添麻烦了)。虽然都是表示感激，西方人用感谢来表示礼貌，中国人用道歉来表示礼貌。

知识链接

如何认识与处理国际商务谈判中文化差异问题

国际商务谈判即在国际商务活动中，不同国家之间的商务活动主体为满足某一需要或达到某一目标而进行的讨论和洽谈的商业活动的总称，是国际商务理论的主要内容和核心。

某些角度上讲国际商务谈判具有国际性、跨文化性、复杂性、政策性和困难性特征，就跨文化性而言不同国家和地区的谈判主体来自不同的地域，代表着不同的文化背景和文化环境，体现不同的价值体系，存在政治、经济、思想等多方面的差异，如果谈判中处理不好文化差异问题，势必对谈判造成不良影响。

那么，如何处理国际商务谈判中的文化差异呢？

首先，要了解谈判客户的企业文化背景和个人爱好兴趣，找出双方文化差异所在。这一过程主要在谈判前的准备阶段完成，谈判准备工作主要包括：了解谈判背景；对谈判双方和当前形势进行评估；谈判过程中需要核实的事实；议事日程；最佳备选方案和让步策略；等等。通过对谈判背景及谈判前双方的寒暄能够从总体上把握文化差异，这样能够做好必要准备以应对谈判中可能影响谈判顺利进行因素，节约谈判成本。当然找到文化差异所在更能了解对方的价值观，为谈判的顺利进行奠定基础。

其次，要却处理谈判中的文化差异，谈判中必须采取适当的交流方式，尽量较艺术的表达出自己的思想，这就要求针对不同的文化背景的谈判主题采用不同的谈判方式。例如同西方人谈判，要采取外向型交流方式，尽量以简单、明了和坦率的方式表达自己的思想，是就是，非就非，不要模棱两可、含糊其辞。语言具有对抗性，口气果断，他们认为争辩不仅仅是发表个人意见的权利，也有利于解决问题，观点的分歧并不会影响人际关系。而在东方文化中，为了保全双方的面子、群体的面子或别人的面子，经常使用暧昧的、间接的语言。即使不同意对方的意见，也很少直接予以拒绝或反驳，而是迂回曲折陈述自己的见解，或是支支吾吾以示为难。要把创造和谐的气氛作为谈判的重要手段，在谈判过程中，尽量避免摩擦，追求友谊第一，长久合作。

再次，谈判后要针对文化差异搞好后续交流。谈判的顺利进行并不代表双方交往的终结，更多的还需要进行后续交流，深入了解文化差异，继续寻找利益共同点，有的放矢，为再次合作奠定基础。

同时，针对国际谈判中的文化差异还要讲求一些策略，由于谈判双方都想获得自身利益的最大化，利益冲突难以避免。此时，只有采取有效措施解决问题，才能使谈判顺利完成，取得成功。

(1) 注重换位思考，谈判双方的利益冲突往往不在于客观事实，而在于想法不同。在谈判中，如果出现双方意见不一致的情况，可以尝试以下几种措施来处理问题：不妨站在对方的立场上考虑问题；不要以自己为中心推测对方的意图；相互交流彼此的见解和看法；寻找机会采取行动化解冲突；要让对方感觉到自己希望达成协议的诚意；在协议达成时，一定要给对方留面子，尊重对方人格。

(2) 创造双赢的解决方案，谈判双方首先要树立双赢的概念。一场谈判的结局应该使谈判的双方都有“赢”的感觉。采取什么样的谈判手段、谈判方法和谈判原则使谈判的结局对谈判各方都有利，这是商务谈判的实质追求。谈判双方应该能够识别其共同的利益所在，而共同利益就意味着商业机会，强调共同利益可以使谈判更顺利。

(3) 借助客观标准解决利益冲突，在谈判过程中，有时双方会就某一个利益问题争执不下，互不让步，此时，客观标准的使用在商务谈判中就起到了非常重要的作用。对于谈判中经常遇到的价格问题，当双方无法达成协议时，可以参照一些客观标准，如市场价值、替代成本、折旧、账面价值等。此种方式在实际谈判中非常有效，可以不伤和气地快速取得谈判成果。但基本原则应该是公平有效的原则、科学的原则和先例原则。

国际商务环境复杂多变，只有掌握文化差异，更好的处理文化差异，才能争取到谈判的主动权，获得最大效益。

(资料来源：http://blog.163.com/l-freeboy/blog/static/4351034320100944949567/)

课后习题

一、名词解释

1．文化
2．谈判风格
3．地域差异
4．民族差异
5．价值观念

二、单项选择题

1．法国人的谈判风格一般表现为(　　)。
A．人情味浓　　B．偏爱纵向式谈判
C．对商品质量要求不严　　D．时间观念强

2．欧洲和美洲的一些国家的人民把圣诞节看得很重，而长年都没有下雪的地区(如赤道附近的非洲一些国家)的人民可能没有圣诞节这个概念，这是因为(　　)。
A．地域差异　　B．民族差异　　C．政治差异　　D．宗教差异

3．不同的民族群体在长期的发展过程中，形成了各自的语言、风俗、爱好和习惯，这是因为(　　)。
A．观念差异　　B．宗教差异　　C．民族差异　　D．经济差异

4．在面对面的沟通中，以下说法正确的是(　　)。
A．来自语言文字的信息是最主要的
B．较少的信息是通过非语言形式传送的
C．有时非语言信息比语言信息更具有说服力
D．只能进行语言文字的信息沟通

5．(　　)不喜欢谈判中有律师参与，他们认为带律师参加谈判，一开始就考虑日后纠纷的处理，是缺乏诚意的表现。
A．日本人　　B．美国人　　C．英国人　　D．欧洲人

6．韩国商人常用的技巧与策略是(　　)。
A．直截了当　　B．声东击西　　C．先乐后“苦”　　D．事先较少调查

三、简答题

1. 跨文化问题主要通过哪些方面体现出来？

2. 文化差异对国际商务谈判的影响有哪些？

3. 不同国家商务谈判的注意事项各有哪些特点？

4. 文化差异的主要来源有哪几个方面？

5. 跨文化的沟通技巧包括哪几方面的内容？

四、案例分析题

美国一家石油公司的代表几乎断送了一笔重要买卖，关于事情的经过，请听他的自述："我会见石油输出国组织的一位阿拉伯代表，和他商谈协议书上的一些细节问题。谈话时，他逐渐地朝我靠拢过来，直到离我只有15cm才停下来。当时，我并没有意识到什么，我对中东地区的风俗习惯不太熟悉。我往后退了退，在我们两人之间保持着一个我认为是适当的距离——60cm左右。这时，只见他略略迟疑了一下，皱了皱眉头，随即又向我靠近过来。我不安地又退了一步。突然，我发现我的助手正焦急地盯着我，并摇头向我示意。感谢上帝，我终于明白了他的意思。我站住不动了，在一个我觉得最别扭、最不舒服的位置上谈妥了这笔交易。"

问题：

1. 阿拉伯代表为什么对美国代表的后退皱起了眉头？美国代表的助手在向他示意什么？

2. 该项谈判最终成功的关键是什么？在关于国际商务谈判的文化差异方面，本案例给我们哪些启示？

项目四　国际商务谈判风格

知识目标

(1) 能够掌握常用的个人和小组谈判风格。
(2) 能够掌握各种谈判风格的特点。

能力目标

(1) 能够分析谈判对手的性格类型及谈判风格。
(2) 能够把各种谈判风格与自己的特点和文化背景结合起来进行灵活运用。

素质目标

培养学生养成良好的谈判修养、为在未来的谈判实践中形成自己的谈判风格奠定基础。

导入案例

M 国地处热带，台风频繁，该国一家建筑公司花巨资买下了一大片土地，准备盖高级住宅区和高级别墅。所以必须有一种坚固抗风的钢材——精密锰钢，才能保证建筑的安全。公司决定派以副董事长为首的代表团去日本洽谈买钢材的事宜。代表团在机场受到日方公司代表的热烈欢迎。豪华的大型小轿车在等着他们，日方代表还衷心希望他们在东京能过得很愉快，一切好像都是好兆头。日方代表甚至还“好心”地告诉他们说，多在日本呆几天，什么时候回去，他可以帮助预订机票。团长告诉他回去的时间在月底，只能有 10 天左右谈判了。他心里还美滋滋地称赞日本人周到的考虑和热情的迎接呢！他没有想到，他这样做实际上就把公司允许他谈生意的期限告诉给对方了。他的最后期限暴露了！

日本人真是太热情了！一连几天，闭口不谈生意，而是带着副董事长一行到处游览。他们用了 2 天时间游览了东京，1 天时间去了富士山，1 天时间参观日方工厂，时间已过去了几天了，团长越来越心焦，而日方经理却漫不经心，仍热情得很，拉着他们又是喝酒，又是赴宴，又是打网球，甚至打高尔夫球，似乎生意已成交了。直到最后三天的下午，谈判才正式开始了。眼看下午毫无结果(这也是日方所追求的)，团长怏怏地说：“如果不行，我们后天就回去了。”日本人真守信用，第二天早上谈判开始前，经理早已把他们返程机票送到团长手里，令团长感激不已，自然谈判气氛缓和得多了。无论怎样讨价还价，团长最终还是在日方的合同上签下了名字。

原来，日方打听到M国公司早已买下了几百亩地皮，如果在雨季前不开工奠基，那么前功尽弃，损失惨重，而现在已经离雨季不远了；团长他们决定后天回去，现在又有机票了，所以在这两天内必须成交，雨季将来临了，他们也没时间去美、欧寻找其他客户，故必须在日本成交，日方考虑代表团的地皮很大，必须用很多钢材，早已串通国际上的钢厂，把该种钢材价格抬高了一倍多，而且，日方“作出了最大让步”，将价格主动降低20～30美元。面临这种情势，团长不得不签下了公司的大名，让日本人大大赚了一笔。而日方所得的条件和信息，全是在游览过程中从团长漫不经心的回答中得出的。然而，起关键作用的还是日方周到的礼节和盛情的款待，使M国公司没有充足时间考虑和改变方针。

(资料来源：商桥网)

上例中日本商人用的是哪种类型的谈判风格，效果如何？

每一次谈判，大到耗资数亿美元搅动行业格局的企业并购，小到订购一种纽扣的几毫厘差价，对谈判双方来说都是一种挑战，是进攻与防守的过程，是铸矛与固盾的艺术，只有充分认识到对方个人和团队的谈判风格，并结合自身的情况制定出相应的谈判风格和对策，才能够在谈判桌上游刃有余，取得双赢的成绩。本章从个人和小组两个方面介绍了各种谈判风格，阐述了这些谈判风格的特点和注意事项，强调了了解对方谈判风格的重要性以及要结合自身的特点运用谈判风格，并且要随着场合和谈判进程的改变而灵活地改变自己的风格。

单元一　个人谈判风格

任务一　个人谈判风格的基本内容

子任务一　谈判风格的定义

谈判风格是指谈判人员在谈判过程中通过言行举止表现出来的，建立在其文化积淀基础之上的，关于谈判的思想、策略和行为方式等的特点，从微观上来看，谈判风格实际上指的就是谈判人员的工作作风、气度、品格。谈判风格受谈判人员个人的性格、心理素质的影响，也会因每个人所处的国度、地区不同，受到不同的政治、经济、文化传统的影响而有所不同。

谈判归根结底是一个人与人沟通的过程，每个人的性格决定了他的谈判风格，而每个人的性格是不同的，所以在谈判中很有必要花一些时间来研究一下己方将面对的对手的性格和相应的谈判风格，然后根据对方不同的谈判风格再采用相应的方法来应对。因此，在谈判中涉及谈判风格时，需要关注以下几点：一是自身的性格和文化背景是什么；二是谈判对手的性格和文化背景是什么；三是对方的谈判风格是什么；四是结合自身的性格特点和文化背景选出应对对手的谈判风格。可以说参加谈判的人各种各样，风格和特点各异。但可以根据他们的不同风格和特点，采取不同的方法来面对，目的是使谈判达成共识，达到真正的双赢。

子任务二　谈判者的性格特点

由于谈判风格和谈判者的性格特点密不可分，所以，这里首先分析一下谈判者的性格特点和应对策略。从宏观上来看，人的性格特点可以分为两个层面：一是事件层面，二是情感层面。事件层面主要指的是做事情果断还是不果断，积极还是不积极。从情感层面来看，主要是看这个人是以情感为主还是以事件为主，即可以从做事和做人两个层面来了解自己和对方。如表 4-1，做事果断而做人不情绪化的类型可以称为支配型；做事果断而做人情绪化的类型可以称为表达型或外向果断型；做事不果断而做人情绪化的类型可以称为亲切型；做事不果断而做人不情绪化的类型可以称为分析型。

分析谈判双方的性格类型一方面有利于掌握对手的谈判风格，投其所好，以便达成交易，另一方面也有利于针对对方的谈判风格找到适合自己的谈判风格。例如，针对一个分析型的谈判对手，做过多的情感投入不如在谈判前的准备阶段多找到一些确凿的数字来证明自己的观点，而对一个外向果断型的谈判对象，就不能拿大量的数据来说话，因为对方对数字很不敏感。因此，了解自己和谈判对手的性格特征对于找到合适的谈判风格来促进交易的达成是非常重要的。下面具体分析一下每种性格类型的特点和应对的策略。

1. 支配型

属于支配型谈判风格的人，表达能力非常强，但是情感度较差。这类人有两个特点：一是比较愿意发表讲话，发号施令。在发号施令的过程中，他不在乎别人的情绪与建议。这样的人一般都是决策者，是冒险家，是一个有目的的听众。如果在听的时候，他不说话，他一定有自己的目的。他非常喜欢控制整个局面，他所做的一切，目的都是为了赢，特别是在谈判的时候。这样的人比较冷静、独立、以自我为中心，这是支配型人的一个很重要的特征。二是支配型的人还主要以结果为导向，己方只要提供给他他所需要的，他就可以给你一些优惠。支配型的人最怕谈判绕弯子，喜欢单刀直入。

与这样的人相处首先要准备充分，以事实说话，实话实说。在做准备的时候，最好尽可能地准备一些概要，并辅之以一些背景性的资料。因为这种人希望得到事实，所以要用事实来与他说话。并且在分析资料的过程中，要强有力地去讲。但是千万不能挑战他的权威，因为他是支配型的领导，是一个决策者和权威者，不要去挑战他的权威地位。

在和支配型的人接触的过程中，要采取弱者政策。我方可以作为弱者，应该给他 2～3 个方案供其选择。因为他希望有创新的思想，我方方案多一点，创新的思路更多一点。同时给他 2～3 个选择方案也是对他的尊重，是对他权威性的保障。

2. 表达型

表达型的人情感度非常高，表达能力也非常强。很容易受到别人的鼓励也很会鼓励别人。这种人充满激情，而且非常有创造力，重感情，很乐观，对任何事情都很理想化。他们喜欢参与，跟人多沟通，很容易和人打成一片而害怕孤独。一般来说，这种人做事情条理性比较差，组织性较差。这种人最害怕一大堆枯燥的数字，比较喜欢先做朋友后做生意。表达型的人希望发扬民主，大家一起来做决策。希望有表达自己意愿的自由，他们渴望表达自己的想法，别人不能束缚他。这种人有创意，他不仅愿意表达自己的想法，而且还需要别人能够帮助他实现自己的创意。

在做事情方面，表达型的人往往又比较直接，当谈判出现分歧时，他们会毫不犹豫地拒绝对方，如果交易能够满足对方的需要，他们也会立即做出决定。当听到对方说："就这样吧，你再让一个百分点，我们就成交，马上签合同。"毫无疑问，他一定属于表达型。

对于表达型的顾客，应该给他分析谈判成功的美好前景，激发他的积极情绪。这种人的关注点持续时间比较短，所以要在其对某个问题关注时迅速达成一致。与此同时，还要给他更多的时间，让他说话，因为他愿意表达自己的想法，希望有更多的机会来表达自己的想法。另外，因为表达型的人做事缺乏条理性，所以我方在做任何工作的时候，一定要以书面的形式与他确认。还要特别注意，表达型的人说的不一定能做到，这是表达型的人一个非常大的特点。

3. 亲切型

亲切型的人比较内向，做事情也不是很主动，表达能力比较差，但是情感度非常高，也是通常所说的和蔼型。这种类型的人善于与别人保持良好的人际关系，做事比较有耐心，能够帮助情绪激动的人冷静下来。亲切型的人，作为听众非常出色，但是作为决策人却是迟缓的，比较优柔寡断。他们很看重长期的合作并十分愿意同对方交朋友，讲究诚信，喜欢熟悉的环境和客户。这类人士很难拒绝别人的要求，但不喜欢别人强迫他们做出决定，否则，他们很可能会怀疑这次交易的可信度，会需要更多的时间思考。对于亲切型的人而言，如果市场上出现的某种产品比他们目前所使用的性能更佳、价格更低，按照常理，他一定会放弃原供应商转而与新产品生产厂商合作，但这种类型的谈判者却不会那样做，他们会持怀疑的态度与新产品的生产厂商进行接触，对其全盘考查后才会决定。

在你面对亲切型的对手时，要多谈一些谈判以外的事情，时刻充满诚意，让对方喜欢这种谈判方式，切记一定不要急于求成，留出一定的时间让对方思考。在和他们说话的时候要放慢语速。他们喜欢传统的方式和程序，不喜欢有大的改变。他们喜欢稳定，所以他们最大的恐惧就是失去这种安全感和稳定感，在和他们讨论问题的时候，要注意多涉及人的因素，这样更容易得到他们的赞赏，也更容易在谈判中取得优势地位。

4. 分析型

分析型的人做事很有组织性，对事情的认定需要大量完整准确的数据。这种类型的人的处事方式非常像会计师，做事情很严谨也很守时。分析型的人的特点是表达能力差，情感度也非常低，属于冷酷型的人物。此类型的人在谈判的过程中会频繁地使用计算机和计算器，他们对数字非常敏感，交易中任何所需的数据都要非常精确，绝不允许任何模糊的数字出现在谈判中，否则，很有可能会强行终止谈判。因此，如果没有充足的前期准备，建议不要贸然开始谈判。与这类判断者进行谈判之前你应该准备足够的资料和数据，对谈判的进度也要进行有效的规划，在谈判期间，他们会用大部分时间向己方提问题，哪怕一个简单的事情也会刨根问底，他们只有在数据齐全时才会做出决定，而不会被情绪或关系所左右。他们喜欢掌控细节，对每一个环节都会反复推敲，对每一阶段所要完成的程度都会体现在文字上。

对于分析型的人，要尊重他们对个人空间的需求，因为他们不喜欢别人打扰，喜欢拥有自己的空间。在做事情的时候，我方不要过于随便，要公事公办，并且在着装上要更加正统和保守。在与他们交流时，要摆事实，确保它的正确性。在与他们沟通时，要把全部的精力集中到事实上，而不是集中到与他们搞关系上。这样就可以与他们相处得非常好。

表4-1 4种不同类型的人及其对策

类　型	特　点	对　策
支配型	喜欢发号施令，绝不容忍出现错误，不在乎别人的想法。做事比较冷静、独立，以自我为中心	要准备充分，以事实说话。不能挑战对方的权威，采取哀兵政策。可以作为弱者，给他们两到三个方案供其选择

续表

类　型	特　点	对　策
表达型	情感度高，表达能力强。充满激情、有创造力，重感情，乐观，对任何事情都理想化，喜欢参与，做事条理性比较差	要精力充沛，要不断提出新的和独特的观点。给他们更多的时间让他们说话，在工作时，要以书面的形式与他们确认
亲切型	表达程度低，表达能力比较差，但是情感度非常高，喜欢与别人打交道，待人热心、做事比较有耐心	语速相对放慢，以友好非正式的方式跟他们沟通。通过提供个人的帮助，建立与他们彼此信任的关系
分析型	表达能力差，情感度也非常低，喜欢有自己的私人空间	尊重他们对个人空间的需求，做事不要过于随便，要公事公办，在着装上要更加正统和保守，与他们交流时，要摆事实，确保它的正确性，做好周密的准备

注：摘自时代光华网站。

任务二　常用的个人谈判风格

根据以上介绍的性格特点，谈判人员可以针对谈判对手的性格特点和自身的性格特点选择适合自己的谈判风格，需要注意的是，人们一般都会选择与自己性格一致的谈判风格，并且根据不同的谈判对手和条件进行灵活的运用和组合。以下是几种常用的个人谈判风格。

1. 社交型

在很多法律不够完善的发展中国家，社交型谈判风格是很实用的，由于法律的不健全，人们就更看重交易双方建立在情感层面上的信誉和交往。在这种情况下，为了获得最佳利益，商品出售者往往给前来谈判的购买者安排各种各样的社交活动。安排社交活动，可以调节紧张的工作节奏、建立友谊、交流感情、融洽关系、广结良友、增长见识。例如，通过大型的宴请活动、举行商务鸡尾酒会、赠送礼品、赠送旅游服务等活动来达到沟通感情的目的，宗旨就是先做朋友后谈生意。

使用社交型谈判风格还有一个用途就是可以通过各种活动消耗谈判对手的精力，或者把对方的注意力转移到其他方面，或者利用商务活动解决一些比较难于达成一致的意见。通过这些方式与对方建立起良好的关系以减少谈判中的障碍。

使用社交型谈判风格应该注意的问题是要掌握好社交技巧，了解对方的性格特点和社交禁忌，以免带来负面影响。

2. 技术型

使用技术型谈判风格比较适合自身或谈判对手的性格是分析型的人。技术型谈判风格的运用需要谈判者在谈判之前对谈判内容进行充分的准备，包括对产品细节的了解，与产品相关的各种市场数据和技术数据的搜集和分析，对定价的技术支持的掌握，从而提高我方报价的支持力度，同时打击对方的信心。对于对手是分析型的人，采用技术型谈判风格，以数据说话，以事实说话，也最能使他们信服，从而做出决定。采用技术型谈判风格的人对于专业领域的知识掌握程度要求很高，因此，并不是每一位谈判者都适合采用这种风格。

3. 法律型

商务谈判不仅是一种经济行为，而且是一种法律行为，因而，在进行商务谈判时，首先要求必须符合有关的法律规定，才能称其为合法行为或有效行为，才能得到法律的承认和保护。可以说谈判中熟练运用法律是取得成功的基本保证之一。各国法律对商务谈判的规定，有的包含在民法中，有的包含在商法中，有的还制定有专门的法规，而在实际业务中，国内商务谈判因只涉及本国的法律，情况比较简单；而国际商务谈判则会涉及两个或两个以上国家的法律，有时还会涉及某些国际公约或某些国际惯例，因而情况要复杂得多。因此，在谈判中采用法律型谈判风格一方面要求谈判人员要有很好的法律素质，对地方法律、国际公约和惯例非常了解，另一方面要针对法律严密、商业文化浓厚的国家或地区的谈判对手采用这种谈判风格。而对于“法律话语权”不够有力的国家或地区的谈判对手单纯运用法律型谈判风格是不容易达到预期目的的。在谈判实务中，如果对手采用了法律型谈判策略而我方没有做好相应的准备迅速地以同样的方式予以回应，则会立刻处于被动地位。

4. 被动型

被动型指谈判人员在谈判中习惯处于被动的谈判位置，这种风格也叫跟随型谈判风格。持这种风格的谈判人员在谈判过程中采取被动的态度，他们在谈判中多持随和的态度，凡事商量着办。从表象来看，被动型的谈判者在谈判桌上往往表现沉默，在谈判最开始的时候表现得很被动。这样做的目的主要有两个：一是通过开始的被动来探测对方的底牌，二是如果谈判人员是新手，他们对谈判对手的性格、风格和文化背景不是很了解，需要前期对谈判对手进行观察后才能决定自己采用的谈判策略和风格。需要注意的是，被动型谈判者不是在谈判中一直保持被动的姿态，往往是在他们摸清了底牌之后就会采取主动的姿态。在谈判中，这种类型的谈判者往往会说：“我想这个问题有些不妥，不知贵方意下如何？”“既然双方均有分歧，那么贵方说怎么办吧。”“贵方这么坚决，而我方又不能接受，您说该怎么办？”我想，贵方总不会听任谈判这样下去吧？“请贵方拿个主意吧。”“我看贵方这个方案不错，对双方均有利。”等等。在表现的态度上，一般显得谦虚、圆滑，不会自以为是，更不会趾高气扬。喜欢调动对手的积极性，自己择优而用。

对于被动型的谈判对手，不要在其沉默时就摊出自己所有的底牌。而对于经验不足、对问题不敢做出决定的新手，最有效的办法是谈判中主动地点明问题的要害，并提醒要早作汇报，以免耽误谈判。但也可以将较为复杂的问题合理分割，分为几个独立的问题，诱其谈判并达成一致。

5. 指挥型

指挥型指谈判者在谈判中习惯处在主动操纵谈判的位置，也称作主宰型或权力型风格。这种风格的谈判者从谈判一开始就喜欢自己说了算，在谈判中评论、批判对手时毫不客气，气势咄咄逼人。这种类型的谈判者所追求的是成绩，为达目的，往往会不惜代价，甚至不择手段。喜欢发号施令，惯用高压政策、边缘政策，以主宰谈判进程，常以结论由自己做出为满足。这种人求胜心切、敢冒风险、大胆拍板，但往往不能正确引导谈判。因为这种谈判风格会使谈判对手产生很强烈的敌对情绪，甚至导致谈判的失败。指挥型风格的谈判者经常会这么说，“我看日程就这么定吧？”“贵方怎么连这么明显的问题都不能做决定？”“贵方这么坚持是不对的。我认为应该……”“或许贵方还没有看到这个问题的本质，我方先给你讲一讲。

我们认为此事只能按我方条件办。”等等。在表现的态度上，他们一般都自以为是，自负自信，有的还仗势欺人。

如果谈判中面对的谈判对手是指挥型或权利型的，则应该采取以柔克刚，靠韧性取胜的态度，但在关键时刻要冷静处理、若即若离，使之有一定程度的失落感。因为如果是顺从的话，一定是一个单赢的谈判结果；如果是不顺从的话，谈判就会陷入僵局。因此，这种风格只能在特定的条件下使用，不能经常使用，否则，将会付出高额的代价。

6. 威胁型

威胁是谈判中用得较多的策略，威胁型谈判者主要是通过使对方感到如果不答应自己的条件就将遭到更大的损失或付出更大的代价来实现自己的目的。如果这种威胁的事实存在并且是以采取行动为后盾的话，这种威胁可能就是见效的，但是，谈判专家对一些典型案件的研究表明，威胁并不能达到使用者的目的，它往往会损害双方的关系，导致谈判破裂。优秀的谈判者不仅不赞成使用威胁，而且尽量避免使用威胁的字眼。为了避免威胁导致谈判破裂，在采用威胁型谈判风格时可以陈述客观上可能发生的情况，而不提出自己所能控制发生的事情。从这个意义上讲，提醒或警告就比威胁好得多。如“已经有几家公司跟我们联系，并给我方进行供货，这是事实，我们将选择条件优厚的一方，这点希望你们理解”。从表达上来看，这是一种提醒而不是一种用“如果……就”句式构成的威胁。在采用威胁型谈判风格时还要确定好威胁的程度和时机，否则，将达不到威胁的效果而且还会影响到双方将来的合作。

面对威胁型风格的谈判对手，有效的应对方法是无视威胁，对其不予理睬，也可以把它看成是与己无关的废话或是对方感情冲动的表现。事实上，使用威胁看起来很强硬，但实际上却是虚弱的表现。

7. 利用型

利用型谈判风格是利用谈判对手的弱点来争取谈判目标的达成。利用型谈判风格与威胁型谈判风格的不同之处是：威胁型风格的谈判人员威胁的原因可能是来自威胁人员本身的优势，也可能是谈判对手的弱点；而利用型谈判风格的使用者利用的主要是谈判对手的弱点。这些弱点有谈判地位上的，比如一方是买家，另一方是卖家，如果产品不是十分紧俏的情况下，买家就占据了主动；这些弱点也有谈判对手性格方面的，比如说谈判对手是一个表达型的人，则在与其进行充分情感沟通的前提下，说明问题时引用很多数据来说明自己的观点，会让他们无法充分发挥，从心理上占据优势。

要采取利用型谈判风格，谈判人员应该在谈判之前做好充分的准备，找到对方的弱点，并且在适当的时候加以利用。

8. 顽固型

这种风格亦称防守型风格，持有这种谈判风格的谈判人员对于自己关注的关键问题采取决不让步的态度，而且非常有韧性。这种风格的谈判人员在谈判时谨慎严肃、意志坚强、善于辩论。这种类型的谈判者对谈判的目标十分明确，并努力追求目标的实现，大有不达目的誓不罢休的气势。这种人办事方法隐蔽、手段精巧，谈判中又能十分随和。常使用的谈判语有：“我方听了贵方那么多意见，也请贵方听听我方的意见。”“如果贵方能具体说明我方不合理之处，我方可以考虑贵方条件，否则，请贵方接受我方要求。”

很明显，在谈判过程中一直保持顽固的谈判人员是很危险的，因为过于顽固会使谈判陷入僵局，甚至使谈判破裂。因此，顽固型风格适合与其他风格搭配使用，或偶尔使用，在使用时应注意度的把握。

9. 刚柔兼备型

谈判人员在谈判中习惯于软硬兼施、刚柔结合。将阳刚与阴柔兼蓄，如太极之合，故称该类型为刚柔兼备型，也称作太极型。这种风格的谈判人员在谈判中能进能退、不急不躁、动则坚决、静则温和、实话实说，其典型的谈判话语有：“我不怕有分歧，就怕双方没有相互理解。”“并非我方想固执己见，实在是由于贵方没有充分的理由让我方改变立场。”一般来说，刚柔兼备型的谈判者多后发制人，以礼在先，渐入实质，为客时，善于随机应变，顺势进退，谈判顺利时，会刚多于柔，谈判退后时，则柔多于刚。

如果谈判对手采用这种谈判风格，在应对时就要了解对方最关注的利益点，因为在涉及对方关注的利益点时，他们往往会采取“刚”多一些的风格，而其次要关注的利益点往往是采取柔一点的策略。因此，分清对方的利益点，然后采用不同的风格应对是非常重要的。

10. 实效型

实效型谈判风格指的是在谈判中讲究效率，以双赢为谈判成功的标准，从实际出发解决问题。因为这种风格可以使谈判双方互利互惠，在彼此合作的基础之上达成协议，因此，也可以称之为互利型谈判风格。

运用实效型谈判风格需要注意的问题是：谈判人员在谈判前要做充分的准备，在设计谈判方案时不但要考虑自己的利益，还要考虑对方是否也有利可图，设计几种不同的谈判方案供谈判时使用，但是要意识到尽管己方可能已提前确定了双方的利益，排列好了它们的优先次序，也对每个问题详细地设定理想结果、备用计划等，但在实际谈判过程中，对方可能完全不同意己方的观点。他们可能会有不同的优先考虑，己方觉得重要的问题对他们来说可能微不足道，反之亦然；他们甚至可能会提及己方根本没有考虑过的问题。这时可以休会，重新制定双赢的方案或明确阐明自己的态度希望对方配合，找到双方新的利益均衡点。另外，采用实效型谈判风格的谈判人员要引导谈判的议题时刻停留在双方关心的问题上，防止谈判偏离主体而浪费时间。

实训案例 4-1

三位日本商人代表日本航空公司来和美国一家公司谈判。会谈从早上8:00开始，进行了两个半小时。美国代表以压倒性的准备资料淹没了日本代表，他们用图表解说、电脑计算、屏幕显示以及各式的数据资料来回答日方提出的报价。而在整个过程中日方代表只是静静地坐在一旁，一句话也没说。终于，美方的负责人关掉了机器，重新扭亮了灯光，充满信心地问日方代表：“意下如何？”一位日方代表斯文有礼、面带微笑地说：“我们看不懂。”美方代表的脸色忽地变得惨白：“你说看不懂是什么意思？什么地方不懂？”另一位日方代表也面带微笑地说：“都不懂。”第三位日方代表以同样的方式慢慢答道：“当你将会议室的灯关了之后。”

美方代表松开了领带，斜倚在墙边，喘着气问：“你们希望怎么做？”日方代表同声回答：“请你再重复一遍。”美方代表彻底地失去了信心。谁有可能将秩序混乱而又长达两个半小时的介绍重新来过？美国公司终于不惜代价，只求达成协议。

(资料来源：圣才学习网)

【案例分析】

上例中美方代表显然准备充分并且采用了技术型的谈判风格，这种风格可能非常适合他自己的性格特点和文化背景，但是确定自己的谈判风格首先要考虑谈判对手的性格特点和文化背景，日方代表对数字图表不敏感，所以使美方代表的数字图表和计算并没有起到信息传递的作用而且还浪费了大量的谈判时间，从而使自己处于谈判的下风，只能不惜代价达成协议。

单元二 小组谈判风格

小组谈判是谈判桌上出现最多的谈判形式。一般来说，谈判团体的成员达到3人或3人以上的，皆可称之为小组谈判。目前，随着社会的发展，所谈判的内容尤其是关于高技术方面的谈判，往往需要各类专家出席，不如此不足以解决谈判中所遇到的专门问题。

与个人谈判风格相比，小组谈判风格的确定更加复杂。因为个人谈判风格只涉及影响风格确立的个人的性格和其他特性(因为如果不进行训练，一般人很难使用与自己性格特征相悖的谈判风格)，而小组谈判风格的确立涉及小组各个成员的性格特点和其他特性，还涉及谈判小组各成员之间的配合。因此，确定小组谈判人员是正确运用小组谈判风格并取得谈判预期目标的关键。

任务一 了解小组谈判的概念和特点

子任务一 小组谈判的概念

小组谈判是指每一方都是由两个以上的人员参加协商的谈判形式。小组谈判可用于大多数正式谈判，特别是内容重要、复杂的谈判，这是由小组谈判的特点决定的。

子任务二 小组谈判的特点

小组谈判的特点如下所述。

(1) 每个谈判人员由于经验、能力、精力多种客观条件的限制，不可能具备谈判中所需要的一切知识技能。因此，需要小组其他成员的补充配合。

(2) 集体的智慧与力量是取得谈判成功的保证。这在谈判双方人员对等的情况下，表现可能不太明显，但如果双方人数有差别，人多的一方就很可能在气势上占了上风，人少的一方可能寡不敌众，甚至自己丧失了信心，败下阵来。

(3) 小组谈判有利于谈判人员采用灵活的形式消除谈判的僵局或障碍。例如，小组某一成员可以担当谈判中间人或调节人的角色，提出一些建议，缓和谈判气氛，也可以采用小组人员相互磋商的办法，寻找其他的解决途径，避免一对一的谈判中要么“不”、要么“是”的尴尬局面。

(4) 经小组谈判达成的协议或合同具有更高的履约率。因为双方认为这是集体协商的结果，而不是某个人的产物。集体的决定对其成员有更大的约束力，经由集体讨论产生的协议具有极大的合理性，因此，没有理由不执行。

由此可见，小组谈判最大的优点是发挥了集体的智慧，并且能够有力地促进谈判达成的协议的顺利执行。但是与一对一谈判相比，小组谈判也有不足之处，例如，一对一谈判克服了小组谈判中人员之间相互配合不利的状况。谈判一方人员的相互配合、信任是战胜对手、争取谈判主动的主要条件。但是如果相互间不能很好地配合，反会暴露己方的弱点，给对方以可乘之机。许多重要的谈判采取小组谈判与一对一谈判交叉进行，正是基于这一原因，即使是这样，小组谈判也是不可缺少的重要形式。表 4-2 与表 4-3 以表格的形式分别列出了个人谈判和小组谈判的优缺点，以方便读者进行比较。

表 4-2　个人谈判的优缺点

优　点	缺　点
避免对方攻击实力较弱的成员 避免多人参加谈判时内容不协调 谈判者可独自当机立断采取对策	担负多方面的工作，对付多方面的问题，可能影响工作效果 单独决策，面临决策压力较大 无法在维持良好的谈判形象的同时扮演多种角色，谈判策略运用受限制

表 4-3　小组谈判的优缺点

优　点	缺　点
集思广益，更好策动对策 多人参与，有利于掌握谈判的主动权 弱化对方进攻，减轻己方压力 有利于工作衔接	队伍组建本身有难度 小组成员间不便协调

任务二　小组谈判人员的层次构成

很多谈判都是内容复杂、涉及的专业很广、任务比较艰巨的工作，因此，往往采用小组谈判的方式。为了使小组成员能够充分协调，运用正确的谈判风格达成谈判目标，必须了解小组谈判人员的层次构成。

一般情况下，谈判小组人员分为谈判小组的领导人、懂行的专家、技术人员、翻译、记录员等必需的工作人员。谈判小组的领导人必须有才能，且工作方式与本企业一致，知识全面，并具有领导、协调能力。参加人员须具备良好的专业基础知识，能处理突发情况。参加人员间必须关系融洽，能求同存异。3 个层次的人员应该各有所长，各司其职，在谈判中互相配合，彼此协作，构成一个有效率的谈判群体。

从谈判小组的领导者的决策下放程度来划分，可以把谈判队伍的内部层次分为 3 种情况。

(1) 最后决策只由小组领导人做出。领导者本身是很好的推销者，他能够正确领导小组的活动，有谈判经验，有威望，能把自己的意见推销给其他成员。

(2) 鼓励其他谈判成员共同做出最后决策。这种层次结构能够更加突出小组谈判集思广益的作用，也防止了领导者过于强势而使谈判的其他参加人员唯命是从，没有主动权也发挥不出应有的作用。

(3) 根据谈判目的把成员再分成各司其职的小组，有小组的带头人共同进行最后的决策。

根据以上 3 种主要的谈判队伍的管理层次，可以衍生出不同的小组谈判风格。

任务三　掌握几种常用的小组谈判风格

小组谈判风格主要有以下几种。

1. 意见一致型

意见一致型谈判风格指的是在做决策时要求小组成员的意见基本一致才可以通过的谈判

风格。从定义中可以看出，在这种谈判风格中，首席谈判的权利在表面上与其他成员是一样的，在谈判桌上首席谈判会鼓励其他谈判成员做出共同的决策，自己并不暴露身份。谈判发言中，谈判成员都可以参与，每个成员都享有权利并承担责任。

这种谈判风格使首席谈判的权利有一定程度的下放，优点在于防止谈判成员对首席谈判唯命是从，可以充分发挥小组谈判的集思广益的优点，并且能够调动每个谈判成员的积极性，同时给谈判经验少的成员锻炼的机会。另外，由于首席谈判并不暴露身份，使谈判对手无法确定谈判的突破口，有利于我方采取主动。这种谈判风格的缺点是可能会由于决策速度慢而导致谈判进程缓慢，缺乏效率。所以谈判小组要选择理性的成员，防止情绪化的成员加入小组中。另外，小组成员应该有很好的沟通能力和协作精神，有共同的文化背景和习俗。在谈判准备阶段就设计好小组讨论做出决策的方式、最长时限以及协调方式，以便提高决策效率。

2. 平行组型

在这种风格的谈判小组中，首席谈判会把谈判团队分成各司其职的各个小组，也就是说，对谈判的权利和责任进行分配，每个小组负责谈判的一个或几个方面。需要强调的是，对于各个小组之间是平行的关系，没有领导与被领导的关系，每个小组都对自己承担的项目负责，小组内部实行意见一致风格，最后由首席谈判宏观协调各个小组的工作。

这种谈判风格的优点是各个小组各司其职，任务分工明确，每个小组能够根据自身的目的做成交易，而无须过多地考虑公司其他部门的谈判结果，而且这种方式使小组又分解为几个谈判对象，仍然可以造成谈判对手无所适从，需要应对多个对手的压力，使谈判对手就不同的问题要适应不同的风格。这种谈判风格的缺点是各谈判小组各自分割，各自对自己的部分承担责任，不容易协调统一。另外，当就某一个问题进行谈判的时候，可能会出现对方全局上阵而我方单枪匹马的状态，虽然给对手造成了与多方谈判的压力，但是也给己方带来了风险。采用这种谈判风格应注意的问题是，应该明确地划分每个小组的职责，如果职责划分不清，应该事先协商好处理方法，每个小组成员必须对团队整体的立场有所了解，在完成自己的职责的同时要保持与团队整体目标的一致性，首席谈判领导要得力，统筹安排。

3. 小组型

小组型延续了平行组型的风格，即把整个团队分成若干小组，并且每个小组负责一个或多个工作，各个小组之间的关系是独立、平行的，没有领导与被领导的关系，首席谈判负责整个小组的统筹领导。与平行组型不同的是，小组内部各个成员之间不实行意见一致型谈判风格，而是会选出一个小组长，小组长必须是行业专家或精通综合管理的人员，小组长可以独当一面，在需要时一个人负责部分的决策。这种谈判风格对小组长的谈判技能和技术技能要求很高，并且要求团队要有足够的进取心，小组各个成员和小组间要保持充分的联系，这种谈判风格在大型谈判中往往会被使用。

4. 等级型

所谓等级型谈判，是指大部分决策无论大小都是由首席谈判决定的一种谈判风格。之所以叫等级型谈判风格，是因为谈判成员在谈判团队中的等级在一定程度上与其在公司中的等级相一致。这种谈判风格使谈判团队的成员不能参与各种决策，他们的意见只能作为首席谈判做出决策的参考，首席谈判可以采纳也可以拒绝采纳。

等级型谈判风格的优点是如果首席谈判能力比较强，能够在重要决策上英明果断，可以有效地协调统一，达到谈判目的，并且能够节省谈判时间，大大提高谈判的效率；缺点是容易使谈判对手找到谈判的突破口，因为在谈判中如果被谈判对手识破自己的谈判风格，则谈判对手就会用大部分的精力主要对付首席谈判一个人。因为他们知道最后的决策都是由首席谈判来做的，这就给首席谈判带来了很大的压力；另外，这种谈判风格也不利于集思广益，充分发挥团队各个成员的优势和积极性。由于决策是由首席谈判一人做出，往往也会造成有失全局的结果。因此，采用这种谈判风格对首席谈判提出了很高的要求，并且在谈判的进程中，首席谈判应该尽量掩饰其决策者的身份，要充分听取谈判成员的意见，尤其是技术性谈判成员的意见，然后再慎重做出决策。

5. 部门型

部门型谈判风格相当于把等级型谈判风格与平行组型谈判风格融合起来的一种谈判风格。也就是说，首席谈判会把整个谈判团队分成个各职责范围的小组，每个小组对自己的工作负责并做出决策，这类似于平行组型的风格，而另一方面，这些小组的划分依据是根据公司的部门设置或等级结构来进行的，这又与等级型谈判风格有类似的地方。采用这种风格的谈判团队在谈判准备阶段就应该明确对各个部门所负责的谈判事项进行分工，制定好明确的目标标准，严格控制谈判议程中的各项条款。在谈判进程中，谈判不是小组全部到场，而是派去其工作与议程所列的谈判项目直接相关的人员。这些以专业或组织结构划分的部门只能就自身有限的领域进行谈判，但要诱使谈判对手透露更多的信息以备其他组成员谈判时使用。在这个过程中，团队的领导每天更替，首席谈判可以不出席，甚至可以远程操控。这种谈判风格的优点，是迫使谈判对手面对不同的人员和不同的谈判风格，但是一直找不到最终的决策者，使对手不但要不断适应新人，在谈判中筋疲力尽，还容易迷失谈判的方向。当然，这种谈判风格由于把谈判目标分割，把谈判责任分割，因此，也存在一个首席谈判统筹规划的问题。

当然，除了以上谈判风格之外，还有其他的小组谈判风格类型，这些类型可以是在谈判实践中总结出来的，也可以是以上类型的有效组合，不管采用什么样的小组风格都要考虑两点：一是谈判小组各成员的基本情况和公司的部门分工以及小组适合采用哪种谈判风格；二是谈判对手会采用什么样的谈判风格，在什么时候会变换谈判风格，等等。

任务四　养成良好的谈判修养

1. 健康的谈判意识

谈判是一种竞争，是一场角逐，同时又是一种合作，是一个以追求利益为目标的竞争过程。谈判者绝不应只是一个好战的能手，而应当是和平的使者。健康的谈判意识必须是以正当手段来达到存异趋同的目标。因此，谈判者必须牢固地树立起谈判的成功在于谈判的各方都要获利的观念，须知，那种在谈判中一味强调己方利益，甚至试图将对方置于死地而后快的潜意识，是万万要不得的。

2. 真正的守信的“奸商”

坦率、真诚、正直、守信是谈判家道德品质的一个基本特征。只有彬彬有礼、和蔼待人才能为谈判创造一种和平友好的合作气氛。心理学家说得好：“热诚比麻疹更有传染力。”如果己方能给对方真正的信任，对方必然向己方回报以信赖，有了这种相互依赖的基础，就为争取谈判的成功创造了条件。谈判中，谈判人员应该开诚布公，直言表露真情实感。如果一方能言辞恳切，举止坦诚，毫不掩饰地向对方表露自己的希望与担心，说明自己的谈判目的，在正常情况下，就很容易给对方如沐春风之感，从而打破其戒备心理，引起对方的共鸣。反之，如果谈判人员不讲信用，出尔反尔，朝令夕改，那么要取得对方的真诚合作是不可能的。

3. 良好的心理素质

商务谈判是一种特殊的竞争。风云多变的谈判显示着谈判者的不同心理，只有有效地掌握谈判者的心理，才能准确地判断对方的谈判趋势，合理地调整自己的对策。

一个富有经验的谈判者至少应该具备这样的心理素质：谈判取胜的信心、守信的诚心、充分了解对方和倾听对方的耐心、果断做出决策的能力和冒险一搏的魄力。而这些素质是需要谈判人员在谈判实践中不断地培养和训练才能获得的。

任务五　谈判风格的自由运用在于实践

谈判者风格的形成和提高，除了天分之外，更重要的是训练、培养和社会实践。勇于实践是谈判者提高谈判能力最为实际的方法，它要求谈判者参与谈判，在实践中学习谈判方法，积累谈判经验，培养良好的谈判素质。

一个谈判者仅仅具有丰富的书本知识和理论是远远不够的，谈判绝非纸上谈兵，要想成为谈判高手，就必须投入谈判的实践。知识的积累为谈判打下了基础，创造了条件，但是谈判者要真正发挥自己的潜能，就必须把知识运用于谈判的实践中去，在实践中不断地丰富自己。西方国家的许多谈判高手，都是毕生角逐于谈判桌上的，因而也就积累了丰富的只能意会不能言传的实践经验和变化无穷的谈判风格。

在谈判实践中，还应该首先了解对方谈判小组成员的谈判风格，然后根据自己小组成员的谈判风格来分派谈判任务和进行小组人员之间有效的组合。在谈判中会发现每种风格都可能与其他类型相冲突。例如，分析型的人总是不厌其烦地列举数据；表达型的人看起来总像梦想家，而非实干家；亲切型的人往往没有确定的目标，只追求皆大欢喜的结果；他们都可能让支配型的人觉得忍无可忍。如果对手的风格和自己的风格相去甚远，或完全不同，谈判能达成的结果很可能得打个折扣。因此，谈判人员一定要搞清楚自己是否有能力与风格不同于己的人交流。如果不能，最好找一个适应性强或习惯对方风格的队友作为合作伙伴，这样的搭配就会使己方具有很强的应变能力，不论对方风格如何，己方都能应付自如，这就是团队谈判的优势之一。一个谈判团队应该由风格不同的成员组成，以与对方风格一致的队员为中心。这样，至少在组内意见出现分歧时，他能够充当领导。

实训案例 4—2

日本东芝株式会社十分重视对谈判人员的培训，第 1 年，他们让受培训人员将本企业所有部门的工作全部熟悉一遍；第 2 年，他们将受培训人员派遣到国外，一般是派遣到今后要开拓贸易的国家和地区，在那里的企业、公司或大学一边搞研究工作，一边广交朋友，建立各种联系；第 3 年，他们将这些人员再调回国内，让他们担任贸易谈判代表，在实际谈判中学习，积累经验。经过 3 年的培训，这些人一旦坐到谈判桌前，就可以应对自如，俨然就是一个谈判高手。

【案例分析】

通过上例可以看出要想成为一名成熟的谈判人员需要熟悉本企业的业务、要掌握谈判对手的情况，包括对方的业务情况、风土人情，还要积累人脉。另外也是最重要的一点就是要不断地进行谈判的实践。

知识拓展1

中国人的谈判沟通风格

一个民族有自己民族的特点，中国人有自己沟通的法则。

(1) 中国人的沟通是情绪管理为先，而不是理智为先。

中国人讲寒暄、讲礼让，是为了让对方情绪好起来；中国人讲奉承和抬高对方，而且见面就说，是为了让对方情绪好起来；中国人得让领导高兴，他高兴，自然会让你舒服；中国人喜欢见面礼，不管见面礼有多小，但他会高兴，情绪好起来了，自然沟通也顺利。所以，中国人情绪不好的时候，一定不要和他讲道理，否则吃亏的只能是自己。在谈判中，一定要首先想到的是“怎样才能让他先高兴起来”，然后你会发现事情比原先想的要顺利得多。

(2) 中国人讲让对方有面子，只要让他有面子，他就会让你舒服。

中国人如果觉得，自己已经是重要人物了，他有了十足的面子，自然会讲道理，自然也会礼让和妥协；中国人开会时，你不能先讲话，而要请他先讲，这样他才会觉得你重视他，让他有面子，这样他会让你有面子；中国人会上决策不可能，但会下沟通才有效，因为他觉得你平时不说，会上乱说，没把他放在眼里；中国的老总喜欢后讲话，他喜欢让副总讲，而后赞同或反对，这样他能保持面子。

(3) 中国人不有话直说，而是旁敲侧击，含含糊糊。名哲保身，是中国人的至理名言，他们不喜欢把简单的事情简单化，而喜欢让你觉得什么都说了，而又好像什么都没说。

高明的中国人喜欢含含糊糊，他总是在暗示，在旁敲侧击，让你自己下结论，这是中国人的交流习惯，因为，一旦听者向别人提起来的时候，我没有负担，因为我没有说什么，结论是你自己下的，与我无关。

这样能给自己留下更多转圜的余地，留下处理的后路，所以听领导说话，感觉什么都没说，这样才对，因为，他不想让你感觉到有明确的倾向性，大道理和公理多讲讲，没有人会说我们错。

(4) 中国人喜欢投石问路，而不要打草惊蛇。

投石问路要看时机是否合适、场合是否合适、是否合适和这个人讲，如果一旦发现苗头不对，那后面不该说的都不要说。如果越说越投机，越说越快乐，到后面发现可以说，那这个时候说比一开始说就好多了。

(5) 中国人很少道歉，因为道歉对他来说意味着错误和愚蠢，意味着丧失自己的权威。我们可以通过其他方式告诉对方，其实我什么都知道，但我当时那么做，是因为有很多你没有想到的原因。

所以，上级很少说自己错了，而会通过其他某些方式转达给你，比如“我难道不知道你是最棒的，只是当时你有些飘忽，所以我要给你提个醒。”

(6) 中国人不直接正面回答问题，因为直接回答一定会对我不利，我只回答对我有利的部分，所以，对方常常觉得我回答了和不回答没有区别。

比如他问我价格，我绝对不会回答，一回答，他绝对说太贵了。所以，只能说对自己有利的话，要告诉他“把里面的配置搞清楚了，如果配置清楚了，您觉得不合适，我连价格都不用报了，如果您觉得可以，我在给您报实在的价格，这样您觉得怎么样？”

(7) 中国人讲究先说先死，不说也死。

谁先说就亮在明处，而我站在暗处，可以随时出招，他当然觉得先说吃亏；但不说也不行，所以，要说的恰到好处。比如，别人想问我知不知道那件事情，我怎么说？我一定会让他先说，“你说吧，我可能没你知道的多。”听他讲完了，我在告诉他，“其实不是这样的”。这样自己总能站在主动的位置。

(8) 中国人是高度自主性的民族，凡是对方替我决定的，我很不高兴，凡是我自己决定的，我一定死撑到底。

谈判中不要告诉对方你该选什么，而要引导对方，让他自己下结论，适当的时候，你制造出机会询问他，他会告诉你的。比如，销售谈判中，你告诉他，根据客户的要求，所需产品应该具备这样的配置，之后，你问他，“如果某产品具备了这样的特点，您会选择吗？”，他不会说不的。但是如果你开始就和他讲产品，他一定会告诉你，你的产品不合适，或者价格太贵。不是我们的价格贵，也不是产品不合适，而是你的方法错误，只能怪你自己。

(资料来源：中国人的沟通艺术)

知识拓展 2

单赢型谈判与双赢型谈判

在单赢型谈判中，双方都会全力谋求谈判中利益的最大化，谈判结果会出现一赢一输的局面。在现实生活中，谈判双方均会努力避免单赢谈判的发生，但很多时候，随着谈判的深入，在不经意间谈判逐渐会向单赢谈判演变，那么什么情况下会发生单赢谈判呢？此类谈判中讨论点比较单一，如价格，双方的主要精力和时间都放在价格的层面上，买方希望以最低的价格成交，而卖方则希望以最高的价格达成交易，双方谈判的目的是获得最大的利益，都期望最终交易价格接近或超越自己的预期价格。谈判的结果通常是一方所得即是另一方所失，也就是说，一方多得 100 元对方就会损失 100 元，其次，谈判双方没有或者不考虑长期的合作关系，也许只会发生一次交易，双方都不会刻意地维系与对方的关系，例如一方要买一辆汽车，一定会用尽各种办法来压低其售价，而不会考虑是否会与销售商的关系搞僵，因为车辆的售后服务和维修与销售商无关，没有必要和他保持良好的长期合作关系。

双赢型谈判是每一位谈判者追求的目标，是谈判中最理想的状态。此类谈判的特点是：双方谈判的目的是为了共同解决各自的问题，而不是单纯地挤压对方的谈判空间，一方获得预期利益不需要对方放弃其预期利益作为代价。另外，谈判中涉及的议题也较多，其范围不仅仅局限于价格，还有货款账期、交货日期、售后服务及到岸地点等其他附加条件。总之，双赢型谈判强调的是，通过谈判，不仅是要找到最好的方法去满足双方的需要，还要解决责任和任务的分配问题，如成本、风险和利润的分配。双赢谈判的结果是，对方赢了但自己也没有输，双方共同创造价值，而不是互相索取。

知识拓展 3

成本附加型或价值附加型谈判风格

很多设在中国的外资企业没有能够塑造出强大而恰当的公司文化，于是任由每个人自己默认的社会文化来决定公司的产出结果。没有经验的谈判者在遇到成本与价格的难题时，经常会做出情绪化的言论和论调。在面对低于他们所出价格的请求或者要求时，有些谈判者会采取成本附加型的逻辑推理方式。他们会争辩道，因为成本是 X，所以最终价格应该是 $X+Y$。这在己方卖东西时完全正确，但在买东西时却是一句废话，尤其当己方在购买服务或者高附加值的产品时更是这样。不幸的是，这一类的推理方式可以很快变得非常情绪化。买者会做出这样的反应：他不相信卖者或他不在乎。“首先，我认为关于你的成本，你在撒谎。其次如果你真的花费了那么高的成本，你一定是个傻子。为什么我要为你犯下的错误买单？”这类言辞是买者对于成本附加型方法典型的回答。经验丰富的谈判者可以通过提出一系列的集中关注买卖双方的实际需求和要求的反对案和信息交换来偏转争论的方向。如果己方公司中雇佣年轻的销售专业人员或者谈判者，一定要确保他们接受如何处理非价格的谈判的指导和培训。己方需要重点关注的一个领域是如何从一次成功的谈判中脱身。

跨文化交际中一个经常发生的不幸的事实是，在面对不一致的意见或者拒绝时，人们会变得情绪化，继而关上通往未来商业成功的大门。成功脱身而不伤及退路的确是需要技巧、实践和训练的。

单元三　谈判风格实训

风格兼容性评测

1. 实训资料

在谈判中就算己方已经确定了几个处理主要问题的可能方式，但如果对手所偏好的风格和己方不一致，这些方式还是可能行不通。南加州大学艾伦·罗伊(Alan Rowe)和其同事合作设计了一个风格兼容性的评测工具，花一些时间完成这个测试，对实例中的每个问题，给在谈判中自己最可能做出的那个回答标上8，次选标上4，第三选择标上2，最后一项标上1。表中的每一行里，8、4、2、1应该各出现一次。必须回答所有的问题，答案没有什么对错之分，只是反映了个人对待这些问题的选择次序。

(1) 在谈判时，我会(　　)。

A．关注我的目标　　B．找寻可行的解决办法

C．试图理解对方的想法　　D．试图逃避争端

(2) 解释自己观点的最佳方式是(　　)。

A．强硬地提出　　B．合理地介绍

C．解释造成的影响　　D．结合双方的观点

(3) 陷入僵局时，我会(　　)。

A．强烈回应对方的意见　　B．用事实解释我的立场

C．寻找共同点　　D．勉强让步

(4) 在描述己方期望的方式时，我会(　　)。

A．尽量客观　　B．涉及所有细节　　C．尽量热情　　D．尽量友好

(5) 如何判断自己是否达到了理想目标，(　　)。

A．没有做出任何让步　　B．已经尽力而为

C．找到一个有创意的解决方案　　D．乐于中途就满足他们的要求

(6) 在谈判中，我的目标是(　　)。

A．达成自己的理想目标　　B．说服对方接受自己的观点

C．找到对双方都有利的解决方案　　D．寻求一个可接受的解决办法

(7) 我解决争端的途径将是(　　)。

A．自己确定的　　B．合理的

C．新颖的　　D．尽可能寻求意见一致

(8) 我更喜欢信息是(　　)。

A．详细明确而合理　　B．完整且有说服力

C．列出可选择的数目　　D．有助于建立良好关系

(9) 当不明确该做什么时，我会(　　)。

A．直接行动　　B．寻找可能的解决方案

C．凭借自己的直觉　　D．寻求对方的建议

(10) 我不喜欢(　　)。
A. 长时间辩论　　B. 信息不完整
C. 按部就班　　D. 存在争端

(11) 如果我已经被拒绝，我会(　　)。
A. 坚持己方观点　　B. 重新思考自己的立场
C. 结合双方观点　　D. 试图挽回和对方的关系

(12) 如果时间紧急，我会(　　)。
A. 为尽快决定而压缩谈判　　B. 重点解决紧要问题
C. 提出一个互让的方案　　D. 希望推延此类事的发生

(13) 当被提问时，我会(　　)。
A. 断然地回答　　B. 依赖支持我立场的数据
C. 泛泛作答　　D. 要看它如何影响我

(14) 我更喜欢处于的状态是(　　)。
A. 控制局面　　B. 我能利用逻辑推理能力
C. 我能寻求新的机会　　D. 大家都很重要

(15) 我谈判的最佳状态是在(　　)。
A. 利用我的经验时　　B. 当机械的分析不被认可时
C. 寻找到许多替代方案时　　D. 处于双赢的谈判环境里

(16) 当处于劣势时，我会(　　)。
A. 毫不示弱　　B. 认真地准备
C. 试图改变局势　　D. 保持双方需要的一致性

(17) 在某个问题上存在对抗时，我会(　　)。
A. 坚持己方立场　　B. 认真理顺问题
C. 试图冒险越过该环节　　D. 寻找方法减压

(18) 如果我输了，我会(　　)。
A. 更加坚决　　B. 考虑我所有的选择
C. 寻找方法再来一次　　D. 呼吁他们的公正感

(19) 为达到共同的利益，我会(　　)。
A. 展示一个可实施的方案　　B. 阐明所有人的优先利益
C. 建议一个共同盈利的计划　　D. 辩证地考虑这个问题

(20) 在谈判中，重要的是(　　)。
A. 知道各方想要什么　　B. 明确谈判进程
C. 开始就创造一个鲜明的印象　　D. 承认各方的要求最后得分

选项 得分	A	B	C	D
20个题目的总分				

2. 实训要求

完成了所有问题以后，把 20 个题目的 A、B、C、D 四个选项涉及的数字分别加起来，填在最下面的表格中。那么表格中最下面一行横向相加总分数应该为 300 分。现在你可以判断自己的风格偏好了。

3. 实训结果

如果你的最高得分出现在A列，那你最主要的风格就是“成就型”即支配型。这种类型的谈判者通常开门见山地切入问题的中心，进展迅速。他们没什么耐心长时间进行逻辑推理，而且他们对成功志在必得。只要有可能，成就型的谈判者就一定不会让步。如果最高分是在B列，你就具有“分析型”的特点。这类谈判者提供大量的数据，一步步用严密的论证说服别人。分析型谈判者会给问题排列优先次序，根据这个次序决定是否让步，以及做出多大程度的让步。C列得分最高的谈判者是“激励型”即表达型。他们的特点是能找到聪明而新颖的办法来解决问题。此外，他们能用自己的热情感染别人。D列得分最高的谈判者是“调解型”即亲切型。调解型谈判者乐于帮助别人找到达成协议的方法。为了使每个人都能得到满意的结果，他们倾向于妥协让步。

大多数人至少在两种风格上得分相对高些。这两个得分可能很接近，也可能相去甚远：如果两种风格的得分很接近，那么你可以说是这两种中的任何一种；如果差距很大，那得分高的那个就是你的“主要风格”，而另一个则是“候补风格”。有些人得分相近的可能不止两种风格，比如其中3种很接近，而剩下那种得分很低，这说明你能很自如地应付这3种得分高的谈判风格，剩下那一种则让你无法忍受。

(资料来源：凯瑟琳·凯利·里登. 谈判的力量. 冯宇译. 北京：当代中国出版社，2005.)

课后习题

案例分析题

【案例题 1】 有一次你开车到某一个地方去，半路上车坏了，你不得不去找一个修车匠把车修好。好不容易等到车修好之后，对方却索要令你无法想象的修理费，而且态度强硬，不容商量。尽管你目瞪口呆，无法相信会有这么高的修理费，但事实上，对方确实付出了劳动，要修理费合理合法，争论的焦点便是修理费是否过高。

问题：

在这种价格谈判中，谈判对手即修车匠是什么类型的谈判者，对这种谈判对手采用的措施是什么？

【案例题 2】 凯胜科技有限公司需要购买50个U盘，其采购经理联系了该公司主要的供应商——圣翔电脑有限公司，就此次交易进行谈判。两家公司有长期的业务关系，凯胜公司所有的计算机和相关产品均由圣翔电脑有限公司提供，双方合作非常愉快，凯胜公司短期内没有调换供应商的计划。凯胜公司希望以市场最低团购价格购买，但又不愿失去一个可靠而又诚信的长期合作商；圣翔电脑公司当然期望利润的最大化，同时对这个长期供货的客户也有所顾忌，担心影响到日后的合作关系。

最终，谈判双方签订了合同。两家公司对于双方的出价进行了折中，最终的采购价格略高于凯胜公司的期望价格，但作为补偿，圣翔电脑公司将以成本价格为凯胜公司的计算机进行升级和维护。

问题：

这种谈判是什么类型的谈判？

【案例题 3】 长丰摩托车公司是一家国有大型企业，市场份额在同行业中处于领先地位。恒顺制造公司是其配件供应商之一，以制造摩托车装饰品为主要经营项目，销售渠道单一且公司规模较小。长丰公司为迎合消费者的需求，计划在新款车型中增加一些必要的装饰物，于是两家公司开始了供货谈判。在确定了标准和款式后，长丰公司希望以每套 50 元的价格批量采购，而恒顺的报价单标明每套 60 元，双方就价格的分歧进行了谈判。在经过两轮艰难的谈判后，双方最终以 50 元每套的价格签订了供货合同，长丰公司拿到了他们所期望的价格。

问题：

在这次谈判中，哪一家公司处于主导地位，这是一种什么类型的谈判？

【案例题 4】 有一次中国和澳大利亚的谈判。澳大利亚方的谈判领导者是个直截了当的生意人，他说："让我们别拐弯抹角了，进行业务吧。"当然他的意思是：让我们把合同落实下来吧。他没发现他的中国同事想要建立一种正式的关系，在那种情况下，合同是重要的一部分，不可能仅凭这么几句话就落实合同。当对原则和细节的讨论和协议已经达成结论时，他们转向了其他话题，谈论起了观光。中国人或许会理解这一切，这意味着他们已经完成了此时能做的一切，讨论到此应该结束了，并且希望建立长远的关系，但澳大利亚的主要谈判者却被激怒了，在他看来，中方是故意拖延不想把讨论变成实际承诺。

问题：

从该例中你能看出中澳双方在谈判风格上有什么不同，如何解决这种冲突？

【案例题 5】 在两个出版社关于某杂志版权的谈判中有以下对话。

美方代表一：欢迎你们来和我们达成合作！

中方代表一：欢迎你们来到中国，作为东道主，我们会尽量给你们安排丰富多彩的活动的，在饮食和参观上我们乐意给你们……

问题：

1．从中方代表的开场白中可以看出中方采用了(　　)谈判风格。

A．社交型　　B．威胁型　　C．被动型　　D．指挥型

美方代表二：(打断中方发言)哦，no，no…我们来到这里是为了你我双方的"合作"，不是为了旅游，当然，当我们达成了双赢协议后我方也十分乐意接受你们的邀请。我们进入正题吧！ok?

问题：

2．从美方代表的开场白可以看出美方采用了(　　)谈判风格。

A．社交型　　B．实效型　　C．被动型　　D．指挥型

美方代表三：你们是知道我们此行的目的的，尽管我方知道你们可能对我们的杂志的历史了解不少，但是我还是十分乐意简单介绍一下我们杂志的光荣的发展历程……

中方代表二：我们对贵方的杂志也是了解的，但是我们应该承认，你们的杂志是属于你们的，我们的同样也是属于我们的，我们只是不同国家之间的不同刊物，这之间并没有侵权之说。

美方代表一：你们有点不可思议，(站起来说)你们不懂得尊重知识、尊重产权、尊重原创，你们也不懂得最基本的知识产权法则，你们对我方造成的严重损失更是被你们轻轻带过了，我们对此十分愤怒。

问题：

3．此时美方采用了什么谈判风格？(　　)

A．社交型　　B．实效型　　C．被动型　　D．指挥型

中方代表三：虽然你们双方出版的刊物都叫某某，但是我们并不认为我方对贵方造成什么损失，况且我们针对的读者群体不同，我们的主要是在中国发行，我们有自己的文化，有自己的特色，因此，我方认为没有对贵方造成像你们说的那样的损失，你们都共同拥有杂志的出版权，我们之间没有侵权之说。

美方代表三：好了，我们谈谈我方提出的方案吧。我们要收购你们的杂志，意思是说，你们的刊物的一切出版发行权归我们，当然我们会给予你们足够的经济利益，相信你们对我们的经济实力不会怀疑的；当然了，同时在出版发行等细节的东西我们是可以好好商量的，我们也是很乐意商量，但是我们商量是在我方收购你们目前的杂志这框架下的商量，不知道对我方这可行方案你们的看法是什么？

中方代表二：谢谢贵方对我们的“关爱”，我们对你们的这个方案回去后会好好思考的。我方现在也有一个对你们不错的方案，那就是我们愿意在维持我方目前杂志的一切权力之下代理贵方杂志在中国的出版发行权。

美方代表一：你们这个方案我们不用考虑了。

中方代表四：那你们还有什么提议吗？

美方代表一：那当然，……

中方代表一：你们这个方案我们也会拿回去好好考虑的。

……

(休会)

……

(重新谈判)

美方代表一：经过了刚才的休会，我方还可以提供给贵方一个方案：你们必须要么停刊，要么改名……不知道贵方意下如何？

中方代表三：这是不太可能的，我们还是就我方提出的关于我方代理你方杂志在中国这提议谈吧。

问题：

4．可以看出中方根据美方的谈判风格采用了什么谈判风格？(　　)

A．顽固型　　B．实效型　　C．被动型　　D．指挥型

美方代表二：我真是怀疑你们是不是真的为了你我双方的共赢而来谈判的，我方连续提出了3个对你们来说都是有利的方案，你们都不同意，最终你们还是固守你们的什么代理方案，你们可以想想，我们的杂志在市场上热销了几十年，刚才我方给贵方的数据也充分表明，我方无论是在市场营销渠道、经营理念，还是资金实力方面上都是比你们更具有优势的……

问题：

5．可以看出美方的谈判风格是什么？(　　)

A．顽固型　　B．实效型　　C．威胁型　　D．指挥型

中方代表四：在贵方刚才所说的方面上，我们承认你们的优势，但是你们不要忽略了，在中国这块市场上，我们有着本土优势，我们有着自己的文化根基，风俗习惯以及共同的观念，所以我们可以这样说，在中国这块市场上，我们是比你们更有优势的……

最终达成以下共识：

① 中方承认过去对我方造成过选载或直译过美方杂志上部分文章的行为；

② 在美方现已发行的国家和地区，中方的杂志未经美方同意与授权不得出版发行，否则对美方造成直接侵权行为；

③ 对中方杂志的改名以后再议。

问题：

6．根据以上共识，这次谈判是(　　)。

A．双赢的　　B．单赢的

C．破裂的　　D．以上都不对

项目五　谈判前的准备

知识目标

(1) 了解环境准备的内容，谈判前的准备活动包括哪些方面，如何制定谈判方案。
(2) 理解知己知彼在谈判中的重要作用。
(3) 掌握包括自身信息、谈判对手信息以及如何拟定科学合理的谈判方案的方法。

能力目标

(1) 熟悉拟定科学合理的谈判方案的方法。
(2) 能独立制定谈判方案。

素质目标

培养学生全面科学、严谨细致的职业素养。

导入案例

我国某冶金公司要向美国购买一套先进的组合炉，派一高级工程师与美商谈判，为了不负使命，这位高工做了充分的准备工作，他查找了大量有关冶炼组合炉的资料，花了很大的精力对国际市场上组合炉的行情及美国这家公司的历史、现状、经营情况等了解的一清二楚。谈判开始，美商一开口要价 150 万美元。中方工程师列举各国成交价格，使美商目瞪口呆，终于以 80 万美元达成协议。当谈判购买冶炼自动设备时，美商报价 230 万美元，经过讨价还价压到 130 万美元，中方仍然不同意，坚持出价 100 万美元。美商表示不愿继续谈下去了，把合同往中方工程师面前一扔，说："我们已经作了这么大的让步，贵公司仍不能合作，看来你们没有诚意，这笔生意就算了，明天我们回国了"，中方工程师闻言轻轻一笑，把手一伸，做了一个优雅的请的动作。美商真的走了，冶金公司的其他人有些着急，甚至埋怨工程师不该抠得这么紧。工程师说："放心吧，他们会回来的。同样的设备，去年他们卖给法国只有 95 万美元，国际市场上这种设备的价格 100 万美元是正常的。"果然不出所料，一个星期后美方又回来继续谈判了。工程师向美商点明了他们与法国的成交价格，美商又愣住了，没有想到眼前这位中国商人如此精明，于是不敢再报虚价，只得说："现在物价上涨的利害，比不了去年。"工程师说："每年物价上涨指数没有超过 6%。一年时间，你们算算，该涨多少？"

美商被问得哑口无言，在事实面前，不得不让步，最终以 101 万美元达成了这笔交易。

【案例分析】

对于这个案例，明显的可以看出，中方工程师在谈判前做了细致全面的准备，美方在对方大量信息的面前陷于被动，一开始就丧失了整个谈判的主动权。中方对于谈判技巧的运用更为恰当准确，赢得有利于己方利益的谈判结果也是一种必然。

(资料来源：友商网．最实用的商务谈判案例分析．2010-10-26)

“知己知彼，百战不殆”，要进行成功的谈判，就必须有充分的准备。谈判准备工作进行得是否充分是国际商务谈判能否取得成功的关键。如果没有充分的准备，谈判者就无法从容面对和有效引导谈判话题及谈判方向。优秀的谈判者在准备阶段会考虑清楚自己想要的是什么以及通过怎样的方法去取得。国际商务谈判前的准备包括环境准备、自身情况准备、谈判对方情况考察、谈判方案的拟定 4 方面的内容。

单元一 环境准备

国际商务谈判是在一定的法律制度和某一特定的政治、经济、文化影响下的社会环境中进行的，它们会直接、间接地影响谈判，是谈判实施不可缺少的成分。这些环境因素称为谈判信息，是指那些与谈判活动有密切联系的条件、情况及属性的一种客观描述，是一种特殊的人工信息。英国谈判专家马什在其所著的《合同谈判手册》中对谈判环境因素进行了系统的归类及分析，他把与谈判有关的环境因素分为以下几类：政治状况、宗教信仰、法律制度、商业习惯、社会习俗、财政金融状况等。

任务一 政治因素准备

政治和经济是紧密相连的，政治对于经济具有很强的制约作用。政治因素对商务谈判活动特别是国际商务谈判有着非常重要的影响。当一个国家政局稳定、政策符合本国国情时，它的经济就会发展，就会吸引众多的外国投资者前来投资。否则，政局动荡、市场混乱、人心惶惶，就必然产生相反的结果。因此，进出口双方在进行经济往来之前，必须对谈判对方的政治环境有详尽的了解。

1. 国家管理企业的程度

主要指企业所拥有的自主权的大小。国家对企业的管理程度比较高，企业所拥有的自主权较低，谈判过程中政府会直接参与谈判，关键性问题的决定权掌握在政府人员手中。此类谈判，成败不取决于企业，而是取决于政府。反之，谈判结果完全由谈判主体即企业来控制，可以通过谈判技巧和实力来争取谈判利益。

2. 经济的运行机制

如果是计划经济体制，要看企业之间的交易买卖有多少列入国家计划，有没有争取到计划指标。在市场经济条件下，企业自主权较多，可以全权决定交易的取舍。

3. 当局政府的稳定性

与在项目谈判期间的政局稳定程度相比，预计合同履行期间谈判当局的稳定性更加重要。

谈判方与邻国的关系如何，有无战争爆发的可能，谈判方近期是否有大选活动，这些政治活动都将影响谈判结果。

4. 政府与买卖双方的政治关系

阿拉伯国家有时往往拒绝同那些与以色列有政治、经济关系的国家及企业进行商业交易。

5. 对谈判的监视情况

当今国际商务活动竞争激烈，有些国家在国家间的商务竞争中使用不光彩的手段，如安装窃听装置、偷听谈判方电话、盗取商业情报等手段，以期在商务活动中获得更大的利益。

任务二 宗教信仰因素准备

当前，无论是科学技术高度发达的美国和欧洲各国，还是在富有的阿拉伯产油国，或者是在其他贫穷落后的国家，宗教问题无不渗透到社会的各个角落。宗教信仰影响着人们的生活方式、价值观念及消费行为，也影响着人们的商业交往。

宗教问题很复杂，商务谈判人员不可能也没有必要专门研究，但宗教的有关问题，如宗教的信仰和行为准则、宗教活动方式、宗教的禁忌等，对商务活动会产生直接的影响，这些是商务谈判人员必须了解的。

1. 该国占主导地位的宗教

在某些国家，宗教影响很大，法律制度是根据宗教教义来制定的，人们的行为是否被认可，要看其是否符合这个国家的宗教精神。

2. 宗教影响

宗教对事物是否产生重大影响，如政治制度、法律制度、国别政策、社会交往与个人行为、不同人员的出入境以及节假日与工作时间等。

任务三 法律制度因素准备

法律制度和政治制度一样，都对商务谈判有着无形的控制力，进出口企业在贸易往来中，不可避免地遇到各种各样的法律问题，只有清楚地了解其法律制度，才能减少商业风险。除了要了解我国现有的法律(如《合同法》、《专利法》、《商标法》、《国外企业所得税法》、《中外合资经营企业法》等)外，还应了解国外的法律制度和国际惯例。

1. 该国的法律制度

谈判的内容和合同的签订只有符合法律的规定，才能受到法律保护。所以事先要了解对方国家的法律制度，是属于英美法系(判例法)还是属于大陆法系(成文法)，都包括哪些内容。

2. 执法程度

现实中，有的国家本身法律制度不健全，出现无法可依的情况；有的国家是法律制度比较健全，且执行情况尚可；有的国家虽有法可依，但在执行过程中，不完全按照法律规定办事，而是以其与当权者的关系来影响法律制度的执行。对待不同的执行情况，谈判者要采取不同的谈判策略才能取得预期的效果。

3. 对谈判权力的限制

从某种意义上说，受了限制的权力才会成为真正的权力，一个权力受了限制的谈判者要比大权独揽的谈判者处于更有利的状态。例如，可以优雅地向对方说“不”，因为未经授权，无法擅自“越权”做出决定，这往往使对方大伤脑筋，迫使对方只能根据他们所拥有的权限来考虑问题。如果对方急于求成，虽然明知会有某种损失，也不得不妥协拍板。否则，就会冒谈判失败的风险。

4. 受理案件的时间

法院受理案件的时间长短直接影响谈判双方的经济利益。在交易过程中，谈判双方一旦发生争议，经过调节无效后上诉法院，就要由法院审理。这时如果法院审理案件的时间短，对谈判双方的运营可能不会造成太大影响。可一旦法院审理的时间很长，甚至一拖几年的涉外官司，无疑会给谈判双方的经济、精力等方面造成极大的负面影响。

5. 法律仲裁生效程序

对国际商务活动而言，一旦发生纠纷，诉诸法律，就自然而然地会涉及国家之间的法律适用问题。因此，谈判之前必须清楚，在一国进行的仲裁，对对方国家而言是否具有同等的法律效力，或者无效，或者需要什么条件和程序才可以生效并具有同等法律效力。

任务四 商业习惯因素准备

1. 企业决策的程序

所谓企业决策的程序，指的是谈判最终结果由谈判小组做出还是由首席谈判官做出。美国的决策程序是只要首席谈判官拍板，谈判就会达成协议；而日本的决策程序是必须参与谈判的所有人员都同意，谈判才可以达成协议，一个人不同意，不管他在谈判小组里的地位有多低，协议都无法达成。因此，必须清楚谈判对方的决策程序，它决定了决策时间及谈判风格的差异，这是首先应了解的商业习惯。

2. 是否做任何事情都见诸文字

该类商业习惯决定了合同具有何等重要的意义，文字协议的约束力如何。有些国家习惯以谈判者个人的信用和承诺为准，而另外一些国家则更重视文字合同，其他形式的承诺一概无效。

3. 律师的作用

有些国家，如美国，在谈判时一定要有律师在场。当谈判进行到签订协议阶段时，由律师来审核整个合同的合法性，并由律师在合同上签字，合同才生效。而其他一些国家则由首席谈判官审核合同，由其签字后才生效。

4. 谈判中有没有商业间谍活动

如果确信谈判一方在业务洽谈的同时存在商业间谍活动，则应该研究如何保存机密文件以及其他的防范措施。

5. 是否有贿赂现象

有些国家是不行贿不成交易的，他们认为交易中的行贿、受贿属于正常现象，是交易的润滑剂。而在另一些国家的交易中，行贿、受贿被当作违法行为，并有严格的配套法律对此予以追究。我国不赞成靠行贿来做生意，但是谈判人员必须了解这些方面的情况。

6. 是否可以同时与几家公司谈判

同时与几家公司谈判，选择最优惠的条件达成交易，是有些国家的商业习惯。如果可以，保证交易成功的关键因素是什么，是否仅仅是价格问题，在几家公司同时竞争一笔生意时，谈判是最复杂、最艰难的，必须要紧紧抓住影响交易成功的关键因素来开展工作，才有成功的希望。

7. 业务谈判的常用语言

如果使用当地的语言，有无可靠安全的翻译，合同文件是否可以用两种语言来表示，两种语言是否具有同等的法律效力。谈判是用语言来进行交流、靠语言来表达意思的，因此，必须选择合适的谈判语言。在最后签订合同时，如果使用第三国文字，那么对谈判双方都是公平的。如果不是这样，一般应规定双方的文字具有同等效力。

任务五　社会习俗因素准备

小知识 5-1

日本的商人把和谐放在首位。日本人在日常的交往中非常重视礼节，谈判时比较重视和谐的气氛并给对方足够的面子，很少直接做出拒绝和否定对方意见的表示，而是通过很客气的语言，委婉地表述他们的看法。

社会习俗是指不同国家及地区由于其文化背景、宗教信仰等方面的不同而形成的独特、典型的行为方式及行为标准。一个国家或地区有着不同的社会习俗，它们对谈判都会产生一定的影响。

(1) 衣着、称呼方面，怎样才是合乎规范的标准。

(2) 对谈判的时间有没有固定要求，是否只能在工作时间谈业务，在业余时间谈判对方是否会产生反感？

(3) 社交场合中是否应该带妻子？是不是所有的款待、娱乐活动都在饭店、俱乐部等地进行？

(4) 送礼的方式、礼品的内容有什么习俗？

(5) 在大庭广众之下，人们是否愿意接受别人的批评，人们是如何看待荣誉、名声等问题的？这涉及双方意见交流的方式和策略。

(6) 妇女是否参与经营业务？如果参与，是否与男子具有同等的权力？

任务六　财政金融状况因素准备

了解财政金融状况的主要内容包括该国的外债情况如何？外债的高低从对谈判的影响来讲，主要影响支付能力，有时甚至会直接影响双方关系。该国的外汇储备情况如何？主要靠哪些产品赚取外汇？国际支付方面信誉如何？该国货币是否可以自由兑换，有何限制？汇率变动的情况及趋势等，这些都是必须了解的信息。如果外国投资者以其当地货币的投资收入兑换成本国货币时，就可能比预期的大幅度减少，造成难以弥补的损失。

1. 外汇储备

如果外汇储备较充分，表明该国有较强的对外支付能力。否则，说明该国的对外支付能力有限，这时，如果涉及大的项目，就存在潜在的支付危机。

2. 外债情况

如果该国的外债过高，虽然一方达成对己方有利的协议，但在执行合同的过程中，有可能因为对方外债的还债压力大而无法按时支付本次的交易款项，抹杀谈判成果。

3. 货币限制

该国的货币如果不能自由兑换，会有什么限制条件，双方汇率变动情况及趋势如何？显然，如果谈判双方的货币不能自由兑换，就会涉及选择哪种货币进行支付的问题。汇率变化对谈判双方均存在风险，谈判必然还会涉及降低汇率风险问题，增加谈判的难度。

4. 信誉

在国际范围内，该国支付方面的信誉如何，是否有延期付款的情况发生，这些都是应考虑的问题。

5. 外汇管制

该国是否实行外汇管制，要想取得该国的外汇付款，需要哪些手续和环节。在一国取得的利润，是否可以顺利出境，有哪些相关规定？这些问题都会涉及交易中支付能否顺利进行，是最终实现支付的关键问题，必须事先了解。

6. 适用的税法

该国依据什么法规进行征税，征税的种类和方式是什么，有否签署避免双重征税的双边协议？这些问题直接影响谈判双方最终获利的大小。

任务七　其他因素准备

其他因素包括基础设施、后勤供应系统及气候条件等。

基础设施与后勤供应系统主要指该地区的交通运输条件、邮电通信事业的发展等。该国的人力、物力、财力情况如何，在聘用外籍工人、进口原材料、引进设备等方面有无限制，运输及海关有无限制。

气候因素包括雨季的长短、雨量的多少与气温的高低等，这些因素对人们的消费习惯，对商贸谈判都会产生一定的影响。例如，日本汽车之所以能在东南亚和香港等地打败欧洲厂商，原因在于日本汽车在进入市场时，考虑到当地气候炎热，在汽车上配有制冷设备，而欧洲汽车没有这些设备，不能适应市场的需要。

单元二　自身情况准备

在谈判前的准备工作中，不仅要调查分析客观环境和谈判对手的情况，还应该正确了解评估谈判者自身的状况。古人云：“欲胜人者，必先自胜；欲论人者，必先自论；欲知人者，必先自知。”没有对自身的客观评估，就不会客观地认定对方的实力。孟子说过：“知人者智，自知者明。”谈判者一定要有自知之明。但是自我评估很容易出现两种偏向：一是过高估计自身的实力，看不到自身的弱点；二是过低评估自身的实力，看不到自身的优势。自我评估首先要看到自身所具备的实力和优势，同时还要客观地分析自己的需要和实现需要所缺欠的优势条件。

谈判成功的关键在于，在了解对方的同时，更要深刻地了解自己。只有正确地了解自己，才能在谈判中确立正确的地位，采取相应的对策。己方的情况包括本企业产品及生产经营状况和本方谈判人员情况。

任务一 本企业产品及生产经营状况

本企业的产品及生产经营状况涉及的内容很多。例如，对于卖方来讲，要了解自己产品的规格、产品的性能、主要用途、质量、品种、数量、销售情况、商品的市场竞争力、供应能力、经营手段及经营策略等。

1. 企业自身的情况

包括历史沿革、企业组织机构、经营方针、营运能力，领导层经营理念、广告意识、员工素质、现行市场销售策略与对应措施、企业发展的潜力评估、近期与中长期既定发展目标，企业优势和缺陷的分析与评估。

2. 国内外市场分布情况

包括国内外市场产品的结构、产品的市场分布、产品的市场含量、销售价格、竞争者等。

随着国际分工的进一步加剧，国际贸易的不断发展，使得国内和国际贸易中交换的商品品种不断增多、数量激增，从客观上起到扩大国内和国际市场的作用。通过了解目标商品的市场分布情况，有利于确定长期、中期及短期的销售计划，从而有助于确定谈判目标。

3. 消费需求

包括消费者的生活意识、购买动机、购买能力、地域区划、文化层次、年龄层次、审美观念等的研究以及潜在的市场消费者。

满足消费者的需求，是企业生产的商品或服务能够打入市场并站稳脚跟进而发展壮大的最根本的要求，这是每个企业都明白的最浅显的道理。任何一个品牌的市场占有率最高不会超过 30%，因此，企业要想有高的市场占有率，首先也是最重要的一步就是进行产品分析和消费群细分，而这就需要消费者行为学的运用，即用消费者分析产品。进行产品分析和消费群细分后，就要开始建立和定位品牌。而品牌具体表现在消费者的感知层面即包装上，表现在消费者的认知层面即品质、观念上。在营销策略的制定中，必须以消费者为导向，研究消费者，理解消费者，这样才能真正满足消费者的需求，这也是自己品牌产品取胜的最重要的前提条件。

运用各种工具、关系、方法，具体详细地掌握消费者的静态和动态信息。根据客户的全面需要，分析其生活习惯、消费偏好、购买能力等相关因素，深入地了解客户的生活、工作、交往的各个环节，发现对同一种产品拥有的真正需求。注意分析客户需求的类型、规格、款式、色彩、数量等具体性的因素。

4. 产品销售情况

该类商品近 3 年的销售量、销售总额及生产价格变动情况；该类商品的发展趋势，尤其是市场变化情况，同一市场有无可替代商品出现，销售情况如何；消费者对产品的满意度如何，对该类产品近期及远期的需求状态；目标市场的商品容量，预计谈判对手可能销售的商品数量，有利于同谈判对手讨价还价。

5. 市场竞争情况

市场竞争是市场经济中同类经济行为主体出于自身利益的考虑，以增强自己的经济实力，排斥同类经济行为主体的相同行为的表现。市场竞争的方式可以有多种多样，例如，有产品质量、同业竞争者的数量竞争，地域分布、市场占有量、经营方针、特点、销售渠道的调查，还有广告营销竞争、价格竞争、产品式样和花色品种竞争，等等。

质量是竞争最根本的因素。同一类产品，即使价格上存在差异，人们往往会更青睐质优的，质量在竞争中处于决定地位。价格是影响竞争的又一大重要因素，它取决于产品的价值但又受到竞争的反作用。了解竞争者的产品占领市场的快慢、满足顾客需求的及时性、投入再生产的进度等。

生产该类商品的竞争者数量、规模，主要竞争者的生产占有率和未来发展趋势，消费者倾向的品牌和价格，同类商品性能、设计、款式和花色品种存在的主要区别。当地批发和零售该类商品的形式与市场价格，消费者的满意程度，销售利润，各主要竞争者所使用的广告类型和广告费用等。

6. 产品分销渠道

分销渠道是指当产品从生产者向最后消费者或产业用户移动时，直接或间接转移所有权所经过的途径。因此，一条分销渠道主要包括商人、中间商(因为他们取得所有权)和代理中间商(因为他们帮助转移所有权)。此外，它还包括作为分销渠道的起点和终点的生产者和消费者。因此，要了解主要对手采用哪种分销渠道；当地零售商是否聘用人员直接销售；中间商有无仓储空间；主要市场的批发商和零售商的数量；有无形成由 ERP 系统、客户关系管理与呼叫中心、自动仓储系统和物流配送系统组成的“数字神经系统”。分析各个渠道的自身发展潜力、销售额贡献、利润贡献、渠道利用水平和改进潜力，判断各个渠道的价值，设计相关的机制和措施来协调各种渠道，以减少或避免渠道的冲突。

任务二　本方谈判人员情况

本方谈判人员情况主要包括谈判信心的确立和自我需要的认定。

子任务一　谈判信心的确立

国际商务谈判常常是一场群体间的交锋，单凭谈判者个人的丰富知识和熟练技能并不一定就能达到圆满的结局，所以要选择合适的人选组成谈判班子与对手谈判。谈判班子成员各自的知识结构要具有互补性，从而在解决各种专业问题时能驾轻就熟，这有助于提高谈判效率，也在一定程度上减轻主谈人员的压力。

谈判信心来自对自己实力及优势的了解，也来自谈判准备工作做得是否充分。谈判实力是指影响双方在谈判过程中的相互关系、地位和谈判的最终结果的各种因素的总和以及这些因素对谈判各方的有利程度。它与企业实力不同，企业实力是指从总体上看一个企业的规模、技术水平、人员素质、市场占有率等方面处于何种水平。企业实力是形成谈判实力的潜在的基础，并不一定直接构成谈判实力。就一般情况而言，企业实力强有利于形成和强化谈判实力，而谈判实力较强的企业的实力并不一定很强。

谈判者应该了解自己是否准备好支持自己说服对方的足够的依据，是否对可能遇到的困难有充分的思想准备，一旦谈判破裂是否会找到新的途径实现自己的目标。如果对谈判成功缺乏足够的信心，是需要寻找足够的信心确立条件，还是需要修正原有的谈判目标和方案。

谈判的成效如何，往往取决于谈判人员的知识方面和心理方面的素质。通常，除了国际贸易、国际金融、国际市场营销、国际商法这些必备的专业知识外，谈判者还应涉猎心理学、经济学、管理学、财务知识、外语、有关国家的商务习俗、风土人情以及与谈判项目相关的工程技术等方面的知识。较为全面的知识结构有助于构筑谈判者的自信与成功的背景。

子任务二　自我需要的认定

满足需要是谈判的目的，只有清楚自我需要的各方面情况，才能制定出切实可行的谈判目标和谈判策略。谈判者应该认定以下几个问题。

(1) 希望借助谈判满足己方哪些需要。例如，作为谈判中的买方，应该仔细分析自己到底需要什么样的产品和服务，需要多少，要求达到怎样的质量标准，价格可以出多少，必须在什么时间内购买，供方必须满足买方哪些条件，等等；作为谈判中的卖方，应该仔细分析自己愿意向对方出售哪些产品，是配套产品还是拆零产品，卖出价格最低限是多少，买方的支付方式和时间如何，等等。

(2) 各种需要的满足程度。己方的需要是多种多样的，各种需要的重要程度并不一样。要搞清楚哪些需要必须得到全部满足？哪些需要可以降低要求？哪些需要在必要情况下可以不考虑？这样才能抓住谈判中的主要矛盾，保护己方的根本利益。

(3) 需要满足的可替代性。需要满足的可替代性大，谈判中己方回旋的余地就大；如果需要满足的可替代性很小，那么谈判中己方讨价还价的余地就很小，当然很难得到预期结果。需要满足的可替代性包含两方面内容，一是谈判对手的可选择性有多大。有些谈判者对谈判对手的依赖性很强，就会使己方陷入被动局面，常常被迫屈从于对方的条件。分析谈判对手可选择性要思考这样一些问题：如果不和他谈，是否还有其他的可选择的对象，是否可以在将来再与该对手谈判，如果与其他对手谈判可得到的收益和损失是什么？只有弄清这些问题，才有助于增强自己的谈判力。二是谈判内容可替代性的大小。例如，如果价格需要不能得到满足，可不可以用供货方式、提供服务等需要的满足来替代，眼前需要满足不了，是否可以用长期合作的需要满足来替代，这种替代的可能性大小，要通过认真权衡利弊的评价来确定。

(4) 满足对方需要的能力鉴定。谈判者不仅要了解自己要从对方得到哪些需要的满足，还必须了解自己能满足对方哪些需要，满足对方需要的能力有多大，在众多的同时提供需要满足的竞争对手中，自己具有哪些优势，占据什么样的竞争地位。

满足自身的需要是参加谈判的目的，满足他人需要的能力是谈判者参与谈判、与对方合作交易的资本。谈判者应该分析自己的实力，认清自己到底能满足对方哪些需要，如出售商品的数量、期限、技术服务等。如果谈判者具有其他企业所没有的满足需要的能力或是谈判者能够比其他企业更好地满足某种需要，那么谈判者就会拥有更多的与对方讨价还价的优势。

单元三　谈判对方情况考察

小知识 5-2

了解谈判对手的情况是极其重要的，“知己知彼、百战不殆”已成为国际商务谈判中极为重要的警语。对于未来的谈判对手，应该尽一切可能全面了解其情报资料。肯尼迪总统曾经为前往维也纳同赫鲁晓夫进行首次会谈做准备，研究了赫鲁晓夫的全部演讲和公开声明，还搜集了几乎全部可以找到的有关赫鲁晓夫的资料，甚至包括其早餐嗜好和音乐欣赏趣味，为这场至关重要的谈判奠定了基础。

对谈判对手的调查是谈判准备工作最关键的一环，如果同一个事先毫不了解的对手谈判，会造成极大的困难，甚至会冒很大的风险。谈判对手的情况是复杂多样的，主要包括该企业的发展历史、组织特征、产品技术特点、市场占有率和供需能力、价格水平及付款方式，对手的谈判目标、资信情况以及参加谈判人员的资历、地位、性格、爱好、谈判风格、谈判作风及模式等，这里主要调查分析对方的客商身份、资信情况、资本、信用及履约能力、参加谈判人员的权限和谈判目的等情况。

任务一　客商身份调查

要想掌握谈判对方的详细情况，首先应该从谈判对手属于哪一类客商入手，更深刻具体地了解对方。目前，世界范围内的客商基本上可以归纳为以下几种身份。

1. 在世界上享有一定声望和信誉的公司

这类公司资本比较雄厚，以财团作为后盾。公司机构十分健全，大多拥有独立的技术咨询、法律顾问、国际市场营销、金融商情调查预测和项目论证部门。与这类对手谈判时，对方往往要求我方提供准确、完整的各种数据和令人信服的信誉证明。所以谈判前要做好充分准备，谈判要求有较高超的谈判技巧，要有充足的自信心，不能一味为迎合对方条件而损害自己的根本利益。这类公司是很好的贸易伙伴。

2. 享有一定知名度的客商

这类公司资本也比较雄厚，其产品在国内外也占领着一定的市场份额，产品大多是通过引进先进技术，科技创新生产出来的，在市场上具有一定的竞争力。与这类对手谈判时，对方比较讲信誉，占领我国市场的心情比较迫切，技术服务和培训工作也比较好，对我方在技术方面和合作生产的条件上比较优惠，是较好的贸易伙伴。

3. 没有任何知名度的海外客商

这类客商是占比例最多的一类，多数谈判对手属于这种情况。他们在世界上没有知名度，但可以提供公证书、董事会成员的证明等文件以证明其注册资本、法定营业场所等信息的客商。与这类对手谈判时，只有确认其身份地位，才能深入了解其资产、技术、产品、服务等方面的情况，也可以成为很好的合作伙伴。因为其知名度不高，谈条件不会太苛刻，他们也希望多与中国合作，提高其知名度。

4. 专门从事交易中介的客商，即通常所说的中间商

在与这类客商谈判时要格外小心，因为这类客商的特点是无法人资格，没有注册资本，无权签订合同，只是为了收取佣金为双方交易做中介。这类客商在东南亚、中国的香港、日本和美国较多，公司名称多为贸易行、商行和洋行。与这类对手谈判时，要认清他们所介绍的客商的资信地位，防止他们打着中介的旗号行欺骗的手段。

5. "借树乘凉"的客商

这类客商属于某知名母公司的子公司，与母公司是两个自负盈亏的独立的经济实体，不存在任何连带责任关系。与这类对手谈判时，不要被其母公司的光环所迷惑，对其应持慎重态度。如果是子公司，要求其出示其母公司准予以母公司的名义洽谈业务，并承担子公司一切风险的授权书。母公司拥有的资产、商誉并不意味着子公司也拥有，要警惕子公司打着母公司的招牌虚报资产的现象。如果是分公司，就不具备独立的法人资格，公司资产属于母公司，他们无权独自签约。

6. 骗子型客商

对待各种骗子型的客商，我方一定要调查清楚其真实目的，谨防上当，尤其不要被对方虚假的招牌、优惠的条件、给个人的好处所迷惑，使自己误入圈套。

在进行国际商务谈判之前，必须对客商的资格、信誉、注册资本、法定营业场所和谈判者本人的情况进行详细地调查，并对对方提供的各类证明加以证实，谨防上当。

任务二　谈判对手资信调查

对谈判对手进行资信状况的调查研究，是谈判前准备工作极其重要的一步。如果缺少必要的资信状况分析，谈判对手主体资格不合格或不具备与合同要求基本相当的履约能力，那么所签订的协议就是无效协议或者是没有履行保障的协议，谈判者就会前功尽弃，蒙受巨大损失。

对谈判对手资信情况的审查主要包括对谈判对手的合法资格、公司性质和资金状况、公司营运状况和财务状况、公司商业信誉情况的审查。

子任务一　对对方合法资格的审查

商务谈判的结果是有一定的经济法律关系的，参加一定的经济法律关系并享受权利和承担义务的组织或个人，叫做经济法律关系主体。参加商务谈判的企业组织必须具有法人资格。

法人应具备 3 个条件：①法人必须有自己的场所，组织机构是决定和执行法人各项事务的主体；②法人必须有自己的财产，这是法人参加经济活动的物质基础与保证；③法人必须具有权利能力和行为能力，所谓权利能力，是指法人可以享受权利和承担义务，而行为能力则是法人可以通过自己的行为享有权利和承担义务。满足了这 3 个方面的条件后，在某个国家进行注册登记，即成为该国的法人。

对对方法人资格进行审查时，可以要求对方提供有关证件。例如，法人成立的注册登记证明、法人所属资格证明，验看营业执照，详细掌握对方企业的名称、法定地址、成立时间、注册资本、经营范围等。还要弄清对方法人的组织性质，是有限责任公司还是无限责任公司，是母公司还是子公司或分公司，因为公司组织性质不同，其承担的责任是不一样的。还要确定法人的国籍，即其应受哪一国家法律的管辖。对于对方提供的证明文件首先要通过一定的手段和途径进行验证。

公司法人的组织性质有以下几种。

(1) 承担无限责任。包括 3 种：①个人独资经营企业。即依法设立，“由一个自然人投资，财产为投资人个人所有，投资人以其个人财产对企业债务承担无限责任的经营实体。”根据有关法律的规定，家庭经营的，或者个人经营所得用于家庭生活的，以家庭财产承担无限责任。②采取非有限责任公司形式的外资企业。《中华人民共和国外资企业法实施细则》第 18 条规定，“外资企业为其他责任形式的，外国投资者对企业的责任适用中国法律、法规的规定。”③合伙经营企业。即“依法设立的由各合伙人订立合伙协议，共同出资、合伙经营、共享收益、共担风险，并对合伙企业债务承担无限连带责任的营利性组织。”

(2) 承担有限责任。包括 3 种：①有限责任公司；②股份有限公司；③具有涉外因素的中外合资经营企业、中外合作经营企业以及选择有限责任公司形式的外资企业。

有限责任公司和股份有限公司是企业法人。有限责任公司的股东以其出资额为限对公司承担责任，公司以其全部资产对公司的债务承担责任。股份有限公司将全部资本分为等额股份，股东以其所持股份为限对公司承担责任，公司以其全部资产对公司的债务承担责任。

对客商合法资格的审查还应包括对前来谈判的客商的代表资格或签约资格进行审查；在对方当事人找到保证人时，还应对保证人进行调查，了解其是否具有担保资格和能力；在对方委托第三者谈判或签约时，应对代理人的情况有所了解，了解其是否有足够的权力和资格代表委托人参加谈判。

子任务二　对谈判对手资本、信用及履约能力的审查

对谈判对手资本审查主要是审查对方的注册资本、资产负债表、收支状况、销售状况、资金状况等有关事件。对方具备了法律意义上的主体资格，并不一定具备很强的行为能力。因此，应该通过公共会计组织审计的年度报告、银行、资信征询机构出具的证明来核实。

通过对谈判对手商业信誉及履约能力的审查，主要调查该公司的经营历史、经营作风、产品的市场声誉、金融机构的财务状况以及在以往的商务活动中是否具有良好的商业信誉。作为一家信息咨询公司，邓白氏公司在与若干中国公司的长期业务合作中，发现不少中国公司存在着某些对国际商务活动中风险和信用(资信)认识上的误区，如“外商是我们的老客户，信用应该没问题。”；“客户是朋友的朋友，怎么能不信任？”；“对方商号是大公司，跟他们做生意，放心。”；等等。针对这些误区，邓白氏提出了若干忠告，如“对老客户的资信状况也要定期调查，特别是当其突然下大订单或有异常举措时，千万不要掉以轻心”；“防人之心不可无，无论是何方来的大老板，打交道前先摸摸底细，资信好的大公司不能保证其属下的公司也有良好的资信”；等等。

子任务三　公司运营状况和财务状况审查

调查谈判对手的财务状况的目的是确定其提供的财务报表是否公允地反映了该公司的财务状况。如果不相符，可以要求谈判对手调整财务报表，这对于下一步的谈判(确定交易价格、交易条件)影响甚重。就谈判对手的财务状况而言，主要应该调查和了解以下几个方面。

(1) 参加本次谈判的原因，是为了得到怎样的谈判利益。

(2) 对手基本经营情况，这可以通过以下资料来了解：财务数据、财务数据的来源及真实性、计账方法及实务、关联方交易、以往利润及负债、获利状况(毛利、营业利润、税前利润、净利润)、非经常性收入及支出等。

(3) 调查谈判对手的研发、现存所有专利、未决专利、正在进行的研究项目、研发项目的商业可行性、文件提供及实务，以便更好地了解谈判对手的价值。

(4) 调查谈判对手有无债务情况，这个主要是针对谈判对手潜在的负债，包括谈判对手有没有记录的负债，潜在的针对谈判对手的诉讼可能导致谈判对手要承担的赔偿责任以及对外担保带来的连带责任。

在获得以上关于谈判对手的财务状况的第一手资料以后，还应该从下面入手，进行进一步的分析，分析谈判对手的偿还能力，谈判对手的盈利能力，这也是决定己方是否与其进行谈判的一个重要因素。

子任务四　公司商业信誉情况的审查

商业信誉是指商业主体在长期的商业活动中所建立的信用与声誉，是商业价值观念和商业职业道德的集中表现，是商业主体在频繁的交易过程中形成的顾客或客户对企业的一种依赖关系。由信誉风险造成企业承受巨大损失，乃至企业倒闭的案例有很多。所以正确评价对方的商业信誉非常重要。

了解对方的商业信誉主要应调查以下情况。

(1) 产品质量。传统的产品质量是指产品的使用价值，产品的使用价值越大，产品的质量就越高。在全球生存危机日趋严重和绿色经济迅速兴起的新时代，产品质量的新定义应当是：产品具有使用价值并符合生态安全的要求，生态安全是决定产品质量的第一要素。要用新的标准来评价对方的产品质量，决定价格标准。

(2) 技术标准。谈判标的物的标准要符合规定，与相应级制(国际标准、国家标准、行业标准、企业标准)相符合，更重要的是要满足谈判对方的要求，并从款式、颜色、包装上满足不同市场的需求。

(3) 产品的服务。产品的服务是指生产企业、经销商把产品销售给消费者之后，为消费者提供的一系列服务，包括产品介绍、安装、调试、维修、技术培训、上门服务等。随着消费者维权意识的提高和消费观念的变化，消费者在选购产品时，不仅要注意到产品实体本身，在同类产品的质量和性能相似的情况下，要更加重视产品的服务。因此，企业在提供价廉物美的产品的同时，向消费者提供完善的服务，已成为现代企业市场竞争的新焦点。

(4) 商标及品牌。是指用以识别某个销售者或某群销售者的产品或服务，并使之与竞争对手的产品和服务区别开来的商业名称及其标志，通常由文字、符号、标记、图案、颜色等要素或这些要素的组合构成。可以被认出、易于记忆但不能用言语称呼的部分，常由图案、符号或特殊颜色等构成。商品的商标及品牌要充分体现商品的质量和特点，便于推销商品，使目标市场的消费者易于接受和选购。

(5) 广告的作用。广告是有目的的经营活动。对手是否有经常性的广告宣传，可以达到树立企业信誉、扩大企业影响、提高市场知名度、使一定范围的消费者对其有深刻印象的目的。

任务三　谈判对手权限情况的调查

谈判的一个重要法则是不与没有决策权的人谈判。要弄清对方谈判人员的权限有多大，对谈判获得多少实质性的结果有重要影响。不了解谈判对手的权力范围，将没有足够决策权的人作为谈判对象，不仅是在浪费时间，甚至可能会错过更好的交易机会。一般来说，对方参加谈判人员的地位越高，权限也就越大；如果对方参加谈判的人员地位较低，我方就应该了解对方参加谈判人员是否得到授权，对方参谈人员在多大程度上能独立做出决定，有没有决定让步的权力，要判断对方谈判人员的权限具体有多大，可以要求对方出示相关的授权书。

就一般的商务谈判来说，以下权限的设定是最常见的。

(1) 金额的限制。如购买数额的限制、最高或最低价格的限制等。

(2) 条件的限制。如交货时间或地点的限制、付款方式的限制。

(3) 程序和政策的限制。如程序批准的限制、交易范围的限制以及交易对象的限制。

(4) 法律或保险的限制。如政府和组织的规章制度的限制、保险公司规定的限制。

(5) 工程方面的限制。如工程完成时间的限制、工程类型的限制。

(6) 其他方面的限制，如让步幅度的限制、运输方式的限制等。

应当注意的是，权力有限策略不能滥用，过多使用这一策略或选择运用的时机不好，会使对方怀疑自己的身份和能力。如果对方认为自己不具有谈判中主要问题的决策权，就会失去与自己谈判的兴趣与诚意。这样双方只会浪费时间，无法达成有效的协议。只有当谈判双方就某些问题进行协商，对方提出种种要求，我方企图使对方让步时，才能采用权力有限的策略和技巧反击。

任务四　谈判对手的谈判时限调查

谈判时限与谈判任务量、谈判策略、谈判结果都有重要的关系。谈判者需要在一定的时间内完成特定的谈判任务，可供谈判的时间长短与谈判者的技能发挥状况成正比。对谈判者而言，时间越短，用以完成谈判任务的选择机会就越少，哪一方可供谈判的时间越长，他们就拥有较大的主动权。了解对方的谈判时限，就可以了解对方在谈判中会采取何种态度、何种策略，我方就可制定相应的策略。因此，要注意搜集对手的谈判时限信息，辨别表面现象和真实意图，做到心中有数，针对对方的谈判时限制定谈判策略。

任务五　谈判对手其他情况的调查

要从多方面搜集对方的信息，以便全面掌握谈判对手的情况。例如，谈判对手的谈判班子的组成情况，即主谈人背景、谈判班子内部的相互关系、谈判班子成员的个人情况，包括谈判成员的资历、能力、信念、性格、心理类型、个人作风、爱好与禁忌等；谈判对手的谈判目标，所追求的中心利益和特殊利益；谈判对手对己方的信任程度，包括对己方经营与财务状况、付款能力、谈判能力等多种因素的评价和信任程度。

单元四　谈判方案的拟定

实训案例 5-1

有一个妈妈把一个橙子给了两个孩子，这两个孩子便讨论起来如何分这个橙子。两个人吵来吵去，最终达成了一致意见，由一个孩子负责切橙子，而另一个孩子选橙子。结果，这两个孩子按照商定的办法各自得到了一半橙子，高高兴兴地拿回家去了。第一个孩子把半个橙子拿到家，把皮剥掉扔进了垃圾桶，把果肉放到果汁机上打果汁喝。另一个孩子回到家，把果肉挖掉扔进了垃圾桶，把橙子皮留下来磨碎了，混在面粉里烤蛋糕吃。

【案例分析】

谈判的结果并不是“你赢我输”或“你输我赢”，谈判双方首先要树立双赢的理念。一场谈判的结局应该使谈判的双方都要有“赢”的感觉。采取什么样的谈判手段、谈判方法和谈判原则来达到谈判的结局对谈判各方都有利，这是商务谈判的实质追求。因此，面对谈判双方的利益冲突，谈判者应重视并设法找出双方实质利益之所在，在此基础上制定双方都认可的方案，来寻求最大利益的实现。

商务谈判的方案是指为了完成某种或某类商品的进出口任务而确定的经营意图、需要达到的最高或最低目标以及为实现该目标所应采取的策略、步骤和做法，它是对外洽谈人员遵循的依据。在谈判方案中，对需要谈判的问题，应分清主次，合理安排谈判的先后顺序，明确对每一主要问题应当掌握的分寸和尺度，并准备好在谈判中出现某些变化时所应采取的对策和应变措施，力争谈判成功，以取得最佳的效果。

任务一　确定谈判的主题、目标、议程和地点

实训案例 5-2

“我不知道……”

美国一位著名谈判专家有一次替他的邻居与保险公司交涉赔偿事宜。谈判是在专家的客厅里进行的，理赔员先发表了意见：“先生，我知道你是交涉专家，一向都是针对巨额款项谈判，恐怕我无法承受你的要价，我们公司若是只出100元的赔偿金，你觉得如何？”

专家表情严肃地沉默着。根据以往经验，不论对方提出的条件如何，他都应表示出不满意，因为当对方提出第1个条件后，总是暗示着可以提出第2个，甚至第3个。

理赔员果然沉不住气了：“抱歉，请勿介意我刚才的提议，我再加一点，200元如何？”

“加一点，抱歉，无法接受。”

理赔员继续说：“好吧，那么300元如何？”

专家等了一会儿道：“300？嗯……我不知道。”

理赔员显得有点惊慌，他说：“好吧，400元。”

“400？嗯……我不知道。”

“就赔500元吧！”

“500？嗯……我不知道。”

“这样吧，600元。”

专家无疑又用了“嗯……我不知道”，最后这件理赔案终于在950元的条件下达成协议，而邻居原本只希望要300元！

这位专家事后认为，“嗯……我不知道”这样的回答真是效力无穷。

谈判是一项双向的交涉活动，每方都在认真地捕捉对方反应的信息，以随时调整自己原先的方案，一方干脆不表明自己的态度，只用“不知道”这个可以从多种角度去理解的词，竟然使得理赔员心中没了底，价钱一个劲儿地往上涨。

既然来参加谈判，就不可能不知道谈判目标，“不知道”的真正含义恐怕是不想告诉对方想知道的吧，这是一种不传达的信息传达。

（费雪，尤瑞. 哈佛谈判技巧. 黄宏义译. 兰州：甘肃人民出版社，1987.）

子任务一　谈判主题的确定

谈判的主题即参加谈判的目的，是对谈判的期望值和期望水平。不同内容和类型的谈判，主题也不同。在谈判实务中，每场谈判一般只有一个主题，因此，在制订谈判方案时，就以这个主题为中心。在主题的表述上，为了便于谈判人员记忆，应言简意赅，尽量用一句话进

行概括，如“以最优惠的条件达成交易”，“争取在对方 100%预付款的支付条件下成交”，等等。确定下来的谈判方案的主题，在适当情况下可以公开给对方，并不是本方的最高机密。

子任务二　谈判目标的确定

谈判的具体目标是谈判的基本目的的具体体现，整个谈判活动必须紧紧围绕这一具体目标展开，所有谈判行为都是为这一目标服务的。

在谈判的主题确定以后，即要制定谈判目标，它是谈判主题的具体化，谈判的整个过程都是在目标框架下进行的。通常，谈判目标作为一种预测性和决策性的指南，它的实现还需要参加谈判的各方根据自身的利益需求、他人的利益需求和谈判的内外部因素一起作用来制定。谈判目标的实现程度可用谈判的目标层次来表示。

谈判的具体目标可分为 3 个层次，又被称为 LIM 目标法。

1. 最低目标(must)

最低限度目标是在谈判中对己方而言毫无退让余地，必须达到的最基本的目标。对己方而言，宁愿谈判破裂，放弃商贸合作项目，也不愿接受比最低限度目标更低的条件。因此，也可以说，最低限度目标是谈判者必须坚守的最后一道防线。

在商务谈判中，表面上一开始要价很高，往往首先提出最高目标，实际上这是一种策略，保护的目标是最低目标或可接受目标。这样做的实际效果是通过对最高目标的反复压价，最终可能达到一个超过最低目标的目的。所以最低目标作为心理安慰，可以得到两个结果：一是利于谈判的进程；二是利于谈判人员谈判行为的稳定。

可以确定，最低目标是低于可接受目标的。可接受目标在实际需求目标与最低目标之间选择，是一个随机值。而最低目标是谈判一方依据多种因素，特别是依据最低利益而明确划定的限制，是谈判者绝对不可突破的最后底线。

2. 可接受目标(intend)

可以接受的目标是谈判人员根据各种主、客观因素，经过对谈判对手的全面估价，对企业利益的全面考虑、科学论证后所确定的目标。这个目标是一个区间或范围，己方可努力争取或做出让步的范围，谈判中的讨价还价就是在争取实现可接受的目标，所以可接受的目标的实现，往往意味着谈判取得成功。

实际谈判中，双方最后成交值是其中一方的可接受目标。这一目标能够满足谈判一方的部分需求，这是谈判者调动各种积极性、采取各种谈判策略、使用各种谈判手段达到的目标。可接受目标是谈判者的机密，一般只在谈判的某个微妙阶段提出。如果达不到这一可接受目标，谈判就有可能陷入僵局或暂时休会。

3. 最高目标(like)

最高期望目标是对谈判者最有利的一种理想目标，实现这个目标，将最大化地满足己方利益。当然己方的最高期望目标可能是对方最不愿接受的条件，因此，很难得到实现。但是确立最高期望目标是很有必要的，它激励谈判人员尽最大努力去实现高期望目标，也可以很清楚地评价出谈判最终结果与最高期望目标存在多大差距。在谈判开始时，以最高期望目标作为报价起点，有利于在讨价还价中使己方处于主动地位。

谈判实践中，这一目标往往很难实现，但它对谈判结果却起着重要的意义。在讨价还价的磋商过程中，倘若谈判一方出价较高，往往能以较高的价格成交；倘若出价较低，则只能以较低的价格成交，这就是最高目标在实际谈判中的运用。

谈判目标的确定是一项非常关键的工作。首先，不能盲目乐观地将全部精力放在争取最高期望目标上，而很少考虑谈判过程中会出现的种种困难，造成束手无策的被动局面。谈判目标要有一点弹性，定出上、中、下限目标，根据谈判实际情况，随机应变、调整目标。其次，所谓最高期望目标不只有一个，可能同时有几个目标，在这种情况下，就要将各个目标进行排队，抓住最重要的目标努力实现，而其他次要目标可让步，降低要求。最后，己方最低限度目标要严格保密，除参加谈判的己方的人员之外，绝对不可透露给谈判对手，这是商业机密。如果一旦疏忽大意透露出己方的最低限度目标，就会使对方主动出击，使己方陷于被动。

子任务三　谈判议程的确定

谈判议程是指有关谈判事项的程序安排，它是对有关谈判的议题和工作计划的预先编制。在谈判的准备阶段中，己方应率先拟定谈判议程，并争取对方的同意，关于谈判议程由谁确定，并无定法。在谈判实践中，一般以东道主为先，经协商后确定，或双方共同商议。也有单方面主动提出的，这就需要对方同意后，方能成立。

在谈判的准备阶段中，谈判者应根据情况，争取主动、率先提出谈判议程，并努力得到对方的认可，谈判前，己方率先拟定谈判议程的作用在于：谈判起来轻车熟路，谈判心理上占有优势，便于己方提前安排工作，如计划出席人员、做好后勤服务等，同时也可以为己方在谈判准备阶段中的假设预先提供依据。

(1) 谈判的议程安排依据己方的具体情况，在程序上能避己所短、扬己所长。在谈判的程序安排上，保证己方的优势能得到充分的发挥。例如，在购销合同谈判的议程中，可以先安排对己方的优质产品进行鉴别，让事实来加强己方的设价能力，这就是程序上给己方提供了先声夺人、扬己所长的机会。避己所短，就是在谈判的程序安排上，避免对己不利的因素，例如，当己方对某种信息尚未获取或某种话题尚不宜触及以及某种情势尚无定局时，可以安排在最后或必要的时间洽谈，以避免使己方陷于被动。另外，还应回避那些可能使对方难堪，因而导致谈判失败的话题，这一切在拟定谈判议程时，理当有所安排。

(2) 议程的安排和布局，要为自己出其不意地运用谈判手段埋下契机，对一个谈判者来说，是不应放过利用拟定谈判的机会来运筹谋略的。谈判是一门艺术，为了使谈判在不损害他人利益的基础上达成对己方更为有利的协议，可以随时卓有成效地运用谈判技巧，但又不为人觉察，这才是高手。在拟订谈判议程时，能否为手段的运用创造有利的条件，而又不弄巧成拙，是谈判者实力的具体体现。

(3) 谈判议程的内容要能够体现己方谈判的总体方案。统筹兼顾，要能够引导或控制谈判的速度、方向以及让步的限度和步骤等。一个好的谈判议程，应该能够驾驭谈判，成为己方纵马驰骋的缰绳。但是应当指出，无论谈判的议程安排得多么好，都不会是一劳永逸的，也不可能使谈判的每一步都不失利。所以，谈判者决不应放弃在实际谈判中步步为营的努力，尽管有时己方可能在局部失利，如果己方制定的议程科学灵活，就会牢牢地把握谈判的主动权。

子任务四　谈判地点的确定

在正式谈判中，具体谈判地点的确定很有讲究。它不仅直接关系到谈判的最终结果，而且还直接涉及礼仪的应用问题。具体而言，它又与谈判的分类、操作的细则等两个问题有关。如按照谈判地点的不同来进行划分，则可将谈判为以下4类。

1. 在己方地点谈判

对己方的有利因素：有较好的心理态势；不需要耗费精力去适应新的地理环境、社会环境和人际关系；可以选择己方较为熟悉的谈判场所谈判；从文化上、心理上对对方施加潜移默化的影响；“台上”人员与“台下”人员的沟通联系比较方便；有饱满的精神和充沛的体力去参加谈判；提高经济效益。

对己方的不利因素：会由于公司事务需要解决而干扰谈判人员，分散谈判人员的注意力；产生依赖心理，一些问题不能自主决断而频繁地请示领导，会造成失误和被动；己方负担比较重。

2. 在对方地点谈判

对己方的有利因素：己方全身心地投入谈判，避免主场谈判时来自工作单位和家庭事务等方面的干扰；有利于发挥谈判人员的主观能动性，避免了谈判人员的依赖性和频繁地请示领导；可以实地考察对方公司的产品情况，获取直接的信息资料；己方省去了作为东道主所必须承担的招待宾客、布置场所、安排活动等事务。

对己方的不利因素：信息的传递、资料的获取比较困难，某些重要问题也不易及时磋商；诸多因素会使谈判人员身体状况受到不利影响；在谈判场所的安排、谈判日程的安排等方面处于被动地位，己方也要防止对方过多安排旅游等活动而消磨谈判人员的精力和时间。

3. 在第三地点谈判

对双方的有利因素：由于在双方所在地之外的地点谈判，对双方来讲是平等的，策略运用的条件相当。

对双方的不利因素：双方首先要为谈判地点的确定而谈判，地点的确定要使双方都满意需要花费不少时间和精力；第三地点谈判通常被相互关系不融洽、信任程度不高的谈判双方所选用。

4. 在双方所在地交叉谈判

有些多轮谈判可以采用在双方所在地轮流交叉谈判的办法。这样的好处是对双方都是公平的，也可以各自考察对方的实际情况，各自都担当东道主和客人的角色，对增进双方相互了解、融洽感情是很有帮助的。

任务二　确定谈判中各项主要交易条件的最低可接受限度

如何确定谈判中各项主要交易条件的最低可接受限度，是谈判目标的确定过程，也是一个不断优化谈判目标的过程。方案中所确定的目标，要经过对比分析反复推敲。对于主要交易条件，必须进行综合平衡，用对比、筛选、剔除、合并等方法减少目标数量，确定各目标的主次和连带关系，使各目标之间保持内容上的协调性、一致性，避免互相抵触。

确定一个目标的最低可接受限度，并非一成不变的，应该根据交易过程中的各种支付价格和风险因素做适当的调整和修改。而且最低可接受限度可能同时有几个，但要抓住最重要的目标努力实现。

1. 价格水平

价格水平的高低是谈判双方最敏感的议题，是双方磋商的焦点，也是分割谈判利益的最直接的方式。在确定价格水平时，要参考成本因素、需求因素、竞争因素、产品品质等方面来确定。

2. 支付方式

商务谈判中，货款的支付方式有很多种，如现金结算、支票、信用卡结算、以产品抵偿、一次性付款、分期付款或延期付款等，这些都对综合报价产生重要影响。谈判中，如能提出易于被对方接受的支付方式和时间，将会使我方在谈判中占据优势地位。

3. 交易时间

旺季畅销，供不应求，则价格上扬，此时对价格不是特别敏感，报价可以高些；淡季滞销，供大于求，为减少积压加速资金周转，报价就要低些，促使交易达成。

4. 交易量的大小

大宗交易或一揽子交易可以减少价格在谈判中的阻力，可以得到价格上的优惠。而在一揽子交易中，因为货物质量、数量、报价均不同，因而谈判策略很重要，交易者往往忽视价格核算的精确性。

任务三　制订方案

所谓谈判方案，是指谈判者在谈判开始前对谈判目标、谈判过程、谈判对策等预先所做的安排。谈判方案是指导谈判人员行动的纲领，在整个谈判过程中起着重要的作用。一个好的谈判方案必须做到简明、具体、灵活。谈判方案应尽可能简明，以便谈判人员记住其主要内容与基本原则，使他们能根据方案的要求与对方周旋。即使简明也必须与谈判主体内容相结合，以谈判的具体内容为基础，否则，会使谈判方案显得空洞和含糊。另外，谈判方案还必须有弹性，使谈判人员能在谈判过程中根据具体情况采取灵活的措施。谈判方案包括谈判目标、谈判议程和谈判策略等方面的内容。

子任务一　谈判目标的确定

所谓谈判目标，简言之，是指己方参加谈判的目的和标准。说明为什么要坐在一起谈判。例如，为了洽谈双方合作或交易的可能性；解决经济纠纷；达成一笔交易的协议；等等。

谈判目标一般可分为 3 个层次：必须达到的目标、可接受目标和最高目标。谈判目标是双方的，制定我方谈判目标的同时，还要分析对方在本次谈判中的目标是什么。通过分析对手的目标层次，了解他们最想得到什么，可能在哪些方面做出让步，他们实现目标最有利的支持因素是什么，不利的因素有哪些。这样，我方可以促使对方为了得到最想要的付出更多，便于我方有针对性地提出我方的谈判目标，并在谈判中把握好利益界限，采取正确的进攻方式，取得最佳的谈判结果。

子任务二　谈判议程的安排

所谓谈判议程，简单来说，就是指谈判的议事日程，它主要是说明谈判时间的安排和双方就哪些内容展开谈判。

1. 谈判时间的安排

是指要确定谈判在何时举行，为期多久。若是一系列的、需要分阶段进行的谈判，还应对各阶段的谈判时间做出安排。

谈判时间的安排是否恰当，有时会对谈判结果产生很大的影响。例如，一个谈判小组在经历了长途跋涉，喘息未定之时，马上就要投入到紧张的谈判中去，就很容易因为舟车劳顿而导致精神难以集中、记忆和思维能力下降而误入对方的圈套。所以，谈判者应对选择谈判时间给予足够的重视。

一般来说，谈判者在安排或选择谈判时间时，要考虑下面几个方面的因素。

(1) 谈判的准备状况。俗话说，“不打无准备之仗”，在安排谈判时间时也要注意给谈判人员留有充分的准备时间，以免到时仓促上阵。

(2) 谈判人员的身体和情绪状况。谈判是一项精神高度集中、体力和脑力都消耗比较大的工作。谈判人员应尽量避免在身体不适、情绪不佳时进行谈判。

(3) 谈判的时机。谈判的时机选择会对谈判产生重大的影响。例如，出口商在库存积压严重而销路又不畅时可能会慌不择价；相反，若是进口商处于停工等待谈判标的物的场合下，也可能会出高价收购标的物。所以，谈判者应尽量避免在自己急于买进或卖出商品时进行谈判。

2. 谈判议题的安排

确定谈判议题首先要明确我方要提出哪些问题，要讨论哪些问题，把所有问题进行比较和分析后，明确哪些问题是主要议题，列入重点讨论范围；哪些问题是非重点议题，可以忽略。还要确定重点问题在逻辑上的联系，同时预测对方会提出哪些问题，其中，哪些是我方需要认真对待并要尽量坚持的；哪些可以适当进行让步；哪些不予讨论。一般情况下，议程可分为通则议程和细则议程两种。

(1) 通则议程。是谈判双方共同遵照执行的日程安排，经过双方协商后，方能正式生效，主要包括谈判总体时间及分阶段时间的安排；双方谈判的中心议题，尤其是第一阶段的时间安排；列入谈判范围的问题、顺序；谈判中人员的安排；谈判地点及接待事宜；等等。

(2) 细则议程。是对我方参加谈判的策略的具体安排，只供我方人员掌握，具有保密性，包括谈判中的统一口径，如发言的观点、说明的立场等；对谈判中可能出现的各种情况的对策安排；我方的策略；谈判人员具体的职能安排，如何时、由谁提问、提问的问题、向谁提、谁来补充、哪类问题、谁来回答等；我方谈判时间的策略安排和谈判权限等。

子任务三　谈判对策的选择

谈判桌上风云变幻，任何情况都会发生，而谈判又是有时间限制的，不容许无限期地拖延谈判日程。这就要求谈判者在谈判前应对整个谈判过程中双方可能做出的一切行为，做出正确的估计，并选择相应的对策。

为了使谈判者的估计更接近实际情况，在谈判开始前，谈判者可组织有关人员根据本次谈判的外部环境(如政治、经济、法律、技术等)、双方的具体情况(如谈判能力、经济实力、谈判目标、双方的基本需求以及双方的谈判风格等)以及对对方可能提出的条件或建议等问题进行讨论，并针对不同的情况选择相应的对策。

当然，任何一种估计都可能是错误的，这就要求谈判者不仅在谈判前分析、讨论问题时，必须要以事实为依据，按照正确的逻辑思维去进行；而且在谈判过程中，也要通过对谈判对方的观察和谈判形势进行分析判断，对原定的对策进行验证和修改，结合具体情况灵活运用，只有这样，才能收到理想的效果。

子任务四 谈判人员的确定

谈判经常涉及的知识领域包括商业、贸易、金融、技术、法律、保险、运输等多方面的内容。鉴于谈判的复杂性、多变性以及个人精力、能力的有限性，大多数的谈判是以小组的形式进行的。小组谈判的好处在于，可以有许多不同知识背景的人参与谈判，可以在各方面取得互补和整体优势，使对方感到有更多的压力。

1. 谈判人员的配备

商务人员。熟悉商务贸易知识，了解市场行情、价格变动趋势。有审核合同条款和拟定合同价格条款的能力，参与合同文本的制定，负责商务贸易的对外联络工作。

技术人员。熟知生产技术、产品标准和科技发展动态，谈判中负责对有关生产技术、产品性能、质量标准、产品验收和技术服务等问题的谈判，为商务谈判中价格策略做技术服务。

财务人员。熟悉财务会计业务和金融知识，能独立进行财务核算，负责谈判中的价格核算、支付条件、支付方式、结算货币等与财务有关的问题的谈判，可以由商务人员兼任。

法律人员。精通国内外相关法律法规，精通经贸方面的法律条款，有长期的法律实践经验，负责合同条款的合法性、完整性和严谨性的把关工作，负责有关法律条款的谈判。

翻译。由精通外语、熟悉贸易知识的人员担任。负责语言与文字翻译工作。在国际谈判中，翻译的水平将直接影响谈判双方的有效沟通和磋商。

2. 谈判小组的构成原则

知识互补。谈判小组内各类专业人员应具有合理的比例结构。技术、商务、法律、管理、服务等人员要在知识层面上互相补充，密切合作。谈判人员具有各自的专长，都是处理各领域问题的专家，他们可以发挥不同的优势，提高谈判队伍的整体战斗力。

性格协调。个人有个人的性格、智慧，组织也有组织的总体性格和群体的表现智慧。各种性格的谈判人员互补，发挥组织的有利完成谈判目标的作用。个人的性格大体分为外向型和内向型两类，外向型人的特点是性格外露、善于交际、处事敏捷、行为果断，对于外向型的谈判人员应安排其作为主谈或了解情况收集信息等交际性强的工作；内向型人的特点是性格内向，不善交际，独立性差，善于从事按部就班的工作，但非常有耐心，做事有条不紊，沉着稳重。可以安排为辅谈，也比较适合内务性工作。

分工明确。谈判小组的分工与配合要做到默契。在谈判前，应该事先对谈判的参与者进行分工，明确每人的职责，在谈判过程中，要掌握谈判的技巧和分寸；谈判小组中，成员要有明确的分工，在谈判过程中，要注意座次的排列，更应注意角色的配合，同时，还应注意掌握谈判技巧、谈判进程和谈判的整体节奏。

任务四 模拟谈判

为了更直接地预见谈判的前景，对于一些重要的和难度较大的谈判，可以采取模拟谈判的方法来改进和完善谈判的准备工作。

模拟谈判是在谈判正式开始前提出各种设想和臆测，将谈判小组成员一分为二，一部分人扮演谈判对手，并以对手的立场、观点和作风来与另一部分己方谈判人员交锋，预演谈判的过程。

子任务一 模拟谈判的必要性

(1) 使谈判者获得实践经验，提高实战能力。

模拟谈判可以使谈判者获得实践经验，取得重大成果。在模拟谈判中，谈判者不用担心谈判的失败，从检验谈判方案可能产生的效果出发，不仅可以使谈判者注意到那些原本被忽略或被轻视的重要问题，而且通过站在对方角度上思考问题，可以使我方在谈判策略设计方面显得更加有针对性。

(2) 随时修正谈判方案中的疏漏。

通过模拟谈判，将丰富我方在消除双方分歧方面的建设性思路。我方对于将要谈判的各个问题，明确考虑可接受的解决方案和妥协方案。模拟谈判可以锻炼谈判者的应变能力，培养和提高谈判者的素质。

子任务二　拟定假设

要使模拟谈判真正有效，还有赖于拟定正确的假设条件。

拟定假设是指根据某些既定的事实或常识，将某些事物承认为事实，不管这些事物现在(及将来)是否发生，但仍视其为事实进行推理。依照假设的内容，可以把假设条件分为3类，即对客观世界的假设、对谈判对手的假设和对己方的假设。

在谈判中，常常由于双方误解事实真相而浪费大量的时间，也许曲解事实的原因就在于一方或双方假设的错误。因此，谈判者必须牢记，自己所做的假设只是一种推测，如果把假设奉为必然去谈判，将是非常危险的。

拟定假设的关键在于提高假设的精确度，使之更接近事实。为此，在拟定假设条件时要注意以下几个问题。

(1) 让具有丰富谈判经验的人做假设，这些人身经百战，提出假设的可靠度高。

(2) 必须按照正确的逻辑思维进行推理，遵守思维的一般规律。

(3) 必须以事实为基准，所拟定的事实越多、越全面，假设的准确度就越高。

(4) 要正确区分事实与经验、事实与主观臆断，只有事实才是靠得住的。

子任务三　模拟谈判的总结

模拟谈判的目的在于总结经验、发现问题、提出对策、完善谈判方案。所以，模拟谈判的总结是必不可少的。模拟谈判的总结应包括以下内容。

(1) 对方的观点、风格、精神。

(2) 对方的反对意见及解决办法。

(3) 自己的有利条件及运用状况。

(4) 自己的不足及改进措施。

(5) 谈判所需的情报资料是否完善。

(6) 双方各自的妥协条件及可共同接受的条件。

(7) 谈判破裂与否的界限。

可见，谈判总结涉及各方面的内容，只有通过总结，才能积累经验、吸取教训、完善谈判的准备工作。

子任务四　模拟谈判的计划格式

(1) 谈判主题。

(2) 谈判人员构成及职能分工。

(3) 谈判背景介绍(以实际谈判背景为主，尽量还原实际情况)。

(4) 谈判设计。双方对对方的优劣势进行分析，我方目标层次分析等，这一部分由双方各自撰写。

(5) 谈判合同(初拟)。谈判全过程结束后可能达成的协议，实质上是各方对于整个谈判结果的猜测。可以各自拿出一份合同，也可以双方商定后拿出一份统一的合同。

(6) 关于模拟谈判的补充说明及双方对各自表现的总结。

任务五 制订合同文本

合同是合同当事人内在意思的外在表现形式。

子任务一 合同形式

在国际贸易中，交易双方订立的合同有下列几种形式。

1. 书面形式

书面形式包括合同书、信件以及数据电文(如电报、电传、传真、电子数据交换和电子邮件)等可以有形地表现所载内容的形式。采用书面形式订立的合同，既可以作为合同成立的证据，也可以作为履行合同的依据，还有利于加强合同当事人的责任心，使其依约行事，即使履约中发生纠纷，也便于举证和分清责任，故书面合同成为合同的一种主要形式。鉴于采用书面形式订立合同有许多好处，故有些国家的法律或行政法规甚至明文规定必须采用书面形式。

2. 口头形式

采用口头形式订立的合同，又称口头合同或对话合同，是指当事人之间通过当面谈判或通过电话方式达成协议而订立的合同。采用口头形式订立合同，有利于节省时间、简便行事，对加速成交起着重要作用。但是，因无文字依据，空口无凭，一旦发生争议，往往造成举证困难，不易分清责任。这是导致有些国家的法律、行政法规强调必须采用书面合同的最主要的原因。

3. 其他形式

这是指上述两种形式之外的合同的订立形式，即以行为方式表示接受而订立的合同。例如，根据当事人之间长期交往中形成的习惯做法，或发盘人在发盘中已经表明受盘人无需发出接受通知，可直接以行为做出接受而订立的合同，均属此种形式。

上述订立合同的 3 种形式，从总体上来看，都是合同的法定形式，因而均具有相同的法律效力，当事人可根据需要，酌情做出选择。我国合同法第 10 条规定：“当事人订立合同，有书面形式、口头形式和其他形式。法律、行政法规规定采用书面形式的，应当采用书面形式。当事人约定采用书面形式的，应当采用书面形式。”由此可见，当事人签订合同时，究竟采用什么形式，应根据有关法律、行政法规的规定和当事人双方的意愿行事。

根据国际贸易的习惯做法，交易双方通过口头或书面形式达成协议后，多数情况下，还要签订一定格式的书面合同，以利于合同的履行。关于书面合同的名称，并无统一规定，其格式的繁简度也不一致。在我国进出口贸易实践中，书面合同的形式包括合同(Contract)、确认书(Confirmation)和协议书(Agreement)等。其中，以采用“合同”和“确认书”两种形式为主。从法律效力来看，这两种形式的书面合同没有区别，所不同的只是格式和内容的繁简程度，合同又可分为销售合同(Sa1es Contract)和购买合同(Purchase Contract)。前者是指卖方草拟提出的合同；后者是指买方草拟提出的合同。确认书是合同的简化形式，它又分为销售确认书(Sales Confirmation)和购买确认书(Purchase Confirmation)。前者是卖方出具的确认书；后者是买方出具的确认书。

在我国对外贸易业务中，合同或确认书通常一式两份，由双方合法代表分别签字后各执一份，作为合同订立的证据和履行合同的依据。

子任务二　合同的基本内容

书面合同不论采取何种格式，其基本内容通常包括约首、约尾和基本条款 3 个组成部分。

1. 约首部分

约首部分一般包括合同名称、合同编号、缔约双方名称和地址、电报挂号、电传号码等项内容。

2. 基本条款

这是合同的主体，包括品名、品质规格、数量或重量、包装、价格、交货条件、运输、保险、支付、检验、索赔、不可抗力和仲裁等项内容。商定合同主要是就这些基本条款如何规定进行磋商，达成一致意见。

3. 约尾部分

约尾部分一般包括订约日期、订约地点和双方当事人签字等项内容。

为了提高履约率，在规定合同内容时应考虑周全，力求使合同中的条款明确、具体、严密、相互衔接且与磋商的内容一致，以利于合同的履行。

单元五　商务谈判准备实训

保健品项目合资合作项目谈判

1. 实训目的

通过实训，使学生加强对教材知识的理解，掌握商务谈判计划的内容，学会制定商务谈判计划，提高动手实践能力。

2. 实训的内容

谈判 A 方：某品牌绿茶公司(卖方)

谈判 B 方：某建材公司(买方)

A 方背景资料：

品牌绿茶：产自美丽而神秘的某省，它位于中国的西南部，海拔超过 2 200 米。在那里优越的气候条件下生长出优质且纯正的绿茶，它的茶多酚含量超过 35%，高于其他(已被发现的)茶类产品。茶多酚具有降脂、降压、减少心脏病和癌症的发病几率。同时，它能提高人体免疫力，并对消化、防御系统有益。

已注册生产某一品牌绿茶，品牌和创意都十分不错，品牌效应在省内正初步形成。

已经拥有一套完备的策划、宣传战略。

已经初步形成了一系列较为顺畅的销售渠道，在全省某一知名连锁药房及其他大型超市、茶叶连锁店都有设点，销售状况良好。

品牌的知名度还不够，但相信此品牌在未来几年内将会有非常广阔的市场前景。

缺乏足够的资金，需要吸引资金，用于：①扩大生产规模；②扩大宣传力度。

现有的品牌、生产资料、宣传策划、营销渠道等一系列有形资产和无形资产，估算价值300万元人民币。

B方背景资料：

经营建材生意多年，积累了一定的资金。

准备用闲置资金进行投资，由于近几年来保健品市场行情不错，投资的初步意向为保健品市场。

投资预算在150万人民币以内。

希望在一年内能够见到回报，并且年收益率在20%以上。

对保健品市场的行情不甚了解，对绿茶的情况也只知甚少，但A方对其产品提供了相应资料：茶产自美丽而神秘的某省，它位于中国的西南部，海拔超过2 200米，在那里优越的气候条件下生长出优质且纯正的绿茶，它的茶多酚含量超过35%，高于其他(已被发现的)茶类产品。茶多酚具有降脂、降压、减少心脏病和癌症的发病几率。同时，它能提高人体免疫力，并对消化、防御系统有益。

据调查得知A方的绿茶产品已经初步形成了一系列较为畅通的销售渠道，在全省某一知名连锁药房销售状况良好，但知名度还有待提高。

3. 实训要求

制订合理的谈判计划；分别模拟谈判A方、B方，制订各自的商谈判计划，包括组成谈判小组、进行人员分工、确定谈判目标、确定谈判地并做好相关准备、确定谈判进程、制定谈判策略、准备谈判资料、准备谈判合同文本、制订应急预案。将参加实训的学生分成若干谈判小组，并结对组成谈判队伍，分别代表双方公司各写出一份商务谈判计划。

课后习题

一、名词解释

1. 谈判信息
2. 市场信息
3. 谈判目标
4. 谈判议程
5. 最高期望目标
6. 最低限度目标
7. 谈判实力
8. 企业实力
9. 企业决策的程序
10. 谈判方案

二、单项选择题

1. 企业决策的程序指的是谈判的最终结果由(　　)做出。

A. 谈判小组　　B. 首席谈判官　　C. 主谈人员　　D. 任何人

2. (　　)是在谈判中对己方而言毫无退让余地，必须达到的最基本的目标。

A．最低限度目标　B．最高期望目标　C．可接受目标　D．中间目标

3. 谈判中，双方互赠礼品时，西方人较为重视礼物的意义和(　　)。

A．礼物价值　B．礼物包装　C．礼物类型　D．感情价值

4. 对谈判环境的调查分析中，经济运行机制属于(　　)因素。

A．商业习惯　B．政治状况　C．财政金融状况　D．社会习俗

5. 谈判目标是谈判者行动的(　　)。

A．具体内容　B．具体步骤　C．指针和方向　D．谈判策略

6. 沙龙式模拟谈判的特点是(　　)。

A．具体明确　B．充分讨论　C．形象生动　D．角色扮演

7. 以下表述正确的是(　　)。

A．法人就是企业　B．法人必须有自己的组织机构

C．分公司也是法人　D．法人代表全权负责公司的一切事宜

8. 谈判人员应具备(　　)。

A．横向型知识结构　B．纵向型知识结构

C．“T”型知识结构　D．“H”型知识结构

9. 支付方式对谈判最大的影响是(　　)。

A．汇率风险　B．利息损失　C．预期利润的变化　D．市场风险

10. 谈判准备过程中必须进行的情况分析有(　　)。

A．自身分析、市场分析　B．自身分析、对手分析

C．市场分析、环境分析　D．环境分析、对手分析

11. 模拟谈判是在(　　)进行的。

A．国际商务谈判过程中　B．经济谈判磋商阶段

C．重大谈判准备阶段　D．合同条款谈判阶段

12. 在对方所在地进行的商务谈判，叫做(　　)。

A．主场谈判　B．客场谈判

C．中立场谈判　D．非正式场合谈判

13. 有关生产或经营同类产品的其他企业状况的信息属于(　　)。

A．社会环境信息　B．竞争对手信息

C．产品信息　D．本企业信息

14. (　　)是指从总体上看一个企业的规模、技术水平、人员素质、市场占有率等方面处于何种水平。

A．企业实力　B．谈判实力　C．谈判人员的能力　D．企业规模

15. 签订谈判合同应使用的文字是(　　)。

A．本方文字　B．对方文字　C．双方文字　D．英文

16. 在我国进出口贸易实践中，采用“合同”和“确认书”两种形式。从法律效力来看，这两种形式的效力(　　)。

A．相同　B．不同

C．格式相同，内容不同　D．内容相同，格式不同

17．(　　)是竞争最根本的因素。
A．质量　　B．价格　　C．数量　　D．支付方式

18．(　　)是谈判准备工作最关键的一环。
A．对对手的调查　　B．对自身的了解
C．对环境的调查　　D．对财务状况的调查

19．在谈判的准备阶段中，(　　)应率先拟定谈判议程，并争取对方的同意。
A．己方　　B．对方　　C．双方　　D．第三方

20．一般来说，参加谈判人员的规格与权限的关系是(　　)。
A．规格越高，权限越大　　B．规格越低，权限越大
C．规格越高，权限越小　　D．规格越低，权限越小

三、多项选择题

1．一般来说，谈判者在安排或选择谈判时间时，要考虑的因素包括(　　)。
A．谈判的准备状况　　B．谈判人员的身体状况
C．谈判的时机　　D．谈判人员的情绪状况

2．拟定假设的关键在于提高假设的精确度，在拟定假设条件时要注意(　　)。
A．做假设的人员　　B．正确的逻辑思维
C．以事实为基准　　D．依靠经验

3．谈判的具体目标可分为(　　)个层次，又被称为LIM目标法。
A．2　　B．3　　C．4　　D．5

4．就谈判对手的财务状况而言，主要应该调查和了解的内容包括(　　)方面。
A．谈判的原因　　B．基本经营情况
C．谈判对手的价值　　D．有无债务情况

5．生产企业、经销商把产品销售给消费者之后，为消费者提供的服务包括(　　)。
A．产品介绍　　B．安装调试　　C．技术培训　　D．广告宣传

6．判断当局政府的稳定性应考核哪些方面？(　　)
A．与邻国的关系　　B．有无战争爆发的可能
C．是否有大选活动　　D．有无内乱爆发的可能

7．与谈判有关的环境因素分为(　　)。
A．政治状况　　B．法律制度
C．财政金融状况　　D．资信状况

8．财政金融状况因素的准备包括(　　)。
A．外汇储备　　B．外债情况　　C．外汇管制　　D．金融政策

9．在国际贸易中，交易双方订立合同有(　　)。
A．书面形式　　B．口头形式　　C．销售合同　　D．确认书

10．在世界上享有一定声望和信誉的公司的特点有(　　)。
A．资金雄厚　　B．有财团做后盾　　C．技术领先　　D．谈判实力强

11．选择自己所在单位作为谈判地点的优势有(　　)。
A．便于侦察对方　　B．容易寻找借口
C．易向上级请示汇报　　D．方便查找资料与信息

E．便于专心谈判

12．模拟谈判的一个环节是模拟假设，根据假设的内容，可以把假设划分为(　　)。

A．对客观外界事物的假设　　B．对谈判对手的假设

C．对谈判己方的假设　　D．对谈判成果的假设

E．对谈判时间的假设

13．对一个国家政治状况进行调查，主要是以下(　　)方面的调查。

A．根据对企业的管理程度　　B．经济的运行机制

C．国民生产总值　　D．政治背景

E．政府间的关系

14．谈判准备阶段的工作有(　　)。

A．收集信息　　B．询盘　　C．制订谈判方案　　D．模拟谈判

E．发盘

15．确定价格水平要参考的因素有(　　)等。

A．成本因素　　B．需求因素　　C．竞争因素　　D．产品品质

16．国内外市场分布情况，包括哪几个方面？(　　)

A．产品的结构　　B．产品的市场分布

C．产品的市场含量　　D．竞争者

17．谈判按地点可以将谈判分为(　　)。

A．在己方地点谈判　　B．在对方地点谈判

C．在第三方地点谈判　　D．在双方交叉谈判

18．产品商标通常由(　　)要素或这些要素的组合构成。

A．文字　　B．符号　　C．图案　　D．颜色

19．法人应具备的 3 个条件是(　　)。

A．自己的场所　　B．自己的财产

C．权利能力和行为能力　　D．完全的行为能力

20．消费需求包括(　　)层次。

A．购买动机　　B．文化层次　　C．收入水平　　D．生活意识

四、判断题

1．商务合同是在谈判结束后由谈判双方协商制定的，之前无法制定的合同条款。(　　)

2．国际商务谈判的成败取决于双方的谈判实力，与谈判前是否进行充分准备无直接的联系。(　　)

3．谈判国若属于外汇管制国家，则计价货币的选择尤为重要。(　　)

4．谈判议程仅指双方谈判的议题及时间安排。(　　)

5．小组谈判的好处在于可以有许多不同知识和背景的人参与谈判，可以在各方面取得互补和综合的整体优势，使对方感到有更多的压力。(　　)

6．宗教问题很复杂，商务谈判人员不可能也没有必要专门研究分析。(　　)

7．最低限度目标是在谈判中对己方而言毫无退让余地，必须达到的最基本的目标。(　　)

8．谈判方案是指导谈判人员行动的纲领，在整个谈判过程中起着重要的作用。所以，一个好的谈判方案必须做到充分、具体、详尽。(　　)

9．最高期望目标是对谈判者最有利的一种理想目标，实现这个目标，将最大化地满足己方利益。所以，最高期望目标即是本次谈判的目标。（　）

10．股份有限公司是企业法人，有限责任公司则不具备法人资格。（　）

五、案例分析题

【案例题1】 代理资格的谈判

欧洲汤普公司代理威尔斯工程公司到中国与中国长城公司谈判出口工程设备的交易。中方根据其报价提出了修改意见，建议对方考虑中国市场的竞争性，因该公司第一次进入中国市场，认真考虑改善价格。汤普公司做了一番解释后仍不降价，并说其委托人的价格是如何合理。中方对其条件又做了分析，代理人又做解释，一上午下来，毫无结果。中方认为其过于傲慢固执，代理人认为中方毫无购买诚意且没有理解力。双方相互埋怨之后，谈判不欢而散。

问题：

1．欧洲代理人进行的是哪类谈判？

2．构成其谈判的因素有哪些？

3．谈判有否可能不散？若不散，欧洲代理人应如何谈判？

【案例题2】 外方圣诞休假导致停工

某国威尔逊公司向中国佳乐电视机有限公司出售彩色电视机生产线，经过安装后，调试的结果一直不理想。但圣诞节将至，外国专家都要回国过节，虽然过节是法定的，但中方生产线停产会造成很大损失，双方多次协商未果，外国专家按期归国。

外方走后，中方专家自行研究解决方法，经过一周的日夜奋战，将问题最大的成型机调试好了，这也是全线配合的关键，其他设备即可按其节奏运转。

等外方人员过完节，回到中方工厂已是3周后的事，一见工厂生产正常，十分惊讶。当了解了真相后，外方人员大怒，认为中方人员不应动设备，应该对此负责任。并向中方工厂的外贸代理公司进行严正交涉，以后对该厂的生产设备将不承担责任。

问题：

1．如何看待外方的态度？

2．如何看待中方人员调试设备的行为？

3．中方外贸代理面对外方责难会怎么回答？

4．最终结果会如何？

【案例题3】 谈判技术转让费

中国新中新公司与法国圣路易公司谈判技术转让费议题。

圣路易公司：本公司产品经过3年的研制才完成，今天要转让给贵方，希望贵方能开出能让我方接受的转让价格。

新中新公司：我方同意贵方的意见，那么贵方认为能接受的价格是多少呢？

圣路易公司：我方每年对该产品投入的科研费用是130万美元，3年为390万美元。考虑到此次仅转让使用权，我方按计算提成率的方法，以20%的提成率计，即78万美元。仅收贵方1/5的投资费，对贵方是优惠的。

新中新公司人员听后，表示研究后再答复。中方的内部意见是：分头去搜集该公司的产品目录；调查该公司近几年来新产品的推广速度，如推出的新产品多，说明他们每年的科研投入不仅为一个产品，可能是多个产品；搜集该公司近几年的年报，调查其资产负债状况和损益状况。若利润率高，说明其有能力投入科研开发。此外，请海外机构的代表查询该公司每年交纳企业所得税的情况，纳税多，说明利润高；纳税少，说明利润率低。

调查后的信息显示：

(1) 该公司每年有 5 种新产品推上市场；

(2) 该公司资产负债率很低，举债不高；

(3) 该公司利润率不高，每年的利润不足以支持开发费用。

问题：

(1) 中方是如何搜集谈判信息的？

(2) 中方是如何加工谈判信息的？

(3) 中方是如何利用谈判信息的？

【案例题 4】 客场谈判的较量

中方某公司向韩国某公司出口山野菜已一年，第 2 年中方又向韩方报价，以继续供货。中方公司根据国际市场行情，将成交价每吨下调了 60 美元。韩方认为可以接受，建议中方到韩国签约。

中方人员一行两人到了首尔该公司总部，双方谈了不到 30 分钟，韩方说："贵方价格仍太高，请贵方看看韩国市场的价格，3 天以后再谈。"中方人员感到被戏弄，回到饭店后很生气，但人已来首尔，谈判必须进行。

问题：

1．韩方人员为什么提出 3 天后谈判？

2．韩方会不会真的不急于订货而同时寻找其他合作伙伴呢？

3．中方的最终结论会是什么？

【案例题 5】 拟订谈判方案

甲方背景资料：

(1) 品牌绿茶，产自云南省，海拔超过 2 200 米。在那里优越的气候条件下生长出优质且纯正的绿茶，它的茶多酚含量超过 35%。

(2) 已注册生产某一品牌绿茶，品牌和创意都十分不错，品牌效应在省内正初步形成。

(3) 已经拥有一套完备的策划、宣传战略。

(4) 已经初步形成了较为顺畅的销售渠道，销售状况良好。

(5) 品牌的知名度还不够，但相信此品牌在未来几年内将会有非常广阔的市场前景。

(6) 缺乏足够的资金，需要吸引资金，用于扩大生产规模和扩大宣传力度。

(7) 现有的品牌、生产资料、宣传策划、营销渠道等一系列有形资产和无形资产，估算价值为 300 万元人民币。

甲方谈判内容：

(1) 要求己方出资额度不低于 50 万元人民币。

(2) 保证控股。

(3) 对资产评估的 300 万元人民币进行合理的解释。

(4) 由甲方负责进行生产、宣传以及销售。

(5) 风险分担问题。

(6) 利润分配问题。

己方背景资料：

(1) 经营建材生意多年，积累了一定的资金。

(2) 准备用闲置资金进行投资，由于近几年来茶叶市场行情不错，投资的初步意向为茶叶市场。

(3) 投资预算在150万元人民币以内。

(4) 希望在一年内能够见到回报，并且年收益率在20%以上。

(5) 对茶叶市场的行情不甚了解，对绿茶的情况知之甚少。

己方谈判内容：

(1) 得知甲方要求出资额度不低于50万元人民币。

(2) 要求己方负责进行生产、宣传以及销售。

(3) 要求对资产评估的300万元人民币进行合理的解释。

(4) 如何保证资金的安全，对资金的投入是否会得到回报的保障措施进行相应的解释。

(5) 要求年收益达到20%以上，并且希望甲方能够用具体措施保证其能够实现。

(6) 要求对方对获得资金后的使用情况进行解释。

(7) 风险分担问题。

(8) 利润分配问题。

问题：

1．列明你的谈判纲要，说明你如何将这宗生意谈下来。

2．草拟一份谈判方案。

项目六 国际商务谈判开局阶段

知识目标

(1) 国际商务谈判环节。
(2) 国际商务谈判开局的方式。
(3) 国际商务谈判开局气氛的营造。
(4) 国际商务谈判开局阶段的策略。

能力目标

(1) 掌握国际商务谈判的 3 个环节，即开局阶段、磋商阶段、结束阶段。
(2) 掌握商务谈判的开局的具体方式包括的内容。
(3) 掌握商务谈判开局气氛的营造方法，分为高调气氛、低调气氛和自然气氛。
(4) 掌握商务谈判开局策略的具体方式，了解策划开局策略时应考虑的因素。

素质目标

培养学生掌握并学会运用开局方式，营造谈判气氛，为具体的商务谈判确定相应的开局策略，提高商务谈判开局的职业能力。

导入案例

案例场景 1:“您可以试用我一个月，不收工钱，只需要您在我的工作记录上签个字，它有助于我将来找工作。”学者指着那个五六岁的孩子说:“她是谁？你还要照顾她吗？”他听到了更令人惊奇的回答:“她是我的妹妹。她也是来找工作的，她可以用手推车推你的孩子去散步，她的工作是免费的。”

案例场景 2: 高先生一走进那位承包商的办公室，就微笑着说:“你知道吗？在布洛克林巴，有你这个姓氏的人只有一个。哈！我一下火车就查阅电话簿想找到你的地址，结果巧极了，有你这个姓的只有你一个人。”

(资料来源：刘文广，张晓明. 商务谈判. 北京：中国财政经济出版社，2005.)

在上述案例中，谈判者没有立即进入谈判的主题，如找工作的人没有直接说明找工作的要求和条件，而承包商也没有立刻谈论工作的情况，他们都是在开始阶段首先谈论与本次谈判毫不相关的问题。谈判的基本原则告诉人们，不要过早触及令人敏感的问题，谈判的核心要放在满足双方愿望、需求及利益上，良好的气氛有助于协议的达成。谈判原则将是贯穿后续各章的主线，本章将就以下问题展开讨论。

(1) 谈判的开局。

(2) 建立良好的开局气氛。

(3) 开局阶段的规律与策略。

单元一 国际商务谈判开局知识

任务一 国际商务谈判环节概述

商务谈判中，谈判的双方虽然不是敌对的关系，但是仍然存在利益冲突和矛盾。在没有任何技巧与原则的谈判中，谈判者往往会陷入难以自拔的境地，要么谈判陷入僵局，要么双方在达成协议后总觉得双方的目标都没有达到，或者谈判一方总有失掉了一场对局的感觉。

这时，人们认为有两种重要原因会导致上述结果。一是谈判双方至少有一方在谈判中没有很高的诚意。这个原因暂且不在这里讨论，假定谈判双方存在长期合作的诚意，那么另一种原因是双方的谈判者没有能够在有限的谈判时间内充分掌握谈判的原则与技巧，使双方的利益得到最大化，同时，双方也没有意识到谈判的成功要求谈判者除了熟练掌握商务谈判的专业内容之外，还要遵循一定的科学方法与步骤，控制谈判的进程。

子任务一 国际商务谈判的三部曲

在谈判双方彼此存在长期合作诚意的前提条件下，在此提出一个“商务谈判三步曲”的概念，即谈判的步骤应该为申明价值(Claiming value)、创造价值(Creating value)和克服障碍(Overcoming barriers to agreement)3个进程。这样的目的就是给每一位商务谈判者提供一个有效掌握谈判进程的框架。国外许多著名的商学院都是遵循这样的“三步曲”来训练学生的谈判技巧与能力的。国外许多成功的谈判也是遵循这样一个谈判的步骤与原则。下面将分述“谈判三步曲”。

1. 申明价值

此阶段为谈判的初级阶段，谈判双方彼此应充分了解各自的利益需要，申明能够满足对方需要的方法与优势所在。此阶段的关键步骤是弄清对方的真正需求，因此，其主要的技巧就是多向对方提出问题，探询对方的实际需要；与此同时，也要根据情况申明我方的利益所在。因为越了解对方的真正实际需求，就越能够知道如何才能满足对方的要求；同时对方知道了我方的利益所在，才能满足我方的要求。

然而，人们也看到有许多所谓“商务谈判技巧”诱导谈判者在谈判过程中迷惑对方，让对方不知道我方的底细，不知道我方的真正需要和利益所在，甚至想方设法误导对方，生怕对方知道了我方的底细，会向我方漫天要价。人们认为，这并不是谈判的一般原则，如果我方总是误导对方，那么最终吃亏的可能是自己。

2. 创造价值

此阶段为谈判的中级阶段，双方彼此沟通，往往申明了各自的利益所在，并了解对方的实际需要。但是，以此达成的协议并不一定对双方都是利益最大化的。也就是，利益在此往往不能有效地达到平衡。即使达到了平衡，此协议也可能并不是最佳方案。因此，谈判中双方需要想方设法去寻求更佳的方案，为谈判各方找到最大的利益，这一步骤就是创造价值。

创造价值的阶段往往是商务谈判最容易忽略的阶段。一般的商务谈判很少有谈判者能从全局的角度出发去充分创造、比较与衡量最佳的解决方案。因此，也就使得谈判者往往总觉得谈判结果不尽如人意，没有能够达到“赢”的感觉，或者总有一点遗憾。由此看来，采取什么样的方法使谈判双方达到利益最大化，寻求最佳方案就显得非常重要。

3. 克服障碍

此阶段往往是谈判的攻坚阶段。谈判的障碍一般来自两方面：一方面是谈判双方彼此利益存在冲突；另一方面是谈判者自身在决策程序上存在障碍。前一种障碍是需要双方按照公平合理的客观原则来协调利益，后一种障碍就需要谈判无障碍的一方主动去帮助另一方能够顺利做出决策。

以上谈到的“商务谈判三步曲”是谈判者在任何商务谈判中都适用的原则。只要谈判双方都牢记这一谈判步骤，并有效地遵循适当的原则，就能够使谈判的结果达到双赢，并使双方的利益都得到最大化。

子任务二　国际商务谈判的过程

谈判双方在做了各种准备工作之后，就要开始面对面地进行实质性的谈判工作。谈判过程可能是多轮次的，双方要经过几轮谈判；谈判过程也可能要经过多次的反复才能达成一致。不论谈判过程的时间长短，谈判双方都要各自提出自己的交易条件和意愿，然后就各自希望实现的目标和相互间的分歧进行磋商，最后消除分歧达成一致。这个过程依次是谈判的开局阶段、谈判的磋商阶段、谈判的结束阶段。掌握各个阶段的策略，完成每一个环节的任务，顺利实现双方满意的结果是谈判过程的重要任务。

商务谈判之前首先要确定谈判人员，与对方谈判代表的身份、职务要相当。

谈判代表要有良好的综合素质，谈判前应整理好自己的仪容、仪表，穿着要整洁、正式、庄重。男士应刮净胡须，穿西服必须打领带。女士穿着不宜太性感，不宜穿细高跟鞋，应化淡妆。

布置好谈判会场，采用长方形或椭圆形的谈判桌，门右手座位或对面座位为尊，应让给客方。

谈判前应对谈判主题、内容、议程做好充分准备，制定好计划、目标及谈判策略。

1. 商务谈判开局

谈判之初，谈判双方接触的第一印象十分重要，言谈举止要尽可能创造出友好、轻松、良好的谈判气氛。

作自我介绍时要自然大方，不可流露傲慢的神情。被介绍到的人应起立一下并微笑示意，可以礼貌地说“幸会”、“请多关照”之类的话。询问对方要客气，如“请教尊姓大名”等。如有名片，要双手接递。介绍完毕，可选择双方共同感兴趣的话题进行交谈。稍作寒暄，以沟通感情，创造和谐的气氛。

谈判之初的姿态动作也对把握谈判气氛起着重大作用，注视对方时，目光应停留于对方双眼至前额的三角区域正方，这样使对方感到被关注，觉得自己诚恳严肃。手心朝上比朝下好，手势自然，不宜乱打手势，以免给对方造成轻浮之感。切忌双臂在胸前交叉，那样显得十分傲慢无礼。

谈判之初的重要任务是摸清对方的底细，因此，要认真听对方谈话，细心观察对方的举止表情，并适当给予回应，这样既可了解对方的意图，又可表现出尊重与礼貌。开局阶段要注意以下问题。

1) 气氛

营造谈判气氛是开局阶段的第一项工作。当谈判双方面对面时，谈判初期气氛即已形成，并且会影响整个谈判。实践证明，轻松、和谐的环境较紧张、恐怖的气氛而言，更有利于相互谅解、友好合作。那么，如何创造良好的谈判气氛呢？可以以场内和场外两个部分来考虑。

(1) 场内。尊重+真诚=以诚取信。

在经济飞速发展的今天，“诚信”这个词越来越被人们重视，因为只有诚信才能使得彼此信任，合作才能得以达成。显然，诚信可靠的合作者是受人欢迎的。所以，谈判者首先应注重自身形象的设计，仪表整洁大方，尽量适合公司的文化氛围与环境，拉近彼此距离。其次，谈判者要注意自己的表情、动作、说话语气、眼神等各方面所传达的信息，在礼貌上表现出对对方的尊重。自然的微笑、真诚的表达、信任的目光都会有助于为彼此营造尊重、信任的气氛。

沟通+友好=自然轻松。

当双方坐在谈判桌前，首先可多花点时间就一些双方感兴趣但与谈判无关的话题随意聊聊，以这种沟通来调整相互间的关系。试想，如果双方初次见面就急于进入实质性洽谈，不免容易冷场，可能引起紧张的气氛，不利于谈判者灵活思维，进行谈判。所以，不妨先谈谈运动或是天气，根据具体情况给彼此一个相互沟通的机会，营造一种自然轻松的气氛。

(2) 场外。在正式谈判前，双方可能会有一些非正式接触的机会，而这些机会往往会在一定程度上影响谈判人员的态度、情绪及彼此间的关系，所以千万不要忽视这些机会，在欢迎宴会上在与对方的沟通理解中，不仅给对方留下美好的印象，同时为今后的谈判做好关系铺垫，尽可能创造良好的谈判氛围。

2) 摸底

英国著名哲学家弗兰西斯·培根在《谈判论》一文中指出：“与人谋事，则须知其习性，以引导之；明其目的，以劝诱之；谙其弱点，以威吓之；察其优势，以钳制之。与奸猾之人谋事，唯一刻不忘其所图，方能知其所言；说话寡少，且须出其最不当意之际。于一切艰难的谈判之中，不可存一蹴而就之想，唯利而图之，以待瓜熟蒂落。”

可见，对于未来的谈判对手，摸底工作越深入、准确，越有利于掌握谈判的主动权，所以在开局阶段，双方较多地把注意力放在摸清对手底牌上。

如果在前面的谈判的准备工作中已做好了相对充分的准备，搜集到一些有关对方实力及各方面状况的资料，了解了对方谈判人员的相互关系、个人性格、思维习惯等一些相关情况，这无疑对了解对方是十分有利的。接下来就应该通过与对手谈判人员在谈判阶段场内外的沟通了解更多的信息。

(1) 场内。在互相尊重、友好合作的氛围中，彼此坦诚相待，一定要注意认真倾听对方发言，不妨多巧妙地询问一些信息，了解对方所需(对方一定要解决的)、所想(对方希望得到但没有必需那么严重)和利益(所需和所想事物的根源基础)。

(2) 场外。在场外的非正式接触中，闲聊时对方不经意的一句话可能就会传达给我方很重要的潜在信息，甚至会漏出底牌。曾经有个美国人受公司委派去日本进行商务谈判，日本人热情款待并向美国人问起是否定好了回国时间，许诺到时安排轿车送其去机场。在美国人高兴地告诉日本人具体回国日期后，日本人套出了美国人的底牌。于是在接下来的日子中每天都安排大量的游玩活动，并推脱说让美国人了解日本。最后，终于开始谈判，就在谈判紧要关头，时间不多了，送美国人去机场的轿车到了，结果就匆匆完成了交易，美国人做出了较大的让步，惨败而归。

(3) 有关计划。谈判进行中，从准备到接触，我方会掌握新的信息，会有新的认识，所以应该重新审视自己的判断，修正计划，从而推动谈判的发展。

如果对方没有提供谈判议程，那我方不妨拟一个草案，列一个基本框架，不仅有助于提醒对方考虑所关心的问题，还有利于营造出适合自己的谈判氛围。

2. 商务谈判磋商

这是谈判的实质性阶段，主要包括报价、查询、磋商、解决矛盾、处理冷场。

1) 报价

报价要明确无误，恪守信用，不欺蒙对方。在谈判中报价不得随意更改，对方一旦接受价格，即不再更改。

报价是泛指谈判中一方向对方提出自己所有需求，包括商品的质量、数量、包装、价格、保险、支付条件、索赔、商检、仲裁交易等条件。当然，价格条件是重点问题。

(1) 先与后。一般来说，先报价较后报价影响力大，因为先报价的一方实际上为谈判定了一个基本的框架，最终交易很可能在此范围内达成。但是对方听了报价就会对报价方的起点有所了解，会在修改自己的报价或在不泄露自己报价的同时，要求对方在报价的基础上降价。就好比一个人心里打算以 200 元人民币买一件衣服，但卖衣服的老板提出了 150 元人民币一件的价格，这个人肯定会一面极力掩饰内心喜悦，一面在 150 元人民币的基础上再讨价还价一番，由此可见，先报价也有不利的一面。

(2) 原则。

卖方：开盘价必须是最高的，但应合理，不能荒谬。

买方：开盘价必须是最低的。

态度：坚定、果断、有信心。

解释：报价时不要对所报价作过多解释说明，即使被要求解释，也应该注意做到“不问不答、有问必答、避虚就实、能言不书”。

2) 查询

事先要准备好有关问题，选择气氛和谐时提出，态度要开诚布公。切忌气氛比较冷淡或紧张时查询，言辞不可过激或追问不休，以免引起对方的反感甚至恼怒。但是对原则性问题应当力争不让。对方回答问题时不宜随意打断，答完时要向解答者表示谢意。

3) 磋商

讨价还价事关双方利益，容易因情急而失礼，因此，更要注意保持风度，应心平气和，求大同，容许存小异。发言与措词应文明礼貌。

讨价还价指一方报出开盘价后，另一方对价格做出的反应。当然，无论是讨价还是还价，都需要建立在充分准备的基础上，即将对方报价的原因、根据进行总结、推敲，计算出对方虚价的大小，了解其意图，分析彼此报价的差距，通过询问交流，明确主攻方向，进而设计出对策。

进行讨价还价的原则有以下两方面。

(1)“人”。首先，在前面的开局阶段，已提到应营造良好的谈判气氛。现在，当谈判者进入讨价还价阶段后，难免会为各自的利益解释、反驳甚至出现僵局。为了使磋商顺利进行，更需要彼此的微笑、友好，这样才不会因气氛的紧张造成合作的压抑、不快、失败。

其次，在谈判桌上言语相争的同时，谈判人员应该注意到人与人每时每刻都在使用无声语言进行交流，面部表情、手势以及身体状况等细微的动作都能反应一个人的内心世界。当然，这也不是绝对的，所以，善于观察的同时还应善于倾听，将无声语言与言语等相关资料联系起来，进行全面分析，这正是人们通常所说的察言观色。

再次，要明白谈判需要沟通，尤其是讨价还价阶段，更是一个相互沟通、相互说服、自我说服的过程。当谈判人员围绕着各项交易沟通时，千万不要忽视情感的交流。在求同的基础上，给对方一种舒适的感觉，让对方感到己方并不是一味地“取”，而是在“给”的过程中获得双赢。

(2)“事”。为了使谈判进展得更有效率，人们会将各谈判事宜拟订一个次序。一般来说，人们不会将较容易引起争议的问题放在开始，否则可能一开始就会形成抵触气氛。试想，如果把较容易协商的条款放到最前面，必然容易切入对方的心理，随着达成的共识越来越多，双方在某些问题上让步的可能性就越大，毕竟一开始付出了时间和精力，就希望可以成功达成交易。

随着谈判的进行，可能出现僵持的局面。此时，若想要彼此达成一致，除非双方都做出让步。在这一阶段中，若对方不同意我方的提议，不妨问几个为什么，并针对原因寻求其他可以令对方接受的方案，再请对方作进一步考虑。如果此时我方可以并准备做出让步时，要记住，不要让对方感到为他所做的一切是轻而易举的，这样他不会感激我方为他让步所付出的真正成本，所以不要做单方面的让步，可适当向对方索取一些“酬劳”，以此作为回报。当然，最重要的是，我方的让步能得到对方的高度重识。

4) 解决矛盾

要就事论事、保持耐心、冷静，不可因发生矛盾就怒气冲冲，甚至进行人身攻击或侮辱对方。

5) 处理冷场

此时主方要灵活处理，可以暂时转移话题，稍作放松。如果确实已无话可说，则应当机立断，暂时中止谈判，稍作休息后再重新进行。主方要主动提出话题，不要让冷场持续时间过长。

磋商阶段要注意商务谈判的语言技巧，成功的商务谈判都是谈判双方出色运用语言艺术的结果。语言运用要求如下所述。

(1) 针对性强。在商务谈判中，双方各自的语言都是表达自己的愿望和要求的，因此，谈判语言的针对性要强，做到有的放矢。模糊、啰嗦的语言，会使对方疑惑、反感，降低己方威信，成为谈判的障碍。

针对不同的商品、谈判内容、谈判场合、谈判对手，要有针对性地使用语言，才能保证谈判的成功。例如，对脾气急躁、性格直爽的谈判对手，运用简短明快的语言可能受欢迎；对慢条斯理的对手，则采用春风化雨般的倾心长谈可能效果更好。在谈判中，要充分考虑谈判对手的性格、情绪、习惯、文化以及需求状况的差异，恰当地使用针对性的语言。

(2) 表达方式婉转。谈判中应当尽量使用委婉语言，这样易于被对方接受。比如，在否决对方要求时，可以说："您说的有一定道理，但实际情况稍微有些出入。"然后再不露痕迹地提出自己的观点。这样做既不会有损对方的面子，又可以让对方心平气和地认真倾听自己的意见。谈判期间，谈判高手往往努力把自己的意见用委婉的方式伪装成对方的见解，从而提高说服力。在自己的意见提出之前，先问对手如何解决问题。当对方提出意见以后，若和自己的意见一致，要让对方相信这是他自己的观点。在这种情况下，谈判对手有被尊重的感觉，他就会认为反对这个方案就是反对他自己，因而容易达成一致，能够获得谈判成功。

(3) 灵活应变。谈判形势的变化是难以预料的，往往会遇到一些意想不到的尴尬事情，这就要求谈判者具有灵活的语言应变能力，与应急手段相联系，巧妙地摆脱困境。当遇到对手逼迫自己立即做出选择时，若说："让我想一想"、"暂时很难决定"之类的语言，便会被对方认为缺乏主见，从而在心理上处于劣势。此时，可以看看表，然后有礼貌地告诉对方："真对不起，9点钟了，我得出去一下，与一个约定的朋友通电话，请稍等5分钟。"于是，便很得体地赢得了5分钟的思考时间。

(4) 恰当地使用无声语言。商务谈判中，谈判者通过姿势、手势、眼神、表情等非发音器官来表达的无声语言，在谈判过程中往往发挥着重要的作用。在有些特殊环境里，有时需要沉默，恰到好处的沉默可以取得意想不到的良好效果。

3. 商务谈判结束

签约仪式上，双方参加谈判的全体人员都要出席，共同进入会场，相互握手致意，一起入座。双方都应设有助签人员，分立在各自一方代表签约人的外侧，其余人排队站立在各自一方代表身后。

助签人员要协助签字人员打开文本，用手指明签字位置。双方代表各在己方的文本上签字，然后由助签人员互相交换，双方代表再在对方文本上签字。

签字完毕后，双方应同时起立，交换文本，并相互握手，祝贺合作成功。其他随行人员则应以热烈的掌声表示喜悦和祝贺。

在谈判各环节的相继推动下，交易条件在双方可接受的范围内并且在原则上已全部达成协议，此时，预定的结束时间也即将到来，谈判双方逐步进入走向一致的最后阶段——成交阶段。很明显，这一重要阶段既是本次商务谈判的终结，又是商务谈判签约履约的开始。当然，它对下一次商务谈判的到来有着至关重要的影响。

具体的工作内容包括以下几点。

1) 总结成果

随着谈判进入成交阶段，双方有必要进行最后的回顾和总结，明确是否所有内容都已谈妥，提炼出整个谈判过程中所谈判的主要问题，对特殊的问题加以确认，概括一下最后的决定，明确结果是否已达到己方期望的交易或谈判目标，判断对方对目前的所有决定是否满意。

2) 整理记录

每次谈判之后，重要的事情应写一份简短纪要，把达成协议的每一点都记录在案，并向双方公布，这样不仅加深彼此对谈判进程的了解，更是以文字性材料作为催促对方做最后决定的有效保证。在成交阶段，检查、整理记录，双方共同确认其正确无误，其内容便是起草书面协议的主要依据。

3) 签订合同

在签订合同之前，首先需要以备忘录为基础草拟合同。此时，不仅要反复核查书面承诺，也不能忽视核实对方的口头允诺，在签字之前，重读协议，就达成的工作、条件、送货方式、品质等条款严格审阅。

合同签订后，双方需要立即执行谈判合同。卖方备货，买方筹款，做好接货准备，但同时应对此次谈判做个总结，审视已谈判目标的实现情况、策略运用、分析总结对手以及从中获得的经验。值得注意的是，应注意巩固与客户的友谊，建立良好的关系网，有利于长远发展。

实训案例 6-1

中方某公司向韩国某公司出口丁苯橡胶已一年，第二年中方又向韩方报价，以继续供货。中方公司根据国际市场行情，将价格在前一年的成交价基础上每吨下调了120美元(前一年是1 200美元/吨)韩方感到可以接受，建议中方到韩国签约。

中方人员一行两人到了汉城该公司总部，双方谈了不到20分钟，韩方说："贵方价格仍太高，请贵方看看韩国市场的价格，3天以后再谈。"

中方人员感到被戏弄，回到饭店后很生气，但人已来汉城，谈判必须进行。中方人员通过有关协会收集到韩国海关丁苯橡胶进口的统计数据，发现韩国从哥伦比亚、比利时、南非等国进口量较大。从中国进口也不少，中方公司是占份额较大的一家。南非价格水平最低，但高于中国的产品价。哥伦比亚、比利时价格均高于南非。在韩国市场的调查中，批发和零售价均高出中方公司现报价的30%～40%，市场价虽呈降势，但中方公司的给价是目前世界市场的最低价。

为什么韩国人员还要求降价？

中方人员分析，对手以为中方人员既然来了汉城，肯定急于拿合同回国，可以借此机会再压中方一手。

那么韩方会不会不急于订货而找理由呢？

中方人员分析，若不急于订货，为什么邀请中方人员来汉城？再说韩方人员过去与中方人员打过交道，有过合同，且执行顺利，对中方工作很满意，这些人会突然变得不信任中方人员了吗？从态度上看不像，他们来机场接中方人员，晚上一起喝酒，保持着良好气氛。

从上述分析中，中方人员共同认为：韩方意在利用中方人员的出国心理再压价。根据这个分析，经过商量，中方人员决定在价格条件上做文章。总的讲，态度应强硬，因为来之前对方已表示同意中方报价，不怕空手而归。其次，价格条件还要涨回市场水平(即 1000 美元/吨左右)。再者，不必用两天给韩方通知，仅一天半就将新的价格条件通知韩方。

在一天半后的中午前，中方人员打电话告诉韩方人员："调查已结束，得到的结论是，我方来汉城前的报价低了，应涨回去年成交的价位，但为了老朋友的交情，可以下调20美元，而不再是120美元。请贵方研究，有结果请通知我们，若我们不在饭店，则请留言。"

韩方人员接到电话后一个小时，即回电话约中方人员到其公司会谈。韩方认为：中方不应把过去的价再往上调。

中方认为：这是韩方给的权利。我方按韩方要求进行了市场调查，结果应该涨价。

韩方希望中方多少再降些价，中方认为原报价已降到底。经过几回合的讨论，双方同意按中方来汉城前的报价成交。

这样，中方成功地使韩方放弃了压价的要求，按计划拿回合同。

问题：

(1) 中方的决策是否正确？为什么？

(2) 中方运用了什么程序、什么方式做出决策？其决策属于什么类型？

(3) 中方是如何实施决策的？

(4) 韩方的谈判中，反映了什么决策？

(5) 韩方决策的过程和实施情况如何？

分析：

(1) 正确，因为按之前的条件拿到了合同。

(2) 中方运用了信息收集、信息分析、方案假设、论证和选取 5 个步骤，以小范围形式确定，属于战略性决策。

(3) 分梯次捍卫决策的实行，先电话后面谈；先业务随后谈领导。同时运用时间效益加强执行力度，把原本 3 天回复韩方的期限缩短为一天半回复，态度变得更强硬。

(4) 韩方的决策变为战略性决策，它在根本条件和总体策略上做出新的决定，成交条件更低，谈判冷——让中方坐冷板凳。

(5) 韩方决策过程较短，仅以杀价为目标，能压就压不能压再谈，所以实施时，一见硬就软了。

任务二　国际商务谈判开局概述

商务谈判的开局对整个商务谈判过程起着非常重要的作用，它往往关系到商务谈判双方对商务谈判所持有的态度、诚意，是积极进行还是消极应付，关系到商务谈判的格调和商务谈判的走向，一个良好的开局会为以后的商务谈判取得成功打下良好的基础。

所谓开局，就是指一场谈判开始时，谈判各方之间的寒暄和表态以及对谈判对手的底细进行探测，为影响、控制谈判进程奠定基础。

开局阶段的具体目标是建立在轻松、诚挚气氛的基础上的，力争继续巩固和发展已经建立起来的和谐气氛，并在进入实质性谈判前，双方就谈判程序、态度、意图等取得一致或交换一下意见。此外，还要摸清对方的真正需要，尽快掌握对方有关谈判的经验、技巧、谈判作风以及使用的谈判谋略等方面的信息，特别应注意摸清对方对要成交买卖的期望值，做到心中有数。

对整场谈判而言，谈判开局对整个谈判过程起着相当重要的影响和制约作用。它不仅决定着双方在谈判中的力量对比，决定着双方在谈判中采取的态度和方式，同时也决定着双方对谈判局面的控制，进而决定着谈判的结果。所以应该研究谈判的开局，把握和控制谈判的局势。

子任务一　开局的方式

如果谈判的准备工作已经全部完成，就可以向对方主动提交洽谈方案，或者在对方提交的方案基础上给予相应的答复。向对方提交方案有以下几种方式。

1. 提交书面材料，不做口头陈述

这是一种局限性很大的方式，只在两种情况下运用：第一种情况是，本部门在谈判规则的束缚下不可能有别的选择方式。例如，本部门向政府部门投标，这个政府部门规定在裁定的期间内不与投标者见面、磋商。另一种情况是，本部门准备把最初提交的书面材料也作为最后的交易条件。这时要求文字材料要明确具体，各项交易条件要准确无误，让对方一目了然，只需回答“是”或“不是”，无须再作任何解释。如果是对对方所提出的交易条件进行还价，还价的交易条件也必须是终局的，对方要么全盘接受，要么全盘拒绝。

2. 提交书面材料，并做口头陈述

在会谈前将书面材料提交给对方，这种方法有很多优点，书面交易条件内容完整，能把复杂的内容用详细的文字表达出来，对方可一读再读，全面理解。提交书面交易条件也有缺

点，如写上去的东西可能会成为一种对自己一方的限制，难以更改。另外，文字形式的条款不如口语带有感情色彩，细微差别的表达也不如口语，特别是在不同语种之间，就更有局限性。因此，谈判者应掌握不同形式下的谈判技巧。在提出书面交易条件之后，就应努力做到这样几点：让对方多发言，不可多回答对方提出的问题；尽量试探出对方反对意见的坚定性，即如果不做任何相应的让步，对方能否顺从意见；不要只注意眼前利益，还要注意目前的合同与其他合同的内在联系；不管心里如何感觉，都要表现出冷静、泰然自若；要随时注意纠正对方的某些概念性错误，不要只在对本企业不利时才纠正。

3. 面谈提出交易条件

这种形式是事先双方不提交任何书面形式的文件，仅仅在会谈时提出交易条件。这种谈判方式有许多优点：可以见机行事，有很大的灵活性；先磋商后承担义务；可充分利用感情因素，建立个人关系，缓解谈判气氛等。但是这种谈判方式也存在着某些缺点：容易受到对方的反击；阐述复杂的统计数字与图表等相当困难；语言的不同，可能会产生误会。运用这种谈判方式应注意下述事项。

(1) 不要让会谈漫无边际地东拉西扯，而应明确所有要谈的内容，把握要点。

(2) 不要把精力只集中在一个问题上，而应把每一个问题都谈深、谈透，使双方都能明确各自的立场。

(3) 不要忙于自己承担义务，而应为谈判留有充分的余地。

(4) 同前所述，不要只注意眼前利益，要注意到目前的合同与其他合同的内在联系。

(5) 不管心里如何考虑，都要表现得镇定自若。

(6) 要随时注意纠正对方的某些概念性错误，不要只在对本方不利时才去纠正。

子任务二　开局气氛的营造

1. 商务谈判开局气氛的含义

谈判气氛是谈判对手之间的相互态度，它能够影响谈判人员的心理、情绪和感觉，从而引起相应的反应。因此，谈判气氛对整个谈判过程具有重要的影响，其发展变化直接影响整个谈判的前途。

任何商务谈判都是在一定的气氛下进行的。每一场谈判都有其独特气氛：有的是冷淡的、对立的，有的是积极的、友好的，有的是平静的、严谨的，有的是简洁明快、节奏紧凑、速战速决；有的是咬文嚼字、慢条斯理、旷日持久。不同的谈判气氛对谈判的影响不同，一种谈判气氛可在不知不觉中把谈判朝某种方向推进，例如，热烈的、积极的、合作的气氛会把谈判朝着达成一致协议的方向推进，而冷淡的、对立的、紧张的气氛会把谈判推向更为严峻的境地。因此，在谈判一开始，营造出一种合作的、诚挚的、轻松的、认真的和解决问题的气氛，对谈判可以起到十分积极的作用。

谈判气氛在谈判一开始就已形成，但它必须在整个谈判过程中都得到保持，这就需要谈判人员的共同努力。谈判双方见面后的短暂接触对谈判气氛的形成具有关键性的作用。谈判双方人员的目光、动作、姿态、表情、气质、谈话内容及语调、语速等，都会形成不同的谈判气氛。

实际上，当双方走到一起准备谈判时，洽谈的气氛就已经形成。热情还是冷漠，友好还是猜忌，轻松活泼还是拘谨紧张，都已基本确定，甚至整个谈判的进展(如谁主谈、谈多少、双方的策略)等也都受到了很多的影响。当然，谈判气氛不仅受开局时的影响，双方见面之前的预先接触、谈判深入后的交流也都会对谈判气氛产生影响，但谈判开始瞬间的影响最强烈，它奠定了谈判的基础。此后，谈判的气氛波动比较有限。

谈判开局气氛是由参与谈判的所有谈判者的情绪、态度与行为共同制造的，任何谈判个体的情绪、态度与行为都可以影响或改变谈判开局气氛；与此同时，任何谈判个体的情绪、思维都要受到谈判开局气氛的影响，呈现出不同的状态。因此，营造一种有利的谈判开局气氛，从而控制谈判开局，控制谈判对手，对于谈判者来说就显得非常重要。

2. 商务谈判开局气氛的作用

商务谈判一般都是互惠式谈判，成熟的双方谈判人员都会努力寻求互利互惠的最佳结果。因为良好的气氛具有众多的良好效应。

(1) 为即将开始的谈判奠定良好的基础。

(2) 传达友好合作的信息。

(3) 能减少双方的防范情绪。

(4) 有利于协调双方的思想和行动。

(5) 能显示主谈人的文化修养和谈判诚意。

这些要点说明，在谈判之初建立一种和谐、融洽、合作的谈判气氛无疑是非常重要的。如果商务谈判一开始就形成了良好的气氛，双方就容易沟通，便于协商，所以谈判者都愿意在一个良好的气氛中进行谈判。如果谈判一开始双方就怒气冲天，见面时拒绝握手，甚至拒绝坐在一张谈判桌上，则无疑会给整个谈判蒙上一层阴影。

3. 合理运用影响开局气氛的各种因素

谈判应是互惠的，一般情况下，双方都会谋求一致，为了达到这一目的，洽谈的气氛必须具有诚挚、合作、轻松和认真的特点。要想获得这样一种洽谈气氛，需要有一定的时间，不能在洽谈刚开始不久就进入实质性谈判。因此，要花足够的时间，利用各种因素，协调双方的思想或行动。

1) 表情、眼神

人的表情可以表明谈判人员的心情，是信心十足还是满腹狐疑，是轻松愉快还是剑拔弩张，是精力充沛还是疲惫不堪，这些都可以通过人的表情反映出来。反映表情最敏感的器官是头部、背部和肩膀。通过观察这些部位的变化，可以窥见谈判人员的心理状况。

要特别注意脸上的表情，以下几点要特别予以重视。

(1) 面无表情，会使魅力与信用降低。

(2) 脸上的表情只有善变和用得恰当，才可能产生正确的交流作用。

(3) 脸上的表情务必率真、自然。

(4) 脸上表情的表达关键在于眼睛的变化。当然，除了眼睛之外，口唇的变化和脸部肌肉的变化也自然会改变脸上的表情。

谈判人员目光的交流十分重要，眼睛是人心灵的窗户，谈判人员心理的微小变化都会通过眼神表示出来。双方通过对方眼神的变化来窥测其心理情况。西方心理学家认为，谈判双方第一次目光交流意义最大，对手是诚实还是狡猾，是活泼还是凝重，一眼就可以看出来。

2) 气质

一个人具备什么样的气质，对其精神面貌有很大的影响。气质是指人们相当稳定的个性特征、风格和气度。良好的气质是以人的文化素养、文明程度、思想品质和生活态度为基础的。在现实中，有相当多的人只注意穿着打扮，并不注意文化素养和思想品质，所以，往往精心打扮却不能给人以美感，倒显得庸俗做作。气质美首先应当表现在丰富的内心世界上，理想则是内心世界的一个重要内容。品德是气质美的又一重要方面，为人诚恳、心地善良是不可缺少的。文化水平在一定程度上对气质有着很大的影响作用。气质美看似无形，实为有形。它通过一个人的态度、个性、言语和行为等表现出来，举手投足、待人接物皆属此列。

3) 风度

风度是气质、知识及素质的外在表现。风度美包括以下几个方面的内容。

(1) 饱满的精神状态。一入场就神采奕奕、精力充沛、自信而富有活力，这样才能激发对方的兴趣，活跃会场的气氛。

(2) 诚恳的待人态度。不管是谁，一入场就应对所有的对手表现出诚恳而坦率的态度。应端庄而不矜持冷漠，谦逊而不娇饰作伪，热情而不轻佻。

(3) 受欢迎的性格。性格是表现人的态度和行为方面较稳定的心理特征。性格是通过行为表现出来的，与风度密切相关，要使自己的风度得到别人的赞美，就应当加强自身性格的修养。要大方、自重、认真、活泼和直爽，尽量克服性格中的弱点，如轻佻、傲慢及幼稚等，千万不要因小失大。

(4) 幽默文雅的谈吐。美的风度在语言上体现为：言之有据、言之有理、言之有物、言之有味。语言是风度的窗口，出言不逊，满口粗话，就一点风度也谈不上了。

(5) 洒脱的仪表礼节。一个人仪表秀美整洁，俊逸潇洒，就能使人乐于亲近。这种魅力不仅在于长相和衣着方面，更在于人的气质和仪态，这是人的内在品格的自然流露。

(6) 适当的表情动作。人的神态和表情，是沟通人的思想感情的非语言交往工具，是社会交往风度的具体表现方式，所以，一定不可忽视表情动作，哪怕是细小的表情和动作也一定要注意。

4) 服饰

谈判人员的服装是决定其形象的重要因素。服装的色调与清洁状况，深刻反映着谈判人员的心理特征。

(1) 服装配色的艺术。色调是构成服装美的重要因素之一。衣服面料的各种色调的协调固然重要，但这些又要与环境、谈判人员的年龄以及职业相协调。对于服装的色调来说，协调就是美。

(2) 款式与体型。服装的新颖款式可以给人增添魅力，能使自然美和气质美更加突出，也能弥补原有的体型、气质上的不足。但是，由于现在的服装发展很快，服装款式的变化层出不穷，而人的体型又千差万别，所以，对于服装款式的选择并没有一定的成规。

谈判人员的服装是影响谈判人员形象的重要因素。服装的色调与清洁状态，反映着谈判人员的心理特征、审美观点和与对方的态度。一般来说，谈判人员的装束应当美观、大方、整洁，但由于服饰属于文化习俗范围，不同的文化背景也就会有不同的要求。如果在法国谈判或对方是法国人，就应穿整洁的深色服装；如果是在丹麦、美国谈判或与丹麦人、美国人谈判，衣着的问题就无足轻重了，只要干净整齐，穿便服或运动装也未尝不可。

5) 个人卫生

谈判人员的个人卫生对谈判气氛也会有所影响。衣着散乱、全身散发汗味或其他骚臭味的谈判人员都是不受欢迎的。

6) 动作

影响谈判气氛的因素还包括言语、手势和触碰行为。比如握手，动作相当简单，但影响却是很大。在西方一些国家，如果用右手同人握手而把左手搭在对方肩上，就会引起对方的反感，被认为是过分轻狂、傲慢和自以为是。当然，由于各国文化习俗的差异，对各种动作的反映也不相同。仍以握手为例，在初次见面寒暄时，握手用些力气，有些外宾会认为这是相见恨晚的表现，心里油然而生亲近的感觉；也有些外宾则会觉得这是对方在炫耀力量，心里会有些不是滋味；更有甚者，有人认为这是故弄玄虚，是有意谄媚，从而会产生厌恶之感。可见，谈判人员必须了解谈判对手的背景和性格特点，针对不同情况，采取不同的做法。

7) 中性话题

在谈判进入正式话题之前，该谈些什么问题呢？一般来说，选择中性话题最为合适，这些话题轻松而具有非业务性，容易引起双方共鸣，有利于创造和谐气氛。中性话题的内容通常有以下几种：①各自的旅途经历，如游览活动、旅游胜地及著名人士等；②文体新闻，如电影，球赛等；③私人问候，如骑马、钓鱼等业余爱好；④对于彼此有过交往的老客户，可以叙谈双方以往的合作经历和取得的成功。

8) 洽谈座位

座位安排是有学问的。例如，面谈的主动一方像考官一样，背对窗户与阳光，坐在一把大椅子上，面前摆着一张大写字台，而被动的一方则在远离那张大写字台的一把小椅子上。这种座位安排显然使被动的一方处于不利的地位，阳光直射他的眼睛，使他感到很不自在；大写字台不仅给被动的一方造成了心理压力，而且是双方处境不同的标志；椅子的大小差异则强调了主动一方的权力。这种安排方式说明主动者一方丝毫不懂得交流的技巧，从而一开始就使一方处于不快的状态当中。最好的办法是撤掉写字台这个障碍物，使被动的一方避开刺眼的阳光；把被动者的位置安排在主动者的一侧，以增加亲近感。

有的人为了消除桌子所显示的“权力”，干脆搬掉所有的桌子；有的谈判者把放文件或杯子的桌子摆在双方的身后或旁边。然而，较为保守的人对这种位置安排不以为然，他们认为面前没有桌子或类似的东西就有一种失落感。为了不使他们感到困窘，可以在前面摆上桌子，两人时应尽量避免面对面地坐着。安排面谈不仅要摆放好桌椅，而且要适时适量地提供一些茶点、冷饮等。另外，要尽量避免电话或来访者的干扰。

9) 传播媒介

利用传播媒介制造谈判舆论或气氛，是指谈判的主体通过传播媒介向对方传递意图，施加心理影响，制造有利于自己的谈判气氛或启动谈判的背景。在现代社会，许多谈判在没有正式开始以前，舆论的准备往往就已经开始了，并发挥相当大的作用。有效地制造谈判舆论气氛，可以引导谈判双方知道如何走到谈判桌前，如何开始谈判。

制造谈判舆论或气氛，通常涉及谈判主体，即由谁来从事这一工作，可以是谈判者，也可以是其他的人；采用的工具，即采用哪种传播媒介；接受对象，即双方所造就的舆论和气氛要影响和感染哪些人；采用的方式，即结合我方谈判的目的及谈判对象的特点，确定以什么形式、什么内容来最有效地影响谈判对象，为谈判的正式开始做好铺垫。在这 4 个要素中，前三者构成了制造谈判舆论气氛的基本条件，后一个要素是必要条件，四者缺一不可。

古往今来，人们都非常注意利用传播媒介来制造谈判舆论气氛。大众传播媒介的形式从过去影响范围极小的口头传播、手抄传播，发展到现在大规模的印刷传播以及传播迅速、影响极其广泛的电子传播。它的发展使得传播媒介从仅是沟通某种情况、传递某个信息的作用，发展到影响人们的思考直至改变其生活方式和价值取向的作用。各种谈判被形形色色的传播工具运载，使得谈判信息比比皆是，使得制造谈判舆论气氛的重要性日益突出。因此，传播媒介已成为商务谈判，尤其是大型商务谈判不可或缺的工具。

4. 谈判开局气氛的营造

谈判开局气氛对整个谈判过程有着相当重要的影响和制约作用。可以说，哪一方如果控制了谈判开局气氛，那么，在某种程度上就等于控制住了谈判对手。

根据谈判气氛的高低，可以把商务谈判的开局气氛分为高调气氛、低调气氛和自然气氛。

1) 高调气氛

高调气氛是指谈判情势比较热烈，谈判双方情绪积极、态度主动，愉快因素成为谈判情势主导因素的谈判开局气氛。通常在下述情况下，谈判一方应努力营造高调的谈判开局气氛：本方占有较大优势，价格等主要条款对自己极为有利，本方希望尽早达成协议与对方签订合同。在高调气氛中，谈判对手往往只注意到他自己的有利方面，而且对谈判前景的看法也倾向于乐观，因此，高调气氛可以促进协议的达成。

营造高调气氛通常有以下几种方法。

(1) 感情攻击法。感情攻击法是指通过某一特殊事件来引发存在于人们心中的普通的感情因素，并使这种感情迸发出来，从而达到营造气氛的目的。

实训案例 6-2

中国一家彩电生产企业准备从日本引进一条生产线，于是与日本一家公司进行了接触。双方分别派出了一个谈判小组就此问题进行谈判。谈判那天，当双方谈判代表刚刚就座，中方的首席代表(副总经理)就站了起来，对大家说："在谈判开始之前，我有一个好消息要与大家分享。我的太太在昨天夜里为我生了一个大胖儿子！"此话一出，中方职员纷纷站起来向他道贺。日方代表于是也纷纷站起来向他道贺。整个谈判会场的气氛顿时高涨起来，谈判进行得非常顺利。中方企业以合理的价格顺利地引进了一条生产线。

这位副总经理为什么要提自己太太生孩子的事呢？原来，这位副总经理在与日本企业的以往接触中发现，日本人很习惯板起面孔谈判，造成一种冰冷的谈判气氛，给对方造成一种心理压力，从而控制整个谈判，趁机抬高价码或提高条件。于是，他便想出了用自己的喜事来打破日本人的冰冷面孔的方法，营造一种有利于己方的高调气氛。

(2) 称赞法。称赞法是指通过称赞对方来削弱对方的心理防线，从而激发出对方的谈判热情，调动对方的情绪，营造高调气氛。

采用称赞法时应该注意以下几点。

① 选择恰当的称赞目标。选择称赞目标的基本原则是投其所好，即选择那些对方最引以为豪并希望己方注意的目标。

实训案例 6-3

东南亚某个国家的华人企业想要为日本一著名电子公司在当地做代理商。双方几次磋商均未达成协议。在最后的一次谈判中，华人企业的谈判代表发现日方代表喝茶及取放茶杯的姿势十分特别，于是他说到："从××君(日方的谈判代表)喝茶的姿势来看，您十分精通茶道，能否为我们介绍一下？"这句话正好点中了日方代表的兴趣所在，于是他滔滔不绝地讲述起来。结果，后面的谈判进行得异常顺利，那个华人企业终于拿到了他所希望的地区代理权。

② 选择恰当的称赞时机。如果时机选择得不好，称赞法往往会适得其反。

③ 选择恰当的称赞方式。称赞方式一定要自然，不要让对方认为你是在刻意奉承他，会引起反感。

(3) 幽默法。幽默法是指用幽默的方式来消除谈判对手的戒备心理，使其积极参与到谈判中来，从而营造高调的谈判开局气氛。

采用幽默法时要注意以下几点。

① 选择恰当的时机。

② 采取适当的方式。

③ 要收发有度。

(4) 问题挑逗法。问题挑逗法是指提出一些尖锐问题诱使对方与自己争议，通过争议使对方逐渐进入谈判角色。这种方法通常是在对方谈判热情不高时采用，有些类似于“激将法”。但是，这种方法很难把握好时机，在使用时应慎重一些，要选择好退路。

2) 低调气氛

低调气氛是指谈判气氛十分严肃、低落，谈判的一方情绪消极、态度冷淡，不快因素构成谈判情势的主导因素。通常在下面这种情况下谈判一方应该努力营造低调的谈判开局气氛：本方有讨价还价的砝码，但是并不占有绝对优势，合同中某些条款并未达到本方的要求，如果本方施加压力，对方会在某些问题上做出让步。低调气氛会给谈判双方都造成较大的心理压力，在这种情况下，哪一方心理承受力弱，哪一方往往就会妥协让步。因此，在营造低调气氛时，本方一定要做好充分的心理准备并要有较强的心理承受力。

营造低调气氛通常有以下几种方法。

(1) 感情攻击法。这里的感情攻击法与营造高调气氛的感情攻击法性质相同，即都是以情感诱发作为营造气氛的手段，但两者的作用方向相反。在营造高调气氛的感情攻击中，是激起对方产生的积极的情感，使得谈判开局充满热烈的气氛；而在营造低调气氛时，是要诱发对方产生消极情感，致使一种低沉、严肃的气氛笼罩在谈判开始阶段。

(2) 沉默法。沉默法是以沉默的方式来使谈判气氛降温，从而达到向对方施加心理压力的目的。注意这里所讲的沉默并非是一言不发，而是指本方尽量避免对谈判的实质问题发表议论。

采用沉默法要注意以下两点。

① 要有恰当的沉默理由。通常人们采用的理由有：假装对某项技术问题不理解，假装不理解对方对某个问题的陈述，假装对对方的某个礼仪失误表示十分不满。

② 要沉默有度，适时进行反击，迫使对方让步。

(3) 疲劳战术。疲劳战术是指使对方对某一个问题或某几个问题反复进行陈述，从生理和心理使对手疲劳，降低对手的热情，从而达到控制对手并迫使其让步的目的。

一般来讲，人在疲劳的状态下，思维的敏捷程度下降，容易出现错误，热情降低，工作情绪不高，比较容易屈从于别人的看法。

采用疲劳战术应注意以下两点。

① 多准备一些问题，而且问题要合理，每个问题都能起到使对手疲劳的作用。

② 认真倾听对手的每一句话，抓住错误并记录下来，作为迫使对方让步的砝码。

(4) 指责法。指责法是指对对手的某项错误或礼仪失误严加指责，使其感到内疚，从而达到营造低调气氛、迫使谈判对手让步的目的。

实训案例 6-4

中国××公司到美国采购一套大型设备。中方谈判小组人员因交通堵塞耽误了时间，当他们赶到谈判会场时，比预定时间晚了近半个小时。美方代表对此大为不满，花了很长时间来指责中方代表的这一错误，中方代表感到很难为情，频频向美方代表道歉。谈判开始以后，美方代表似乎还对中方代表的错误耿耿于怀，一时间弄得中方代表手足无措，无心与美方讨价还价。等到合同签订以后，中方代表才发现自己吃了一个大亏。

3) 自然气氛

自然气氛是指谈判双方情绪平稳，谈判气氛既不热烈，也不消沉。自然气氛无须刻意地去营造，许多谈判都是在这种气氛中开始的。这种谈判开局气氛便于向对手进行摸底，因为，谈判双方在自然气氛中传达的信息往往要比在高调气氛和低调气氛中传送的信息准确、真实。当谈判一方对谈判对手的情况了解甚少，对手的谈判态度不甚明朗时，谋求在平缓的气氛中开始对话是比较有利的。

营造自然气氛要做到以下几点。

(1) 注意自己的行为、礼仪。

(2) 要多听、多记，不要与谈判对手就某一问题过早发生争执。

(3) 要准备几个问题，询问方式要自然。

(4) 对对方的提问，能做正面回答的一定要正面回答，不能回答的，要采用恰当的方式进行回避。

谈判气氛并非是一成不变的。在谈判中，谈判人员可以根据需要来营造适合自己的谈判气氛。但是，谈判气氛的形成并非完全是人为因素的结果，客观条件对谈判气氛也会有重要的影响，如节假日、天气情况、突发事件等。因此，在营造谈判气氛时，一定要注意外界客观因素的影响。

任务三　国际商务谈判开局的策略

谈判开局的策略是谈判者谋求谈判开局中有利地位和实现对谈判开局的控制而采取的行动方式或手段。在正常情况下，谈判双方都是抱着实现自己合理利益的目的而与对方坐在谈判桌前的，因而，双方都希望能在一个轻松、愉快的气氛中进行谈判。

商务谈判的全过程，无时无刻不体现着对策略的运用。有经验的谈判人员常常用热情的方式，在谈判双方刚刚正式接触的一瞬间，就抓住对方成员中认识或曾经打过交道的人，先行招呼，并主动为双方初次见面的成员作一番热情的介绍，讲一些令双方都高兴的话，以活跃谈判气氛。

每一次谈判的目标不同、对手不同，但是彼此相互寒暄是必不可少的。实际上，在双方的彼此寒暄的表情和言谈话语当中，就已展开了策略的较量。由于谈判开局关系到整个谈判的方向和进程。因此，涉及谈判开局的策略，在商务谈判中显得尤为重要。谁率先掌握了准确而又详尽的信息，谁就能很容易地施展自己的谋略，掌握谈判的主动权，控制谈判的方向、节奏，更好地为自己的利益服务。

任何商务谈判都是在特定的气氛中开始的，因而，谈判开局策略的实施都要在特定的谈判开局气氛中进行。谈判开局的气氛会影响谈判开局策略，与此同时，谈判开局的策略也会反作用于谈判气氛，成为影响或改变谈判气氛的手段。所以，当对方营造了一个不利于己方的谈判开局气氛时，谈判者可以采用适当的开局策略来改变这种气氛。

在商务谈判策略体系中，涉及谈判开局的具体策略是很多的。谈判人员为了促使谈判成功，形成一个良好的谈判气氛，在开局阶段应该做到：态度诚恳、真挚友好，务实灵活、求大同存小异，不纠缠枝节问题，努力适应双方的利益需要。下面结合谈判实例，通过分析方法，介绍几种典型的、基本的谈判开局策略。

子任务一　商务谈判的开局策略

1. 一致式开局策略

所谓一致式开局策略，是指在谈判开始时，为使对方对自己产生好感，以“协商”、“肯定”的方式，创造或建立起对谈判的“一致”的感觉，从而使谈判双方在愉快友好的气氛中不断将谈判引向深入的一种开局策略。

现代心理学研究表明，人们通常会对那些与其想法一致的人产生好感，并愿意将自己的想法按照那些人的观点进行调整。这一研究结论正是一致式开局策略的心理学基础。

实训案例 6-5

1972 年 2 月，尼克松总统应邀访问中国，他在中国的欢迎仪式上竟然听到了他十分喜爱的一支乐曲——《美丽的亚美利加》，他原本没有想到在中国能听到这支赞美他家乡的乐曲，不禁为中国方面的热情友好所感动。中美的外交谈判也由此更增添了几分友好的气氛。

日本首相田中角荣在 20 世纪 70 年代为恢复中日邦交到达北京，他怀着等待中日间最高首脑会谈的紧张心情，在迎宾馆休息。迎宾馆内气温舒适，田中角荣的心情也十分舒畅，与随从的陪同人员谈笑风生。他的秘书早饭茂三仔细看了一下房间的温度计，是 17.8℃。这舒适的温度使得田中角荣的心情舒畅，也为以后谈判的顺利进行创造了良好的条件。

《美丽的亚美利加》乐曲、17.8℃的房间温度，都是人们针对特定的谈判对手，为了更好地实现己方的谈判目标而进行的一致式谈判策略的运用，构成了谈判决策输入之后的谈判实际运作内容，直接与谈判终局相联系，是承前启后、在谈判全过程中直接发生作用的重要一环，并以此成功地促成了谈判。

【案例分析】

一致式开局策略的目的在于创造取得谈判胜利的条件。运用一致式开局策略的具体方式还有很多，例如，在谈判开始时，以一种协商的口吻来征求谈判对手的意见，然后，对其意见表示赞同或认可，并按照其意见进行工作。运用这种方式应该注意的是，拿来征求对方意见的问题应是无关紧要的，即对手对该问题的意见不会影响到本方的具体利益。另外，在赞成对方的意见时，态度不要过于献媚，要让对方感觉到自己是出于尊重，而不是奉承。

一致式开局策略的运用还有一种重要途径，就是在谈判开始时以问询方式或补充方式诱使谈判对手走入己方的既定安排，从而在双方间达成一种一致和共识。所谓问询方式，是指将答案设计成问题来询问对方，例如，“你看我们把价格及付款方式问题放到后面讨论怎么样？”所谓补充方式，是指借以对对方意见的补充，使自己的意见变成对方的意见。采用问询方式或补充方式可以使谈判逐步进入开局。

一致式开局策略可以在高调气氛和自然气氛中运用，但尽量不要在低调气氛中使用。因为在低调气氛中使用这种策略容易使自己陷入被动。一致式开局策略如果运用得好，可以将自然气氛转变为高调气氛。

2. 保留式开局策略

保留式开局策略是指在谈判开局时，对谈判对手提出的关键性问题不作彻底、确切的回答，而是有所保留，从而给对手造成神秘感，以吸引对手步入谈判。

实训案例 6-6

江西省余江工艺雕刻厂原是一家濒临垮台的小厂，经过几年努力，已发展成为年产值200多万元的大厂，产品打入日本，战胜了其他国家在日本经营多年的8家厂商，被誉为“天下第一雕刻”。有一年，日本3家株式会社的老板同一天接踵而来，到该厂订货。其中，一家资本雄厚的大商社要原价包销该厂的佛坛产品。这应该说是好消息，但该厂人员想到，这几家原来都是经销韩国、中国台湾省产品的商社，为什么不约而同、争先恐后地到本厂来订货？他们翻阅了日本市场的资料，得出结论是本厂的木材质量上乘、技艺高超是吸引外商订货的主要原因。于是该厂采取了“待价而沽”、“欲擒故纵”的谈判谋略。先不理那家大商社，而是积极抓住另两家小客商求货急切的心理，把佛坛的梁、榴、椽、柱，分别与其他国家产品做比较：不怕不识货，只怕货比货，该厂的产品确实技高一筹。在此基础上，该厂将产品当金条似地争价钱、论成色，使其价格达到理想的高度。首先，与小客商拍板成交，造成那家大商社产生失去货源的危机感。那家客商不仅更急于订货，而且想垄断货源，于是大批订货，以致订货数量超过该厂现有生产能力的好几倍。

该厂谋略成功的关键在于其策略不是盲目的、消极的。首先该厂产品确实好，而几家客商求货心切，在货比货后让客商折服；其次，是巧于审势布阵，先和小客商洽谈，并非疏远大客商，而是以此牵制大客商，促其产生失去货源的危机感。这样订货数量和价格就有了大幅增加。

实训案例 6-7

有一家日本公司与我国福建省一家公司进行了接触，双方互派代表就投资问题进行谈判。谈判一开始，日方代表就问到：“贵公司的实力到底如何我们还不十分了解，能否请您向我们介绍一下以增加我方进行合作的信心”。中方代表回答说：“不知贵方所指的实力包括哪几方面，但有一点我可以明确地告诉您，造飞机我们肯定不行，但是制茶我们是内行，我们的制茶技术是世界第一流的。福建有着丰富的茶叶资源，我们公司可以说是‘近水楼台’。贵公司如果与我们合作的话，肯定会比与其他公司合作满意。”

使用保留式开局策略时不要违反商务谈判的道德原则，即以诚信为本，向对方传递的信息可以是模糊信息，但不能是虚假信息。否则，会将自己陷入非常难堪的局面之中。

保留式开局策略适用于低调气氛和自然气氛，而不适用于高调气氛。保留式开局策略还可以将其他的谈判气氛转为低调气氛。

3. 坦诚式开局策略

坦诚式开局策略是指以开诚布公的方式向谈判对手陈述自己的观点或想法，从而为谈判打开局面。

坦诚式开局策略比较适合于有长期的业务合作关系的双方，以往的合作双方比较满意，双方彼此又比较了解，不用太多的客套，减少了很多外交辞令，节省了时间，直接坦率地提出自己一方的观点、要求，反而更能使对方对己方产生信任感。

采用这种开局策略时，要综合考虑多种因素，如自己的身份、与对方的关系、当时的谈判形势等。

坦诚式开局策略有时也可用于谈判实力弱的一方谈判者。当本方的谈判实力明显不如谈判对方，并为双方所共知时，坦率地表明自己一方的弱点，让对方加以考虑，更表明己方对谈判的真诚，同时也表明对谈判的信心和能力。

实训案例 6-8

北京门头沟一位党委书记在同外商谈判时发现，对方对自己的身份持有强烈的戒备心理，这种状态妨碍了谈判的进行。于是，这位党委书记当机立断，站起来向对方说："我是党委书记，但也懂经济、搞经济，并且拥有决策权。我们摊子小，实力不大，但人实在，愿真诚与贵方合作。咱们谈得成也好、谈不成也好，至少您这个外来的'洋'先生可以交一个我这样的中国的'土'朋友。"

寥寥几句肺腑之言，一下子就打消了对方的疑虑，使谈判顺利地向纵深发展。

坦诚式开局策略可以在各种谈判气氛中应用。这种开局策略通常可以把低调气氛和自然气氛引向高调气氛。

4. 进攻式开局策略

进攻式开局策略是指通过语言或行为来表达己方强硬的姿态，从而获得谈判对手必要的尊重，并借以制造心理优势，使得谈判顺利地进行下去。采用进攻式开局策略一定要谨慎，因为在谈判开局阶段就设法显示自己的实力，使谈判开局就处于剑拔弩张的气氛中，对谈判的进一步发展极为不利。

进攻式开局策略通常只在这种情况下使用，即发现谈判对手在刻意制造低调气氛，这种气氛对本方的讨价还价十分不利，如果不把这种气氛扭转过来，将损害本方的切身利益。

实训案例 6-9

日本一家著名的汽车公司在美国刚刚"登陆"时，急需找一个美国代理商来为其推销产品，以弥补他们不了解美国市场的缺陷。当日本公司准备同美国的一家公司就此问题进行谈判时，日本公司的谈判代表因路上塞车迟到了。美国公司的代表紧紧抓住这件事不放，想要以此为手段获取更多的优惠条件。日本公司的代表发现无路可退，于是站起来说："我们十分抱歉耽误了您的时间，但是这绝非我们的本意，我们对美国的交通状况了解不足，所以导致了这个不愉快的结果，我希望我们不要再因为这个无所谓的问题耽误宝贵的时间了，如果因为这件事怀疑到我们合作的诚意，那么，我们只好结束这次谈判，我认为，我们所提出的优惠代理条件在美国是不会找不到合作伙伴的。"

日本代表的一席话说得美国代理哑口无言，美国人也不想失去一次赚钱的机会，于是谈判顺利地进行了下去。

在案例 6-9 中，日方谈判代表就是采取了进攻式的开局策略，阻止了美方谋求营造低调气氛的企图。

进攻式开局策略可以扭转不利于己方的低调气氛，使之走向自然气氛或高调气氛。但是，进攻式开局策略也可能使谈判陷入僵局。

5. 挑剔式开局策略

挑剔式开局策略是指开局时，对对手的某项错误或礼仪失误严加指责，使其感到内疚，从而达到营造低调气氛，迫使对手让步的目的。

实训案例 6-10

巴西一家公司到美国去采购成套设备。巴西谈判小组的成员因上街购物耽误了时间，当他们达到谈判地点时，比预定时间晚了 45 分钟。美方代表对此极为不满，花了很长时间来指责巴西代表不遵守时间，没有信用，如果老是这样的话，以后很多工作很难合作，浪费时间就是浪费资源、浪费金钱。巴西代表对此感到理亏，只好不停地向美方代表道歉。谈判开始以后，美方代表似乎还对巴西代表来迟一事耿耿于怀，一时间弄得巴西代表手足无措，说话处处被动，无心与美方代表讨价还价，对美方提出的诸多要求也没有静下心来认真考虑，匆匆忙忙就签订了合同。等到合同签订以后，巴西代表平静下来，头脑不再发热时才发现，自己吃了大亏，上了美方的当，但已经晚了。

子任务二　策划开局策略时应考虑的因素

不同内容和类型的谈判，需要有不同的开局策略与之对应。谈判开局策略的选择要受到谈判双方实力对比、谈判形势、谈判气氛营造等一系列因素的制约和影响，选择谈判开局策略，必须全面考虑这些因素，在实施时还要依据谈判经验对其进行调整。

一般来说，确定恰当的开局策略需要考虑以下几个因素。

1. 谈判双方之间的关系

谈判双方之间的关系，主要有这几种情况：①双方过去有过业务往来，且关系很好；②双方过去有过业务往来，关系一般；③双方过去有过业务往来，但我方对对方印象不佳；④双方过去没有过业务往来。

(1) 如果双方在过去有过业务往来，且关系很好，那么这种友好的关系应作为双方谈判的基础，在这种情况下，开局阶段的气氛应是热烈、真诚、友好和轻松愉快的。开局时，我方谈判人员在语言上应是热情洋溢的，内容上可以畅谈双方过去的友好合作关系或两企业之间的人员交往，亦可适当地称赞对方企业的进步与发展；态度上应该比较自由、放松、亲切。在结束寒暄后，可以这样将话题切入实质性谈判：“过去我们双方一直合作得很愉快，我想，这次我们仍然会合作愉快的。”

(2) 如果双方有过业务往来，但关系一般，那么开局的目标是要争取创造一个比较友好、和谐的气氛。但是，此时，我方的谈判人员在语言的热情程度上应有所控制；在内容上，可以简单聊一聊双方过去的业务往来及人员交往，亦可说一说双方谈判人员在日常生活中的兴趣和爱好；在姿态上，可以随和自然。寒暄结束后，可以这样把话题切入实质性谈判：“过去我们双方一直保持着业务往来关系，我们希望通过这一次的交易磋商，将我们双方的关系推进到一个新的高度。”

(3) 如果双方过去有过一定的业务往来，但我方对对方的印象不好，那么开局阶段谈判气氛应是严肃、凝重的。我方谈判人员在开局时，语言上在注意礼貌的同时，应该比较严谨甚至可以带一点冷峻；内容上可以就过去双方的关系表示不满和遗憾，以及希望通过磋商来改变这种状况；在态度上应该充满正气，与对方保持一定距离。在寒暄结束后，可以这样将话题引入实质性谈判：“过去我们双方有过一段合作关系，但遗憾的是并不那么令人愉快，我们希望这一次能成为一次令人愉快的合作。千里之行，始于足下。让我们从这里开始吧。”

(4) 如果过去双方人员并没有业务往来，那么第一次的交往，应力争创造一个真诚、友好的气氛，以淡化和消除双方的陌生感以及由此带来的防备，为后面的实质性谈判奠定良好的基础。因此，在语言上，本方谈判人员应该表现得礼貌友好，但又不失身份，内容上多以天气情况、途中见闻、个人爱好等比较轻松的话题为主，也可以就个人在公司的任职时间、负责的范围、专业经历进行一般性的询问和交谈，态度上是不卑不亢，沉稳中又不失热情，自信但不傲气。在结束寒暄后，可以这样开始实质性谈判：“这笔交易是我们双方的第一次业务交往，希望它能够成为我们双方发展长期友好合作关系的一个良好开端。我们都是带着希望而来的，我想，只要我们共同努力，就一定会带着满意而归。”

2. 双方的实力

就双方的实力而言，不外乎以下 3 种情况。

(1) 双方谈判实力相当，为了防止一开始就强化对手的戒备心理和激起对方的对立情绪，以致影响实质性谈判，在开局阶段，仍然要力求创造一个友好、轻松、和谐的气氛。本方谈判人员在语言和姿态上要做到轻松而不失严谨、礼貌而不失自信、热情而不失沉稳。

(2) 如果我方谈判实力明显强于对方，为了使对方能够清醒地意识到这一点，并且在谈判中不抱过高的期望值，从而产生威慑作用，同时，又不至于将对方吓跑，在开局阶段，在语言和姿态上，既要表现得礼貌友好，又要充分显示出本方的自信和气势。

(3) 如果我方谈判实力弱于对方，为了不使对方在气势上占上风，从而影响后面的实质性谈判，开局阶段，在语言和姿态上，一方面要表示出友好，积极合作；另一方面也要充满自信，举止沉稳，谈吐大方，使对方不至于轻视我方。

单元二　在谈判时的开场技巧实训

任务一　商务谈判的开局技巧

主持谈判中，开场即启动谈判是关键之一。开场包括第一场谈判和以后各场谈判的开启。

1. 第一场谈判的开场

首场谈判的主持应抓好 4 个环节：介绍、入座、开场白和气氛掌握。

(1) 介绍。

为了知道是跟谁对话、显示礼貌和友好，主持首场谈判的开场应做好相互介绍，介绍时应掌握时机、次序与口气。

(2) 入座。

主持安排谈判双方入座的原则有 3 个：次序原则、距离原则、面向原则。

(3) 开场白。

谈判开始时，开场白很重要，它直接反映主持人的水平和角色，好的开场白有两个判定标准：功效的发挥与时间的适度。

(4) 气氛。

2. 续会开场

续会开场时，要注意两点：一是明确上次会谈状态，二是确定本次会谈的内容。其时间一般不会太长，说清即可。

(1) 明确状态。由于是续会，双方必须共同确记会谈进行的程度，遗留了什么问题。不确记状态会造成两个恶果：其一，回潮，将已达成的协议推翻，再回头重谈；其二，混战，分歧与一致的意见混杂在一起谈，从而伤害感情、浪费时间。

(2) 确定任务。在明确状态的情况下，对任务应有指导性。所谓指导性主要表现在分析状态上，即对现有任务相互间的关系、各自的难易、上场谈判人员的能力进行分析后，提出在续会时间内能够完成的具体任务。

资料来源：成功领袖网

任务二　商务谈判开局实训

1. 实训资料

日本一家著名汽车公司刚刚在美国“登陆”，急需找一个美国代理商来为其推销产品，以弥补他们不了解美国市场的缺陷。当日本公司准备同一家美国公司谈判时，谈判代表因为堵车迟到了，美国谈判代表抓住这件事紧紧不放，想以此为手段来获取更多的优惠条件，日本代表发现无路可退，于是站起来说：“我们十分抱歉耽误了您的时间，但是这绝非我们的本意，我们对美国的交通状况了解不足，导致了这个不愉快的结果，我希望我们不要再因为这个无所谓的问题耽误宝贵的时间了，如果因为这件事怀疑我们合作的诚意，那么我们只好结束这次谈判，我认为，我们所提出的优惠条件是不会在美国找不到合作伙伴的。”日本代表一席话让美国代表哑口无言，美国人也不想失去一次赚钱的机会，于是谈判顺利进行下去了。

2. 实训要求

(1) 美国公司谈判代表在谈判开局中选择了什么开局策略？

(2) 如何营造良好的开局阶段的氛围？

(3) 请结合实际说明谈判者在谈判前应如何做好充分的准备？

知识拓展

外联与商家谈判时开场怎么说？

(1) 确定自己拉赞助的档次。比如A档，市主办校承办的晚会，需赞助10万元，那么你显然就得盯着一些规模稍大的企业跑，小企业就不要多去了，那些小企业1年的广告费不过10万元，不可能全部投给你的。B档，校文艺部主办的文艺晚会，需赞助5 000元，很简单，找些小企业就可以了，这样小规模的晚会就是找上大企业人家也不会关注的。

(2) 明确自己所拉赞助项目的优势并且找准赞助企业。比如迎新生晚会，优势就是能给新生留下在大学的第一印象，学生受众面广、认知度高，学生容易接受，乐于参加，广告效果好，这样的晚会拉赞助可以优先考虑学校周围的企业，比如超市、美容美发中心、文具专卖店、饭店等；而为辩论赛之类的活动拉赞助，就应该找新华书店、某某英语学习机之类的厂商，像联通、移动这样的商家属于万金油，没事就多跑跑，他们广告费多，还专门喜欢在学校里搞活动。

(3) 谈判时要明确能给商家的利益。商家出钱主要是为了广告效应，所以谈的时候不妨夸大一点参加活动的人数，活动举办要给商家做一定量广告，商家满意了才会继续投钱(我就遇到一个商家，嫌广告效果不好，要和拉赞助的人打官司，所以大家注意口头和书面的区别，赞助合同要尽量签的对自己有利，口头谈判可以尽量说的对商家有利。注意，我说的是尽量，不是坑人，不然名声坏了下次就一分钱赞助也拉不到了)。

(4) 漫天要价，就地还钱。这属于谈判技巧了，反正就是开口一定要多要一点，然后慢慢再降一点价给商家，千万别把价格谈死了，那就不好办了。

(5) 一个赞助不够就拉N个赞助，反正中国人的文字游戏玩得好，什么某某企业冠名赞助、某某企业协办、由衷感谢某某企业的大力支持、主赞助商……一个名称就是一个花样，好听的价高，不好听的价低。

(6) 自己回扣千万别吃得太狠。跑赞助肯定是几个人一起干的，从上面批条开介绍信到赞助钱拿到手，中间要和你一起分回扣的人不会少的，这时最好大方一点，要么分钱要么一起去吃一顿，自己的士气高了、大家乐意为你跑腿了，这个事情才能办的又轻松又漂亮。首先你要对自己有信心！要敢于想你以前不敢想的赞助商！比如大的银行！大的企业！

这样由于没有人敢去他们那拉赞助，而他们也很想推销自己！利用这一点你一定能行！说话是要站在赞助商的角度上！但是办事的时候要站在同学的立场上！这样你一定会有很好的成绩的！

知识链接

教你几招谈判开局方式

谈判的开局阶段一般不进行实质性谈判，而只是进行见面、介绍、寒暄，以及谈判一些不很关键的问题。这些非实质性谈判从时间上来看，这只占整个谈判程序中一个很小的部分。

1. 轻松入题

在谈判人员即将开始正式谈判时，气氛往往比较紧张、严肃，谈判人员往往也有忐忑不安的心理，尤其是谈判新手在比较重要的谈判中，更是如此。采用恰当的入题技巧，有助于消除紧张气氛和尴尬心理，使谈判在轻松自然的气氛中进行。入题通常有以下几种类型。

1) 从题外话入题

题外话内容很多，一般包括：有关气氛或季节的话题；有关新闻的话题；有关社会名人的话题；有关嗜好、兴趣的话题；有关衣、食、住、行的话题；有关健康的话题；有关出门旅行的话题；有关流行话题；对对方有利的话题。

2) 从“自谦”开始入题

自谦在谈判开局时，常常用到。例如对方在己方地点谈判，则可以谦虚地表示各方面照顾不周，向对方表示歉意。或者由主谈人介绍自己的经历，谦虚地说明自己缺乏谈判经验，希望通过谈判，学习经验，建立合作、友谊关系。

3) 从介绍己方谈判人员入题

谈判负责人可以适当介绍己方谈判人员的姓名、经历、学历、年龄、著作、成绩等。这样，既打开了话题，消除了紧张气氛和忐忑不安的心理，又可以使对方了解己方谈判人员的基本情况，显示自己的谈判力量和阵容，威慑对方。

4) 从介绍己方的生产、经营、财务状况等入题

供给对方一些有关生产经营的资料和基本情况，显示己方雄厚的财力和良好的信誉，可以影响对方，坚定对方的谈判信念。

5) 从具体议题入手

一般的商务谈判需要解决很多问题，并进行多次谈判。在具体的每次谈判中，双方可以首先确定每次会谈的议题，然后确定会谈程序，按程序一步步进行。具体的议题宜小不宜大，一般可接单位时间考虑。但采用这种技巧要有一个统一的规划和安排，要避免形成“马拉松”的局面。

2. 开局方式

1) 协商开局方式

在谈判中，各方就洽谈议程例如：“我们先共同确定会谈议程，您是否同意?”“我想首先和您商量一下今天洽谈的议题，您的看法如何？”协商开局技巧也可以贯穿于开局谈判的始终，从而把开局谈判自然地引向实质性谈判。下面的例子便是协商技巧的运用。

甲方：“我们彼此介绍一下各自的生产、经营、财务和商品的情况，您看如何?”

乙方：“完全可以，如果时间、情况合适的话，我们可以达成一笔交易，您会同意吧?”

甲方：“完全同意。我们谈半天如何?”

乙方：“估计介绍情况一个小时足够了，其他时间谈交易条件，如果进展顺利，时间差不多，行。”

甲方：“那么，是贵方先谈，还是我先谈?”

乙方：“随便，就请您先谈吧。”

从以上例子可以看出，协商开局虽然简单，但却有助于谈判者在自然轻松的气氛中进入正式洽谈，从而使谈判各方在谈判程序、方式和速度等方面达成一致意见。

2) 坦诚直率的开局方式

例如，一个经济实力较弱的小厂与一个经济实力强的大厂在谈判时，小厂的主谈人为了消除对方的疑虑，向对方表示道："我们摊子小，实力不够强，但人实在，信誉好，产品质量符合贵方的要求，而且成本较其他厂家低。我愿真诚平等地与贵方合作。我们谈得成好，谈不成也好，我们这个叫'弟弟'起码可以与你们这个'大兄长'交个朋友，并向你们学习生产、经营及谈判的经验，这聊聊肺腑之言不仅可以表明自己的开局意图，而且可以消除对方的戒心，赢得对方的好感和信赖，这无疑会有助于谈判的深入进行。"

3) 冲击式开局方式

比如，有的谈判人员自恃经济实力强，企业规模大，开始就表现出冷漠、傲慢，所谈话语无不以居高临下之势百般刁难对方；有的利用手中的紧俏商品，或对方急需的原材料，来卡对方的脖子，甚至伤害对方的感情；等等。对于这种情况，谈判者一方面要承认它、正视它，另一方面，可以用巧妙的手段来对付它。冲击式技巧就是可以利用的一种手段。例如，一位客商利用某企业急需他们的原料且濒于停产之机，大肆抬高交易条件，并且出言不逊，伤害该企业谈判人员的感情，诋毁该企业的名誉。在这种情况下，如果该企业的谈判人员一味谦恭，只能适得其反，助长对方气焰。该企业谈判人员在谦恭、退让之后，突然拍案而起，采用了冲击式技巧。他指责对方道："贵方如果缺乏诚意，可以请便。我们尚有一定的原料库存，并且早就做好了转产的准备，想必我们今后不会再有贸易往来，先生，请吧！"由于谈判双方已经投入了一定的人力、财力，再加上利益所在和双方的一阵调和，这种冲击式的表达技巧，产生了应有的效果，促使对方终于坐下来开始了真诚的谈判。值得指出的是，在谈判中这种技巧不在万不得已的情况下，不可随意采用，即使采用，也不要给对方的行为定性或批评其动机，更不能有失礼节，进行人身攻击，来伤害对方的感情。因为这样于事无补，也无法扭转对立局面。谈判者要尽可能地避免情绪性的对立。

3. 开场阐述

谈判入题后，双方要阐述各自的观点和立场，进行开场阐述，这是谈判的重要步骤。开场阐述要简明扼要，不要让对方被自己冗长的发言搅昏头脑，甚至引起反感。

下面介绍一个关于原材料买卖的开场阐述的案例。

甲方阐述：

我们对贵方所能提供的原材料很感兴趣。我们准备大宗购进一批，生产一种新产品。我们曾与其他厂家打过交道，但关键的问题是时间，我们想以最快的速度在这个问题上达成协议。为此，我们希望开门见山，并简化谈判的程序。虽然我们以前从未打过交道，不过据各方面反映，贵方信誉好，一向很合作。预祝我们的交易成功。

乙方阐述：

我们非常高兴贵方对我们的产品感兴趣，并愿意出售我们的产品。但是，我们的产品数量有限，市场又比较紧俏。当然，这一点是灵活的，我们关心的是价格问题。正因为如此，我们才不急于出售数量有限的产品。

从以上案例我们可以看出，谈判各方通过简明的语言，明确地阐述了各自的谈判目的、所关心的主要问题、立场和态度，耐人寻味。

(资料来源：http://www.youshang.com/content/2010/08/04/35003.html)

课后习题

一、名词解释

1．国际商务谈判开局

2．商务谈判的气氛

3. 感情攻击法
4. 称赞法
5. 幽默法
6. 问题挑逗法
7. 自然气氛
8. 谈判开局策略
9. 一致式开局策略
10. 保留式开局策略
11. 坦诚式开局策略
12. 进攻式开局策略
13. 挑剔式开局策略

二、简答题

1. 正式的商务谈判可以分为哪些过程？
2. 建立良好的开局气氛要从哪几个方面去做？
3. 开局应注意哪些事项？
4. 商务谈判开局有哪些方式？每种方式应注意哪些问题？
5. 商务谈判开局有哪些策略？如何使用？
6. 假如你是一位小企业的业主，刚签订了一个大的加工合同，需要你的所有员工加班才可以在合同约定的时间内完成任务。但是你的工人和技术人员知道后，要求你立即给他们的工资加倍，而你不能立即找到替换他们的人，你将如何处理？
7. 如果你明天与经济和谈判经验方面都比自己强的外地客商进行会谈，你希望提高自己在谈判中的地位，对接下去的谈判有利，你将选择哪些因素来达到提高自己身价的目的？
8. 假如你的企业暂时资金紧张，但很有发展前途，需要银行的贷款，而你想找的那个银行经理是个很难对付的人，那么，你该怎么办？
9. 如果在谈判一开始对方就提出很多苛刻条件，而你又希望谈判继续进行下去，但又想改变这样紧张的气氛，你将怎么做？
10. 假如你的一位客户在谈判开始时就抱怨价格太高，却没有提出任何的具体建议。面对这种状况，你该怎么办？

三、案例分析题

【案例题 1】 1994 年，美国全年贸易逆差居高不下，约 1 800 亿美元，其中，对日本的逆差居首位，达 660 亿美元，而这中间的 60%的逆差生成于进口的日本汽车中，日本汽车大量进入美国市场，1 年约 400 万辆。于是就有了 1995 年美日汽车贸易谈判，美国谈判方认为，日本汽车市场不开放，而日方却认为本国政府未采取任何限制措施，为了使谈判顺利，日本在谈判正式开始前就致力于改善谈判气氛，日本汽车制造业协会出钱在华尔街报纸做广告，广告标题是："我们能多么开放呢？"接着文字说明："请看以下事实，(1)对进口汽车，零件无关税；(2)对美国汽车实行简便的进口手续；(3)美国汽车免费上展台；(4)销售商根据市场需求决定卖什么车。"之后，又总结出美国车在日本销售不好的原因：日本汽油昂贵，所以日本人只能买省油的小汽车，而美国出口的是大型车。广告最后得出结论："自由贸易才是成功之路。”日本汽车制造业协会做市场调查，看过报纸的人都认为日本讲的有道理，形成了谈判的良好气氛。

问题：

1．商务谈判开始时，营造谈判气氛的时机，方法有哪些？

2．日本的谈判代表在谈判开局时有什么值得借鉴的经验？

【案例题 2】 1962 年，美国 U-2 飞机发现苏联在古巴部署导弹的迹象。随后，美国的间谍卫星准确地掌握到苏联运抵古巴的 42 枚中程导弹和正在建造的十几个导弹基地，卫星照片中还发现苏联军队人员安装中程导弹竖立发射架的情景。苏联在美国后院的行动，引起美国的不满。对美国来说，是不能够接受将华盛顿包括在射程内的苏联导弹的。由于美国的间谍卫星查实了苏联当时在国内部署的远程洲际弹道导弹为 14 枚，而不是原先估计的 400 枚，掌握了苏联核力量的确实情报，因而，在苏联向古巴运送导弹期间，面对赫鲁晓夫的核讹诈，美国肯尼迪政府对苏联采取了强硬的措施。此外，肯尼迪在赫鲁晓夫进行有关古巴危机的维也纳会谈前，还查阅了赫鲁晓夫的资料加以研究，这些资料甚至包括赫鲁晓夫的早餐嗜好和音乐欣赏趣味，为谈判奠定了必要的基础。谈判结果，赫鲁晓夫不但声明撤走刚刚部署在古巴的导弹，还接受了美国在海上对苏联进行检查的要求，当美国飞机飞过装着导弹的苏联的船只时，苏联人只得掀起盖布让美国人检查。

问题：

1．请说明谈判开局时，谈判双方应注意哪些问题？

2．本案例中，美国谈判代表为什么会占据主动？

项目七 价格谈判

知识目标

(1) 掌握价格谈判的含义及价格内涵。
(2) 掌握报价的策略和技巧、讨价还价及价格谈判的策略和技巧。

能力目标

(1) 能正确进行商务谈判的报价。
(2) 能按规定正确进行讨价还价，掌握价格谈判的策略及技巧，学会在价格谈判中让步。

素质目标

培养学生在商务谈判中进行价格谈判，具有讨价还价的职业素养。

导入案例

中方某公司向日本某公司出口某化纤产品已经好几年了，双方都有很好的交情。第二年中方向日方报价时，根据国际市场行情，将价格每单位下调了10美元，日方觉得可以接受，邀请中方到日本签约。

当中方代表到了日本后，双方谈了不到20分钟。待中方代表报完价，日方漠然一笑，摆出一副不容置疑的神气："据我们掌握的情报，你们的设备性能与某国某某厂提供的产品完全一样，我国某公司购买的该设备，比贵公司开价便宜一半。因此，我提请贵公司重新出示价格。"

中方代表听罢，相视而望，首次谈判宣告结束。

中方代表团回到饭店感到被戏弄，很生气，明显感到日方企图压价，但人既然已经来了，谈判必须进行。中方人员通过有关协会收集了一些化纤产品进出口的数据，并对日本市场展开了调查，结果发现：目前日本市场上的该类化纤产品，批发和零售价均高出中方公司的现报价 10%~20%。虽然该化纤产品的市场价呈下降的趋势，但中方公司的给价仍是目前世界市场最低的价。

综合各种分析，中方代表共同认为：日方在利用我们的出国心理压价，以为中国方面是抱着过了这个村就没有这个店与他们进行谈判。

根据这个分析，经过商量，中方代表决定一是在价格条件上做文章：首先，态度应强硬，不怕空手而归；其次，价格条件还要涨回原来的市场水平；再者，不必用二天给日方通知，仅一天半就将新的价格条件通知对方。第二步就是采用兵法“示形于东而攻于西”的策略和另一家日方公司做了洽谈联系。这一小小的动作立即被日商发现。

次日早晨，谈判桌上的角逐近乎白热化。中方代表很坦然地告诉日方代表：“通过调查，我们的结论是，我方来日本之前的报价低了，应涨回去年成交的价位。请贵方研究，有结果请通知我们。若我们不在饭店，请留言。”此时，日方已经有些沉不住气了，担心真谈崩了，落个竹篮打水一场空。

果不出所料，下午，日方宴请了中方代表，请中方暂不要和其他公司谈判，并约其餐后到公司会谈。

会谈中，日方主动缓和气氛，他们认为，中方不应把过去的价再往上调。中方开始寸步不让，经过好几回合的讨论，中方终于点头答应：“看在老朋友的交情，我们可以下调5美元。”

于是，双方同意按中方来日本前的报价成交。

从这个案例中，我们不难看出：谈判中的价格之战，其激烈程度丝毫不亚于之前的谈判。一旦谈判进入到了“价格战”的阶段，销售人员都不免有些紧张。对于一些“道行”不够深的销售人员来说，由于担心在价格上输给竞争对手而失掉单子，有时就会采取“让价”策略。然而，“靠低价换订单”绝对不是高明的手段，客户会因为你的退让一而再、再而三的砍价，不仅延缓了谈判过程，而且也容易造成跑单。

如何在谈判中不被对方的讨价还价所打倒呢?在本项目训练中我们将进一步学习价格谈判的技术。

单元一　价格谈判的技巧

商务谈判过程中的价格谈判，事关交易双方的切身利益，因此，是商务谈判中的核心。考察商务谈判过程，不能不进一步研究这一过程的价格谈判。

商务谈判中的价格谈判，实际上是交易利益的分割过程。其中，包括初始报价，即提出开盘价格；之后多回合的讨价与还价，即再询盘与还盘，以及双方的让步与交换；直至互相靠拢，达成成交价格等一系列环节。同时，也涉及各环节的策略和技巧。可以说，商务谈判是一种包括各种复杂力量关系在内的沟通和交换过程。

任务一　价格内涵

子任务一　影响价格的因素

商品价格是商品价值的货币表现。影响价格形成的直接因素主要有商品本身的价值、货币的价值以及市场供求状况。上述每一因素，又是由许多子因素决定的，并处于相互联系、不断变化之中。这说明，在市场经济的条件下，价格是一个复杂的、动态的机制。

要进行商务谈判中的价格谈判，应当首先了解影响价格的具体因素。这些具体因素主要有以下几个。

1. 市场行情

市场行情是指该谈判标的物在市场上的一般价格及波动范围。市场行情是市场供求状况的反映，是价格磋商的主要依据。如果谈判的价格偏离市场行情太远，谈判成功的可能性就很小。这也说明，谈判者必须掌握市场信息，了解市场的供求状况及趋势，从而了解商品的价格水平和走向。只有这样，才能取得价格谈判的主动权。

2. 利益需求

由于谈判者的利益需求不同，他们对价格的理解也就各不相同。日常生活中，一件款式新颖的时装，即使价格较高，年轻人也可以接受；而老年人可能偏重考虑面料质地，并据此评判价格。商务谈判中，例如，某公司向国外一厂商进口一批货物，由于利益需求不同，谈判结果可能有 3 种：①国外厂商追求的是盈利的最大化，某公司追求的是填补国内空白，谈判结果可能是高价；②国外厂商追求的是打入我方市场，某公司追求的是盈利的最大化，谈判结果可能是低价；③双方都追求盈利的最大化，谈判结果可能是妥协后的中价，或者谈判失败。

3. 交货期要求

商务谈判中，如果对方迫切需要某原材料、设备、技术，即“等米下锅”，谈判时，对方可能比较看轻价格的高低。另外，某方只注重价格的高低，而不考虑交货期，也可能反而吃亏。例如，某远洋运输公司向外商购买一条旧船，外商开价 1 000 万美元，该公司要求降低到 800 万美元。谈判结果，外商同意了 800 万美元的价格，但提出推迟交船 3 个月；该公司认为价格合适，便答应了对方的要求。哪知外商又利用这 3 个月跑了运输，营运收入 360 万美元，大大超过了船价中少得的 200 万美元。显然，该远洋运输公司并没有在这场谈判中赢得价格优势。

4. 产品的复杂程度

产品结构、性能越复杂，制造技术和工艺要求越高、越精细，成本、价值及其价格就会越高。而且，该产品合计成本和估算价值就较困难，同时，可以参照的同类产品也较少，价格标准的伸缩性也就较大。

5. 货物的新旧程度

货物当然是新的比旧的好，但新的自然价格比较高。其实，一些“二手货”，如发达国家的“二手”设备、工具、车辆等，只要折旧年限不是很长，经过检修，技术性能仍相当好，售价也相当低廉。这说明，货物的新旧程度对价格有很大影响。

6. 附带条件和服务

谈判标的物的附带条件和服务，如质量保证、安装调试、免费维修、供应配件等，能为客户带来安全感和许多实际利益，往往具有相当的吸引力。人们往往宁愿“多花钱买放心”、“多花钱买便利”，因此，这些附带条件和服务能降低标的物的价格水平、在人们心目中的地位并缓冲价格谈判的阻力。而且，从现代产品的观念来看，许多附带条件和服务也是产品的组成部分，交易者对此自然很重视。

7. 产品和企业的声誉

产品和企业的良好声誉是宝贵的无形资产，对价格有重要影响。人们对优质名牌产品的价格或对声誉卓著的企业的报价，往往有信任感。因此，人们宁肯出高价买名品，也愿意与重合同、守信誉的企业打交道。

8. 交易性质

大宗交易或一揽子交易比那些小笔生意或单一买卖更能减少价格在谈判中的阻力。在大宗交易中，万把千元的价格差额可能算不了什么；而在小笔生意中，蝇头小利也会斤斤计较。在一揽子交易中，货物质量不等，价格贵贱不同，交易者往往忽略价格核算的精确性或不便提出异议。

9. 销售时机

旺季畅销，淡季滞销。畅销时，供不应求，则价格上涨；滞销时，供过于求，为减少积压和加速资金周转，只能削价促销。

10. 支付方式

商务谈判中，货款的支付方式是现金结算，还是使用支票、信用卡结算，或以产品抵偿，是一次性付款，还是分期付款或延期付款等；这些都对价格有重要影响。谈判中，如能提出易于被对方接受的支付方式，将会使己方在价格上占据优势。

实训案例 7-1

我国某厂与美国某公司谈判设备购买生意时，美商报价218万美元，我方不同意，美方降至128万美元，我方仍不同意。美方诈怒，扬言再降10万美元，118万美元不成交就回国。我方谈判代表因为掌握了美商交易的历史情报，所以不为美方的威胁所动，坚持再降。第二天，美商果真回国，我方毫不吃惊。果然，几天后美方代表又回到中国继续谈判。我方代表亮出在国外获取的情报——美方在两年前以98万美元将同样设备卖给匈牙利客商。情报出示后，美方以物价上涨等理由狡辩了一番后将价格降至合理。

【案例分析】

从某种意义上讲，谈判中的价格竞争也是情报竞争，把握对手的精确情报就能在谈判中的价格竞争中取胜。

子任务二 “昂贵”的确切含义

在谈判桌上，如果对方在价格上挑毛病，提出价格太高了，应该想办法搞清楚这个太高的含义是什么。

(1) 总的经济状况不佳导致价格太高。对方目前的经济状况不好，或是欠缺支付能力，或是计划支付的资金有限，或是他正打定主意要同其他供货者谈一谈，这些都有可能是对方觉得“太高”的原因。如果经过观察，发现对方的经济状况确实不好，在相当一段时间内都无力购买，那么最好的办法是暂时放弃。

(2) 暂时的经济状况不佳导致价格太高。如果对方称目前没有足够的现款，可以主动建议对方使用其他支付方式，如果对方仍不接受，说明这一说法是一种托词。

(3) 手头没有足够的款项导致价格太高。这类情况多发生在中间商身上。资金没有周转到手，这种情况下无须降价，赊账就可以解决问题。

(4) 想付出的款项有限导致价格太高。这是在谈判中要求对方杀价的最常见的原因。如果对方不准备花太多钱来购买，说明己方没有激发起对方获得这一产品的强烈愿望。

(5) 对方对价格有自己的看法导致价格太高。说服对方接受我方的价格，利用大量事实解释来改变对方的看法。

(6) 同类产品及代用品导致价格太高。如果对方用同类产品及代用品的低廉价格与我方的产品价格相比较，则要设法让他们确切地知道我方产品的优点和能够给他们更多的利益，从而刺激他们享有的欲望。

(7) 竞争者的价格导致价格太高。如果对方以竞争者的价格作参照，提出价格不合理的话，我方应该解释价格不同的原因，指出对方在进行价格比较时忽略了某些方面。如果价格比竞争者高出很多，那么必须做出选择：向对方提供一些补偿，或调整价格，或坚持原价，能卖多少就卖多少，这就是谈判毫无结果也在所不惜。

(8) 从前的价格导致价格太高。现在的价格高于从前的价格，对方要求恢复原来的价格。这时谈判者应解释价格上涨的原因，并指出现在的价格已经很低了，或者可以看在老关系的面上，在其他方面提供一些好处。

(9) 习惯性压价导致价格太高。面对讨价还价的老手，最好的办法是对此置之不理，或将其视为玩笑，把话题集中在产品的优点或其他问题上。

(10) 出于试探价格的真假导致价格太高。如果对方在试探自己，那么价格在双方之间已基本上不是障碍了，只要以礼相待而不为之所动，对方自然不会再继续坚持。

子任务三　进行报价解释时必须遵循的原则

通常情况下，一方报价完毕之后，另一方会要求报价方对价格进行解释。那么在做价格解释时，必须遵循一定的原则：即不问不答，有问必答，避虚就实，能言不书。

不问不答是指买方不主动问及的问题不要回答。其实，买方未问到的一切问题，都不要进行解释或答复，以免造成言多必失的结果。

有问必答是指对对方提出的所有有关问题，都要一一做出回答，并且要很流畅、很痛快地予以回答。经验告诉人们，既然要回答问题，就不能吞吞吐吐，欲言又止，这样极易引起对方的怀疑，甚至会提醒对方注意，从而穷追不舍。

避虚就实是指对本方报价中比较实质的部分应多讲一些，对于比较虚的部分，或者说水分含量较大的部分，应该少讲一些，甚至不讲。

能言不书是指能用口头表达和解释的，就不要用文字来书写，因为当自己表达中有误时，口述和笔写的东西对自己的影响是截然不同的。有些国家的商人，只承认纸上的信息，而不重视口头信息，因此，要格外慎重。

任务二　报价的策略和技巧

商务谈判人员要想在全局上控制整个谈判，同时又能正确地处理好谈判过程中出现的诸多问题，就必须把握好谈判的各个阶段以及各个阶段应该采取的策略与技巧。

子任务一　报价必须遵循的原则

报价阶段就是谈判开局阶段结束后，谈判进入到实质性阶段的前期。所谓实质性阶段就是指开局阶段结束，到最终签订协议或败局为止，双方就交易的内容和条件所进行谈判的时间和经过。报价阶段即指双方各自提出自己的交易条件。谈判双方往往是经过各自互探对方的底细，在明确了交易的具体内容、范围以及讨论磋商的基本议题之后，提出各自的交易条件，表明自己的立场和利益需求。商务谈判中的报价是指有关整个交易的各项条件，并非仅指价格条款。

报价和磋商是谈判过程中两个核心的问题，因为，一方面报价和磋商的策略与技巧的应用在很大程度上决定了生意是否能够成交；另一方面，一旦生意成交，还将在很大程度上决定是赢利还是亏损。因此，掌握报价阶段的策略与技巧，是商务谈判人员必须做到的。

(1) 对于卖方来讲，开盘价必须是“最高的”，相应的，对买方来讲，开盘价必须是“最低的”，这是报价的首要原则。

首先，若我方为卖方，开盘价为我方的要价确定了一个最高限度。一般来讲，除特殊情况外，开盘价一经报出，就不能再提高或更改了，最终双方成交的价格肯定是在此开盘价格以下。若我方为买方，开盘价为我方的要价确定了一个最低限度。一般来讲，没有特殊情况，开盘价也是不能再降低的，最终双方成交的价格肯定在此开盘价格之上。

其次，从人们的观念上来看，“一分价钱一分货”是多数人信奉的观点。因此，开盘价较高，会影响对方对我方提供的商品或劳务的印象和评价。

再次，开盘价较高，能够为以后的讨价还价留下充分的回旋余地，使我方在谈判中更富有弹性，便于掌握成交时机。

最后，开盘价的高低往往对最终成交水平具有实质性的影响，即开盘价高，最终成交价的水平也就比较高；开盘价低，最终成交价的水平相应的也比较低。

(2) 开盘价必须合情合理。开盘价要报得高一些，但绝不是指要漫天要价、毫无道理、毫无控制，恰恰相反，高的同时必须合乎情理，必须能够讲得通。可以想象，如果报价过高，又讲不出道理，对方必然会认为我方缺少谈判的诚意，或者被逼无奈而中止谈判，扬长而去；或者以其人之道还治其人之身，相对地来个“漫天要价”；抑或一一提出质疑，而我方又无法解释，其结果只好是被迫无条件地让步。在这种情况下，有时即使我方已将交易条件降低到较公平合理的水平上，对方仍会认为我方尚有“水分”可挤，因而还是穷追不舍。可见，如果开盘价脱离现实，便会自找麻烦。

(3) 报价应该坚定、明确、完整，且不加任何解释和说明。开盘价的报出要坚定、果断，不保留任何语尾，并且毫不犹豫。这样做能够给对方留下我方是认真而诚实的好印象。要记住，任何欲言又止、吞吞吐吐的行为，必然会导致对方的不良感受，甚至会产生不信任感。

开盘报价要明确、清晰且完整，以便对方能够准确地了解我方的期望。实践证明，报价时含糊不清最容易使对方产生误解，从而扰乱本方所定步骤，对己方不利。

报价时不要对本方所报价格进行过多的解释、说明和辩解，因为对方不管我方报价的水分多少，都会提出质疑。如果在对方还没有提出问题之前，我方便主动加以说明，会提醒对方意识到我方最关心的问题，而这种问题有可能是对方尚未考虑过的问题。因此，有时过多地说明和解释，会使对方从中找出破绽或突破口，向我方猛烈地反击，有时甚至会使我方自己十分难堪，无法收场。

以上是就一般情况而言的报价原则和策略。必须指出的是，报价在遵循上述原则的同时，必须考虑当时的谈判环境和与对方的关系状况。如果对方为了自己的利益而向我方施加压力，则我方就必须以高价向对方施加压力，以保护本方的利益；如果双方关系比较友好，特别是有过较长的合作关系，那么报价就应当稳妥一点，出价过高会有损于双方的关系；如果我方有很多竞争对手，那就必须把要价压低到至少能受到邀请而继续谈判的程度，否则，会连继续谈判的机会都没有，更谈不上其他的什么了。因此，除了掌握一般性报价的原则和策略外，还需要灵活地加以运用，不可教条主义。

实训案例 7-2

一位工会职员为造酒厂的会员要求增加工资一事向厂方提出了一份书面要求，一周后，厂方约他谈判新的劳资合同。令他吃惊的是，一开始厂方就花很长时间详细地向他介绍销售及成本情况，反常的开头令他措手不及。为了争取时间考虑对策，他便拿起会议材料看了起来，最上面一份是他的书面要求。看之后他才明白，原来是在打字时出了差错，将要求增加工资12%打成了21%，难怪厂方小题大做了。他心里有了底，谈判下来，最后以增加工资15%达成协议，比自己的期望值高了3个百分点，看来，他原来的要求太低了。

【案例分析】

出价的高低有很多技巧和策略在背后起支持作用，从而影响着彼此的心理及认可的变化度。价格是谈判中不可回避的内容，而且是影响谈判成功或失败的重要内容。

子任务二　报价策略

报价是指报出价格或报出的价格(广义的报价，除价格这一核心外，也包括向对方提出的所有要求)。报价标志着价格谈判的正式开始，也标志着谈判者的利益要求的“亮相”。报价是价格谈判中一个十分关键的步骤，它不仅给谈判对手以利益信号，也能成为引发对方交易欲望的前奏，而且在实质上，对影响交易的盈余分割和实现谈判目标具有举足轻重的作用。

报价绝不是报价一方随心所欲的行为，报价应该以影响价格的各种因素、所涉及的各种价格关系、价格谈判的合理范围等为基础。同时，由于交易双方处于对立统一之中，报价一方在报价时，不仅要以己方可能获得的利益为出发点，更要考虑对方可能的反应和能否被对方接受。因此，报价的一般原则应当是：通过反复分析与权衡，力求把握己方可能获得的利益与被对方接受的概率之间的最佳结合点。可以说，如果对报价的分寸把握得当，就会把对方的期望值限制在一个特定的范围内，并有效控制交易双方的盈余分割，从而在之后的价格磋商中占据主动地位。反之，报价不当，就会助长对方的期望值，甚至使对方有机可乘，从而陷入被动境地。可见，报价策略的运用，直接影响着价格谈判的开局、走势和结果。

报价阶段的策略与技巧主要体现在谁先报价、怎样报价和怎样对待对方的报价这3个方面，下面就其进行具体地阐述。

1. 先报价的利与弊

商务谈判双方在结束了非实质性交谈之后，就要将话题转入到有关交易内容的正题上来，一经转入正题，双方即开始相互摸底。摸底的内容不外乎是了解对方对本次谈判的态度、兴趣、交易的大致内容和范围、谈判的议题等。摸底的目的就是为提出本方的交易条件即报价做准备。经过摸底之后，双方即开始报价，即应该由哪一方先报价，换句话说，我方到底是先报价还是后报价，这就要看先报价的利弊关系。

就一般情况而言，先报价有利也有弊。

先报价的有利之处在于：一方面，先报价对谈判的影响较大，它实际上等于为谈判划定了一个框架或基准线，最终协议将在这个范围内达成。例如，卖方报价某种计算机FOB1 000美元/台，经过双方磋商之后，最终成交价格一定不会超过1 000美元这个界限的。另一方面，先报价如果出乎对方的预料或设想，往往会打乱对方的原有部署，甚至动摇对方原来的期望值，使其失去信心。例如，卖方首先报价FOB某货物1 000美元/吨，而买方心里却只能承受400美元1吨，这与卖方报价相差甚远，即使经过进一步磋商也很难达成协议，因此，只好改变原来部署，要么提价，要么告吹。总之，先报价在整个谈判中都会持续地起作用，因此，先报价比后报价的影响要大得多。

先报价的弊端在于：一方面，对方听了我方的报价后，可以对他们自己原有的想法进行最后的调整。由于我方先报价，对方对我方的交易条件的起点有所了解，他们就可以修改原先准备的报价，获得本来得不到的好处。正如上边所举例子，卖方报价计算机FOB1 000美元/

台，而买方原来准备的报价可能为1 100美元一台。这种情况下，很显然，在卖方报价以后，买方马上就会修改其原来准备的报价条件，于是其报价肯定会低于1 000美元/台。那么对于买方来讲，后报价至少可以使他们获得100美元的好处。另一方面，先报价后，对方还会试图在磋商过程中迫使我方按照他们的路子谈下去。其最常用的做法是，采取一切手段，调动一切积极因素，集中力量攻击我方的报价，逼迫我方一步一步地降价，而并不透露他们自己究竟肯出多高的价格。

2. 利大于弊的先报价情况

先报价有利也有弊，那么什么时候、什么情况下先报价利大于弊呢？一般来讲，我方要通过分析双方谈判实力的对比情况来决定何时先报价。

如果本方的谈判实力强于对方，或者说与对方相比，在谈判中处于相对有利的地位，那么本方先报价就是有利的，尤其是当对方对本次交易的行情不太熟悉的情况下，先报价的利更大。因为这样可为谈判先划定一个基准线，同时，由于本方了解行情，还会适当掌握成交的条件，对本方无疑是利大于弊。

如果通过调查研究，估计到双方的谈判实力相当，谈判过程中竞争一定会十分激烈，那么，同样应该先报价，以便争取更大的影响。

如果本方谈判实力明显弱于对手，特别是缺乏谈判经验的情况下，应该让对方先报价。因为这样做可以通过对方的报价来观察对方，同时也可以扩大自己的思路和视野，然后再确定应对本方的报价做哪些相应的调整。

以上仅就一般情况而言，何时先报价利大于弊。有些国际及国内业务的谈判，谁先报价几乎已有惯例可循。例如，货物买卖的谈判，多半是由卖方首先报价，然后买方还价，经过几轮磋商后再宣告成交。相反，由买方先出价的情况几乎是不存在的。

在价格谈判中，报价策略主要涉及以下几个方面。

1) 报价起点策略

价格谈判的报价起点策略通常是：作为卖方，报价起点要高，即“开最高的价”；作为买方，报价起点要低，即“出最低的价”。商务谈判中这种“开价要高，出价要低”的报价起点策略，由于足以震惊对方，被国外谈判专家称之为“空城计”。对此，人们也形象地称之为“狮子大张口”。

显然，谈判双方报价起点的这种“一高一低”的策略是合乎常理的，而不可能是“一低一高”，因为那是背理的，也不可能是“一中一中”，因为那只可能是经过数轮讨价还价后的结果，不可能是开盘的局面。从对策论的角度看，谈判双方在提出各自的利益要求时，一般都含有策略性虚报的部分。这种做法，其实已成为商务谈判中的惯例。同时，从心理学的角度看，谈判者都有一种要求得到比他们预期得到的还要多的心理倾向。而且研究结果表明，若卖方开价较高，则双方往往能以较高的价格成交；若买方出价较低，则双方可能以较低的价格成交。

“开价要高，出价要低”的报价起点策略有以下作用。

(1) 这种报价策略可以有效地改变对方的盈余要求。当卖方的报价较高，并振振有词时，买方往往会重新估算卖方的保留价格，从而使价格谈判的合理范围发生有利于卖方的变化。同样，当买方的报价较低，并有理有据时，卖方往往也会重新估算买方的保留价格，从而使价格谈判的合理范围发生有利于买方的变化。

(2) 卖方的开价高，往往为买方提供了评价卖方商品的价值尺度。因为在一般情况下，价格总是能够基本上反映商品的价值。人们通常信奉："一分价钱一分货"，所以，高价总是与高档货相联系，低价自然与低档货相联系，这无疑有利于实现卖方更大的利益。

(3) 这种报价策略中包含的策略性虚报部分，能为下一步双方的价格磋商提供充分的回旋余地。因为，在讨价还价阶段，谈判双方经常会出现相持不下的局面。为了打破僵局，往往需要谈判双方或其中一方根据情况适当做出让步，以满足对方的某些要求和换取己方的利益。所以，开盘的"高开价"和"低出价"中的策略性虚报部分，就为讨价还价过程提供了充分的回旋余地并准备了必要的交易筹码，这可以有效地造成做出让步的假象。

(4) 这种报价策略对最终议定成交价格和双方最终获得的利益具有不可忽视的影响。这种"一高一低"的报价起点策略，倘若双方能够有理、有利、有节地坚持到底，那么，在谈判不致破裂的情况下，双方往往会达成满意的成交价格，从而使双方都能获得预期的物质利益。

当然，价格谈判中这种报价起点策略的运用，必须基于价格谈判的合理范围，必须审时度势，切不可漫天要价和胡乱杀价，否则，就会失去交易机会并导致谈判失败。

2) 报价时机策略

价格谈判中，报价时机也是一个策略性很强的问题。有时，卖方的报价比较合理，但并没有使买方产生交易的欲望，原因往往是此时买方正在关注商品的使用价值。所以，价格谈判中，应当首先让对方充分了解商品的使用价值和为对方带来的实际利益，待对方对此发生兴趣后再来谈价格问题。经验表明，提出报价的最佳时机，一般是对方询问价格时，因为这说明对方已对商品产生了交易的欲望，此时报价往往水到渠成。

有时，在谈判开始时对方就询问价格，这时最好的策略应当是听而不闻。因为此时对方对商品或项目尚缺乏真正的兴趣，过早报价会徒增谈判的阻力，这时应当首先谈该商品或项目能为交易者带来的好处和利益，待对方的交易欲望已被调动起来再报价为宜。当然，对方坚持即时报价，也不能故意拖延，否则，就会使对方感到不尊重甚至反感，此时应善于采取建设性的态度，把价格同对方可获得的好处和利益联系起来。

总之，报价时机策略往往体现着价格谈判中相对价格原理的运用，体现着促进积极价格的转化工作。

3) 报价表达策略

报价无论采取口头方式还是书面方式，表达都必须十分肯定、干脆，似乎不能再做任何变动和没有任何可以商量的余地。而大概、大约、估计一类含糊的词在报价时的使用，都是不适宜的，因为这会使对方感到报价不实。另外，如果买方以第三方的出价低为由胁迫时，卖方应明确地告诉他："一分价钱一分货"，并对第三方的低价毫不介意。只有在对方表现出真实的交易意图时，为表明以诚相待，才可在价格上开始让步。

4) 报价差别策略

同一商品，因客户性质、购买数量、需求急缓、交易时间、交货地点、支付方式等方面的不同，会形成不同的购销价格。这种价格差别，体现了商品交易中的市场需求导向，在报价策略中应重视运用。例如，对老客户或大批量需求的客户，为巩固良好的客户关系或建立起稳定的交易联系，可适当实行价格折扣；对新客户，有时为开拓新市场，亦可给予适当让价；对某些需求弹性较小的商品，可适当实行高价策略；对方"等米下锅"，价格则不宜下降；旺季较淡季或应时较背时，价格自然较高；交货地点远程较近程或区位优越者，应有适当加价；支付方式是一次付款较分期付款或延期付款，价格须给予优惠；等等。

5) 报价对比策略

价格谈判中，使用报价对比策略往往可以增强报价的可信度和说服力，一般有很好的效果。报价对比可以从多方面进行，例如，将本商品的价格与另一可比商品的价格进行对比，以突出相同使用价值的不同价格；将本商品及其附加各种利益后的价格与可比商品不附加各种利益的价格进行对比，以突出不同使用价值的不同价格；将本商品的价格与竞争者同一商品的价格进行对比，以突出相同商品的不同价格；等等。

6) 报价分割策略

这种报价策略主要是为了迎合买方的求廉心理，将商品的计量单位细化，然后按照最小的计量单位报价。采用这种报价策略，能使买方在心理上对商品价格产生便宜感，容易为买方所接受。

子任务三　西欧式报价术与日本式报价术

在国际商务谈判活动中，有两种比较典型的报价战术，即西欧式报价术和日本式报价术。

西欧式报价战术与前边所讲到的有关报价原则是一致的。其一般的模式是：首先提出留有较大余地的价格，然后根据买卖双方的实力对比和该笔交易的外部竞争状况，通过给予各种优惠的方式，如数量折扣、价格折扣、佣金和支付条件上的优惠(如延长支付期限、提供优惠信贷等)来逐步软化或接近买方的市场和条件，最终达成谈判的目的。实践证明，这种报价方法只要能够稳住买方，就往往会有一个不错的结果。

日本式报价战术一般的做法是：将最低价格列在价格表上，以求首先引起买主的兴趣，由于这种低价格一般是以对卖方最有利的结算条件为前提的，而且在这种低价格交易条件下，各个方面都很难全部满足买方的需求，如果买主要求改变有关条件，卖主就会相应的提高价格。因此，买卖双方最后成交的价格，往往高于价格表中的价格。

在面临众多外部对手时，日本式报价术是一种比较艺术和策略的报价方式。因为一方面可以排斥竞争对手而将买方吸引过来，取得与其他卖主竞争中的优势和胜利；另一方面，当其他卖主败下阵来纷纷走掉时，这时买主原有的买方市场的优势就不复存在了，原来是一个买主对多个卖主，谈判中优势显然在买主手中，而当其他卖主不存在的情况下，变成了一个买主对一个卖主的情况，双方谁也不占优势，从而可以坐下来细细地谈，而买主这时要想达到一定的需求，只好任卖主一点一点地把价格抬高。

聪明的谈判人员是不愿陷入日本式报价的圈套的。避免陷入日本式报价的最好做法就是，把对方的报价内容与其他客商的报价内容一一进行比较，看看它们所包含的内容是否一样，从而判断其报价与其他客商的报价是否具有可比性。不可只看表现形式，不顾内容实质而误入圈套。如果在对比中发现内容不一致，即从中判断其内容与价格的关系，不可盲目行事。需要指出的是，如果报价内容不具备直接的可比性，那就要进行相应的调整，使之具有可比性，然后再进行比较和决策。切忌只注意最后的价格，在对其报价所包含的内容没有进行认真的分析、比较的情况下，不要匆忙决策，否则，会造成不应有的被动和损失。另外，即使某个客商的报价的确比其他厂商优惠，富有竞争力，也不要完全放弃与其他客商的接触与联系，要知道这样做实际上就是要给对方一个持续的竞争压力，迫使其继续做出让步。

上述两种报价战术中，虽说日本式报价较西欧式报价更具有竞争力，但它不适合买方的心理，因为一般人总是习惯于价格由高到低，逐步降低，而不是不断地提高。因此，对于那些谈判高手，会一眼识破日本式报价者的计谋，而不至于陷入其制造的圈套中。

子任务四 对待对方报价的策略

在对方报价过程中，要认真倾听并尽量完整、准确、清楚地把握对方的报价内容。在对方报价结束之后，对某些不清楚的地方可以要求对方予以解答。同时，应尽可能地将己方对对方报价的理解进行一下归纳和总结，并力争加以复述，以便对方确认自己的理解是正确无误之后，方可进行下一步谈判。

在对方报价完毕之后，比较策略的做法就是：不急于还价，而是要求对方对其价格的构成、报价依据、计算的基础以及方式方法等做出详细的解释，即所谓的价格解释。通过对方的价格解释，可以了解对方报价的实质、态势、意图及其诚意，以便从中寻找破绽，从而动摇对方报价的基础，为我方争取重要的便利。

在进行完价格解释之后，针对对方的报价，有两种行动选择：一是要求对方降低其要价，这是一种比较有利的选择，因为这实质上是对对方报价的一种反击，如果反击成功，即可争取到对方的让步，而本方既没有暴露自己的报价内容，也没有做出任何相应的让步。二是提出自己的报价，这种做法不十分讲究，除非特殊情况，否则，采用此法对己方不利。

任务三 讨价还价

子任务一 讨价

讨价是指谈判中的一方首先报价之后，另一方认为离自己的期望目标太远，而要求报价方改善报价的行为。这种讨价要求既是实质性的也是策略性的，其策略性作用是误导对方对己方的判断，改变对方的期望值，并为己方的还价做准备。讨价策略的运用包括讨价方式的选择和讨价之后对谈判对手的分析。

讨价一般分为三个阶段，不同的阶段应采用不同的讨价方式。

第一阶段，由于讨价刚开始，对卖方价格的具体情况尚不了解，因而，讨价的策略是全面讨价，即要求对方从总体上改善报价。

第二阶段，讨价进入具体内容，这时的讨价策略是针对性讨价，即在对方报价的基础上，找出明显不合理、虚头、含水分大的项目，针对这些明显不合理的部分要求把水分挤出去以改善报价。

第三阶段，是讨价的最后阶段，讨价方在做出讨价表示并得到对方反应之后，必须对此进行策略性的分析。

若首次讨价就能得到对方改善报价的反应，这就说明对方报价中的策略性虚报部分可能较大，价格中所含的虚头、水分较多。或者也可能表明对方急于促成交易的心理。但一般来说，报价者开始都会固守自己的价格立场，不会轻易还价。另外，即使报价方做出改善报价的反应，还要分析其让步是否具有实质性的内容。对于买方，要讨价几次合适，没有永远不变的确定答案，这要根据价格分析情况、卖方的价格解释和价格的改善状况而定，只要对方没有大幅度的明显让步，就意味着还有降价的可能，为了实现对方的利润目标，不暴露其底价，对方可能在做了一两次价格改善之后，就会打住，会说：“这是我最后的价格了，不能再降价了，已无利润可言了，已与进货价差不多了，仅仅挣一个跑腿钱而已。”“你说，到底多少钱要？”卖方的语气和蔼，态度诚恳，时而态度低下，时而态度强硬，表情诚实、和蔼，请求买方接受他的第二次、第三次改善价格，或者要求买方还价。商场如战场，此时，只要没有实质性的改善，讨价方就应继续抓住报价中的实质性内容或关键的谬误不放，不要被卖方的“表演”所感动。同时，应依据对方的权限、成交的决心继续实施讨价策略。

讨价要对事不对人，对人和蔼，对事坚决。要注意采用循循善诱的办法启发对方，诱使对方降价，并为还价做好准备。如果在讨价还价的阶段就采取硬挤硬压的手段，会使谈判过早地进入僵局，不利于谈判的顺利进行，应尽可能使谈判保持和气生财的气氛，以求取得最好的效果。

卖方有时会以“生产厂家把价签给写错了”、“价格正在调整”、“与生产商商量商量，看看能不能降价”等为借口来调整价格，作为买方，应给卖方一个台阶下，鼓励其继续降价。

子任务二　还价

为了使谈判能够进行下去，卖方在做了数次调价以后，往往会要求买方还价，买方也应还价以表示对对方的尊重和自己的诚意，同时也给谈判确定了方向。还价一定要谨慎，还得好，则可谈性强，对双方都有利；还得不好，不仅自己的利益要受到损失，而且还可能引起对方的误解或反感，使谈判陷入僵局，甚至破裂。

一般情况下，谈判的一方报价以后，另一方不会无条件地全部接受所报价格，而是相应的做出这样或那样的反应。谈判中的还价，实际上就是针对谈判对手的首次报价所做出的反应性报价。还价以讨价为基础，在一方首先报价以后，另一方一般不会全盘接受，而是根据对方的报价，在经过一次或几次讨价之后，估计其保留价格和策略性虚报部分，推测对方可妥协的范围，然后根据己方的既定策略，提出自己可接受的价格，反馈给对方。如果说报价划定了讨价还价范围的一个边界的话，那么，还价将划定与其对立的另一条边界；双方将在这两条边界所规定的界区内展开激烈的讨价还价。

1. 还价前的筹划

由于报价具有试探性质，即报出一个价格要看一看对方的反应怎么样，然后再调整自己的讨价还价策略，因此，还价时，还价者一定要小心，既不能让对方套出自己的真实想法，又要给对方一定的信息，同时还要表明自己在这一商务谈判中的智慧和能力。

在多数情况下当一方报价以后，另一方不要马上回答，而应根据对方的报价内容，再对自己先前的想法加以调整，准备好一套方案后，再进行还价，以实现“后发制人”。

还价策略的精髓就在于“后发制人”，要想发挥“后发制人”的威力，就必须在还价前针对对方的报价做出周密的筹划。

(1) 应根据对方对己方讨价所做出的反应、自己所掌握的市场行情及商品比价资料，对报价内容进行全面的分析，推算出对方所报价格中水分的大小，并尽力揣摩对方的真实意图，从中找出对方报价虚头最大、我方反驳论据最充分的部分作为突破口，同时找出报价中相对薄弱的环节作为己方还价的筹码。

(2) 根据所掌握的信息对整个交易做出通盘考虑，估量对方对己方的期望值和保留价格，制定出己方还价方案中的最高目标、中间目标、最低目标。把所有的问题都列出来，分清主次、先后和轻重缓急，设计出相应的对策，以保证在还价时自己的设想、目标可以得以贯彻执行。

(3) 根据己方的目标设计出几种不同的备选方案，确定方案中哪些条款不能让步，哪些条款可以灵活掌握，灵活的幅度有多大，这样才便于保持己方在谈判立场上的灵活性，使谈判的斗争与合作充满各种可能性，使谈判协议更易于达成。

2. 还价方式

(1) 根据价格评论划分。根据价格评论的不同，谈判还价的方式可以分为按分析比价还价和按分析成本还价两种。

按分析比价还价是指己方不了解所谈产品本身的价值，而以其相近的同类产品的价格或竞争者产品的价格作参考进行还价。这种还价的关键是所选择的用作对比的产品是否具有可比性，只有比价合理，才能使对方信服。

按分析成本还价是指己方能计算出所谈产品的成本，然后以此为基础，再加上一定百分比的利润作为依据进行还价。这种还价的关键是所计算成本的准确性，成本计算得越准确，谈判还价的说服力就越强。

(2) 根据每次还价项目的多少划分。按谈判中每次还价项目的多少，谈判还价方式可分为单项还价、分组还价和总体还价 3 种。

单项还价是指对主要设备或商品逐项、逐个地进行还价，对技术费、培训费、技术咨询费、工程设计费、包装费、运输费逐项还价。例如，对成套设备，按主机、辅机、备件等项目还价。

分组还价是指把谈判对象划分成若干项目，并按每个项目报价中所含水分的多少分成几个档次，然后逐一还价。对价格高的项目，在还价时可以多压一点，对价格低的项目，还价时可以少压一点，对不同档次的商品或项目应采用区别对待、分类处理的办法。

总体还价又叫一揽子还价，是指不分报价中各部分所含水分的差异，均按同一个百分比还价。

怎样选取应用以上的还价方式，应本着哪种方式更有道理，更具说服力，就采用哪种方式的原则，因为还价讲理反映“识货”、“识礼”、“识人”，强调“讲理”，并不排斥技巧性，况且能做到“讲出道理来”本身就有技巧。

具体地讲，两种性质还价的选取决定于手中掌握的比价材料。如果比价材料丰富且完备，自然应选按比价还价，这对于买方来讲简便、容易操作，对卖方来讲容易接受；反之，就用分析成本还价。在确定了还价的性质之后，再来结合具体情况选用具体的技巧。

如果卖方价格解释清楚，买方手中比价材料丰富，卖方成交心切，且有耐心及时间时，采用逐项还价对买方有利，对卖方也充分体现了“理”字，卖方也不会拒绝，他们可以逐项防守。

如果卖方价格解释不足，买方掌握的价格材料少，但卖方有成交的信心，而又性急，时间也紧时，采用分组还价的方式对双方都有利。

如果卖方报价粗，而且态度强硬，或双方相持时间较长，但都有成交愿望，在卖方已做一两次调价后，买方也可采用以“货物”和“软件或技术费”两大块还价。不过，还价应还得巧，“巧”就是既考虑了对方改善过报价的态度，又抓住了他们理亏的地方；既考虑到买方自己的支付能力，又注意掌握卖方的情绪，留有合理的妥协余地，做到在保护买方利益的同时，使卖方还感到有获利的希望，而不丧失成交的信心。

如果不是单项采购，所有大系统、成套项目的交易谈判中，第一次还价不宜以“总体价”来还价，当然，也不是绝对不可能，只是这样做难度大，不易做好，不易说理，容易伤感情。

有时双方旁观的技术人员也受不了这种还价方法。而左一项、右二项、一点一点地还，对方慢慢地疼，也许就能忍受住，而且还保全了对方的面子和自尊心，等到最后回头看时，虽有疼处，但合同总算到手了。此外，对价格差距较大的商务谈判，卖方往往急于知道买方总的价格态度，以决定其最终立场，这时如果买方过早地抛出总价，也许会在重还之下把卖方吓跑，使谈判夭折。卖方没有拿到总还价，就意味着谈判未结束。在这种情况下，卖方不会轻率地走掉，否则，就没有完成使命，回去也不好交代，所以有经验的卖方一般不会做这种“失礼又失策”的事情。当然，在经过几个回合的讨价还价和评论、解释、讨价还价的几个周期的相持以后，就可以适时还总价了。

3. 还价起点的确定

一旦买方选定了还价的性质和方式以后，还价最关键的问题就是确定还价起点，即以什么条件作为第一次还价。还价的起点是买方第一次公开报出的打算成交的条件，其高低直接关系到自己的利益，也反映出谈判者的谈判水平。

这第一锤敲得好坏，对双方以后都有很大影响。如果能敲出双方讨价还价的兴趣和热情，说明第一次还价得当，成交前景就会好；如果能使卖方跟着买方的还价走，则更是高明，因为它有利于按照买方所希望的价格成交；如果敲不好，则不是惹恼卖方，破坏谈判气氛，就是使自己陷于被动。所以，确定还价起点时，必须十分慎重。

还价的目的不是仅仅为了提供与对方报价的差异，而应着眼于如何使对方承认这些差异，并愿意向双方互利性的协议靠拢。所以，还价起点的总体要求是：既能够保持价格磋商过程得以进行，同时还价起点要低，力求使自己的还价给对方造成压力，影响或改变对方的判断。此外，还价起点又不能太低，还价起点的高度必须接近对方的目标，使对方有接受的可能性。由于先前的报价实际为谈判定了一定的范围和框框，并使对方形成对该价格的深刻印象，使还价一方很难对此范围和框框有大的突破。例如，一方先报出 6 万元，对方很少有勇气还价到 600 元。

从原则上讲，还价起点的确定既要低，但又不能太低，要接近谈判的成交目标。从量上讲，谈判起点的确定有 3 个参照因数，即报价中的含水量、与自己目标价格的差距和准备还价的次数。同时还应考虑、分析卖方在买方价格评价和讨论后，其价格改善了多少。

子任务三　让步

让步既需要把握时机又需要掌握一些基本的技巧，也许一个小小的让步会牵涉到整个战略布局，草率让步和寸土不让都不可取。

(1) 不做均等的让步(心理暗示买主让步可能无休无止)。

砍价是买家的本能，即使是可以接受的价格，他们也会表示不满，还会要求你让步，哪怕是1%的折让。在买方提出降价的要求时，可以用其他让步方式来代替，比如一定范围内的退换货支持、加大宣传力度、提供人力支援等，尽量避免因价格的下降给企业带来不必要的损失。从买方角度思考，只要在交易中切实获得了更多，那么无论何等方式都是可以接受的。

实训案例 7-3

在一次交易中，你在价格上做出了让步，你期望对方缩短结账期限，而对方的让步却是自行提货。

【案例分析】

当你在某方面做出让步时，要明确的要求对方给予你所期望的回报，或者在你让步的条款前加上“如果”二字，假如对方不能向你提供有价值的回报，那么你的让步也不能成立。

(2) 不要做最后一个大的让步(买主认为：你没有诚意)。

谈判中不要做无谓的让步，让步的节奏也不宜太快。让价的过程中很多销售员都会存在这样的困惑，例如：某公司有一准备下订单的客户，基本上什么条件都谈好了，包装、付款方式、配件等，现在只差一个价格没谈妥，客户不还价，只说这个价格在他们的市场不能做，反要该公司主动让价，其实，让价确实是有很大空间的，当时该公司的销售人员就很困惑：

让多少呢?太多了，让人觉得你根本就是暴利，太少了，可能一下子掉了单。顾虑很多，慎重起见，这个销售员先了解了市场行情，最后决定一点点地让，这样利润空间也大很多，客户也感觉到一再压价就有些说不过去了。

(3) 不要因为买主要求你给出最后的实价你就一下子让到谈判底限。

实训案例 7-4

李小姐看上了一辆新款汽车，她问销售员："能优惠多少?""送价值6000元的真皮。"销售人员回答道。李小姐吃惊道："网上不是说优惠1万吗?"销售人员耐心地解释："网上有些信息是不可信的!"李小姐继续追问："那我不要真皮要现金可以吗?""这个……比较困难。"销售人员摇摇头。其实，该销售员已经看出来，这位近日经常跑来店里看车的小姐购车心切，加上又是年底了，公司员工都在冲量，几个回合的讨价还价，该销售员做痛苦状，很勉强的样子，给了李小姐最低的让价，"李小姐，这已经是全市最低价了。你要是还觉得不合适，我就无能为力了!"没想到李小姐不甘心，继续往下压价……经过一番砍价，销售员又在原来的基础上让了价，说："如果你还是不满意，等我们有了符合你价位的车再通知你吧!"李小姐犹豫了一会，最终还是决定把车买了下来。

【案例分析】

谈判时切记不要因为买主要求你给出最后的实价你就一下子让到谈判底限，如谈判者所说的"是不是还没有到你们的价格底线啊"等。

(4) 正确的让步方法：逐渐缩小让步幅度，暗示你已经竭尽全力。

实训案例 7-5

某公司产品销往美国，当该公司把自己的报价函达美国公司后，收到了美方的一封回函，大致内容是认为该公司对产品报价太高，美方无利可图，并提及美国同类产品报价较其低近百分之十。

当即，该公司销售部门负责人某某拟函发给美国公司。

某先生：

来函收到，不胜感激。得知贵公司认为我公司产品价格过高，无利可图，我公司极感遗憾。来函又提及美国同类货品报价较其低近百分之十。

我公司认同来函的说法，然而，其他厂商的产品质量绝对不能与我公司的相提并论。

虽然极望与贵公司交易，但该价格较我公司报价相差极大，故未能接受贵公司订单。

特此调整报价，降价百分之二，祈盼贵公司满意。

谨候佳音。

销售部主任

某某谨上

某年某月某日

虚设上级领导

销售员对销售经理说："请给我更大的价格权限，我绝对可以做笔好生意。"

买主面带微笑对你说："我猜你就是有权最终决定这个价格的人，不是吗？"你还洋洋得意。

【案例分析】

把自己当作决策者的销售人员等于把自己置于不利地位。聪明的谈判者不让步又给自己留余地，将苛刻的要求推给虚设领导以获取回旋余地。

(1) 不要让买家知道你要让领导做最后决定(谁会浪费时间跟你谈)。

(2) 你的领导应该是一个模糊的实体，而不是一个具体的个人。(避免买家跳过你找你的领导)

任务四　价格谈判的策略和技巧

子任务一　临界价格的探测

在价格谈判中，想要分割到更多的利益，就要发现对方的可接受的临界点价格。如何发现对方的临界点，需要运用一些策略来探测对方的临界价格，也就是找出买主所能够付出的最高的价格或卖主愿意出售的最低价格的方法。

发现卖方价格临界点的方法有以下几种。

(1)“假如”的策略。假装要购买额外的东西以试探价格是否可以从1元降至0.92元。

(2)“请你考虑”的策略。用“请你考虑”的策略看看买主的反应，卖主就可以了解买主心中的价钱或者其预算的金额。

(3)“我想我能替你找来的”策略。卖主先提供某些没有的东西，探询买主愿意付出的价格，然后再代以另外的东西来求得更高的价格。

(4)“我全部买下”或者“大批订单”的策略。12元/米的布，买主就提议以5元/米的价格买下全部的布，从而找出卖主的成本底价。

(5)“交易告吹”的策略。买主愿付出的价格通常很低，卖主对此表现出惊奇，做出显然无法做成交易的表示，然后要求买主诚恳地告诉他最高的出价是多少，将其作为未来交易的参考。

(6)“诱使撤防”的策略。对产品有深厚的兴趣，但资金有限买不起，以此洞察卖主的最低价。

(7)“设托”的策略。让另一个人出低价来试探卖主的反应，然后再由真正的买主和卖主议价。

(8)“比较”的策略。把已成交的买卖告诉对方，用以试探对方的反应。

(9)“错误”的策略。先出引起兴趣的价格，然后假装发现到一个错误，再撤回原先的出价。

(10)“较佳产品”策略。先谈高质高价产品，逐次降等。

(11)“较差产品”策略。买主找出卖主所愿意接受的价格，然后再设法以较低的价格购买品质较好的产品。

(12)“升高”策略。卖主先和买主说好交易内容，在反复考虑后，再将价钱提高。

(13)“仲裁”的策略。商谈全速进行，使对方做出最大的让步，即使破裂也无妨，然后请第三者来仲裁。

(14)“接受这个价格，否则就算了”的策略。以此试探对方的反应。

(15)“我这样做，你那样做”的策略。以让步交换让步，响应后继续尝试。

(16)“合起来多少钱”的策略。先问合计价，再问单价，然后互相摊牌，这样双方就能谈到底价。

子任务二　价格谈判的策略和技巧

1. 投石问路策略

要想在谈判中掌握主动权，就要尽可能地了解对方的情况，尽可能地了解和掌握当我方采取某一步骤时，对方的反应、意图或打算。投石问路就是了解对方情况的一种战略战术，与假设条件策略相比，运用此策略的一方主要是在价格条款中试探对方的虚实，例如，一方想要试探对方在价格上有无回旋的余地，就可提议："如果我方增加购买数量，你们可否考虑优惠一下价格呢？"或者再具体一些，"购买数量为 1 000 个时，单价是 10 元；如果购买数量为 2 000、5 000 或 10 000，单价又是多少呢？"这样，买方就可以根据卖主的开价进行选择比较，讨价还价。

一般来说，任何一块"石头"都能使买方更进一步了解卖方的商业习惯和动机，而且使对方难以拒绝。

选择投石问路策略时，提问的形式主要有以下几种。

(1) 如果我们和你签订了为期一年的合同，你方的价格优惠是多少？

(2) 如果我们以现金支付或采取分期付款的形式，你方的产品价格有什么差别？

(3) 如果我们给你方提供生产产品所需的原材料，成品价又是多少呢？

(4) 我方有意购买你们其他系列的产品，能否在价格上再优惠些呢？

(5) 如果货物运输由我们解决，你方的价格是多少呢？

(6) 如果我们要求你们培训技术人员，你们可否按现价出售这套设备？

(7) 如果我方要求对原产品有所改动，价格上是否有变化？

(8) 假设我们买下你们的全部存货，报价又是多少？

反过来，如果对方使用投石问路策略，我方应采取以下措施。

(1) 找出买方购买的真正意图，根据对方情况估计其购买规模。

(2) 如果买方投出一个"石头"，最好立刻向对方回敬一个。如果对方探询数量与价格之间的优惠比例，我方可立刻要求对方订货。

(3) 并不是对对方提出所有问题都要正面回答、马上回答，有些问题拖后回答，效果也许更好。

(4) 使对方投出的"石头"为己方探路。例如，对方询问订货数额为 2 000、5 000、10 000 时的优惠价格，多方可以反问："你希望优惠多少？""你是根据什么算出的优惠比例呢？"

(5) 有时，买方的投石问路反倒为卖方创造了极好的机会，针对买方想要知道更多资料信息的心理，卖方可以提出许多建议，促使双方达成更好的交易。

2. 抬价压价策略

这种策略技巧是商务谈判中应用最为普遍、效果最为显著的方法。常见的做法是：谈判中没有一方一开价，另一方就马上同意，双方拍板成交的；都要经过多次的抬价、压价，才互相妥协，确定一个一致的价格标准。所以，谈判高手也是抬价、压价的高手。

由于谈判时抬价一方不清楚对方要求多少，在什么情况下妥协，所以这一策略运用的关键就是确定抬到多高才是对方能够接受的。一般来说，抬价是建立在科学的计算和精确的观察、判断、分析基础上的；当然，忍耐力、经验、能力和信心也十分重要。事实证明，抬高价往往会有令人意想不到的收获。许多人常常在双方已商定好的价格基础上，又反悔变卦，抬高价格，而且往往能如愿以偿。

抬价作用还在于：卖方能较好地遏制买方的进一步要求，从而更好地维护己方利益。美国谈判专家麦科马克列举他参加谈判的一次亲身经历，很好地说明了这一问题。有一次，他代表公司与对方交涉一项购买协议，对方开始的开价是 50 万元，他和公司的成本分析人员都深信，只要用 44 万元就可以完成这笔交易。一个月后，他开始和对方谈判，但对方却又声明原先的报价有误，现在开价 60 万元。这反倒使麦科马克先生怀疑自己原先的估计是否正确。

直到最后，当他以50万元的价格与对方成交时，竟然感到非常满意。这是因为，他认为是以低于对手10万元的价格达成了交易，而对方则成功地遏制了他的进一步要求。

在讨价还价中，双方都不能确定对方能走多远，能得到什么。因此，时间越久，局势就会越有利于有信心、有耐力的一方。

压价可以说是对抬价的破解，如果是买方先报价，可以低于预期目标进行报价，留出讨价还价的余地。如果是卖方先报价，买方压价，则可以采取以下方式。

(1) 揭穿对方的把戏，直接指出实质。例如，算出对方产品的成本费用，挤出对方报价的水分。

(2) 制定一个不能超过预算的金额或一个价格的上、下限，然后围绕这些标准进行讨价还价。

(3) 用反抬价来回击。如果在价格上迁就对方，必须在其他方面获得补偿。

(4) 召开小组会议，集思广益，思考对策。

(5) 在合同没有签订好以前，要求对方做出某种保证，以防反悔。

(6) 使对方在合同上签署的人越多越好，这样，对方就难以改口了。

3. 目标分解策略

讨价还价是最为复杂的谈判战术之一，是否善于讨价还价，反映了一个谈判者综合的能力与素质。不要把讨价还价局限在要求对方降价或我方降价的问题上，例如，一些技术交易项目或大型谈判项目涉及许多方面，技术构成也比较复杂，包括专利权、专有技术、人员培训、技术资料、图纸交换等方面。因此，对方在报价时，价格水分较大，如果我方笼统地在价格上要求对方作机械性的让步，既盲目，效果又不理想。比较好的做法是：把对方报价的目标分解，从中寻找出哪些技术是我方需要的，价格应是多少，哪些是我方不需要的，哪一部分价格水分较大，这样，讨价还价就有利得多。

实训案例 7-6

我国一家公司与德国仪表行业的一家公司进行一项技术引进谈判。对方向我方转让时间继电器的生产技术，价格是40万美元，德方依靠技术实力与名牌产品，在转让价格上坚持不让步，双方僵持下来，谈判难以进展，最后，我方采取目标分解策略，要求德商就转让技术分项报价，结果，通过对德商分项报价的研究，我方发现德商提供的技术转让明细表上的一种时间继电器元件——石英振子技术，我国国内厂家已经引进并消化吸收，完全可以不再引进。以此为突破口，我方与德方洽商，逐项讨论技术价格，将转让费由40万美元降至25万美元，取得了较为理想的谈判结果。

运用这一策略的另一种方式就是将目标分解后，进行对比分析，非常有说服力。

实训案例 7-7

一家药品公司向兽医们出售一种昂贵的兽药，价格比竞争产品贵很多，所以，销售人员在向兽医们推销时，重点强调每头牛只需花3美分，这样，价格就微不足道了；但如果他们介绍每一包要花30美元，显然就是一笔大款项了。

4. 价格诱惑策略

价格在谈判中十分重要，这是因为，许多谈判就是价格谈判，即使不是价格谈判，双方也要商定价格条款，价格最直接地反映了谈判者双方的切身利益，显然，围绕价格的战术策略，常常具有冒险性和诱惑性。

价格诱惑就是卖方利用买方担心市场价格上涨的心理，诱使对方迅速签订购买协议的策略。

实训案例 7-8

在购买设备谈判中，卖方提出年底之前，价格根据市场行情大约上涨 5%。如果对方打算购买这批设备，在年底前签协议，就可以以目前的价格享受优惠，合同执行可按年底算。如果此时市场价格确实浮动较大，那么这一建议就很有吸引力，买方就有可能趁价格未变之际，匆忙与对方签约。这种做法看起来似乎是照顾了买方的利益，实际上并非如此，买方甚至会因此吃大亏。其主要原因有 3 点：①在上述情况下，买方在签署合同时，往往没有对包括价格在内的各项合同条款从头到尾地进行仔细认真的谈判，实际上只是在卖方事先准备好的标准式样合同上签字，很少能做大的修改、补充，这样，买方应争取的各项优惠条件和让步，就很难写入这种改动余地很小的合同中；②由于合同签订得仓促，很多重要问题都被忽视。卖方也常常会由于事先已“照顾了买方的利益”而在谈判中坚持立场，寸利不让，买方也会为了达成协议，过于迁就对方；③谈判人员签订这种价格保值合同时，为抓住时机，常常顾不上请示其上级或公司董事会的同意而“果断”拍板，由于合同的实际执行要等到很久以后，因此，它所包括的一切潜在问题不会立即暴露出来。但一旦出现，其后果已无可挽回了。

【案例分析】

价格诱惑的实质就是利用买方担心市场价格上涨的心理，把谈判对手的注意力吸引到价格问题上来，使其忽略对其他重要合同条款的讨价还价，进而在这些方面争得让步与优惠。对于买方来讲，尽管避免了可能由涨价带来的损失，但可能会在其他方面付出更大的代价，牺牲了更重要的实际利益。

因此，买方一定要慎重对待价格诱惑，必须坚持做到以下几点：首先，计划和具体步骤一经研究确定，就要不动摇地去执行，排除外界的各种干扰，所有列出的谈判要点，都要与对方认真磋商，决不能随意迁就；其次，买方要根据实际需要确定订货单，不要被卖方在价格上的诱惑所迷惑，买下一些并不需要的辅助产品和配件，切忌在时间上受对方期限的约束而匆忙做出决定；再次，买方要反复协商，推敲各种项目合同条款，充分考虑各种利弊关系，签订合同之前，还要再一次确认，为确保决策正确，请示上级、召集谈判小组会议都是十分必要的。

5. 声东击西策略

在谈判之前，先列出一长串的要求给对方，如：价格、付款条件、订单最低量、到货时间、包装等，而且仿佛你非常在意这些问题与要求，坚持你要坚持的条件，仅对无关紧要的条件做让步，使对方增加满足感。

实训案例 7-9

中国历史上“烛之武退秦师”的谈判谋略

战国时，郑国弱小，秦晋两大国联军围郑。

烛之武见了秦穆公说：“我虽为郑国大夫，却是为秦国利益而来。”秦穆公听后冷笑，不予相信。接着，烛之武剖析：“秦晋联合围郑，郑国已知必亡，然郑在晋东，秦在晋西，相距千里，中间隔着晋国，如果郑亡，秦能隔晋管辖郑地吗？郑只会落于晋人之手。秦晋毗邻，国力相当，一旦郑被晋所吞，晋国的力量便超过秦国。晋强则秦弱，为替别国兼并土地而削弱自己，恐非智者所为。如今，晋国增兵略地，称霸诸侯，何尝把秦国放在眼里，一旦郑亡，便会向西犯秦。”秦穆公听后连连点头称是，请烛之武坐下交谈。烛之武继续剖析：“如果蒙贵王恩惠，郑得以继续存在，以后若秦在东面有事，郑国将作为‘东道主’负责招待过路的秦国使者和军队，并提供行李给养。”秦穆公听后非常高兴，遂和烛之武签订盟约。

【案例分析】

烛之武之所以能瓦解了秦晋联军，是因为他了解秦、晋两国势均力敌，互有威胁，且互有猜忌的局势。在谈判中，烛之武假言郑已知自己要灭亡了，因而将要灭亡的国家对什么都已无所谓，使秦穆公造成错觉，以为烛之武真是“为秦国的利益而来”。然后逐层剖析、陈述秦晋联军对秦的利益影响，表面上处处为秦国着想，隐藏了实则为郑国解燃眉之急。示假隐真的谈判策略重点在假象要逼真，自己的真正目的要隐得深而巧妙，不被觉察，否则会弄巧成拙。

6. 反悔策略

懂得反悔之道，是一个人通权达变、实现自我价值的必要开端。如果反悔对人对己都没什么坏处，而对于成功合作，玉成好事有促进之益，为何要执迷于愚忠之谬呢？在销售中更是如此，反悔成了一种赌博，只有当买主对你软磨硬泡的时候使用。

你给客户的最终报价已是你的底线了，可买主还在对你软磨硬泡要求再降 2 个点。第二天你的上司带着你来到买主的办公室，对买主讲：“非常对不起，我们的销售员没有经验，先前的报价算错了，由于运输费用没有记入，正常的报价应当还要提高 3 个点。”买主暴跳如雷，大骂你们不讲信誉，不过最终生意还是成了，以先前的最终报价成交。提高 3 个点当然是不可能的，但买主也不再提降 2 个点了。

反悔策略讲求“毁诺”要有礼有节。“我保证”是语言中最危险的句子之一，所以在交易中许诺时就应该有八成把握只说五成，而不应把话说绝说满，免得忽生变故时没有回旋余地。至于不能兑现的请求有时也可答应下来，但也应许诺巧妙，缓兵有术，更不应经常以拖延去反悔。

7. 幽默拒绝策略

当无法满足对方提出的不合理要求时，可以在轻松诙谐的话语中设一个否定问句，或讲述一个精彩的故事，让对方听出弦外之音，这样既避免了对方的难堪，又转移了对方被拒绝的不快。

实训案例 7-10

某公司谈判代表故作轻松地说：“如果贵方坚持这个进价，请为我们准备过冬的衣服和食物，总不忍心让员工饿着肚子瑟瑟发抖地为你们干活吧！”

实训案例 7-11

某洗发水公司的产品经理，在抽检中发现有分量不足的产品，对方趁机以此为筹码，不依不饶地讨价还价，该公司代表微笑着娓娓道来：“美国一专门为空降部队伞兵生产降落伞的军工厂，产品不合格率为万分之一，也就意味着一万名士兵将有一个在降落伞质量缺陷上牺牲，这是军方所不能接受和容忍的。他们在抽检产品时，让军工厂主要负责人亲自跳伞。

据说从那以后，合格率为百分百。如果你们提货后能将那瓶分量不足的洗发水赠送给我，我将与公司负责人一同分享，这可是我公司成立8年以来首次碰到使用免费洗发水的好机会哟。”

【案例分析】

这样的拒绝，不仅转移了对方的视线，还阐述了拒绝的理由。

8. 移花接木策略

在谈判中，对方要价太高，自己无法满足对方的条件时，可移花接木或委婉地设计双方无法跨越的障碍。这样既表达了自己拒绝的理由，又能得到对方的谅解。

实训案例 7-12

“很抱歉，这个超出我们的承受能力……”

“除非我们采用劣质原料使生产成本降低50%才能满足你们的价位。”

这样可以暗示对方所提的要求是可望而不可及的，促使对方妥协。

“如果法律允许的话，我们同意；如果物价部门首肯，我们无异议。”也可运用社会局限，如法律、制度、惯例等无法变通的客观限制，例如：……

【案例分析】

如果谈判时双方陷入僵局，而我们又不忍心轻易放弃项目，最好不要直截了当地拒绝，而是提供给客户几种可选方案，给客户留有一定的时间再次考虑，也给双方留有余地、再次磋商。

9. 肯定形式、否定实质策略

人人都渴望被了解和认同，可利用这一点从对方意见中找出彼此同意的非实质性内容，予以肯定，产生共鸣，造成“英雄所见略同”之感，借机顺势表达不同的看法。

实训案例 7-13

某玩具公司经理面对经销商对产品知名度的诘难和质疑，坦然地说：“正如你所说，我们的品牌不是很知名，可我们将大部分经费运用在产品研发上，生产出式样新颖时尚、质量上乘的产品，面市以来即产销两旺，市场前景看好，有些地方竟然脱销。”

谈判时要注意迂回补偿，因为谈判中有时仅靠以理服人，以情动人是不够的，毕竟双方最关心的是切身利益，断然拒绝会激怒对方，甚至交易终止。假使我们在拒绝时，在能力所及的范围内，给予适当优惠条件或补偿，往往会取得曲径通幽的效果。

实训案例 7-14

自动剃须刀生产商对经销商说：“这个价位不能再降了，这样吧，再给你们配上一对电池，既可赠送促销，又可另作零售，如何?”

实训案例 7-15

房地产开发商对电梯供销商报价较其他同业稍高极为不满，供货商信心十足地说：“我们的产品是国家免检产品，优质原料，进口生产线，相对来说成本稍高，但我们的产品美观耐用，安全节能，况且售后服务完善，一年包换，终生维修，每年还免费两次例行保养维护，解除您的后顾之忧，相信您能做出明智的选择。”

单元二　价格谈判的案例分析实训

任务一　价格因素导致谈判失败案例

1. 案例分析目的

(1) 通过此案例分析，挖掘客户需求分析的重要性。

(2) 通过此案例分析，要注意客户谈判过程中透露的信息，那是客户最真实的想法。

2. 背景分析

有一个客户曾经购买过公司一台5008塔机，这是2006年的事情，在2009年又购买过6个标准节和一套扶强。这人热情好客，第一次去找他，又是请客吃饭又是开车拉着我去看工地，因为我告诉他这次是公司准备在这个地方成立办事处。他本人负责工地施工，又是劳务公司老总的侄儿，对塔机有所了解，但只能说是略知一二，他的塔机被一个姓任的负责管理，包括塔机的驾驶、日常维护及修理，这个人已经给他合作3年有余，可以说是彼此比较信任。

3. 业务谈判

今年8月份，任给我电话说，想买一台50设备对外出租，问我多少钱，我说23.5万元，这个月订合同可以赠送一个标准节，就这样在我回郑州期间，就2天左右给我个电话，让我过来谈谈。在以后的电话沟通中我得知，这个设备是他与王经理两个人合伙购买用与租赁，并且是贷款。

等我们正式坐到一起谈判的时候，我们都喝了酒，我酒量肯定不行。由于酒的作用和自己感觉的熟悉关系，在谈这个事的时候，我告诉他我今天肯定卖给你，说这句话的时候声音可能很大，并且表情不是很好看。任经理告诉我说："不要带情绪好吗"，我说："没有"。在我写这个案例时我才意思到，这句话已经成了签合同的一个因素。因为在我们吃饭不远的地方就是山东明威的办事处，他又是打电话问价格，又是去拿资料。第二天，下起了大雨，整整下了一天。我在雨小时，给他电话，问他在忙什么，他说在罕台，没有见面。第三天，一早电话给他联系，他说我们的太贵了，已经定了明威的。

4. 原因分析

(1) 根据《行动销售》的步骤，这次的失败是必然的。主要是对客户的需求分析不足。自认为客户购买过自己的产品，对公司产品质量没有异议，肯定会购买自己公司的产品。而忽视了对客户需求的分析。比如，资金的需求分析，在知道客户是合伙购买产品又是贷款的情况，而没有在意，以至于在价格谈判过程中过于强势。客户给24万(含运费)也不卖，其实如果对客户的需求了解比较清楚，在针对新市场的第一台设备，是可以卖给客户的，只是赚钱少一点，但提升了市场占有率。需求分析做好了，在产品报价时就会减少不必要的麻烦。

(2) 注意谈判时客户透露的任何信息。在正式谈判的时候，有时候客户流露出的信息是比较真实的，所以在价格谈判中要注意价格的优惠程度，这样虽然赚钱少，但是得到了生存下去的希望。

(3) 产品定位要准。你的产品准备卖给什么样的客户。根据当地市场的行情制订产品的销售价格，找到接受这个产品价格的客户去谈，这样可以提高谈判的成功率。如果客户要用 40 的，你就不要再谈了，因为公司就没有 40 的，你要给他报 50 的价格，但客户都是很难接受的，即使客户要 50 的，你也要想方设法找到客户想买个什么价位的，这样你就在产品报价时要略高于老板的需求价格，在结合合适的促销进行谈判会提高谈判的效率。

任务二　国际商务的价格谈判模拟

子任务一　中日价格谈判实训

1. 实训资料

日本某公司向中国某公司购买电石。这是他们之间交易的第五个年头，去年谈价时，日方压中方 30 美元/吨，今年又要压的 20 美元/吨，即从 410 美元压到 390 美元/吨。据日方讲，他已拿到多家报价，有 430 美元/吨，有 370 美元/吨，也有 390 美元/吨。据中方了解，370 美元/吨是个体户报的价，430 美元/吨是生产能力较小的工厂供的货，供货厂的厂长与中方公司的代表共 4 人组成了谈判小组，由中方公司代表为主谈。

谈判前，工厂厂长与中方公司代表达成了价格共同的意见，工厂可以在 390 美元/吨成交，因为工厂需订单连续生产。公司代表讲，对外不能说，价格水平我会掌握。公司代表又向其主管领导汇报，分析价格形势；主管领导认为价格不应取最低，因为我们是大公司，讲质量，讲服务。谈判中可以灵活，但步子要小。若在 400 美元以上拿下则可成交，拿不下时把价格定在 405～410 美元之间，然后主管领导再出面谈。请工厂配合。

中方公司代表将此意见向工厂厂长转达，并达成共识和工厂厂长—起在谈判桌争取该条件。中方公司代表为主谈。经过交锋，价格仅降了 10 美元/吨，在 400 美元成交，比工厂厂长的成交价高了 10 美元/吨。工厂代表十分满意。日方也满意。

2. 实训要求

问题：

(1) 怎么评价该谈判结果？

(2) 该谈判中方组织与主持上有何经验？

分析：

(1) 谈判结果基本上应肯定，因为仍处在中高档的价格水平。

(2) 中方组织上基本成功，主要原因：市场调查较好——有量有性；分工明确——价格由公司代表谈；准备方案到位——有线，有审，有防。

子任务二　绿色食品定价谈判实训

1. 实训资料

谈判甲方：内蒙古进出口公司

谈判乙方：韩国某公司

背景资料：

内蒙古某进出口公司向韩国某公司出口某种绿色食品。由于韩国消费市场很大，乙方派人到甲方所在地谈判订货合同。上一单定价为 3 950 美元/吨，随着订单增加，货物渐显不足，市场价格攀升。甲乙双方谈判时，市场价呈现波动状态。甲方要求大幅度提高成交价以防将来不能供货，乙方则坚持，未来难料，马上涨价不公平，使谈判僵持不下。

乙方旨在多订货以抢占韩国市场，而且该食品具有传统的消费基础，有利可图。此外，韩国其他的公司也在采购该类食品，乙方认为只要甲方别太过分，可以适当调高采购价。

甲方刚刚打开韩国市场，眼见长期客户对其出口业务很有利，但货物收购价格的上扬也使其捏了一把汗，心想："千万别形成大干大亏"。所以，客户要保住，只要不亏就行了。

双方恢复冷静后，接着谈判。

2. 实训要求

双方要对市场变化作出充分的预测，在此基础上，确定成交价及双方合作方式。

子任务三　打印机生产技术费的谈判实训

1. 实训资料

谈判 A 方：法国 A 公司，打印机生产技术转让方；

谈判 B 方：中国 B 公司，打印机生产技术受让方；

背景资料：

法国 A 公司向中国 B 公司出售生产打印机的技术。该种打印机有 4 个产品型号，其中两种型号功能较为接近，技术也较相近。A 公司技术转让费报价 250 万美元，在分项报技术费时，S-1 型的生产技术费为 85 万美元，S-2 型机为 80 万美元，S-3 型机为 45 万美元，S-4 型机为 40 万美元。该价为固定价，计算技术费的依据是 A 公司对该系列产品投入科研开发费的总量及投资回收率。

除以上内容外，谈判双方还应自行查阅技术贸易的相关知识，了解打印机生产技术的相关知识及转让费用的市场行情等信息。

2. 实训要求

使双方在均能接受的价位上成交。

知识拓展

附条件报价怎样才能被认可？

2006 年 10 月 9 日，广东××职业技术学院发布了采购公告，欲通过竞争性谈判用采购方式采购电子图书。2006 年 10 月 19 日，竞争性谈判采购活动如期进行。

根据竞争性谈判文件，此次采购活动只有两轮报价。谈判采购活动开始后，在供应商第二次报价环节，3 家参与谈判的供应商分别递交了书面第二次报价，其中北京 A 数字技术有限公司第二次报价 178 000 元，同时承诺如果此报价不是最低报价，将比最低报价再降 1 000 元。而在 3 家公司报价中，北京 B 信息技术发展有限责任公司的 145 000 元报价是最低报价。基于该公司的这个报价，此项目谈判小组便按北京 A 数字技术有限公司的承诺计算，认定北京 A 数字技术有限公司的第二次报价为 144 000 元……

10 月 24 日，广东××职业技术学院发布了中标公告："广东××职业技术学院电子图书采购项目的评标工作已圆满结束，现将中标人名单公告如下：中标单位是北京 A 数字技术有限公司，中标价为 144 000.00 元。"

北京 B 信息技术发展有限责任公司对采购结果不满，遂对评标过程中的"问题报价"提出了质疑，但却没得到满意的答复。最终，北京 B 信息技术发展有限责任公司提起了投诉。

业内专家分析认为，根据竞争性谈判文件的规定，在最终报价阶段，各报价人应在规定的时间内统一密封提交最终报价，且采购人提供的最终报价表"报价总计"栏只有填写大写、小写报价金额的内容。这就表明在最终报价过程中，各报价人应自主确定最后的报价金额。而在具体的竞争性谈判采购活动中，北京A数字技术有限公司的最后报价是附有条件的、有选择的报价，并未确定最终报价金额，该公司的报价必须在其他报价人完成最后报价后才能最终进行确定。因此，北京A数字技术有限公司的这轮报价显然是不符合竞争性谈判文件要求的，也违背了《政府采购法》规定的“公平原则”，其他供应商都在同一时间确定了自己的最终报价，北京A数字技术有限公司的报价却要建立在其他供应商完成最终报价后才能最终确定，这种附条件的报价显然不应该被认可。否则，对其他供应商是绝对不公平的。

业界人士指出，如果允许如此附条件的报价，竞争性谈判活动的秩序将被扰乱，“A供应商可以报出‘如果还不是最低报价，将比最低报价少于1 000元’为最终报价，那B供应商为什么不可以报这样的价呢？同样地，C、D等供应商也一样可以如法炮制，那最终报价报到何时才能终止，又如何确定谁的报价更低呢？”

专家提醒，在竞争性谈判活动中的报价是确定的、唯一的报价，绝对不能是有选择的报价，更不应该是建立在其他供应商报价结果出来后才能确定的报价。政府采购活动必须建立在公开、公平、公正、诚实信用的基础之上。案例中，这种有选择的报价会直接影响对各报价人的价格评分，并最终影响成交结果。而这样的采购结果一旦被认可，就是对中标供应商“投机取巧”行为的一种鼓励，会助长其在今后市场竞争中的“投机”欲望，而忽略了完善自己产品，真正提升自身实力；同时，还会打击其他供应商参与政府采购活动的积极性，给阳光采购活动蒙上“阴影”。

知识链接

价格谈判技巧20招

1. 明确谈判的价格底线

我们为什么一定要谈判呢？因为谈判所得的每一分钱，都是净利润。

当你知道你的时间的价值是多少的时候，你去谈判的时候，你的要求就会不一样，所以要先知道自己的时间到底值多少钱。

2. 做好谈判前的准备

做好谈判前的准备非常重要，如果你要让你的谈判取得成功，你必须列出你最终的目标，以及要实现这个目标的战略战术。只有谈判前做好了准备，才能使谈判计划顺利实施。

3. 收集信息选择策略

上谈判场之前，你手上掌握的资讯越多，在谈判的过程里面，就越容易成效；你对对方的了解越多，你相对成功的机会就越大，所以资讯绝对是非常重要的一部分。

4. 如何进行优势谈判

优势谈判就是让买方，让买的那个人答应了他的要求，还让他自己相信，是他占了便宜，这就是所谓的优势谈判。简单地讲就是他赢了面子，你赢了里子，买卖双方成交才是真正的双赢、真正的胜利。

5. 优势谈判开场策略

在开场策略当中，我们所使用的第一个策略，很简单，叫做闻之色变。什么叫闻之色变？人是视觉化的动作，如果你今天听到一个价格，不能接受，这个时候你要使用大胆的、夸张的脸部表情，让对方知道，你不能接受这个价格。

6. 优势谈判中场策略

当对方无论如何开不出一个合理价格的时候，你只跟对方讲一句话，你的条件还不够好，就把他的价格压下来或把你的价格提上去。只是这么一句话，你会发现它有非常神奇的力量。

7. 交换条件蚕食鲸吞

人有一个地方是很脆弱的，就是你以为谈判已经成功的那一刻，是你最脆弱的时刻。这时候你最有可能答应一大堆原来不可能答应的东西。

8. 优势谈判基本原则

在谈判的过程里面，如果你自己本身在职务上对对方有一种压制作用，你就要好好地利用这一点。比如说你是董事长，对方是个科员，你就经常用一种教训的语气，来跟对方谈判。

9. 掌握不同谈判风格

以前老夫子，讲过一句话：己所不欲，勿施于人。这句话的意思其实只有一半正确，你自己不想要，其实并不代表别人不想要。现在这句话应该修正为：人之所欲，施之于人。

10. 了解各国谈判特点

我们必须要了解各个国家的人，要了解不同国家的人的不同民族性格，从而了解他们不同的谈判风格，然后制定相对应的谈判策略。

11. 优势谈判者的特质

一个真正拥有竞争力的谈判员，他要对对方进行全方位的了解；可是同时要让对方，对你一无所知。

12. 善用压力进行谈判

大家一定要清楚，买卖双方都有时间压力，而且有八成以上的让步，都是在最后那两成的时间里做出来的。所以谈判越到后期，越到末端的时候，你越要注意，越要谨防自己做出前面80%的时间里没有做出的让步。

13. 组合搭配促成谈判

在谈判的过程中，不要让对方以为，你就是那个有权利做决定的人。你永远要留有一个模糊的上级，避免你在谈判场上，成为唯一被围剿的对象，所以永远都有上级可以请示。

14. 化解谈判障碍僵局

让对方先忘记这个主要障碍，先解决其他的小事情，来累积更大的动力，到时候障碍就比较容易解决。

15. 查明底细各取所需

在不损害自身利益的前提之下，可以拿出一些有利于对方的东西。不要说你拿出来之后，你的利益就受损了，其实只要你拿出对方想要的，对方就会拿出你想要的。

16. 识破不当谈判手段

有时候对方可能会提出某一个东西，提出某一个不是他真正的要求，你一定要睁大你的眼睛，注意你的对方，有没有提出这样的要求，看你的对手是不是正在用掩人耳目的谈判策略，不要做出不必要的让步。

17. 如果处理简短谈判

在很短的时间之内，有时候你要不惜得罪对方，也要完成可能的谈判，因为你跟对方可能只有这一次过招的机会，没有第二次。这时候你态度就要稍微硬一点，坚持的东西要多一点。

18. 如何处理冗长谈判

在一个长时间的谈判里面，你一定不能只用一种谈判策略，你要多种谈判策略交互使用，才有办法创造出更好的机会。特别是如果你每次必须跟同一个人谈判的时候，你就更需要经常改变你谈判的作风。

19. 如何完成高额谈判

心大和谈成大交易，最重要是你的心态问题，你知道并且相信你的产品跟服务能够开高价，你相信能够克服不敢有野心的心理障碍，你就能心大，就能谈成大交易。

20. 优势谈判共好双赢

中国的未来就这4个字，叫做共好双赢。所以我们在谈判上，在工作、生活上，也要追求更好的双赢。所以每一个人，只要你愿意，你也可以创造出你的一片天来。

(资料来源：http://apps.hi.baidu.com/share/detail/19941297)

课后习题

一、名词解释

1．积极价格与消极价格

2．实际价格与相对价格

3．昂贵与便宜

4．临界价格

二、选择题

1．你去家具市场，准备买一套组合家具，在所展示的各种家具中，你看中了一套，标价是8 500元，此时，你会怎么办？(　　)

A．询问有关交货条件及售后服务内容

B．还价到7 800元

C．告诉出售者，回去考虑一阵后再说

2．你与黎巴嫩建设财团进行极为艰苦的谈判，经过讨价还价，对方在所谈的公路项目财务问题上，对货款底线单方面做了一点微小的让步，此时你会(　　)。

A．注意到这个让步，但是认为太小

B．以己方的让步作为回报

三、简答题

1．报价应坚持什么原则？怎样报价？

2．让价时应坚持哪些原则和策略？

四、案例分析题

圣诞节来临，各大商场打出了圣诞节购物促销的广告。金汉丰的促销方式是在参加活动的销售商购物满200元，送消费者100元代金券。看似消费者得到了实惠，其实很多商家利用打折，而抬高了原来商品的价格。我们在购买一套男式正装时就要摸清底细，首先，货比三家，对商品的款式和价位做初步的了解，我们选择了一家“东方·圣罗兰”的专柜的男装。然而看到商品报价是560元，价格远远高于商品本身的价值，该销售专柜参与圣诞节促销活动，这意味着可以减少100元。在与销售员交谈衣服的过程中老板说价钱可以谈，只要想买，对于我们挑选的衣服并非香港的“东方·圣罗兰”品牌，可以打5折，降到320元，我们对产品产生质疑，想离开，老板说价钱还可以讲。

问题：

试说明在谈判中如何进行价格谈判？

项目八　国际商务谈判磋商阶段

知识目标

(1) 掌握磋商阶段应遵循的原则。
(2) 了解僵局形成的原因，掌握处理僵局的原则和策略。
(3) 掌握让步的原则和可采取的策略。
(4) 掌握在磋商阶段各种情况下可采取的措施。

能力目标

(1) 能采取正确的策略避免僵局。
(2) 能采取正确的策略进行让步。

素质目标

培养学生在谈判磋商过程中处理僵局和如何让步的能力，以及在磋商阶段各种情况下各种措施的使用能力。

导入案例

克莱斯勒汽车公司拥有 70 亿美元资金，实力雄厚，但进入 20 世纪 70 年代后，该公司屡遭厄运，1970—1978 年，竟有 4 年亏损，其中，1978 年亏损额达 2.04 亿美元。在此危难之际，艾柯卡——美国企业界响当当的人物出任该公司总经理。为维持公司最低限度的生产，艾柯卡请求政府给予紧急经济援助，提供贷款担保。

但这一请求引起了轩然大波，美国社会舆论几乎众口一词：克莱斯勒赶快倒闭吧！按企业自由竞争规则，政府决不应给予经济援助。最使艾柯卡头痛的是国会为此举行的听证会，那简直是在接受审判。听证会上，一切都是即席式，问题突如其来，常有多种含义，助手们常给议员递条子，而艾柯卡只能孤军奋战。

艾柯卡一开始就简单提出证词："我相信诸位都明白，我今天在这里绝不只是代表我一个人说话，我代表着成千上万靠克莱斯勒公司为生的人们，事情就那么简单。我们有 14 万职工及其家属，4 700 家汽车商及其所属的 15 万职工，1.9 万家供应商和其雇佣的 25 万人和他们的家属。"艾柯卡在听证会上清楚地表明：我们绝不是要求施舍，也不是索取礼物，我们正在申请的是一项贷款保证，公司将偿还每一元钱，而且都是有利息的。然而，议员们是不会轻易被说服的，他们无休止地提问，有时十分尖锐。

参议员兼银行业务委员会主席威廉·普洛斯迈质问：“如果保证贷款案获得通过的话，那么政府对克莱斯勒将介入更深，这与你长久以来鼓吹得十分动听的主张(指自由企业竞争)不是自相矛盾吗？”

“你说得一点也不错”，艾柯卡回答说：“我这一辈子一直都是自由企业的拥护者，我是极不情愿来这里的，但我们目前的处境进退维谷，除非我们能取得联邦政府的某种保证贷款，否则，我根本没办法拯救克莱斯勒。”艾柯卡继续道：“我这不是在说谎，其实在座的参议员们都比我还清楚，克莱斯勒的请求并非首开先例。事实上，你们的账册上目前已有 4 090 亿美元的保证贷款，因此，请你们通融一下，不要到此为止，请你们也为克莱斯勒公司争取 4 100 万美元的贷款，因为克莱斯勒乃是美国的第十大公司，它关系到 60 万人的工作机会。”

艾柯卡随后指出，日本汽车正在乘虚而入，如果克莱斯勒倒闭，其几十万职员就得成为日本雇员。根据财政部调查材料，如果克莱斯勒公司倒闭的话，国家在第一年里就得为所有失业人员花费 27 亿美元的保险金和福利金。所以，他向议员们说：“各位眼前有个选择，你们是愿意现在就付出 27 亿美元呢？还是愿意将它的一部分作保证贷款，日后可以全数收回？”

对艾柯卡所引述的材料，这些议员们不一定会知道得这么清楚；而且即使知道，大部分人恐怕都不会去认真分析这些资料。艾柯卡让这些议员彻底认清了拒绝克莱斯勒请愿案的后果，成功地转变了这些议员的态度，达到了自己理想的目标。最后，艾柯卡成功地贷到了他所需要的 15 亿美元的款项，为自己的传奇式的经理人生涯又增添了一个亮点。

单元一　谈判磋商阶段基础知识

在良好的开局过后，就是谈判各方为了达到自己的谈判目的进行具体的磋商的过程。磋商阶段是谈判双方面对面协商、争取满足各自利益的过程。有时甚至发展为争吵，是实质性的协调阶段。这是谈判过程中费时最长、困难最多、直接影响谈判结局的最重要的一个阶段。

任务一　谈判磋商阶段应遵循的原则

在谈判磋商阶段，在思想意识上谈判人员要清楚整个磋商过程，知道按照什么样的方式进行，才能对谈判的发展有利，所以，在磋商阶段要遵循以下原则。

1. 把握气氛的原则

进入磋商阶段之后，谈判双方要针对对方的报价讨价还价。双方之间难免要出现提问和解释、置疑和表白、指责和反击、请求和拒绝、建议和反对、进攻和防守，甚至会发生激烈的辩论和无声的冷场。因此，在磋商阶段仍然要把握好谈判气氛，开局阶段可能已经营造出友好、合作的气氛，进入磋商阶段后仍然要保持这种气氛。如果双方突然收起微笑，面部表情紧张冷峻，语言生硬激烈，使谈判气氛一下子变得紧张对立起来，就会令人怀疑开局阶段友好真诚的态度是装出来的，双方产生不信任。所以，尽管磋商阶段争论激烈、矛盾尖锐，但仍然要保护已经营造出来的良好的合作气氛，只有在这种良好的合作气氛中，才能使磋商顺利进行。

2. 注意谈判结构方向的原则

商务谈判按结构方向可以分为纵向和横向谈判。横向谈判是一轮一轮地谈，每轮谈及各个问题；而纵向谈判则是每次只谈一个问题，直到确定下来为止。具体地说，横向谈判的步骤是先把要磋商的条款统统列出来，先粗略地磋商每项条款，再详细地磋商每项条款的各个方面；纵向谈判的步骤是从某一条款开始，明确条款的范围，并深入讨论这个条款，得出一致意见，再开始第二个条款，并深入磋商，得出一致意见；接着开始第三个条款，直至所有条款都依次磋商完毕。在实际的磋商过程中，谈判人员应该首先明确是采用纵向还是横向的谈判结构，否则，就会使谈判磋商混乱，容易引起争执，效率也低。

3. 次序逻辑的原则

次序逻辑原则是指把握磋商议题时，按其内容的客观次序逻辑来确定谈判的先后次序与谈判进展的层次。在磋商阶段中，双方都面临着许多要谈的议题，如果不分先后次序，不讲究磋商进展层次，想起什么就争论什么，就会毫无头绪，造成混乱，毫无效率可言。因此，双方要通过磋商确定几个重要的谈判议题，按照其内在逻辑关系排列先后次序，然后逐题磋商。可以先磋商对后面议题有决定性影响的议题，此议题达成共识后再讨论后面的问题。也可以先对双方容易达成共识的议题进行磋商，将双方认识差距较大、问题比较复杂的议题放到后面去磋商。

4. 掌握节奏的原则

磋商阶段的谈判节奏要稳健，不可过于急促。因为这个阶段是解决分歧的关键时期，双方对各自观点要进行充分的论证，许多认识有分歧的地方要经过多次交流和争辩，而且某些关键问题一轮谈判不一定能达成共识，要多次的重复谈判才能完全解决。一般来说，双方开始磋商时，节奏要相对慢一些，双方都需要时间和耐心倾听对方的观点，了解对方，分析研究分歧的性质和解决分歧的途径。关键性问题涉及双方的根本利益，各方必然会坚持自己的观点，不肯轻易让步，还有可能使谈判陷入僵局，所以磋商阶段需要花费较多的时间。谈判者要善于掌握节奏、不可急躁、稳扎稳打、步步为营，一旦出现转机，要抓住有利时机不放，加快谈判节奏，不失时机地消除分歧，争取达成一致意见。

5. 沟通说服的原则

磋商阶段实质上是谈判双方相互沟通、相互说服、自我说服的过程。如果没有充分的沟通，没有令人满意的说服，就不会产生积极成果。首先，双方要善于沟通，这种沟通应该是双向的和多方面的，一方既要善于传播己方的信息，又要善于倾听对方的信息，并且积极向对方反馈信息。没有充分的交流沟通，就会在偏见和疑虑中产生对立情绪。既要沟通交易条件，又要沟通相关的理由、信念、期望，还要交流情感。其次，双方要善于说服，要充满信心地说服对方，让对方感觉到己方非常感谢他的协作，而且己方也非常乐意努力帮助对方解决困难。要让对方真正感觉到赞成己方是最好的决定。说服的准则是从求同开始，解决分歧，达到最后的求同，求同既是起点，又是终点。

任务二　磋商过程的注意事项

在磋商阶段，常常会不断出现双方意见分歧和立场对峙的局面。凡是抱有诚意的谈判者，都希望能消除不必要的误解，使自己的观点为对方所理解和接受，并说服对方放弃其不合理的要求。因此，谈判人员在磋商阶段要注意以下几点，这有利于取得谈判的成功。

子任务一　注意调动对方合作的态度与行为

商务谈判是在人与人之间进行的，但有时在谈判过程中，这一事实却常常被谈判者所忽视和遗忘。其主要表现在：参加谈判的人往往忽视和遗忘了对方作为谈判人员的本性，误以为合作要建立在改变对方的态度与行为的基础上。因而，当对方的态度与行为有所偏差时，总是想横加指责，结果却极大地伤害了对方的自尊心，并引起对方的反感和厌恶的心理，使谈判进行不下去。因此，谈判人员要清醒地认识到是在和人打交道，若想使对方合作，就要调动对方在态度与行为上协助与支持，而不是强行改变对方的态度与行为，使之就范。要做到这一点，就该不断地告诫自己：自己是在和人打交道，必须注意到人性基本需求的问题。所以在谈判的过程中，应该表现出积极合作的态度和致力于解决问题的工作作风，这样才能感染对方，使之保持积极的态度和行为。

子任务二　注意发现并满足对方的需求

在谈判的磋商过程中，需求是进行磋商的目的。商务谈判的前提是双方都要求得到某种东西，否则，就会对另一方的要求充耳不闻，也就不会讨价还价了。如果不存在尚未满足的需求，人们就不会进行谈判。发现谈判对手的要求才能解决问题，但要了解对方在想什么，真正要求什么，是比较困难的，应采用各种手段和技巧去发现对方的要求。一般通过以下几个办法可以发现并满足对方的真正需求。

(1) 通过提问了解对方的要求，然后分析解决问题。

在谈判中，可在适当的时机向对方发问，例如，贵方希望通过这次谈判取得什么样的结果？贵方的要求是什么？等等。通过这种直截了当的试探，不仅能了解对方的要求，还能搜集其他有关的信息。提出什么问题，如何表述问题，应掌握住时机，让别人在表态之前，最好让每人都有机会提出一两个问题。在对方提出问题后要进行认真地分析，是合理的我方应该给予满意的答复；不合理时我方要采取合适的办法，进行说服、解释、反驳。

(2) 通过聆听对方的表述了解要求，并采取相应的对策解决。

谈判时应认真聆听对方吐露的每一个字，以发现对方的真正要求。谈判者之间的谈话，可以有多层含意。例如，通过对方的一项陈述，我方可以得到多个信息，可以发现其要交换的意见；可以推断某些信息；可以根据对方探讨问题的方式得知对方的真正要求。据此可以采用有针对性的策略和办法进行磋商解决。

(3) 通过观察对方的行为了解其想法，采取正确的措施解决。

在谈判中，对手的行为举止非常重要，有着种种心理上的含意和暗示。对方的各种肢体行为都表现出其想法，但一定要分清楚是有意识的还是无意识的。因此，在谈判中，要仔细地不断地观察对手的行为举止，发现其要求和想法。谈判老手始终不会让对方的各种行为逃过自己的眼睛，从而了解对手的要求及其满足程度。例如，咳嗽常常也具有许多含义，有时它表现了谈判者的不安，借此稳定情绪，以使自己能继续讲下去；有时也常被用来掩饰假话，这时就要发现其根源消除对方的疑虑，如果是假话就要小心了。如果发现对手突然往椅背上一靠，粗鲁地叉起双臂，就应意识到这是没有达到对手的真正要求，麻烦可能要发生了，因此，需要进行进一步的磋商。

在谈判过程中，不但要了解对方的需求，还要注意满足对方的各种基本需求，如安全需求、对方经济利益需求、归属的需求及自尊的需求等。事实表明，人们在基本需求得到满足之后，往往产生愉快、惬意、骄傲和自豪的感觉，从而更能激发合作的兴趣与愿望，使谈判得以顺利发展，因此，谈判者要注意满足对方的一些基本需要。

子任务三　注意让对方了解自己的要求

谈判人员不仅要重视了解对方的真正要求，也应让对方了解自己的要求，应在满足自己的要求的同时，满足对方的需求。有经验的谈判人员，在创造良好的谈判气氛后，不忙于进入达成协议的具体谈判内容，而是让对方了解自己的要求，这样做才较为理想。如何让对方了解自己的要求呢？

1. 向对方表明自己的需求

在谈判中提出自己的要求，首先要有利于缩小分歧的范围，缓和矛盾。在试探阶段之后，应审时度势，辨别并确认己方与对方的一致之处以及共同点有多少。在这个阶段，审时度势和辨别工作可以反复进行几次，用这个办法来解决谈判的问题，才能逐渐集中到双方都能看到的最后一个需要解决的难点问题上。因此，应在对方承诺前将自己的要求分轻重缓急，依次表达出来，并使对方对我方的每个要求都有清楚的认识。

2. 注意提出极端要求

极端的要求也就是难以答应的要求，以致无法予以妥协。谈判者可以借着极端的要求来证实自己对对方的判断。如果其中还混合着适度的要求，谈判者可以给对方一个选择的机会。提出极端的要求，会降低对方的期望，使对方更加愿意妥协，或是冒着很大的风险来和乙较量。提出极端要求，在某些情况下还是有一定效果的，但不能轻率地提出，否则比较危险，很可能会激怒对方，以致形成僵局。不过，如果有充分的耐心和时间，这种要求在大多数情况下还是有商议余地的。

子任务四　适时冒犯对方

在谈判中，除了通过满足需求调动对方在态度与行为上与自己协调外，还可根据具体情况适当地用一些激将法，有时也是比较有效的。在很多情况下，人的态度与行为得到尊重时人会得到某种满足。但也有许多时候，自己尊敬他、崇拜他，他可能无动于衷，但是，如果自己蔑视他、嘲讽他，他会为了赢得自己的尊敬和崇拜而竭尽全力。所以要根据谈判对手的情况，在有可能的时候恰当地刺激他、冒犯他也是可以的，但一定要注意对象的特点、时间的把握和时机的控制。

总之，谈判是和人进行的交流与协商。要想谈判成功，在谈判中就应注意调动对方与己方合作的态度和行为，要注意发现和满足其合理的需求，而且要让对方清楚己方的需求是什么，有时也要刺激对方，激发他行动的力量与勇气。

任务三　磋商阶段谈判策略的特征

谈判策略在整个商务谈判中起着非常重要的作用。现代社会竞争不仅是力量的竞争，更是智慧的较量，谈判正是这种智慧的集中体现。磋商阶段是整个谈判的核心，其策略也是整个谈判中最丰富多彩的，充分认识和把握磋商阶段谈判策略的特征，有助于谈判人员在实践中灵活有效地运用策略。磋商阶段谈判策略的特征如下所述。

1. 预谋性

磋商阶段谈判策略集中体现了谈判者的智慧和谋略。在谈判中，策略的运用都是有目的的。无论遇到什么样的情况和复杂的局面，选择和使用什么样的应对策略，谈判人员都要事先进行全面商讨与筹划。策略的产生过程就是策略的运筹过程，也就是对主客观情况的分析、评价和判断的过程。在磋商阶段谈判中，如果没有事先筹划的应对策略，一定会处处被动，只有招架之功，没有还手之力。

2. 针对性

磋商阶段谈判是一种应对性很强的活动。谈判双方或多方只有为了满足某种需求才会坐到一起来交流和沟通。在磋商阶段谈判中，任何策略的运用都有明显的针对性，它必然是针对谈判桌上的具体情况而采取的谋略和一系列举措。在商务谈判中，谈判人员一般主要针对谈判的目标或内容、人员风格以及对方可能采取的策略等来制定己方的策略。有效的磋商阶段的谈判策略必须对症下药、有的放矢。

3. 时效性

几乎所有的商务谈判策略都有时间性和效用性的特点。一定的策略只能在一定的时间内产生效用，超过这一特定的时间，磋商阶段的谈判策略就没有了针对性和效用性。

磋商阶段谈判策略的时效性表现在以下两方面。

(1) 在特定的时间使用，如最后通牒策略规定了具体的日期和条件。

(2) 在特定的环境中使用才有预期的效果。

4. 灵活性

在商务谈判中，无论考虑得多么周密，方案计划得多么详细，都会因谈判环境的变化而使一些事先谋划的策略不符合实际，不会产生预期的效果。在这种情况下，商务谈判人员必须根据磋商阶段谈判的实际情况、过去的经验和现时的创新随机应变。策略的产生与应用是一个动态的变化过程，需随时吸收信息，及时做出反馈，进行灵活的调整。

5. 保密性

在具体的商务谈判实践中，谈判策略一般只为己方知晓，而且要尽可能有意识地保密。保密己方策略的目的在于预防对方运用反策略。在磋商阶段，如果对方对己方的策略或谈判套路了如指掌，对方就会在谈判中运用反策略，若己方应对自如，就能处于主动的地位，反之，就会对己方不利。

6. 艺术性

商务谈判策略的运用及其效果必须具有艺术性。一方面，磋商阶段策略的运用要为自己服务，为实现己方的最终目标服务；另一方面，为了使签订的协议保证能履行，还必须保持良好的人际关系，人际关系的好坏也是判断商务谈判成功与否的标准之一。艺术地运用策略确实能体现出谈判人员水平的高低、技巧的熟练程度、运用是否得当等，更关系到目标实现的理想程度。

7. 组合性

磋商阶段的谈判策略是一种集合和组合的概念，它包括了在商务谈判过程中对谈判方式、战术、手段、措施和技巧等的综合运用。单一的策略很难在实际谈判中取得良好的效果，也容易被对手识破，因此，需要把多个策略组合在一起使用，才能取得令人满意的效果。

任务四　谈判目标和方案的调整

在谈判的磋商过程中，要对自己的谈判方案进行调整，这是一个必须进行的工作，能够使谈判更有利于成功。因为己方在谈判准备阶段所制定的谈判计划和方案都是根据一些信息进行分析的结果，未免带有过多的主观愿望，有的是逻辑推理，与实际情况有很大差距。经过开局的了解和接触，掌握了很多新的信息，对谈判对手有了新的认识和理解，所以要对谈判方案进行调整，调整自己一方的谈判策略，才能保证谈判目标的实现。因此，实质磋商阶段开始后，双方都应把重点放在自己策略的调整上。

谈判双方在初步接触后，会发现有以下3种情况。

(1) 对方的要求合理，而我方的计算却有较多水分。这时，我方应考虑是否有必要仍坚持自己的立场，特别是在对方已发现我方的不合理之处，并提出质问时，我方应主动做出让步，争取求得一致。否则，对方会采取相应的措施保证自己的利益，也可能使谈判破裂。

(2) 对方的要求相对我方有更多的不合理成分。这时，我方应向对方明确指出其不合理所在，并出示足够的证据，拿出可公开的、可靠的证据才能让对方做出让步。当然，这一过程也要依赖于我方的说服技巧和实力。

(3) 如果双方的要求明显都存在水分，那么应调整自己的要求，并邀请对方回到相互信任、诚实合作的轨道上，这是一项明智的选择。调整的幅度与各自的谈判水平和实力有关。

因此，谈判中最重要的一点是要弄清双方的意图。根据开始阶段的谈判情况，无论对对手所采用的谈判行为的估计是否正确，都应根据自己对对方情况的分析和对方的态度来调整准备阶段所制定的目标和战略战术，重新评价对方的要求。要分析对方在开始阶段中所表现出来的行为和战术，根据对方的行为和战术采取对应的措施，才能使谈判的目标实现。

单元二　磋商过程中僵局的处理

通往成功的道路总是曲折的，在商务谈判的过程中难免会出现僵局。谈判僵局是商务谈判过程中，谈判双方对利益的期望或对某一问题的立场和观点存在分歧，很难达成共识，而又都不愿做妥协时，谈判进程就会出现停顿，谈判即进入僵局。

谈判僵局出现后，对谈判双方的利益和情绪都会产生不良影响，谈判僵局会有两种后果：一是打破僵局继续谈判；二是谈判破裂。当然后一种结果是双方都不愿看到的。因此，了解谈判僵局出现的原因，掌握运用科学有效的策略和技巧打破僵局，重新使谈判顺利进行下去，就成为谈判者必须掌握的内容。

任务一　商务谈判中僵局形成的原因

1. 立场观点上的争执

实训案例 8-1

关于我国台湾问题的表述

在中美恢复外交关系的谈判中，双方在如何表述中国台湾问题上发生了争执。中方认为台湾是中国领土不可分割的一部分，而美方不想得罪中国台湾，双方谈判代表为此相持不下，绞尽脑汁。最后，在上海公报里，采用“台湾海峡两边的中国人”这种巧妙的提法，使双方的立场得到了缓解，“上海公报”得以诞生。

(资料来源：陈福明，王红蕾. 商务谈判. 北京：北京大学出版社，2006.)

这是一个由立场型争执导致谈判出现僵局的典型例子。在例子中，产生僵局的首要原因在于双方所持的立场观点不同，因而产生争执、形成僵局。

谈判过程中，如果双方对某一问题各持自己的看法和主张，并且谁也不愿做出让步时，往往容易产生分歧、争执不下。当双方越是坚持自己的立场，双方之间的分歧就越大。这时，双方真正的利益被这种立场观点的争论所掩盖，而双方又为了维护自己的面子，不但不愿做出让步，反而会用顽强的意志来迫使对方改变立场观点。于是，谈判变成了一种意志力的较量，谈判进入僵局。

经验证明，谈判双方在己方立场上关注越多，就越不能注意调和双方利益，也就越不可能达成协议，甚至谈判双方都不想做出让步，或以退出谈判相要挟，这就更增加了达成协议的困难。这种僵局处理不好，就会破坏谈判的合作气氛，浪费谈判时间，甚至伤害双方的感情，最终使谈判走向破裂的结局。立场观点争执所导致的僵局是比较常见的，因为人们很容易在谈判时陷入立场观点的争执中不能自拔。

2. 信息沟通障碍

由于谈判本身就是靠“讲”和“听”来进行沟通的，因此，只有双方信息实现正确、全面、顺畅的沟通，才能互相深入了解，才能正确把握和理解对方的利益和条件。但实际上，谈判双方信息沟通过程中的失真现象是时时发生的。实践中，由于双方信息传递失真使双方之间产生误解而出现争执，并因此陷入僵局的情况屡见不鲜。这种信息沟通障碍主要表现在：由于双方文化背景差异所造成的观念障碍、习俗障碍、语言障碍；由于知识结构、教育程度的差异所造成的对问题理解的差异；由于心理、性格差异所造成的情感障碍；由于表达能力、表达方式的差异所造成的传播障碍等。这些障碍都可能使谈判陷入僵局。

实训案例 8-2

翻译中的误会

某跨国公司总裁访问中国一家著名的制造企业，商讨合作发展事宜。中方总经理很自豪地向客人介绍说：“我公司是中国的二级企业……”此时，翻译人员很自然地用“Second-Class Enterprise”来表述。不料，该跨国公司总裁闻此，原本很高的兴致突然冷淡下来，敷衍了几句立即起身告辞。在归途中，他抱怨说："我怎么能同一个中国的二流企业合作？"

可见，一个小小的沟通障碍会直接影响到合作的可能与否。

(资料来源：陈福明，王红蕾. 商务谈判. 北京：北京大学出版社，2006.)

3. 成交底线的差距较大

在商务谈判中，即使双方都表现出十分友好、坦诚与积极的态度，但如果双方谈判方案中所确定的成交底线差距太大，对各自利益的预期也有很大的差距，而且这种差距很难弥合时，谈判就会陷入僵局，而且这种僵局难以处理，基本上都会以谈判失败或破裂而告终。

实训案例 8-3

Jane 走进一家服装商店，看见一件标价 2 000 美元的风衣，很喜欢，想买下来。但 Jane 手中只有 1 300 美元，并且最多也只愿付这个数。于是 Jane 与店主开始讨价还价，Jane 调用一切手段证明她非常渴望买到这件风衣，并运用各种技巧让店主相信她的出价是合理的。Jane 达到了被理解的目的，可是店主只愿打 10%的折扣，并告诉 Jane 这是他的最优惠条件。最后谈判失败，Jane 没有买到这件风衣。

这个案例告诉人们，其实谁也没有错，从各自的角度看，双方坚持的成交条件也是合理的，只是当双方都想从谈判中获得所期望的好处而不肯做进一步的让步时，这个谈判就没希望成功。究其原因，就是双方成交的底线差距太大。

4. 一方采取强迫姿态

对于谈判来说，强迫具有破坏性，因为强迫意味着不平等、不合理，意味着恃强欺弱，这是与谈判的平等原则是相悖的。然而，在谈判中，人们常常由于有意无意地采取强迫手段而使谈判陷入僵局。特别是国际商务谈判，不仅存在经济利益上的相争，还有维护国家、企业及自身尊严的需要。因此，某一方越是受到逼迫，就越是不会退让，也就越容易出现谈判的僵局。

因强迫造成的谈判僵局是屡见不鲜的，例如在国际业务往来中，有些外商常常要求我方向派往我国的外方工作人员支付高薪报酬，或要求低价包销由其转让技术所生产的市场旺销产品，或强求购买其已淘汰的设备，等等，如果我方不答应，外商就反过来以取消贷款、停止许可证贸易等相威胁，结果导致僵局的出现。

5. 人员素质较低

俗话说："事在人为"，人的素质因素永远是引发事情的重要因素，谈判也是如此。谈判人员的素质不仅是谈判能否成功的重要因素，而且对合同的执行及双方能否长期合作也起着决定性的作用。

事实上，仅就导致谈判僵局的因素而言，无论是何种原因，在某种程度上都可归结为人员素质方面的原因。但是，有些僵局的产生，却很明显是由于谈判人员的素质不佳导致的，例如，使用一些策略时，因时机掌握不好或运用不当，导致谈判僵局；或对谈判所涉及的专业知识掌握不够，使谈判过程受阻，等等。因此，无论是谈判人员作风方面的问题，还是知识经验、策略技巧方面的不足，都可能导致谈判的僵局。

6. 偶发因素的干扰结果

在商务谈判所经历的一段时间内，有可能出现一些偶然发生的情况，当这些情况涉及谈判某一方的利益得失时，谈判就会由于这些偶发因素的干扰而陷入僵局。例如，在谈判期间，市场环境发生突变，谈判某一方如果按原条件谈判就会蒙受利益损失，于是他便推翻己方做出的让步，从而引起对方的不满，使谈判陷入僵局。由于谈判不可能处于真空地带，谈判者随时都要根据外部环境的变化来调整自己的谈判策略和交易条件，因此，这种僵局的出现也就不可避免。

任务二 处理和避免僵局的原则

谈判中出现僵局是很自然的事情。虽然人人都不希望出现僵局，但是出现僵局也并不可怕，面对僵局不要惊慌失措或情绪沮丧，更不要一味地指责对方没有诚意。一般来说，处理和避免僵局的原则有如下几个。

1. 理性思考

真正的僵局形成后，谈判气氛随之紧张，这时双方都不可失去理智、任意行动，必须明确冲突的实质是双方利益的矛盾，而不是谈判者个人之间的矛盾，因此，要把人与事严格区分开来，不可夹杂个人情绪的对立，以致影响谈判气氛。

2. 协调好双方的利益

双方在同一问题上尖锐对立，并且各自理由充足，均无法说服对方，又不能接受对方的条件时，就会使谈判陷入僵局。这时应认真分析双方的利益所在，只有平衡好双方的利益，才有可能打破僵局。可以让双方从各自的目前利益和长远利益两个方面来考虑，对双方的目前利益、长远利益做出调整，寻找双方都能接受的平衡点，最终达成谈判协议。

3. 欢迎不同意见

不同意见既是谈判顺利进行的障碍，也是一种信号，它表明实质性的谈判已经开始，如果谈判双方就不同意见互相沟通，最终达成一致，谈判就成功在望。因此，作为一名谈判人员，不应对不同意见持拒绝和反对的态度，而应该持欢迎和尊重的态度，这种态度会使我方更加平心静气地倾听对方的意见，掌握更多的信息和资料，也体现了一名谈判者应有的宽广胸怀。

4. 避免争吵

争吵无助于矛盾的解决，只能使矛盾激化，如果谈判双方出现争吵，就会使双方对立情绪加重，从而很难打破僵局、达成协议。即使一方在争吵中获胜，另一方无论从感情上还是心理上都很难接受这种结果，谈判仍有重重障碍。所以谈判高手是通过据理力争，而不是和别人大吵大嚷来解决问题的。

5. 正确认识谈判僵局

许多谈判人员把僵局视为谈判失败，企图竭力避免它，在这种思想指导下，谈判人员不是采取积极的措施加以缓和，而是消极躲避。这样一来，为避免出现僵局，就时时处处迁就对方，一旦陷入僵局，就会很快失去信心和耐心，甚至怀疑自己的判断力，对预先制定的计划也产生了动摇之心。这种思想阻碍了谈判人员更好地运用谈判策略，结果可能会达成一个对己不利的协议。应该看到，僵局出现对双方都不利，如果能正确认识，恰当处理，会变不利为有利。人们不赞成把僵局视为一种策略，运用它胁迫对手妥协，但也不能一味地妥协退让，这样，不但僵局避免不了，还会使自己十分被动。只有具备勇气和耐心，在保全对方面子的前提下，灵活运用各种策略和技巧，僵局就不会成为攻克不了的堡垒。

6. 语言适度

语言适度是指谈判者要向对方传递一些必要的信息，但又不透漏己方的一些重要信息，同时积极倾听。这样，不但和谈判对方进行了必要的沟通，而且可以探听出对方的动机和目的，形成对等的谈判氛围。

任务三 打破僵局的策略

1. 回避分歧，转移论题

当双方对某一议题产生严重分歧，都不愿意让步而陷入僵局时，一味地争辩是解决不了问题的。可以采用回避有分歧的议题，换一个新的议题与对方谈判的方法解决。这样做有两点好处：一是可以争取时间先进行其他问题的谈判，避免长时间地争辩耽误宝贵的时间；二是当其他议题经过谈判达成一致后，对有分歧的问题产生正面影响，再回过头来谈陷入僵局的议题时，气氛会有所好转，思路会变得开阔，问题的解决会比以前容易得多。

2. 投其所好，改变气氛

这种谈判技巧和方法的基本思路是通过将话题转移到对方感兴趣的方面来改变和缓和谈判的气氛，使双方在良好的谈判气氛里重新讨论有争议的问题，便于双方谈判达成协议，这是一种积极的扭转谈判局面的谈判技巧和方法。

实训案例 8-4

巧妙的称赞

1986年，我国广东省某玻璃厂就玻璃生产设备的有关事项同美国欧文斯玻璃公司进行谈判。在谈判的过程中，双方在全套设备引进还是部分引进的问题上产生分歧，谈判陷入僵局。在这种情况下，我方玻璃厂的首席代表为了使谈判达到预定的目标，决定主动打破僵局。

谈判代表带着微笑，换了一种轻松的语气向对方说："你们欧文斯的技术、设备和工程师都是世界一流的，如果你们用一流的技术、设备与我们合作，我们就能够成为全国第一，这不单对我们有利，而且对你们更有利！"欧文斯的首席代表听到这番话很高兴，谈判的气氛一下就轻松活跃起来。在和谐的气氛中，双方进一步讨论，最后，终于达成对我方有利的协议。

(资料来源：周海涛. 商务谈判成功技巧. 北京：中国纺织出版社，2006.)

3. 离席策略

谈判与其他领域的理念有所不同，即坚持不一定就是胜利，无谓的坚持只能陷入被动之中。优秀的谈判者懂得放弃的价值，在谈判桌上不仅需要经验和技巧，还需要一定的魄力与勇气。在开始前就要让对方知道己方的谈判基调，如果己方确实得不到想要的东西，己方会随时离开谈判桌。给对手最大的压力莫过于终止谈判，该策略可以使对方所制定的谈判策略全部落空。有很多人都有这样的经历，在服装店发现某件商品很好，与店主谈价格，经过讨价还价之后，他的最低价与自己的最高价有差距，自己转身离开该店，当走几步之后，会被店主叫回以自己的价格成交，这就是离席策略的使用。使用该策略时要注意，要在谈判初期和对方进行深入交流，让他们认为与自己合作会有理想的回报，在确定已经激起对方的合作意愿后，在关键问题的决定时才可考虑此策略，否则，可能会弄巧成拙，破坏谈判气氛。

4. 场外沟通

场外沟通是指谈判会场外的沟通，亦称场外交易、会外交易等。它是一种非正式的谈判，双方可以无拘无束地交换意见，达到沟通、消除障碍、避免出现僵局的目的。对于正式谈判出现的僵局，同样可以通过场外沟通的途径直接进行解释，消除隔阂。例如，出现僵局时，我方组织对方人员郊游、娱乐，对方出于喜欢、感谢、满意等原因，心理上就可能产生软化、松懈现象，这样，在谈判桌上谈不成的问题在场外就有可能谈成，从而打破僵局，达成有利于己方的协议。

5. 更换谈判班子

当谈判的僵局是由谈判人员本身的问题造成时，如是由谈判人员的偏见造成的。在争论时，对他人的人格进行攻击，伤害一方或双方人员的自尊心，必然引起对方的怒气，使谈判陷入僵局。类似这种由于谈判人员的性格、年龄、知识水平、民族习惯等因素造成的僵局，经过多方努力无效时，可以在征得对方意见后，及时更换谈判人员，消除不和谐因素，缓和气氛，打破僵局。

6. 以情动人

这种策略也叫以弱求怜策略或恻隐术，在谈判陷入僵局时，谈判者用一种装可怜、为难相的做法，以求得对方的同情，争取合作。在一般情况下，人们总是同情弱者，不愿落井下石，将之置于死地。日本谈判人员经常运用这种策略，西方谈判人员有时也会巧妙地运用。使用该策略时应注意，自己能有效地使用这种策略，呼唤他人的良心，那么反过来，同样自己也有可能被他人有效地利用。另外，在使用此方法请求合作时，一定要注意不要丧失人格和尊严，直诉困难也要不卑不亢。

7. 最后通牒

在谈判中，人们有时不肯做最后的选择。为了打破对手的奢望，促使对手早做决定，其有效手段是通牒，即亮出自己的最后条件，如价格、交货期、付款方式、签约日期等，表示出行就行，不行就拉倒的态度。使用该策略时，己方必须做好最坏的打算，做好承受谈判破裂的心理准备。因为一旦对方不能接受己方条件，就有可能导致谈判破裂。在己方没有做好充分的准备或己方没有多次努力尝试其他方法打破僵局时，不能贸然采用这一方法。

实训案例 8-5

艾柯卡的强势

艾柯卡在接受陷入困境的克莱斯勒公司后，觉得必须压低工人的工资。他首先降低了高级职工的工资，自己的年薪也从36万美元减为10万美元。随后他向工会领导人提出降低工人的工资，工会并未答应，双方僵持了一年。最后，形势逼迫艾柯卡发出了通牒，在冬天的一个晚上的 10 点钟，艾柯卡找到工会谈判委员会，对他们说："明天早晨以前你们非做决定不可，如果你们不帮忙，我也得叫你们好受不了，我明天上午就宣布公司破产，你们还可以考虑 8 个小时，怎么办好，随便你们。"就这样，工会同意了艾柯卡的要求。

(资料来源：万成林，舒平. 营销商务谈判. 天津：天津大学出版社，2004.)

单元三　磋商过程中的让步

谈判本身是一个讨价还价的过程，也是一个理智的取舍过程。如果没有舍，也就不能取。谈判是双方利益相协调的过程，因此，在谈判磋商过程中，对己方条件做一定的让步是双方必然的行为。如果谈判双方都坚持自己的阵线，不后退半步，谈判永远也达不成协议，谈判追求的目标也就无法实现。在商务谈判中，让步是指谈判双方向对方妥协，退让己方的理想标准，降低己方的利益要求，向双方期望目标靠拢的谈判过程。

谈判者都要明确他们要求的最终目标，同时他们还必须明确为达到这个目标可以或愿意做出哪些让步，做多大的让步。让步本身就是一种策略，它体现谈判者用主动满足对方需要的方式来换取己方需要的合作意思。如何运用让步策略，是磋商阶段最重要的事情。

任务一　让步的原则

让步涉及买卖双方的切身利益，不可随意让步。一般说来，让步应遵循以下原则。

1. 维护整体利益

让步的一个基本原则是：整体利益不会因为局部利益的损失而受到损害，相反，局部利益的损失是为了更好地维护整体利益。谈判者必须十分清楚什么是局部利益，什么是整体利益；什么是枝节问题，什么是根本问题。让步只能是局部利益的退让和牺牲，而整体利益必须得到维护。因此，让步前一定要清楚什么问题可以让步，什么问题不能让步，让步的最大限度是什么，让步对全局的影响是什么，等等。以最小让步换取谈判的成功，以局部利益换取整体利益是让步的出发点。

2. 有条件让步

让步必须是有条件的，没有无缘无故的让步。谈判者心中要清楚，让步必须建立在一定条件的基础上，而且给对方的让步必须是有利于己方整体利益的，这些利益有可能是经济上的，也有可能是关系上的。当然，让步有时是根据己方策略或是根据各种因素的变化做出的。这个让步可能是为了己方全局利益，为了今后长远的目标，或是为了尽快成交而不至于错过有利的市场形势，等等。无论如何，让步的代价一定要小于让步所得到的利益，要避免无谓的让步。要用我方的让步换取对方在某些方面的相应让步或优惠，体现出得大于失的原则。

3. 不要轻易让步

在商务谈判中，双方做出让步是为了达成协议。但是必须让对方懂得，己方每次做出的让步都是重大的让步，使对方感到是付出努力之后才能得到一次让步，这样才会提高让步的价值，也才能为获得对方的更大让步在心理上打下基础。

4. 适当的让步幅度和让步次数

让步的幅度要适当，一次让步的幅度不宜过大，让步的节奏也不宜过快。如果一次让步过大，会把对方的期望值迅速提高，会使其提出更高的让步要求，使己方在谈判中陷入被动局面。如果让步节奏过快，对方觉得轻而易举就可以得到需求的满足，因而，认为己方的让步很容易，不需要付出多大代价，也就不会引起对方对让步的足够重视。因此，要让对方意识到得到己方的每一次和每一点让步都是来之不易的。

5. 适时的让步

让步的时机要恰到好处，不到需要让步的时候绝对不要做出任何让步，让步之前必须经过充分的磋商，时机要成熟，使让步成为画龙点睛之笔，而不要画蛇添足。一般来说，当对方没有表示出任何退让的可能，让步不会给己方带来相应的利益，也不会增强己方谈判的力量，更不会使己方占据主动时，不能做出任何让步。让步的主要部分应放在成交之前，以影响成交条件；而将次要的、象征性的让步放在最后，作为最后的“甜头”。

6. 在次要问题上的让步

要明确哪些是己方的重要问题，哪些是次要问题；还要清楚哪些是对方的重要问题，哪些是次要问题。在关键性问题上力争使对方先做出让步，而在一些不重要的问题上宁可考虑主动做出让步，促使对方的态度发生变化，争取对方的让步。

7. 不同幅度的让步

即使双方让步幅度相当，但是双方由此得到的利益却不一定相同，不能单纯从数字上追求相同的幅度，可以让对方感到己方也做出了相应的努力，以同样的诚意做出让步，但是并不等于幅度是对等的，同等幅度的让步有可能落入对方的圈套。

8. 撤销

如果已经做出了不妥的让步，想收回，也不要不好开口，应找个理由撤销收回，不能将错就错。

知识拓展

让步中的错误

由于谈判的复杂和谈判人员个人方面的原因，每个谈判者都可能犯错误，以下是谈判让步中容易出现的错误，虽然不全面，但可能会发生，希望谈判人员能够注意，在实际中予以重视。

(1) 一开始就接近最后的目标，没有余地。

(2) 自以为了解了对方的要求，不耐心地试探和发现事情的真相。

(3) 要求太低，对方可能会非常容易就满足自己的要求。

(4) 接受对方最初的价格。

(5) 在没有得到对方的交换条件时轻易让步。

(6) 轻易相信“不能让步”的话。

(7) 在重要问题上先做让步。

(8) 不适当的让步。

(9) 接受让步时感到不好意思或者有罪恶感。

(10) 忘记自己的让步次数。

(11) 让步的形态表现得太明显。

(12) 卖方让步时，买方也做相对的让步。

(13) 在没有弄清对方所有的要求以前，做出各种让步。

(14) 执著于某个问题的让步，不考虑整体利益。

(15) 做交换式的让步。

(16) 每次让步后不检验效果。

(资料来源：冯华亚. 商务谈判. 北京：清华大学出版社，2006.)

任务二　买卖双方让步的条件

子任务一　买方的让步

(1) 迅速支付货款，事先全部购买原材料，超义务信贷及某特定项目的合资经营。

(2) 在卖方需要时，可以提供技术援助，但这种援助是有偿的。

(3) 接受批量订货。

(4) 如果原材料涨价，可以适当提高交货的价格。

(5) 中间商参与广告宣传。

(6) 买方向卖方提供紧缺的原材料，使卖方能够为买方加工产品。

(7) 推迟交货期。

(8) 降低包装要求。

(9) 自己安装。

(10) 为了长期的合作而努力。

在实际谈判中，还有很多内容，谈判人员可以根据实际情况选择最有效的内容对卖方做出让步。

子任务二　卖方的让步

(1) 减少某些项目的价格。

(2) 为买主提供仓储和运输。

(3) 提供各种方便的付款方式，如分期付款或延期付款；简化支付程序，如按月支付或按季支付。

(4) 包装方面的让步，如标准或非标准包装、便于库存的特别标记、便于堆放的包装。

(5) 期限变化方面的让步。当币值发生变化后，期限也就要随之变化，在这方面存在着多种可能性，其范围也可从扩大支付期到缩小支付期。

(6) 提高产品质量。

(7) 提供全部或部分的工具费和安装费用，建立一个在较长时期内双方分摊费用的计划。

(8) 培训技术人员。

(9) 无偿调试。

(10) 在特定期限内保证价格稳定。

(11) 提供租赁方式，向对方提供运输工具。

(12) 向对方提供各种方式的回扣。

(13) 为了长期的合作。

在实际买卖过程中，能够提供的让步内容还很多，谈判者可适当选用。

实训案例 8-6

为了长期的合作

某粮油进出口公司与某外商就一笔较大的黄豆交易进行价格谈判。买方表示愿意以每吨136美元的价格成交，而卖方的报价则是每吨150美元。经过双方认真、坦率的谈判，互相都做出了一定的让步，买方从原出价136美元提高到140美元，而卖方则从报价的150美元降至145美元。但由于双方都表示不能再做让步，谈判只好暂时中止。

时隔3天之后，卖方由于资金周转出现了些问题，急需现金，于是给买方打去电话，表示愿意接受每吨140美元的价格，不知买方是否还有继续交易的打算。买方即刻表示同意磋商。在谈判过程中，卖方坦诚地介绍了公司的情况，希望能迅速成交。

买方在听完卖方的陈述后，出人意料地表示仍然愿意以每吨145美元的价格买进。为此，卖方公司喜出望外，对买方的关照和慷慨表示感谢和满意，双方的手紧紧地握在一起。

事过之后，有人问及买方为什么这么做，买方告诉他："每吨只差5美元的价格，总数3 000吨，总差额不过15 000美元，这笔金额对己方并不重要，倘若坚持非140美元一吨不买，则对今后的业务往来无丝毫的好处。如果以此作为让步，对方会加倍珍视这份支持表现出的友好态度，无疑对以后的业务往来大有益处。"果然，从此以后，买卖中总能享受到优惠和特权，它给买方带来的长期的经济利益，远不是那15 000美元所能比的。

(资料来源：朱凤仙. 商务谈判与实务. 北京：清华大学出版社，2006.)

任务三　让步的种类

1. 有效适度的让步

谈判中一般不要做无谓的让步。在一些细微的问题上做出让步，可以换取对方在其他方面的相应让步或给予一定的优惠，使对方感受到一种诚意。也就是说，在重要问题上，欲使对方做出让步，就要根据情况自己先做出让步，将心比心，换取对方的诚意，取得较好的效果。谈判中第一次让步幅度要小，否则，对方要求让步的标准会越来越高。让步的节奏也不宜太快，如果节奏太快，会将自己置于软弱的地位，丧失主动权，也就难以换取对方做出让步。让步要让在适宜的时机，恰到好处，而且要具有不可测性，使对方不知道自己在什么时候能让步，在什么问题上会让步，以免对方摸清底细，给自己施加压力。

实训案例 8-7

苏先生为什么会失败

苏先生向客户A推销一套环保设备，与客户A有接触的共有8个供应商。客户A最后选中了3家(含苏先生)。其中一家报价高，苏先生并不理会他，而将注意力放到另一家。因为报价几乎一样，苏先生与经理商量，为了战胜对手，把价格降到最底线来增加竞争力，经理同意了。苏先生马上向客户A通报了这个消息，对方很高兴，因为苏先生报的价格下降了13%。同时苏先生了解到，竞争对手报的价格还比他高5%。苏先生认为这一次肯定会接到订单，因为即使对方再下浮，也不可能比他低。但苏先生第二天接到客户A的电话，对方希望苏先生把施工费也算进去，再下浮 4%。苏先生和经理经过商量，认为只能再让 2%(即与客户各承担50%)，这样苏先生的让利价下降到15%。第三天，苏先生得到消息，对手以下浮12%的价格战胜了他15%的让利。他最不明白的是，为什么价格最低却赢不了？

相信大家都明白其中的原因：首先，苏先生一步退位到13%，客户A感到仍有让利的余地，所以要求继续优惠4%，尽管这是客户A的错觉。其次，当客户提出再下浮4%时，苏先生只同意再让2%，让客户A觉得被"骗"，所以，对苏先生失去信心(或心理上不平衡)，并将订单转到另一个竞争者手中。客户A根本不在乎那百分之几的让利，而是对苏先生失去信任感。

(资料来源：黄卫平，董丽丽. 国际商务谈判. 北京：机械工业出版社，2008.)

2. 显著的让步

在谈判中，一些谈判者先是要价较高，然后大幅度降价，使对方产生一种错觉，认为已没有油水可榨了，或者在连续几次的降价让步后，令对方不好意思逼人太甚。显著让步是在特殊时候或整体利益要求的情况下做出的，目的是为了获取对方的合作和获得更大的利益而采用的让步方式，同时也会让对方心理得到满足。但一定要使对方意识到，让后不可能再退让了，促使对方快下决心，否则就有"泡汤"的危险。

3. 倾听

倾听也是让步。谈判本身就要求专心听，倾听可以了解对方的需求和发现事实真相，也可能成为较重要的让步表现。谈判的各方都想努力表现，博得对方的信任。在谈判中，要注意倾听对方所说的条件和要求，温和而有礼貌，圆满地进行解释，使之满意，让对方感到他们的谈判对手文明、理智，有信誉，是既精干又诚实的贸易伙伴。可见，这种没有任何损失的让步，也是谈判中不可缺少的让步手段。

4. 双方同时做出的让步

在实际业务谈判中，让步往往是双方的，一般由双方共同努力才能达到较理想的效果。例如，某公司欲订购一批产品，在谈判开始，买方愿意出价1 000元，而对方报价2 000元，在第一回合后，双方都预计可能成交的价格在1 400元到1 600元之间。他们经过几个回合的讨价还价，最终以1 450元的价格达成协议。在这次谈判中，他们具体让步的情况是这样的：

第一次买方出价1 000元，第二次出价1 200元，第三次出价1 400元。

第一次卖方报价2 000元，第二次报价1 700元，第三次报价1 500元。

双方经过3次的相互讨价还价，各自都做出了较大的让步，最后折中，以1 450元的价格成交。

任务四　让步的策略

磋商中的每一次让步，不但是为了追求自己的利益满足，同时还要充分考虑到对方的最大满足。谈判双方在不同利益问题上相互给予对方让步，以达成谈判和局为最终目标。这里介绍几种常见的让步策略。

子任务一　互利互惠的让步策略

从本质上讲，双方或多方坐在一起进行商务谈判，就是希望能够达成一个对双方或多方均有利的协议，谈判不会是仅仅有利于某一方的洽谈。一方做出了让步，必然期望对方对此有所补偿，获得更大的让步，这其实就是互利互惠让步的实质。

所谓互利互惠的让步策略是指以己方的让步换取对方在某一问题上的让步的策略。从理论和实践的综合角度来看，能否争取到这种互利互惠的让步方式，很大程度上取决于商谈的方式。一种方式是横向谈判，即采取横向铺开的方法，将几个谈判议题同时加以讨论，也就是每个议题同时取得进展，然后再统一向前推进；另外一种方式是纵向谈判，即先集中谈判重要的原则，再开始解决其他议题的纵向前进的方式。很显然，采用纵向谈判方式，比较容易使双方产生对某一问题的纠缠，容易争执不休，在经过一番努力之后，往往会出现单方让步的局面。相对地，在进行横向谈判时，如果因为该种方式把整个谈判的内容、议题集中在一起同时展开商谈，双方就很容易在各个不同的议题上进行利益交换，从而达到互利互惠的让步。

争取互利互惠的让步，不仅要看谈判议题的商议方式，还需要谈判者有开阔的思路和视野。除了某些己方必须得到的利益须坚持外，不要太固执于某一个问题的让步，在一个问题上卡死，要将谈判看成一盘棋，即整个合同的各个具体问题都很重要。要分清楚利害关系，避重就轻，向对方阐明各个问题上所有的让步，要视整个合同是否令人满意而定。因此，在进行让步时，要灵活地使己方的利益在其他方面能够得到补偿。

为了能够顺利地争取到互利互惠的让步，从商务谈判的实践来看，通常采用的技巧有以下两种。

(1) 当己方谈判人员做出让步时，应向对方表明：做出这个让步是与公司政策或公司主管的指示相矛盾的。因此，己方只同意这样一个让步，“贵方也必须在某个问题上有所回报，这样我们回去也好有个交代。”

(2) 把己方的让步与对方的让步直接联系起来，表明己方可以做出这次让步，只要在己方要求对方让步的问题上能达成一致，一切就不存在问题了。

这是两种最常用的技巧，在实际运用中，第一种方法比较容易取得对方的理解，因为给人的感觉是言之有理，且言中有情，因此，比较容易取得成功。第二种方法则给人以坦率、交易色彩有余，而态度比较生硬、人情不足的感觉，运用起来技巧性较差，但在环境及谈判气氛适当时运用，也会有较好的效果。

子任务二　丝毫无损的让步策略

所谓丝毫无损的让步策略是指己方所做出的让步不给己方造成任何损失，同时还能满足对方一些要求或形成一种心理影响，产生诱导力。当谈判对手就某一个交易条件要求我方做出让步时，在己方看来其要求确实有一定的道理，但是己方又不愿意在这个问题上做出实质性的让步，可以采取一些无损的让步方式。

谈判是具有一定艺术性的。人们对自己争取某个事物的行为的评价并不完全取决于最终的行为结果，还取决于人们在争取过程中的感受，有时感受比结果还重要。在这里，己方认真倾听对方的意见，肯定其要求的合理性满足了对方受人尊敬的要求；保证其条件待遇不低于其他客户，进一步强化了这种受人尊敬需求的效果，迎合了人们普遍存在互相攀比、横向比较的心理。

莎士比亚曾经说过：“人们满意时，就会付出高价。”下面就卖方而言，介绍几种不损害自己利益的让步，几种实际上未做让步，而对方却感觉到了让步的“让步”——无损让步法。

(1) 向对手说明其他大公司或者有地位、有实力的人也接受了相同的条件。

(2) 明示或者暗示这次谈判成功将会对以后的交易产生有利的影响。

(3) 反复向对手保证其享受了最优惠的条件。

(4) 尽量圆满、严密、反复地解释自己的观点、理由，详尽地提供有关证明、材料，但是，不要正面反对对方的观点。(这是关键，否则所做的工作全是白费)

(5) 反复强调本方的完美、周到、突出的某些条件，如交货日期、付款方式、运输问题、售后服务甚至保证条件等。

(6) 努力帮助对方了解我方产品的优点和市场行情。

(7) 全神贯注地倾听对方的讲话，不要打岔，不要中途反驳；打岔会使对手不快，中途反驳会使对手生气，都是得不偿失的行为。

(8) 在恰当时重述对方的要求和处境。通常人们都喜欢自己被别人了解，所以这是对己无损的妙法。

子任务三　予远利谋近惠的让步策略

谈判者就如同证券市场中的投资者，都是为了利润而投资，只不过在谈判桌上，利润是指欲望的满足，而不仅仅是金钱的获得，谈判者的让步实际上也是给对方一种满足。满足感有两种，包括对现实的满足和对未来的满足。而对未来的满足程度完全凭借谈判人员自己的感觉。

在谈判中，直接给对方的某种让步是一种现实的满足。但是，理论和实践证明，也可以通过给予其期望的满足或未来的满足而避免给予其现实的满足，即为了避免现实的让步而给予对方以远利。其实，银行很早就注意到了这一点，在办理抵押贷款时，人们往往比较关心能够借到的贷款数目，而不太关心利率，这是因为利息要经过很长一段时间，一个月一个月地积累计算，他们很少考虑到以后若还不上债要卖房子时，将会发生什么事情。

当对方在谈判中要求己方在某一问题上做出让步时，己方可以强调保持与己方的业务关系将能给对方带来长期的利益，而本次交易对是否能够成功地建立和发展双方之间的长期业务关系是至关重要的。如此这般地向对方言明远利和近利之间的利害关系，对方多半是会取远利而弃近惠的。其实，对己方来讲，采取予远利谋近惠的让步策略，并未付出现实的东西，却获得近惠，又何乐而不为呢？

子任务四　声东击西的让步策略

就军事方面来讲，声东击西是指当敌我双方对阵时，我方为更有效地打击敌人，造成一种从某一方向进攻的假象，借以迷惑对方，然后攻击其另一方向。而让步中的声东击西是指将相关的条件一起提出来，以对自己并不重要的条件作为砝码或掩护，去求得对方在重要条件上的让步，这实际上是一种所谓的“佯攻”。作为“声东”或“佯攻”的条件，应该具有一定程度的可信性，才能达到“击西”的真正目的。例如，买方发现软磨硬泡都不起作用，卖方仍坚持提价时，便将“货期”与“提价”联系在一起，以推迟货期作为条件，来达到让对方减少提价的目的，利用此因素的让步，去换取其他因素上的进展。

单元四　磋商阶段的策略

商务谈判策略是对谈判人员在商务谈判过程中为实现特定的谈判目标而采取的各种方式、措施、技巧、战术和手段组合运用的总称。策略所解决的主要是采取什么手段或使用什么方法的问题，目的是最终实现预期的谈判目标。磋商阶段是商务谈判的核心环节，磋商的过程及其结果直接关系到谈判双方所获利益的大小，决定着双方各自需要的满足程度。因而，选择恰当的策略来规划这一阶段的谈判行为，无疑有特殊的重要意义。

磋商既是双方求同存异、协商确定交易条件的过程，也是双方斗智斗勇，在谈判实力、经验和智力等诸多方面展开全面较量的过程。为了使谈判能够顺利进行并取得成功，谈判者应注意善于抓住对方主观和客观的弱点，善于发挥己方主观和客观上的某些优势，准确地把握谈判中合作与竞争的“度”，这是谈判成败的关键。这里将从不同角度、不同层次对磋商阶段的策略进行说明。

任务一　磋商阶段不同地位的应对策略

在商务谈判过程中，由于谈判人员在素质、经济实力、拥有的信息量、准备的情况等方面存在着许多差异，因此，总会存在被动、主动和平等地位的区别。当谈判人员所处的地位不同时，就会选择不同的谈判策略来实现自己的谈判目标。

子任务一　处于平等地位的谈判策略

在商务谈判中，有时谈判双方是势均力敌的状态，谈判者的地位平等。在谈判中，势均力敌又包含多种内容，不仅指企业的经济实力、声誉及市场形象，更多的是指对这次具体交易需求的迫切程度，即合作的内在驱动力，如果大体相当，合作的可能性就很大。因此，在这种情况下，应以谋求合作和追求互利为前提。

1. 回避冲突策略

谈判人员在谈判之前，要明确自己的谈判意图，在思想上进行必要的准备，以创造融洽、活跃的谈判气氛。然而，谈判双方为了谋求各自的利益，必然要在一些问题上发生分歧。分歧出现以后，要防止感情冲动，保持冷静，尽可能地避免争论。因为争论不仅于事无补，而只能使事情变得更糟，最好的方法是采取如下态度。

(1) 冷静地倾听对方的意见。在谈判中，最好的方法是让对方陈述完毕之后，先表示同意对方的意见，承认自己在某些方面的疏忽，然后提出对对方的意见进行重新讨论。

(2) 婉转地提出不同意见。在谈判中，当己方不同意对方的意见时，切忌直接提出自己的否定意见，最好的方法是先同意对方的意见，然后再作探索性的提议。

(3) 分歧产生之后谈判无法进行时，应马上休会。休会策略不仅可以避免出现僵持局面和争论发生，而且可以使双方保持冷静，调整思绪，平心静气地考虑双方的意见，达到顺利解决问题的目的。

2. 坦诚策略

坦诚策略的含义是谈判人员在谈判中尽量开诚布公，使对方感到信任友好，促进通力合作，达成交易。

现代谈判理论认为，谈判是协调行为的过程，是追求双方各自需求满足的结合点，不应完全从自我立场出发，采取一系列谋略，使对方完全按我方设计的轨道运行。采取开诚布公的态度，坦诚告诉对方我方的某些真实意图，这往往是减少矛盾、回避冲突、促使对方通力合作的良好对策。事实上，人们在实际生活中，都希望别人相信自己，如果心怀叵测，又怎能指望别人以诚相待呢？要想别人相信自己，首先要从自己做起，待人以诚，他人才会还己以义。从古经商就是以诚信为本，商务谈判中也不例外，坦诚相见并不是不讲技巧，也不是完全不警惕对方的欺骗行为。过分坦率有时是一种幼稚而愚蠢的行为。谈判中的坦诚策略，是以能达到“以心换心”的目的为前提的。

这项策略目前颇受推崇，因为它有助于克服谈判双方的疑忌心理，创造诚挚友好的谈判气氛。但也应注意，坦诚不是和盘托出，更不是不分场合和人物。使用这种策略，最好是在探测阶段之后，因为这时对谈判对手的意图风格和态度已有一定的了解，估计对方不是闪烁其词或者老奸巨猾之辈，在这种情况下，就可使用坦诚策略。

3. 私人接触策略

该策略是指通过与谈判对手的个人接触，采用各种方式增进了解、联络感情、建立友谊，从侧面促进谈判顺利进行的策略。

私下交往的形式很多，如电话联系、拜访、娱乐、宴请等，多在会外活动。

电话联系是私下交往的一种常用交际方式，打电话之前应做好准备，打好腹稿，选择好表达方式、语言声调，注意礼貌。无论在多么紧急的情况下，不可以一接通电话就进行实质性交谈，而要先寒暄问候。

拜访一般是主方为联络感情、关心食宿，及时满足对方的生活需求，或表示尊重，等等，而到客方住所进行的拜望和访问，这种做法同我国传统的“住客看过客”是相同的，可分为礼节性拜访和事务性拜访。礼节性拜访不一定有预定的目的，交谈的范围可以很广，方式也可以多样，事务性拜访应事先商定时间，不可突如其来，或强求对方会见。赴约要严格遵守时间。拜访的时间一般不宜过长，通常要依对方谈话的兴致、情绪，双方观点是否一致，等等，适时告退。

共同娱乐是谈判双方人员为工作而交好私人朋友的有效手段，如游览名胜、打球、下棋、看戏等。

私下交往的形式很多，皆无不可，但各国、各地区商人往往有独特的偏好。例如，日本人喜欢在澡堂一起洗澡时闲谈；芬兰人乐于在蒸汽浴室一起消磨时间；而英国人则倾向于一同去绅士俱乐部坐坐；我国的广东人喜欢晨起在茶楼聊天。对于不同的谈判对手要了解其习俗，兼顾偏好，更有利于联络感情。私下交往策略更适用于各方首席代表，它有许多好处。它不像正式谈判，可以无拘无束地交谈，气氛融洽灵活，特别是谈判桌上难以启齿求和时，在私下交往中就能轻松地把愿意妥协的方面表达出来。此外，对于细节问题的研究，可以更加深入。

采用这一策略时，也有许多注意事项：第一，要小心谨慎，谨防失言，不要单方面地告白，以免泄露了我方的秘密；第二，在气氛很好的时候，不能十分慷慨而丧失原则；第三，要提高警惕，因为对方也会运用此策略，很可能在轻松的气氛里，在我方没有防备时，对方已轻易地使自己相信了虚假的消息。

4. 双赢式策略

双赢式策略是一种合作性的谈判方式，双方都在努力得到一个彼此愿意接受的处理结果。如果把双方的冲突看做是能够解决的，那么就能找到一个创造性的解决方法，从而稳固了双方的地位，甚至会增强双方的关系。双赢式谈判的出发点是在绝不损害别人利益的基础上，取得我方的利益，因而又将其称为谋求一致法或皆大欢喜法。

双赢式谈判策略主要涉及 4 个要点：第一，将人与问题分开；第二，将重点放在利益上而非立场上；第三，构思双方满意的方案，寻找对双方有利的解决方法；第四，坚持客观标准。这4个要点需要通过合作方式得到满足，而使双方获胜，皆大欢喜。

实训案例 8-8

急人所急，合作双赢

为了适应消费潮流，日本一家客商急需加工一批新款式的套装，于是，他来到我国一家著名的服装厂进行业务谈判，要求定做一批按照他的样品要求的羽绒服套装。本来这是一件对双方都有利的商业合作，但是我方厂家从谈判中了解到，由于日本客商需求的产品数量不多，难以进行批量生产，加工的难度又很高，造成加工成本相当高。除此之外，日方要求的交货期又非常短，他跑了中国的许多地方，都遭到了厂家的婉言拒绝，没有一个羽绒服厂家愿意与他合作，这个日本客商一次次地碰壁而去。

这次，中方的厂商通过仔细核实和察看货品样板，确认日本客商要求的加工难度的确相当高，在这种情况下，如果工厂接受了这批订单，不仅几乎没有什么利润，而且还极有可能亏本经营，但是如果不接受这笔生意，损失的可能就是双方今后的合作前景。看到对方客商愁容满面、内心十分着急的样子，中方谈判代表从对方的利益出发，本着合作的原则，急人所急，当场拍板，同日本客商签订了加工合同，并且保证一定按质量按时交货。中方的合作与豁达爽快的谈判态度，深深地打动了日本客商的心，对方感到我方既能替客户着想，又具备相当的实力，对双方的合作充满了的信心。

后来经过双方的进一步的沟通、探讨和商议，日本客商随后将5 000件的订单增加到10万件，想在日本做大批量的促销。这样一来，中方厂家由于产生了批量生产的效益，不仅使得成本大大降低，而且利润也相当可观，还与对方结成长期的合作伙伴。

中方羽绒服生产厂家以诚心换取了对方的信任，使得对方主动提出改变需求量，最终取得了这场谈判的胜利。

(资料来源：吕晨钟. 学会谈判必读的95个中外案例. 北京：北京工业大学出版社，2005.)

5. 引导策略

提出自己的方案之前，先问对手如何解决问题，在对方提出自己中意的或能够接受的设想后，尽量承认这是对手的创见，解决问题的最佳方案是由对方提出的，这就是引导对手提出自己需要的方案的方法。

实训案例 8-9

引导下的合作

一家医院需要添置一套X光设备，许多生产厂家纷纷派人前来介绍产品，负责X光部门的李医生不胜其扰。在他为此事感到烦恼时，另一家厂商寄来了一封信，信中说："我厂最近刚开发完成一套X光设备，这套设备并非尽善尽美，为了进一步改进，我们非常诚恳地请您抽空前来指教。为了不耽误您的宝贵时间，请随时与我们联系，我们会马上开车去接您。"李医生感到十分惊奇，因为以前从未有厂商询问过他的意见，他感到自己作为专家受到了尊重，心里涌现出自豪感。他取消了已约定的一个约会去看了那套设备，并提出了一些无关紧要的意见。厂方根据他的意见进行了改进。李医生很喜欢这套自己发表过修改意见的X光设备，他决定买下这套X光设备，并说："没有人向我兜售，而是我自己向医院建议买下那套设备的。"

在那家厂商的巧妙攻势下，原来的对手李医生成了同盟者，一切障碍由他去扫清，如负责去说服医院的领导和在经理办公会上获得通过，等等。为此，李医生还准备了详尽的资料，因为他觉得买下这套X光设备是“他自己”的主意。

(资料来源：石永恒. 商务谈判. 北京：团结出版社，2003.)

引导对手提出自己需要的方案时要注意两点。

(1) 让对手尽量思考和参与自己的方案。从谈判过程的准备阶段开始，就可以尽量让对手感觉到是他在主持着谈判和设计方案，使对手表现了更大的合作倾向。

(2) 不能让对方在设计方案时遇到困难。如果要对手为己方的建议和方案付出艰苦的努力和大量的时间，己方可能遭到拒绝。因此，既要让对手感到自己创造了价值，又不能让他参与的难度增大，而是要减少对手的难度。

6. “意大利香肠”策略

“意大利香肠”策略是谈判者在谈判之初并不提出自己全部的真正要求，而是随着谈判的不断深入，采取挤牙膏的方法，顺顺当当地使对方做出一个又一个的承诺，直到满足自己的所有要求为止。

“意大利香肠”策略即传统的“蚕食谈判策略”，具体内容是：意欲取其尺利，则每次谋取毫厘，就像切香肠一样，一片一片地把最大利益切到手。

实训案例 8—10

点滴积累占市场

保险公司有一项重要的业务就是开展房屋抵押贷款保险，客户一旦加入了这种保险，那么，当遇到不可抗力因素而导致贷款人死亡或者遭遇不测致使贷款人不能偿还银行的分期贷款时，保险公司则代为缴纳，以分担银行和贷款人双方的风险。一家新兴的保险公司欲开展这方面的业务，但比其他同行慢了一步。

新兴保险公司为占领市场上的一席之地，经过一番周密的策划，派出业务员与银行洽谈：“我们公司正计划推出一种崭新的服务，我们决不向贵银行所指定的那家保险公司那样向客户叩头拜托，也不像现在的做法那样，客户一到银行办完贷款手续就马上到府上拜访劝诱。我们的办法完全不同，我们要用邮寄广告的方式来扩展业务，所以请贵银行把尚未加入保险的客户名单抄一份给我们。”

“如果你们的贷款由我们的保险来做加信保障，你们也可以放心了。”对于新兴保险公司的这种要求，银行方面没有理由拒绝接受，加之邮寄宣传的配合，在经过一番努力之后，新的服务方式获得了极大的成功，在短短的一段时间里就争取到了多半的房主，接着又很快囊括了房屋抵押贷款保险业90%的份额。

第一步取得成功以后，新兴保险公司又派出代表到各大银行游说：“目前我们公司已经争取到了整个市场90%的份额，你看我们该不该争取100%？”就这样，该公司不但成为当地唯一被市里银行协会所指定的保险公司，而且又成功地运用这种战术和全国各地的银行建立了固定的业务关系，终于成为全国受银行指定最多的保险公司。

(资料来源：李炎. 谈判其实很容易. 北京：中国纺织出版社，2002.)

在这里，新兴保险公司成功地运用了“意大利香肠”策略，取得了与银行谈判的成功。在蚕食的过程中，首先，从银行那里得到尚未参加保险的客户名单，用新的服务方式招来越来越多的客户投保。其次，以初步的成功再向银行提出新的要求，进而争取到100%的当地市场。最后，以取得的成功为基础，采取同样的策略向全国出击，最终在同行业中遥遥领先，从而实现了自己的最高目标。

“意大利香肠”策略告诉人们：在商务谈判中，与其把自己的目光总是盯着最高目标，不如从最容易实现的物质条件开始，一点一滴地去争取。谈判中采用此种策略时，必须要有耐心，要小心谨慎，否则，不会获得成功。

7. 宠将策略

宠将策略系指在谈判中，切合实际或不切合实际地颂扬对方，以合适的物资赠送对方，使对方对己方产生一种友善、一种好感，甚至信任感，从而放松其思想警戒，软化其谈判立场，使己方的谈判目标得以实现的策略。简而言之，就是用表扬的办法让对方去做一些己方希望其去做的事情。

实训案例 8-11

我国某公司经营罐头食品，每到生产季节都派人到国外去拜访用户，确认该季节的订单。

对美国的一个客户，卖方派了两位部门负责人去拜访该公司的具体负责人。这位负责人是一位年轻女士，曾在海外分公司常驻，也曾经与卖方有过合作经历。

卖方两位负责人均为男士，见了这位女士，首先致礼，接着说明了来意，并且转达了卖方曾与该女士有过合作的业务人员的问候。

谈到新的订单，该女士说：“本地市场不景气，我们的最终用户没下决心，因此，只能等以后再订”。

卖方：“等可以，季节可不停啊，如果不及时下订单，就会错过最佳的原料准备期，尤其是贵方购买的一直是水果罐头，更是如此。”

“市场不定，我们的买价也难定，购买数量也难定。”

“去年贵公司买了 3 万箱，不出意外的话，今年应该不会低于这个数目的。当然，多点更好。”

“我们也想多买，但是要看您的价格啊。”

这时，卖方的两位男士笑了，一位负责人说：“您果然像我们同事介绍的那样，不仅漂亮，而且十分精明。只要您下订单，价格的事尽管放心，你们是老客户了，一定给予最优惠的价格。”

女士：“听说您那边今年遭受旱灾，水果是否减产？罐头的原料价格会受影响吗？”

“不愧是行家，问题提到点上了。这也是我们来访的原因，为了保证像贵公司这样的老客户、大客户的供应不受影响，我们必须提前收购原料，以确保罐头的产量和成本，您一定理解我们要求贵方早下订单的原因，实则为您好，希望协助您扩大业绩。”

“不知道天旱对水果品质是否有影响？”

“最近下了几场雨，对水果生长很有利。不过，您提的问题很专业，恐怕还要眼见为实，所以，我们真诚欢迎您到我国访问，实地考察，对情况也就一目了然了，比我们口头描述要可靠得多。”

正在这时，该女士的上司来了，大家互相致意后，卖方一位负责人“抱怨”说：“我们正在跟您的助手讨论今年水果罐头订单的问题，她非常精明、专业，又有进取心，深受我和同事们的尊敬，不过，这对我们来说压力很大啊，哈哈。当然，跟这么美丽的女士合作，即使困难点也令人愉快。”

该上司简单介绍了一下其管辖范围的业务情况，表示支持该女士与卖方公司合作。趁此机会，卖方讲了早下订单的好处，希望他支持其助手早下订单，对双方均有利。

会谈很务实，气氛很热烈，最后双方约定尽快做决定。3 天后，该女士通知卖方按去年订购 3 万箱备原料，价格可按市场价格定。卖方人员还未回国，就有了收获。

(资料来源：黄卫平，董丽丽. 国际商务谈判. 北京：机械工业出版社，2008.)

除去客观因素外，该谈判采取了适当的宠将策略，使谈判的主要决策人感到愉悦，愿意考虑早下订单的问题，这是谈判能成功的重要促成因素。案例中，卖方在两个场合给该女士

“戴高帽子”：一是单独与其会谈时，称赞她“漂亮”、“精明”；二是在与其上司会谈时，用抱怨的语气再次称赞她的“精明”、“专业”、“进取”，使该女士很满足，从内心激起她的友好之情，主动配合的欲望大大增强，从而使卖方的目的得以实现。

子任务二　处于主动地位的谈判策略

处于主动地位的谈判者，意味着比对方在经济实力、政治背景、协作关系等方面占有较大优势。在这种情况下，可以利用自己的优势迫使对方做出更大的让步，以谋取更大的利益。下面介绍几种处于主动地位时可采取的策略。

1. 不开先例策略

不开先例策略通常是指握有优势的卖方坚持自己提出的交易条件，尤其是价格条件，而不愿让步的一种强硬策略。当买方所提的要求使卖方不能接受时，卖方谈判者向买方解释说：如果答应了这一次的要求，对卖方来说，就等于开了一个交易先例，这样就会迫使卖方今后再遇到类似的问题同其他客户发生交易行为时，也至少必须提供同样的优惠，而这是卖方客观上承担不起的。

当谈判中出现以下情况时，卖方可以选择运用不开先例的策略。

(1) 谈判内容属保密性交易活动，如高级生产技术的转让、特殊商品的出口等。

(2) 交易商品属于垄断经营。

(3) 市场有利于卖方，而买主急于达成交易。

(4) 当买主提出交易条件难以接受时，这一策略性回答也是退出谈判最有礼貌的托词。

卖主在运用“不开先例”的谈判策略时，对所提出的交易条件反复衡量斟酌，说明“不开先例”的事实与理由，使买方感到可信。否则，不利于达成协议，除非已不打算再谈。

对于买方来讲，问题的关键是难以获得必要的情报和信息来确切证明卖方所宣称的“先例”界限是否属实。而且即使在目前的谈判中，卖方决定提供该买主一个新的优惠，但他是否就真的成为一个“先例”，也是无法了解的事情。因此，买方除非已有确切情报可予揭穿，否则，只能凭主观来判断，要么相信，要么不相信，没有其他途径。

总之，不开先例策略是一种保护卖方利益，强化自己谈判地位和立场的最简单有效的办法，当然，卖方如居优势，对于有求于己的推销也可参照应用。

2. 规定时限策略

在商务谈判活动中，实力强的一方常常会利用谈判中的有利地位，采用时限策略，因为在这种情况下，对方特别担心谈判破裂，一旦破裂，对方损失最大。规定时限的策略是指谈判一方向对方提出的达成协议的时间限期，超过这一限期，提出者将退出谈判，以此给对方施加压力，使其无法拖延地做出决断，是改变自己的主张，让步妥协，还是谈判破裂，以求尽快解决问题。事实上，大多数贸易谈判，特别是那种双方争执不下的谈判，基本上都是到了谈判的最后期限或者临近这个期限才出现突破并进而达成协议的最后期限带有明显的威胁性。每一个交易行为中都包含了时间因素，时间就是力量，时间限制的无形力量往往会使对方在不知不觉的情况下接受谈判条件。

当谈判中出现以下情况时，可以选择运用规定最后期限策略。

(1) 对方急于求成时，如采购生产用的原料等。

(2) 对方存在众多竞争者时。

(3) 我方不存在众多竞争者时。

(4) 我方最能满足对方某一特别主要的交易条件时。

(5) 对方谈判小组成员意见产生分歧时。

(6) 发现与对方因交易条件分歧大，达成协议的可能性不大时。

选用规定最后期限的策略，目的是促使对方尽快地达成协议，而不是使谈判破裂，因而，运用时必须注意以下几点。

(1) 所规定的最后期限是对方可接受的，即最后期限的规定是由于客观情况造成的，无理的、来不及给对方思考时间的最后期限常会导致谈判策略的失败。

(2) 所规定的最后期限必须是严肃的，尽管该期限将来是可以更改或作废的，但到最后期限到来以前，提出最后期限的一方要表明执行最后期限的态度是坚决的。

(3) 在运用规定最后期限的同时，可以向对方展开心理攻势，做一些小的让步来配合，给对方造成机不可失、时不再来的感觉，以此来说服对方，避免因规定最后期限给对方形成咄咄逼人的感觉，使双方在达成协议的态度上更加灵活一些。

(4) 在言语上要委婉，既要达到目的，又不至于锋芒毕露。

实训案例 8—12

赫本初出茅庐的教训

赫本初次受命谈判，他雄心勃勃地走上飞机，到东京去进行为期 14 天的谈判。赫本虽做了大量准备工作，一下飞机便受到“友好而礼貌”的隆重接待。日本人为他提供周到、舒适的服务，甚至热情地帮助他学习日语。闲谈中日本人问他：“你是要按时坐飞机回去么(当时的赫本，尚未意识到时间期限的重要作用)？我们好安排车送你返回机场。”这时他心中暗想：“考虑得多周到啊！”赫本不假思索地伸手从口袋里拿出回程机票给日本人看，好让他们知道什么时候送他。可是，他当时并没有察觉到日本人已知道了他的“死线”(赫本后来幽默地把截止期限称为“死线”)。尽管如此，日本人仍不及时开始谈判，反而继续派人陪同他去“体验日本文化”。一个多星期的时间，让赫本尽兴旅游了整个国家，每天晚宴及“余兴”节目，都在 4 个小时以上。赫本时常焦急地督促日方赶快谈判，日方却总是说：“不忙，还有很多时间，时间足够用！”最后，到了第 12 天，谈判才正式开始。这一天的下午，日本人有意拉他一起去打高尔夫球，谈判很快又结束了。最后到第 14 天，亦即按预期将离开东京的最后时间，这时仍在继续谈判，正当谈判进行到关键时刻，等候送赫本去机场的轿车已停在门外，为了不耽误计划行程，赫本只得同日本人草草讨论条件，并赶在轿车开动时完成了交易。不言而喻，这一次谈判以日方获胜而结束。这给赫本以极深刻的教训。

(资料来源：王得新. 商务谈判. 北京：中国商业出版社，2000.)

3. 炒蛋策略

炒蛋策略是当前国际谈判桌上一种比较流行的谈判策略，又可叫做“浑水摸鱼”策略。照理说，谈判应当是循序渐进的，而炒蛋策略却是反其道而行之，故意将谈判秩序搅乱，将许多问题一揽子兜上桌面，让人眼花缭乱，难以应付。这时，毫无心理准备的一方，就会大伤脑筋、望而却步，谈判中的失误也许就会因此而产生。

生活经验告诉人们，当一个人面临一大堆杂乱无章的难题时，情绪便会紧张，智力衰弱，自暴自弃，丧失信心。炒蛋策略即是利用这种心理，打破正常的有章可循的谈判议程，将许多乱七八糟的非实质性问题同关键性议题掺杂在一起，使人心烦意乱，难以应付，借以达到使对方慌乱失措的目的，使对方滋生逃避或依赖对己的心理，己方便趁机敦促协议的达成。

实训案例 8—13

中国某公司与外商洽谈合伙生产矿泉水生意。当中方对外商提出的某一技术数据表示怀疑时，外商马上从皮箱中拉出一大堆乱七八糟的技术资料，让中方自己分析计算。中方主谈判者被这一大堆资料弄得头昏脑胀，他根本没有意识到这是外商的炒蛋战略，也没有思考回击对方的战略战术，便翻了几下，就说："我们相信你们的技术数据。"最后，草草签了协议书。

破解炒蛋策略的方法是：当谈判者面对对方一揽子兜出许多问题时，首先要沉着冷静，坚定信念。其次，坚决要求对方回到谈判的正常秩序中来，逐项讨论和解决问题，遇到涉及有关数据问题时，一定不可草率行事。有时，仅仅一位数之差，便会导致己方的利益荡然无存。再次，当对方使用材料和数据等一些炒蛋策略时，己方要有勇气提出暂停谈判，以对各种材料和数据进行仔细研究，不要为图节省时间和精力，造成无法弥补的损失。

4. 欲擒故纵策略

在谈判桌前，有的谈判者将己方的需求隐藏起来，却刺激对方的需求；急于谈判成功的一方，却装着无所谓的样子，这就是在使用欲擒故纵的策略。

"欲擒故纵"的手法是多变的，因条件而异，而且不难掌握。从态度上看，不过分忍让和屈从，该硬就硬，该顶就顶。在日程安排上，不要表现得非常急切，可随和对方。既表现得有礼貌，又可乘机利用对自己有利的意见。采取一种半冷半热的、似紧不紧的做法。使对手摸不到己方的真实意图何在。有时则在对方强烈的攻势下，采用让其表演、不怕后果的轻蔑态度，既不慌乱也不害怕，以制造心理上的优势。这样可以争取比较好的价格条件。

欲擒故纵谈判策略的明显特征是采取逆向行为，向对方传递一个不真实的信息。由于这是一种较为常见的策略，因此，也常常被人识破。谈判者在采用这种策略时，应是有真有假、真假难辨，而不能全虚全假。

5. 出其不意策略

出其不意谈判策略的内容是：谈判桌上一方利用突如其来的方法、手段和态度的改变，使对方在毫无准备的情况下不知所措，进而获得意想不到的成果。

例如，在谈判中一直在和风细语地谈问题，突然有人声色俱厉，就会产生一语惊四座的效果，因而，渲染了己方的立场，强调了己方的观点。这种以声夺人的手段，就使用了出其不意的策略。运用该策略要把握两个要领：一是"快速"，以速制胜；二是"新奇"，以奇夺人。

出其不意是一种有效的获利手段。谈判者想破解这一策略，首先要在思想上做好应变的准备，并随时洞悉对手的动向，见奇不惊，保持心理平衡，是破解出其不意策略的对策。

子任务三　处于被动地位的谈判策略

这是指明显处于弱势地位时的谈判对策。在现代瞬息万变的市场环境下，竞争会越来越激烈，任何企业都不可能永远处于优势，当一时处于不利的条件下进行商务谈判时，其主要策略应是尽可能减少损失或者变被动为主动，去争取谈判的成功。

1. "挡箭牌"策略

在谈判中，谈判人员发觉他正在被迫做出远非他能接受的让步时，他会申明没有被授予这种承诺的权力，手持“盾牌”，在自己的立场前面，寻找各种借口、遁词的做法。一般是利用训令、规定、上级、同僚或其他的第三者作为“挡箭牌”来向对手要条件，减少自己让步的幅度和次数。这种策略的一种做法往往是隐蔽手中的权力，推出一个“假设的决策人”，以避免正面或立即回答对方的问题，例如，“您的问题我很理解，但需向有关部门的领导汇报。”“我本人无权回答贵方提出的问题，需向我的上级请示后才能答复。”

这种策略通常是实力较弱一方的谈判人员在不利的情况下使出的一张“盾牌”。“权力有限”作为一种策略，则不完全是事实，而只是一种对抗对手的“盾牌”。在一般情况下，这一“盾牌”难以辨别真伪，对手只好凭自己一方的“底牌”来决定是否改变要求、做出让步。而运用这一策略的一方，即使要撤销“盾牌”也并不困难，可以说“已请示领导同意”便行了。

实训案例 8–14

尼伦伯格在《谈判的艺术》一书中谈到了这么一件事：他的一位委托人安排了一次会谈，对方及其律师都到场了，尼伦伯格作为代理人也到场了，可是委托人自己却失约了，等了好一会儿，也没见他的人影，这3位到场的人就先开始谈判了，随着谈判的进行，尼伦伯格发现自己正顺顺当当地迫使对方做出一个又一个的让步或承诺，每当对方要求他做出相应的承诺时，他都以委托人未到、他的权利有限为由，委婉地拒绝了。结果，他以一个代理人的身份，为他的委托人争取了对方的许多让步，而他却不用向对方做出相应的让步。

(资料来源：李爽. 商务谈判. 北京：清华大学出版社，2007.)

2. 疲惫策略

疲惫策略主要是通过“软磨硬泡”来干扰对方的注意力，瓦解其意志，从而寻找漏洞，抓住有利时机达成协议。

在商务谈判中，实力较强一方的谈判者常常咄咄逼人，锋芒毕露，表现出居高临下、先声夺人的姿态。对于这种谈判者，疲劳策略是一个十分有效的策略。这种策略的目的在于通过许多回合的“疲劳战”，使这位趾高气扬的谈判者逐渐地消磨锐气，同时使我方的谈判地位从不利和被动的局面中扭转过来。到了对手精疲力竭、头昏脑胀之时，我方则可乘此良机，反守为攻，抱着以理服人的态度，摆出我方的观点，力促对方做出让步。

谈判是消耗精力的事，它需要思想高度集中、思维敏捷。马拉松式的谈判，本已存在着会场空气、精力等自然障碍，再加上“疲劳策略”的运用，又人为地拖延谈判时间，对方的休息和娱乐的机会往往也被安排得满满的，看似隆重礼遇，实际上也许只是一种圈套，使他们不过午夜不能休息，不醉不得罢休。甚至发展到这样的地步——影响谈判结局的决定因素是谈判人员的精疲力竭，而不是高明的辩论技巧。这种策略从理论观点看似乎不道德，但却是自古有之。重要的是需要知道这种策略，并提防别人使用。

3. 吹毛求疵策略

吹毛求疵策略指处于谈判劣势的一方对谈判中处于有利地位的一方炫耀自己的实力。当对方大谈特谈其优势时，应采取回避态度，或者避开这些实力，来寻找对方的弱点，伺机打击对方的士气。

实训案例 8–15

有位顾客到不讲价的“一言堂”百货商店去，想买一台冰箱。明明看中了，而且非常满意，但为了想攻破价格堡垒，便“鸡蛋里面挑骨头”，有意提出一个个他“不满意”的“缺陷”，一会是颜色不如意，一会是别的什么。最后顾客说：“尽管这冰箱有些不合我意的地方，但我喜欢这种样式，你们是否能便宜些？并且不劳送货。”对于这位纠缠了半天，却又温和的顾客，经理无计可施，最后同意以优惠 7.5%的价格将冰箱卖给他。

(资料来源：王德新. 商务谈判. 北京：中国商业出版社，2000.)

这位顾客开始实力是弱势的，首先这是不讲价的商店，即顾客必须按商店售价购买；其次，他所喜欢的货确实是上好的。但聪明的顾客并不甘心，他相信所谓“不讲价”的价格也是商店定的，既然它能定，也就能改。他动脑筋寻找要对方降价的疵点，并且他从售货员的介绍中抓住了不要送货上门应该少费用的信息。最后，他总算如意做成了交易。

这种吹毛求疵策略，是通过再三挑剔，提出一大堆问题和要求来运用的。当然有的是真实的，有的则是虚张声势，之所以这样做，主要是想降低对方的期望值，找到讨价还价的理由，达到以攻为守的目的。吹毛求疵策略将使己方在交易时充分地争取到讨价还价的余地，如果能够灵活运用，会使己方受益。

4. 以退为进策略

以退为进策略是指在输赢未定时，暂时退让，待机而定，争取主动和成功。以退为进本是军事上的用语，军事上的战略退却，是为了保存实力、待机破敌而采取的一种有计划的战略步骤。

谈判也类似于“打仗”。有时双方争执激烈，但还要坚持继续谈下去；有时要求休会下次再谈；有时要据理力争；有时则要暂时退却，待机而进。因此，退一步，进两步，也是谈判策略，暂时的退却是为了将来的进攻。

实训案例 8–16

巴斯是美国的亿万富翁，也是一个谈判老手。一次，巴斯欲买下一家即将破产的公司，双方进行了艰难的谈判。巴斯压抑住想成交的欲望，始终冷静对待。后来，在第三轮商谈中，巴斯甚至说：“我想买下你们的公司，但你们的报价，我无论如何也不会接受的，我可以把想购买的其他投标者告诉你们，你们去试试。如果成功，我祝贺你们，如果没有其他的选择，还可以找我。”说完，巴斯礼貌地结束了这轮谈判。后来，这家公司还是卖给了守株待兔的巴斯，而且基本上达到了巴斯的要价。

(资料来源：周忠兴. 商务谈判原理与技巧. 南京：东南大学出版社，2003.)

这个策略实行起来既简单又实用。一个有经验的买主倘若利用这个策略，往往有可能使得买卖双方皆大欢喜。同样，一个有经验的卖主使用这个策略，也有可能迅速达成交易或争取到更好的利益。

买主使用这个策略的表现手法往往是，“我们非常喜欢你的产品，也喜欢你的合作态度，遗憾的是我们只有这么多钱”或“遗憾的是政府只拨这么多款”或“公司的预算只有这么多”，等等。而卖方的表现手法是“我们成本就是这么多，故此价格不能再低了”或“我非常愿意同你谈成这笔交易，但是除非你能和我共同解决一些简单(或实际性)的问题，否则难以达成协议。”或“假如你要以这个价格购买，则交货期要延长。”或“原材料只能是某种替代品，或只能是某种型号的货物”或“如果你要以这个价格购买，你必须增加订货数量”，等等。

采取这一策略的目标是以己方的让步换取对方的让步，或强调己方的困难处境，以争取对方的谅解和给予一些让步。

5. 先斩后奏策略

先斩后奏策略也称为“人质策略”，在商务谈判活动中，可以解释为“先成交，后谈判”。即实力较弱的一方往往通过一些巧妙的办法使交易已经成为事实，然后在举行的谈判中迫使对方让步。先斩后奏策略的实质是让对方先付出代价，并以这些代价为“人质”，扭转自己实力弱的局面，让对方通过衡量所付出的代价和终止成交所受损失的程度，被动地接受既成交易的事实。

先斩后奏策略的做法主要有以下几种。

(1) 卖方先取得买方的预付金，然后寻找理由提价或延期付货。

(2) 买方先获得卖方的预交商品，然后提出推迟付款。

(3) 买方取得货物之后，突然又以堂而皇之的理由要求降价等。

当然，以上做法如无正当理由，可视为缺乏商业道德，不宜采用，但必须懂得运用和反运用的知识。

对先斩后奏策略的对策是：首先要尽量避免“人质”落入他人之手，让对方没有“先斩”的机会；其次，即使交易中必须先付定金或押金时，也必须做好资信调查，并有在任何情况下退款的保证；最后，还可采取“以其人之道还治其人之身”的做法，尽可能掌握对方的“人质”，一旦对方使用此计，则可针锋相对。此外，要敢于向对方的领导抗议，若仍不能解决，可采用法律手段。

任务二　对不同谈判风格对手的策略

由于谈判者的文化、修养、性格及经历不同，往往会表现出不同的谈判风格和特点。因此，这就要求谈判者根据谈判对手的不同风格，采取相应的措施。就谈判人员在谈判中所显现的态度和姿态看，主要有强硬型、阴谋型、固执型、虚荣型和合作型等风格。针对对手的不同谈判风格，可以采取不同的应对策略。

子任务一　应对“强硬型”谈判者的策略

在谈判中，强硬型谈判者往往表现出态度傲慢、自信，并且盛气凌人。对付这类谈判者的原则是：避其锋芒，以弱制强，以柔克刚。在此，除了可以采用多问多听少讲策略、以柔克刚策略、沉默策略外，还可采用以下策略。

1. 争取承诺的策略

该策略是指在商务谈判中利用各种方法获得对方对某项议题或其中一部分的认可，争取到有利于自己的承诺，就等于争取到了有利的谈判地位。在商务谈判中，无论哪方谈判代表，从信誉出发，通常总要维护自己已经承诺的条件。但要注意，有时谈判者为了加快谈判进程或躲避对方的追问，而有意识地做出一些假的承诺。为此，对待承诺要善于区分，既不盲目听信，也不全盘否定，要认真考虑对方承诺的原因和内容，见机行事，以取得有利的谈判效果。

2. 更换方案的策略

谈判之前应准备多项方案，当最初抛出的方案无法实施时，应及时更换备选方案。该策略不仅可以使己方有充分的时间去探索创造性地解决问题的方法，以使谈判能顺利地进行下去，同时，还可以防止己方接受不利的条件或失去了符合己方利益的条件。

3. 制造竞争的策略

这种策略是指在谈判中制造一种竞争的姿态。例如，“还有几个厂家正在与我们联系，他们都希望与我们的合作。”这种做法可以转变谈判中所形成的局面。运用该策略的前提条件是，让对方知道己方对所谈问题确实有多项选择。切忌不要在没有选择的情况下生硬地运用这种策略。

实训案例 8-17

鹬蚌相争，渔翁得利

谈判专家约翰逊要造一个游泳池，要求也很简单：长30英尺，宽15英尺，有温水过滤设备。对普通建筑公司来说，这些都不在话下；稍微麻烦一点的是竣工时间必须在6月 1日之前。隔行如隔山，约翰逊对建筑游泳池是个门外汉。但让人吃惊的是，在短时间内，他不仅从外行变成了内行，而且还货比三家，找到了质量高价格低的建筑商。他用的办法是坐收渔人之利。

约翰逊打出了招标广告，有3位承包商A、B、C前来接洽投标事宜。由于是暗标，A、B、C互不知道对方的标单内容，经过比较，约翰逊发现A、B、C提供的设备，提出的要求各不相同，价格也有差异，他当机立断决定邀请3位竞标者前来面谈。

3位承包商如约而至，约翰逊让他们在客厅里闲聊了一会儿，自己则以“忙急事”为借口不参与谈话。10点时，约翰逊邀请A进书房详谈，A宣布自己的游泳池造得最好，他的设计方案和工程质量都曾获表彰，他顺便告诉主人，B常使用旧的过滤网，C先生的信誉不高。接下来B先生在书房里大言不惭地宣称只有自己才使用真正的铜管，其他承包商一般都使用塑胶管。C先生则告诉主人，其他人使用的过滤网有问题，而他绝对做得到保质保量按时完工。

约翰逊比较三者的优劣，发现A华而不实，B的质量最好，C的价格最低，最后他选中了B作为游泳池的承建者，但只付C先生提出的价格。

当A、B、C 3人互相指责、自我标榜时，约翰逊直想发笑，但他忍住了。他心里想起一个成语：鹬蚌相争，渔翁得利。而他自己正是那个在一旁等候多时、伺机取利的渔翁。

(资料来源：黄卫平，董丽丽. 国际商务谈判. 北京：机械出版社，2008.)

4. 唱红白脸的策略

唱红白脸策略也称软硬兼施策略，是指在谈判中，同一个谈判小组内，有人以白脸、有人以红脸的形象出现，也就是有人唱正面角色，有人唱反面角色，一唱一和，通过态度的变化干扰对手的谈判意志，以求得谈判中的优势。

中国京剧中典型的脸谱释义：白脸为坏人，红脸为好人；坏人凶狠，好人善良。引申到谈判中，谈判者有凶有善，有硬有软；有好战的鹰派，也有好商量的鸽派。于是谈判专家们就将人们熟悉的京剧脸谱用到了商业谈判的策略中，将扮凶相、强硬、好战的谈判者称为白脸，而将扮善相、温和、好商量的谈判者称为红脸。

在商务谈判中，往往容易在某些问题上产生僵持，如果本组成员主动地、自觉地形成两派意见，有出来说好听的话，有出来说难听的话，且说好听话的人是为达到讲难听话的人提出的目标，常常容易奏效。

子任务二　应对“阴谋型”谈判者的策略

在商务谈判中，有些谈判者为了满足自身的利益和欲望，常使用一些诡计来诱惑对方达成不公平的协议。为了维护己方的正当利益，当遇到谈判对手使用一些阴谋型策略时，可以采取以下策略予以反击。

1. 反车轮战的策略

车轮战是一种不断更换谈判对手，以使对方筋疲力尽，从而迫使对方让步的策略。对付车轮战策略，就是反车轮战策略。具体办法如下所述。

(1) 及时揭穿对方的诡计，敦促对方停止换人。

(2) 制造借口拖延谈判时间，直到原来的对手重新回到谈判桌上。

(3) 对更换的谈判对手拒绝重复以前的陈述，而静坐听对方的报告。这样，一方面可以挫其锐气，另一方面，也给自己一个养精蓄锐的机会。

(4) 如果新对手否认过去的协定，己方也可以用同样的方法否认曾经许下的承诺。

(5) 在消极对抗中，不要放过新上桌对手的新建议，抓住有利时机立即签约。

(6) 采用私下会谈的形式与新对手谈话，其用意是了解情况，也是给对方设置障碍。

2. 对付抬价的策略

在商务谈判中经常用到抬价策略，它是否符合谈判惯例要看谈判者如何运用。当谈判双方已经谈好价款，第二天供方却又突然要求提价，需方尽管很生气，但为了避免谈判破裂的损失，也只好再和供方磋商，最后结果肯定以较高的价格成交，这种情况称为抬价。抬价是一种常见的现象，在商务谈判中经常出现。对付对方的抬价策略，可采用以下做法。

(1) 如果发现对手的诡计，应及时指出，争取主动。

(2) 在讨价还价时，就要对方做出某种保证，以防反悔。

(3) 尽早争取让对方在协议或合同上签字，防止对方以种种借口反悔或不认账。

(4) 终止谈判。

3. 对付用专家施压的策略

在商务谈判中，人们对专家的意见往往是比较看重的，有些谈判者就是利用人的这种心理，在谈判中当某个重要议题出现争论时，便请出所谓的专家给对方施加压力。对付这种做法的策略有以下 3 种。

(1) 沉着应战，面对专家不要畏惧，要用己方熟悉的业务知识与专家交谈。抓住某些专家不太熟悉的技术难点向其进攻，使其难堪，达到使专家失去其权威的目的。

(2) 向对方表明，即使对手请出来的是位专家，他的观点也只是学术观点，并不是谈判的协议，要想达成协议，还需要洽谈双方可接受的条件。

(3) 如果确认自己不是专家的对手，不妨可用无知作为武器。表明这些东西我方不懂，无法确认其真伪，也无法对此做出什么承诺。这种做法可以给己方带来许多好处，它能够使己方有足够的时间去思考、请教专家，并考验对方的决心，还可以造成对方的失落感。

4. 将计就计的策略

这种策略又称“假痴不癫策略”，是表面装糊涂，暗中筹划，不露声色，等待机会，迫使对方让步，或诱使对方自作自受。用这种策略来对付“阴谋型”谈判者，可视为上策。

实训案例 8-18

某经销商将其经营的产品换包装后，售价由100元提高到150元，己方明知是骗局，但还是向对方表明愿以120元的价格购买，并当下预付少量订金(一般来说，对手不再考虑其他买方了)。拖些日子后，己方再去找对方，提出多项理由作为杀价的筹码，如现在市场价格最多只能值80元等，因此，实在无法继续按120元完成交易，迫使对方杀价。

注意：使用该种策略时，在预付定金时，不可签合同，仅签订一项协议即可。

子任务三　应对“固执型”谈判者的谈判策略

在各类谈判中都会遇到固执型的谈判者。他们的特点是：固执己见、不接受任何人的建议，一切按习惯、规章制度、领导意图办事。对固执型谈判者可采用以下策略。

1. 先征旁例策略

固执型谈判者的观点不是不可改变，而是不易改变。先征旁例策略就是针对对方所坚持的观点，用己方的先例来论证新建议、新方案的合理性和可行性，以使其转变观点。

2. 放试探气球的策略

该策略用来观察对方的反应，分析对方的虚实真假。例如，买方向卖方提出一项对己方很有利的提议，如果卖方反应强烈，就可以放弃这种提议；如果卖方反应温和，就说明谈判有很大余地。这一策略还可以用来试探固执型谈判者的权限范围。

3. 以守为攻的策略

与固执型性格的人谈判是很痛苦的事情，一方面必须十分冷静和有耐心，仔细倾听对方的陈述，注意发现漏洞，慢慢向最终目标推进；另一方面，还要针对对方的观点，准备详细的资料，注意诱发对手的兴趣，引导其需要，并利用其漏洞与弱点组织进攻，增强谈判的力度。

4. 制造僵局的策略

在商务谈判中出现僵局是令人不愉快的。但多次实践证明：人为地制造僵局，并把僵局作为一种威胁对方的策略，会有利于己方的谈判。但在制造僵局时应考虑以下条件。

(1) 市场情况对己方有利。

(2) 让对方相信自己是有道理的，僵局是由于对方的原因造成的。

(3) 在制造僵局之前，要设计出消除僵局的退路以及完整的僵局“制造”方案。

(4) 制定消除僵局后的提案。

谈判人员应该牢记：制造僵局并不等于宣告谈判结束；打破僵局的真正目的不是相互道歉，而是达成协议。

子任务四　应对“虚荣型”谈判者的策略

虚荣型谈判对手的特点是：自我意识较强，好表现自己，有嫉妒心理，对外界的暗示非常敏感。对于这种对手，一方面要满足其虚荣的需要，另一方面，要善于利用其本身的弱点，打开突破口，使对方妥协。具体可采取以下策略。

1. 顾全面子的策略

谈判中各方都非常重视面子，失掉面子即使达成交易也会留下不良的后果，甚至会从交易中撤出。尤其是针对虚荣型谈判者，必须记住，无论己方是如何气愤或是为自己的立场辩护，千万不要伤害了他的面子，对他越尊重其让步的可能性越大。

2. 投其所好策略

根据虚荣型谈判者的特点，在谈判中用一些他所熟悉的东西为话题，给他一个充分表现自我的机会，投其所好地使他的虚荣心得到满足，从而有利于削弱他抗衡的力度。同时，可通过对方的“自我表现”，了解和分析对方的实情。当然，还要提防对方表现的虚假性。

3. 记录在案的策略

由于虚荣型谈判者多好大喜功，其最大的弱点就是浮夸。抓住对方这一特点，在谈判的过程中，对他承诺过的，说过的有利于己方的一切话，统统记录在案，必要时还可以用“激将法”要求他本人以书面的形式来表示，或对达成的每一项协议都立字为证，以防他日后否认。

任务三 磋商阶段针对谈判过程的策略

在谈判过程中，会出现各种情况，因此，需要根据不同的情况采取相应的策略。

1. 缓冲策略

该策略指在谈判气氛紧张时，适时采取调节手段，使之缓和。缓和紧张气氛的手段主要有以下几点。

(1) 转移话题。例如，讲些当前国内外的大事或名人轶事，也可以开些比较轻松的玩笑，等等。

(2) 临时休会，使谈判人员适当休息，以便失掉不平衡感。

(3) 回顾成果，使谈判双方醒悟方才的过失。

(4) 谈些双方比较容易达成一致意见的议题。

2. 休会策略

当商务谈判进行到一定阶段或遇到某种障碍时，谈判双方或一方提出休会一段时间，使谈判双方人员有机会调整对策和恢复体力，推动谈判的顺利进行。休会一般是由一方提出的，只有经过对方同意，这种策略才能发挥作用。那么怎样才能取得对方同意呢？一是看准时机，当谈判处于低潮或出现了新情况难以调和时，一方提出休会，对方一般不会拒绝；二是提出休会的方式要委婉，休会的意义要讲清。

3. 拖延讨论时间的策略

提出大量细节问题，在细节上长时间纠缠，会使他们感到烦躁和紧张，从而使他们就某些有争议的议题达成协议。

4. 虚张声势的策略

在有些谈判中，双方在一开始都会提出一些并不期望能实现的过高的要求，随着时间的推移，双方再通过让步逐渐修正这些要求，最后在两个极端之间的某一点上达成协议。谈判者可能会将大量的条件放进议事日程中，其中大部分是虚张声势，或者是想在让步时给对方造成一种错觉，似乎他们已做出了巨大牺牲，但实际上只不过是放弃了一些微不足道的东西。

5. 不好意思的策略

在对方做出较大让步后，表示惭愧和不好意思，可以使对方在其他方面的谈判不会以此为借口向己方提出更多的要求。在使用此策略时，要注意表扬对方的合作态度，减少并缓和矛盾。

总之，谈判中的策略是多种多样的，要求谈判者在实践中灵活运用。如果生搬硬套某一策略，或者孤立地使用某一策略，都不会有好的效果。

单元五　模拟谈判僵局的打破

1. 实训资料

你、中间商、客户三方就某一个标的而合作。你在甲地，中间商和客户均在乙地，你和他们相距 2 000 公里以上。你的优势在于产品的品牌知名度很高，客户也非常希望你成为他的供应商。中间商以前没有和你联系过，他和客户较熟，他希望这一单能多赚一些钱。中间商让你给他尽快报价、做方案，以便他加价后尽快提交方案给客户。你把方案做得很好，同时给他报了一个口头的幅度价格，并且就价格空间向他做出了详细说明，随后补发了书面说明给中间商。中间商将你做的方案呈现后，客户非常满意，当即定下了送货时间。(客户急需你的产品做配套，所以时间已开始倒计时)签约阶段到了，你再次向中间商强调最后合作价格，但中间商表示很为难，一再找各种理由压迫你降低价格。

2. 实训要求

(1) 时间很紧了，你也很看好这张单，你打算怎么做?

(2) 在谈判中应应用什么策略?

课 后 习 题

一、填空题

1. 谈判磋商阶段应遵循的原则有________、________、把握气氛原则和________。

2. 磋商阶段谈判策略具有________、针对性、________、________、时效性、________、________等特点。

3. 处理和避免僵局的原则有________、________、________、________、正确认识谈判僵局和语言适度。

4. 让步的原则有________、________、________、________、________、在次要问题上

让步、不同等幅度让步和撤销。

5．让步的种类有________、________、倾听和________。

6．常见的让步策略有________、________、________和声东击西策略。

二、判断题

1．磋商阶段是谈判双方面对面协商、争取满足各自利益的过程，是谈判过程中费时最长，困难最多，是直接影响谈判结局的最重要的一个阶段。 （ ）

2．磋商过程中，可以通过提问让对方了解自己的需求。 （ ）

3．信息沟通障碍容易引起谈判陷入僵局。 （ ）

4．在谈判的过程中，如果陷入僵局必须寸步不让。 （ ）

5．当谈判陷入僵局时，不需要对对方让步。 （ ）

6．为了使谈判顺利进行下去，己方可以在主要问题上让步。 （ ）

7．丝毫无损的让步策略是指己方所做出的让步不给己方造成任何损失，同时还能满足对方一些要求或形成一种心理影响，产生诱导力。 （ ）

8．即使谈判人员所处的地位不同，也可以选择相同的谈判策略来实现自己的谈判目标。 （ ）

9．坦诚策略的含义是谈判人员在谈判中尽量开诚布公，使对方感到信任友好，促进通力合作，达成交易。 （ ）

10．双赢式谈判的出发点是在绝不损害别人利益的基础上，取得我方的利益，因而又将其称为谋求一致法或皆大欢喜法。 （ ）

三、简答题

1．简述在商务谈判磋商阶段应遵循的原则有哪些？

2．谈判者在磋商过程中应注意哪些事项？

3．在磋商过程中，谈判策略的特征有哪些？

4．在谈判中，形成僵局的原因有哪些？

5．常见的打破僵局的策略有哪些？

6．让步的种类有哪些？

7．在磋商阶段，可采取的策略有哪些？

四、案例分析题

【案例题 1】 有一年，在比利时某家画廊发生了这样一件事：美国画商看中了印度人带来的 3 幅画，每幅标价 250 美元，画商不愿出此价钱，双方的谈判陷入了僵局，那位印度人被惹火了，怒气冲冲地跑出去，当着美国人的面把其中一幅画烧了。美国画商看到这么好的画被烧掉十分可惜，他问印度人剩下的两幅画愿出多少价，回答还是每幅 250 美元，美国画商又拒绝了这个报价，这位印度人横生一计，又烧掉其中一幅画，美国画商当下只好乞求他千万不要再烧最后一幅。当再次询问这位印度人愿出多少价时，卖者说道：“最后一幅能与 3 幅画卖一样的价钱吗？”最后，这位印度人手中的最后一幅画竟以 600 美元的价格拍板成交，而当时，其他画的价格都在 100～150 美元之间。

问题：

1．该案例中，印度人采用了什么策略？

2．如何理解该策略？

【案例题 2】 1984 年，山东某市塑料编织袋厂厂长获悉日本某株式会社准备向我国出售先进的塑料编织袋生产线，立即出马与日商谈判。谈判桌上，日方代表开始开价 240 万美元，我方厂长立即答复："据我们掌握的情报，贵国某株式会社所提供的产品与你们的完全一样，但开价只是贵方的一半，我建议你们重新报价。"一夜之间，日本人列出了详细的价目清单，第二天报出总价为 180 万美元。随后在持续 9 天的谈判中，日方在 130 万美元价格上不再妥协。我方厂长有意同另一家西方公司做了洽谈联系，日方得悉，总价立即降至 120 万美元。我方厂长仍不签字，日方大为震怒，我方厂长拍案而起："先生，中国不再是几十年前任人摆布的中国了，你们的价格、你们的态度都是我们所不能接受的！"说罢把提包甩在桌上，里面那些西方某公司设备的照片散了满地。日方代表大吃一惊，忙要求说："先生，我的权限到此为止，请允许我再同厂方联系请示后再商量。"第二天，日方宣布降价为 110 万美元。我方厂长在拍板成交的同时，提出安装所需费用一概由日方承担，又迫使日方让步。

问题：

1．我方厂长在谈判中运用了怎样的技巧？

2．我方厂长在谈判中稳操胜券的原因有哪些？

3．分析日方最后不得不成交的心理状态。

【案例题 3】 美国曾有个乡镇，其陪审团由 12 名农夫组成。有一次，该陪审团在审理一项案件之后，11 名农夫认为被告有罪，而只有一个人认为被告不应被判罪。按该地的陪审规则，只有所有的陪审成员一致通过才能定案。为此，那 11 名农夫花了一整天的时间欲说服那位固执的农夫，而那位固执的农夫却要说服其他 11 名农夫同意他的意见。这是一场十分艰难的谈判，双方陷入了"拉锯战"。

然而时间可以改变一切，正当 11 名农夫正在为说服他而苦恼时，天空突然乌云滚滚，眼看要有一场倾盆大雨，那 11 名农夫焦急起来，都急着在大雨之前赶回去收晾晒的干草，但那个农夫却泰然处之，并不急于回家。那 11 名农夫开始分裂，有几名农夫开始妥协了，因为他们家里的干草还没有盖好，随着时间的推移，这 11 名农夫都倒向了那一位农夫，最后 12 名农夫一致同意宣判被告无罪。

问题：

1．在本例中，固执的农夫采取了什么谈判策略取得了谈判的成功？

2．该策略有什么特点，使用该策略需要注意哪些内容？

项目九　国际商务谈判结束

知识目标

(1) 能够掌握国际商务谈判结束的3种方式、结束谈判的原则。
(2) 能够掌握谈判合同的构成要素和合同签订的注意事项。
(3) 能够理解谈判后续管理的重要性和掌握后续管理应该关注的问题。

能力目标

(1) 能够灵活运用谈判结束时机的选择技巧。
(2) 能够把各种谈判结束的策略结合起来进行综合运用。

素质目标

培养学生养成把国际商务谈判成果转化为企业实际效益的意识。

导入案例

意大利与中国某公司谈判出售某项技术。由于谈判已进行了一周。但仍进展不快，于是意方代表罗尼先生在前一天做了一次发问后告诉中方代表李先生："他还有两天时间可谈判，希望中方配合在次日拿出新的方案来。"次日上午中方李先生提出了一方案比中方原要求改善5%。(要求意方降价 35%)意方罗尼先生讲："李先生，我已降了两次价，计 15%，还要再降35%，实在困难。"双方相互解释一阵后，决定休会，下午 2:00 再谈。

下午复会后，意方先要求中方报出新的条件，李先生将其定价的基础和理由向意方做了解释并再次要求意方考虑其要求。罗尼先生又讲了一遍其努力，讲中方要求太高。谈判到 4:00时，罗尼先生说："我为表示诚意向中方拿出最后的价格，请中方考虑，最迟明天 12:00 以前告诉我是否接受。若不接受我就乘下午 2:30 的飞机回国。"说着把机票从包里抽出在李先生面前晃了一下。中方把意方的条件理清后，(意方再降 5%)表示仍有困难，但可以研究。谈判即结束。

中方研究意方价格后认为还差 15%，但能不能再压价呢？明天怎么答？李先生一方面与领导汇报，与助手、项目单位商量对策，一方面派人调查明天下午 2:30 的航班是否有。

结果该日下午2:30没有去欧洲的飞机，李先生认为意方的最后还价、机票是演戏，判定意方可能还有条件。于是在次日上午10点给意方去了电话，表示："意方的努力，中方很赞赏，但双方距离仍存在，需要双方进一步努力。作为响应，中方可以在意方改善的基础上，再降5%，即从30%，降到25%。"

意方听到中方有改进的方案后，没有走，谈判继续进行。

通过上述案例可以看出意方采用了什么样的结束谈判的技巧呢，我方又是怎么应对的，效果如何。

经过谈判双方的共同努力，谈判进入了终局阶段。谈判的终局阶段是谈判的最后阶段，在先前的谈判中双方已经表达了自身的利益和观点，提出了一些基本的条件和预案，也达成了一定的让步和妥协，这似乎意味着谈判马上就要成功，但是如果不能把握好谈判终局阶段的程序和要点，就不能为自己争取到更多的利益，也不能达到谈判的双赢，甚至由于双方在最后达成妥协时急于求成、时机把握不准、情绪波动等原因而导致谈判破裂，前功尽弃。因此，了解谈判收尾的原则、谈判终结阶段的几种谈判结果、谈判结束时机的选择、谈判结束的策略以及谈判后的管理等问题对于促成谈判的最后成功有着重要的意义。

单元一　谈判结束时机的准备

任务一　谈判结束的方式和原则

子任务一　谈判结束的方式

国际商务谈判结束的方式主要有3种：成交、中止和破裂。

成交是指交易双方达成合同，交易能够实现。成交分为两个层次：一是双方对交易条件达成一致，对全部或绝大部分问题没有实质性的分歧；二是双方在这个前提下能够达成书面法律生效的合同，合同内容符合各种规章制度的规定，需要主管部门审批的内容能够获得通过，合同能够正式进行到操作阶段。只有谈判的成交能够达到第二个阶段，才能使谈判的成果真正带来现实的利益，这是真正意义上的成交。

谈判的中止是指双方因为某种原因未能达成全部或部分成交合同而由双方约定或单方要求暂时终结谈判的方式。谈判的中止可能是因为谈判人员对一方提出的条件没有权限做出决定，或需要计算和商议技术问题和成本而中止谈判，或需要重新在新的条件下制定新的议案使双方能够达到双赢，等等。基于上述原因中止的谈判一般会约定重新进行谈判的时间，因为双方都知道谈判仍然有余地，这种中止是可以通过再次谈判而成交的，因为中止是为了促成双方创造条件，最后达成合同。另外一种中止方式是无约期的中止，指双方在中止谈判时对恢复谈判的时间无具体约定的中止方式。在谈判中，由于谈判双方所开出的条件相距甚远，或因为特殊的困难而使双方不能成交，但是谈判破裂对双方造成的损失都非常大，重新开始谈判又有很多的未知条件不能满足，最典型的就是国家政策形式的变化，这种情况下会采取无约期中止。无约期中止的双方只能表述为"一旦政策允许"、"一旦双方条件成熟"等含混的字眼。

谈判破裂是指双方经过最后的努力仍然不能达成共识和签订协议，交易不成，或友好而别，或愤然而去，从而结束谈判。依据双方的态度谈判破裂可分为友好破裂结束谈判和对立破裂结束谈判。友好破裂结束谈判是指双方互相体谅对方面临的困难，讲明难以逾越的实际障碍而友好地结束谈判的做法。对立破裂结束谈判是指双方或单方在对立的情绪中愤然结束未达成任何协议的谈判。对于友好破裂，双方虽然没有达成共识，但是增进了彼此的了解，可以创造进一步合作的机会。而对立破裂使双方关系恶化，将来很难再次合作。因此，在谈判双方经过一系列的努力终究不能达成共识的情况下，应该尽量稳定情绪，增进理解，不要攻击对方，争取以损失最小化的方式来处理谈判破裂。

子任务二　谈判结束的原则

从谈判学的角度来看，谈判结束既是自然的结果，又是能动的结果，其中大有规律和学问。正确判定谈判终结可使谈判双方减少谈判损失，增大谈判收益，避免阴错阳差、煮夹生饭或误导谈判。虽然谈判终结的方式可能各异，或成交、或中止、或破裂，但谈判终结的原则却基本相同。

1. 彻底性原则

指所谈交易内容要全面，交易各方面的条件要谈透，不得再出现疑点。为了达到彻底性原则的要求，终局谈判时，谈判者均应“结账”与“对账”。

2. 不二性原则

指谈判结束时谈判结果必须具备不可更改性。

3. 条法原则

指双方所达成的各种交易条件都要用相应的法律形式表达，使之具有法律的约束和追索效力。

4. 情理兼备性原则

就是指在谈判终结时要情绪平稳，并且理解对方的处境，充分解释本方不能达成交易的原因，争取对方的理解和将来的合作机会。

任务二　判断谈判终结的时机

谈判如“下棋”，是否该结束，有其本身的规则，或有其一定的标志，见到这种标志，就要准备“收棋”——结束谈判。不结束就会“自讨苦吃”——多掏钱。谈判终结的标志有3个：条件标志、时间标志和策略标志。

子任务一　谈判的条件

条件标志即以双方交易条件达成一致的程度来判断谈判的终局。不论交易复杂程度如何，交易条件普遍存在，如商业、法律、技术、文字与数字表述的条件等。条件作为终结谈判的标志时，需要将条件量化分级，谈判若完成了各级各层的条件内容，自然可以结束谈判。条件量化分级可为二级，即两个层次：分歧量与成交线。从判断的意义上讲，这些分级与层次也是不同的角度，即可从这些角度看终局。

1. 分歧量

分歧量是指即以双方谈判存在的分歧程度作为谈判终局的标志。从数量上看，如果双方已经达成一致的交易条件占据绝大多数的内容，所剩分歧的数量占很小的部分，则可以考虑谈判进入终局阶段，但是只有谈判达成一致的量是不够的，还要看达成一致的交易条件是否是关键性的条件，如果是细枝末节的条件能够达成一致，但是关键问题还是没有解决，那么就算量上够了，但是质上不够也不能进入终局阶段。例如，红星橡胶厂与北方轮胎厂谈判进入终局阶段时，突出了技术费、设备费的分歧，把培训费作为让步筹码，可见分歧数量不多。但是在讨价还价中，双方将这几种分歧汇总为总价的问题，分歧数只有一个，而价格作为分歧数从质量上来看就是最重要的谈判内容，因此，当双方几经努力但终究未能解决该分歧时，就会造成谈判破裂。因此可以看出，在关键问题出现分歧时进入终局容易导致谈判的彻底失败。

2. 成交线

成交线是指己方可以接受的最低交易条件。在谈判实务中，谈判者设定的成交线即追求的谈判目标。谈判目标可以分为 3 个层次。第一个层次即上线为己方的最终谈判目标，中线为相对满意的谈判目标，这种情况下，己方已做出了一定的让步，但是能够成交的话，收获还是不小的，下线为可以接受的交易底线，是确保谈判利益的最基本条件，也可以认为是成交线的下线。当谈判条件进入己方成交下线时，从谈判心理和利益保障方面来讲，均有进入终局的必要。

如果谈判双方未进入成交线，能否进入终局阶段呢？这取决于双方尚存的差距，若该差距可以逾越，则谈判已进入终局。双方可以通过单方面的努力或双方的共同努力向彼此的成交线靠拢，当准备充足时谈判可以准备终结。若双方条件实在难以靠拢，以至于经过判断，双方继续谈下去也不会有成交的可能，双方就不得不以破裂终结谈判。

知识链接

谈判时要避免谈判破裂，同时不要草率做决定

有经验的采购人员不会让谈判完全破裂，否则，根本就不必谈判。他总会给对方留一点退路，以待下次谈判达成协议。但是另一方面，采购人员须说明：没有达成协议比达成协议要好，因为勉强达成的协议可能后患无穷。很多人在谈判时大方向是知道的，但好的采购人员是把整个谈判内容化整为零，谈完了一点耗得对方筋疲力尽时，他又突然跳到另一点，有时会绕回刚才那一点。这时，对方就不一定在每个环节上都知道自己最好的选择和底线是什么了。其次，对于厂商，要不断地告诉他，自己已经为他做了些什么，让他感觉到己方已经付出了很多。如果谈不成，不要着急，暂时终止谈判，不要害怕主动终止会带来什么负面效应，要“斗争”到底。适当的时候，也要做出一些让他们吃惊的行为，让他们重视自己。这并不是说要坚持不让步，“斗争”的主要目的是找到一个双赢的策略。

子任务二　谈判的时间标志

时间标志有以下 3 种标准。

1. 双方约定的谈判时间

双方约定的谈判时间是指在开始谈判前，为了增加谈判效率，节省人力、物力，谈判双方限定了谈判所需的时间，据此，双方安排谈判人员和程序。当所定的时间用完，谈判也应结束。一般来说，双方约定时间一定要在开始谈判之前，因为此时最易达成协议且不失自己的地位优势。但是，如果谈判一方在谈判之初故意压缩时间长度时，另一方也会取“随意”

的态度，因为不随意就会显得“急”，表现出“求”，于日后谈判不利。另外，对于谈判处于主客方来看，时间限制的主动程度也不一样，一般主方容易在时间限制上有主动权，因为在进行实质性谈判时，主方往往会安排一些礼节性的招待，减少实质性谈判时间，从而在总的时间限制不变的前提下，给客方带来时间上的压力，因此，客方在谈判之初限定谈判时间时应该强调有效谈判时间。另外双方一定要强调一旦谈判时限一到，应及时结束谈判。因为按时结束谈判一方较主动，若因为事没谈完就提出延长谈判时间，其结果一定很被动，因为对方会要己方“掏钱”买时间。可以看出，有些交易失败是因为有一方拖延时间过长、索取太多。生意场是一个富有活力的环境，万事变化都非常快。那些为了索取更多而在协商中拖延时间的企业家有可能因为环境的变化而失去所有的一切。新的技术、强劲的新竞争对手、经济滑坡，所有这些在双方做生意时都会把交易搞得一团糟。因此，在限制了谈判终结时间的前提下，谈判双方应该在限定的时间内及时结束谈判，尽快锁定战果。

2. 单方限定的谈判时间

单方限定的谈判时间是指谈判某一方提出自己可以参加谈判的时间。单方限定时间的做法在实际中用得较多，原因来自于各种各样的客观与主观限制。例如，还有其他项目要在该谈判结束后进行、由于生产计划等原因。对于单方面限定时间的谈判，谈判另一方可以接受这一时间限定的条件，也可以拒绝这一条件以防止由于时间问题给己方带来的压力，甚至可以利用对手对“时间”的要求，向其讨要更好的条件。当然，并不排斥单方限时的对手是真实可靠、情出无奈。此时，若不认真配合，可能会失去交易；若硬压对手，不但效果不好，还会为后面的谈判埋下阴影。

当自己处在市场优势的情况下时，单方提出时限不失为一种积极的谈判手段。但是要防止自相矛盾的情况发生，也就是自己定的时限自己却没有遵守，结果导致对方趁机要求更多的利益，并且必然会抓住时机攻击：“时间是您定的，谈不完贵方有责任。继续谈，我方可以配合，但贵方应有真正的条件，否则，继续谈下去又有什么意思呢？”为了防止这种情况发生，无论谈判结果是否成交，限时一到，即要结束谈判。

3. 突发性的时间限定

突发性的时间限定是指谈判双方已经约定好了谈判时间，但是由于谈判进程中对方或己方由于市场行情、外汇行情、公司内部重大事件等突发原因而有一方要求提前或拖延谈判结束时间，还有一种可能是谈判有第三方潜在的参与，此时谈判的时间除了双方的需要外，还受第三方谈判进度的影响。第三方谈判进度(时间)，即是估量自己谈判终结时刻的标志。不过，第三方无权对己方限定谈判时间，该时间是通过谈判对手反映出来的，如对方会说：“某某已将该条件调到某位置了，比贵方的谈判进度快”；“某某即将给我方最终报价，贵方何时做出最优惠方案”；等等均反映出第三方的进度，也给出了己方可以继续谈判的时间。对第三方时限掌握很重要。一般来讲，具有诚意的谈判对手会明示第三方最后谈判阶段的时间(时限)，以让己方有机会竞争，也有的对手出于偏见而冷落己方，或不成熟地简单对待参与竞争者，不给对方任何提示。这时，自己的能动判断就很重要。即使谈判对手没有明确地告知与第三方的进度，但是也可以通过自己的观察看出蛛丝马迹。例如，可参考谈判对手的人员安排，如人员安排由主力人员调换为一般人员，谈判气氛由理解变成施压，等等来判断。

知识拓展

关于谈判期限的明智选择

在谈判期限方面，谈判高手往往建议不要在事先做出具体规划。因为无论处在谈判的哪一个阶段，只要在脑海中有了结束谈判的想法，就一定会在某一方面做出妥协。不要给自己增加无谓的压力，试想在临近结束期限而谈判并没有实质性的进展时，自己的压力会有多大，会不会通过让步来严格遵守自己设定的谈判时间？这听起来比较荒唐，但事实通常就是这样。的确，谈判各方在时间上都会有相应的预期，谈判也不能无休止地进行下去，但谈判高手会淡化这个概念，他们会把全部精力放在谈判上，而把时间压力抛给对方。

子任务三　终结谈判的信号与标记

当谈判一方想终结谈判时，他会采取向对方发出终结谈判的信号和采取终结谈判的策略来表达希望终结谈判的意愿。

终结谈判的信号由谈判者以最少的言词阐明自己的立场，在谈判中表达出一定承诺的意愿，例如，谈判者说：“好，这就是我方最优惠的条件，现在就看你方的态度了。”谈判者在此时提出的意见非常明确和完整，没有不明之处，没有新的议案和新的见解；从语调和姿态来看，谈判者完全是一种做最后决定的语调，并且坐直身体，文件也放在一边，目光坚定，回答问题也尽量地简短；向己方阐述如果以目前的条件对双方是最有利的，并且一再强调对己方有利的原因。从策略上来看，往往会采取最后通牒、折中调和等策略，这在下一节会集中阐述，在此暂不赘述。

如果谈判对手发出了以上终止谈判的信号，我方应该积极领会，抓住谈判终结的有利时机。

单元二　商务谈判结束的策略

在谈判终局阶段运用谈判策略主要有几个目的：一是通过终局策略使谈判对手改变惰性十足的状态，能够使双方以最有效的方式成交；二是通过终局策略可以为己方获得最后的利益；三是向谈判对手发出终局谈判的信号，以便于双方能够达成协议。常见的终结性策略有：最后通牒、折中调和、好坏搭配(一揽子交易)和冷冻政策等。

任务一　时间策略

时间策略是通过时间因素给对方施加压力，目的是强调我方的优势从而在谈判终结时争取更大的利益以及对对方施加压力使谈判成果能够尽快确定下来，结束谈判。

在日常的商务贸易活动中，人们会经常听到这样一些话：“从5月1日起，这种电视机就要限制进口了”；“如果贵公司不在7日内汇来款项，我们将无法按期交货”；“明天5点钟之前如没有收到你方的电话，我们将同别人签订合同。”这就是提出时间期限的策略。日常生活中如此，商务谈判中也如此。

在谈判中，期限能使犹豫不决的谈判对手尽快做出决定，因为他们害怕错过这个机会就不会再有相同的机会，从而通过时间给人造成某种压力，这种压力常常迫使对方改变战略。谈判专家科思说：“时间是除信息和权力之外影响谈判结果的主要因素之一”。时间策略也是当谈判陷入停滞不前的境地时，使之快速前行的最佳方法，就是规定时间限制，通常又称为时间性通牒。要注意的是，当谈判处于僵局状态时，贸然的采取时间上的最后通牒策略只能激怒对方造成谈判的破裂，所以应用时间策略应该把握好时机和谈判氛围而灵活使用。从而可以看出何时提出时间限制使其发挥预期的效果是一个关键的问题。在终局阶段使用时间策略需要注意以下几个问题。

1. 不要盲目地定一个截止期

一旦盲目地定了一个截止期，而对方又识破了你这一招，留给己方的选择可就只剩下使谈判真的告吹，要么就是承认自己是在弄虚。就是说，过了己方规定的时限，己方还在继续跟别人谈判。作为一种策略，自己已经失策了。因此，定截止期一定要谨慎。

2. 确定截止日期时的语气要委婉

因为确定截止日期从某种程度来说是对谈判对手施加的一种压力，为了使时间策略能够发挥正的作用，而不是起到反作用，确定截止日期时语气一定要委婉，尤其是在谈判终局阶段，双方在前期的谈判中都做出了很多的努力，付出了很多人力物力成本，态度生硬地使用时间策略会使谈判对手产生反感或逆反心理，从而导致谈判的破裂。

实训案例 9-1

有位保险公司的承办人在接待一个保险索赔人时，态度十分热情，一口答应了对方提出的索赔请求，并告知对方自己星期天要去度假，(其实保险公司承办人根本无意度假)让他马上把全部索赔资料找来，保险公司会立即查清结账赔偿的。索赔人因担心这位承办人去度假，就按对方的要求，仓促地把全部索赔资料送到保险公司。但是那位承办人接过资料却说："哎呀，这么大的赔偿数目已超过我的职权范围，我得向上级请示一下"。" 等他请示上级回来，竟改口说："领导只同意赔偿其中的一半，这原因便是你提供的资料有很多不实。我马上要去度假了，你看要么接受保险赔偿金，要么先搁置起来，等我度完假再说。" 索赔人听后无可奈何，后悔莫及，他为了赶送这批资料，忙了一夜，不料露出了不少破绽，让对方抓了把柄，不敢再拖，只好答应了承办人的条件。

【案例分析】

该例中保险承办人利用了时间策略，借助一个虚假的时间限制，强迫对手在来不及准备的情况下仓促迎战，从而赢得了这场谈判的成功。可见，提出时间限制， 对于速战速决，尽快达成协议，尽快签约方面不失是一种非常好的策略。

实训案例 9-2

美妙公司认为他们是圣诞行业中无可争议的第一品牌，每年销量都在上升，消费者非常认可美妙品牌，如果在圣诞期间雅贵商厦没有该产品的销售，在经营上将造成较大的损失，所以他们计划使用时间压力策略，在最后时刻等待雅贵商厦的让步。

雅贵商厦认为他们有众多的固定消费群体，美妙公司是通过这个良好的平台才获得了今天的业绩，另外，雅贵商厦目前和全国优秀的供应商合作，拥有不同档次的完整产品线，即使不销售美妙公司的产品也不会造成多大的影响，所以他们也使用时间压力策略，在最后时刻等待美妙公司的让步。

当双方很明显地都在使用同一谈判策略时，该如何应对呢？如果二者坐下来进行谈判，谁会更占优势呢？

【案例分析】

在双方明显都在使用同一时间策略时往往处于强势的一方可以从容地使用时间策略，而处于弱势的一方应该想办法避免其发生，时间的拖后会使谈判地位继续降低。

在这个例子中，哪方处于强势地位呢？很显然，雅贵商厦处于绝对的优势，他们会更多地引进其他品牌的圣诞产品，在销售收入上最大限度地弥补缺少美妙产品的损失，消费者方面也不会有流失率的隐患，他们不会因为缺少美妙产品而拒绝消费其他品牌。所以雅贵商厦如果能与美妙合作是锦上添花，不能合作也不会带来什么影响。

美妙公司主营圣诞产品，圣诞节的销售对企业的发展是至关重要的，缺少一家销售终端就意味着丧失一份销售收入，更何况缺少的是雅贵商厦这样的大型商场，另外，每年的销售高峰都出现在圣诞节的前20天，所以对他们而言时间就是金钱。所以他们此刻使用时间压力策略是错误的，越临近圣诞，美妙谈判的谈判筹码越低，而且对方的选择余地要远远超过美妙，雅贵可以从容地等待而美妙已经没有时间了。

通过这个例子可以深入了解时间策略的运用，在使用之前，要分析一下双方的谈判力量，如果己方有绝对的谈判优势，可以使用该策略；如果处于谈判劣势，建议己方考虑其他的谈判策略，不要试图在时间上做文章。

任务二　最后通牒

该策略也叫边缘政策，是最后一击，不惜以破裂相威胁，以迫使对方让步的谈判方法。其特征是凶狠、分量重，又是“孤注一掷”的最后立场。故可以作为谈判终局的策略。最适合使用最后通牒策略的情况是当一方占有一定的优势，谈判双方又在细枝末节上纠缠不休的时候。一般在谈判将近终局时，一方阐明自己的立场，讲清自己的最后让步条件，并表明如果对方不接受则谈判将会破裂。但是在使用最后通牒策略时一定要注意以下几个问题。

(1) 应该在判断双方已经就关键问题做了多次磋商以后再使用。如果双方的磋商还不是很充分，一方就贸然采用最后通牒的手段，这样最后通牒就变成一种恫吓，同时过早地暴露了己方的底线，是不会达到预期目的的。

(2) 注意使用最后通牒的环境。最好是对方对我方产品的需求强度大于我方对对方产品的需求强度，或者说我方在谈判中处于相对优势。另外，谈判已经进行了充分的磋商，双方已经最大限度地向对方的条件靠近，需要摊出底线来结束谈判时也可以使用。还有一种情况是己方已经做了真实的最大让步，只能通过最后通牒的策略来结束谈判。另外如前文提到的当双方处在一个在细枝末节上不断纠缠的状态之中时也可以用最后通牒的策略。

(3) 用自身的行动和态度来加强最后通牒的效力。在最后通牒时应该由团队中身份较高的人出面讲清最后的条件，基于当前的谈判状态，这种条件成交的强而有力的理由，最好能拿出支持这一理由的各种法律条文和政策文件，并且在谈判桌外要求预定回程的机票，制订回程的安排，等等。另外，从态度上最后通牒的表达语言要避免生硬和尖刻，但要使对方感觉到己方的依据是有说服力的，是“强硬”的。最后，最后通牒留给对方的余地要有弹性，不要把对方逼向绝境为佳。

(4) 一定要保证最后通牒的效力。

任务三　折中调和

该策略是将双方立场和条件的差距，以折中的方式、完全对中的形式或以互相让步但不对等的形式予以妥协的做法。由于该策略的主体特征是相互妥协且更多地强调“对半”让步，因此，可以认为是一种公平而理智的分割差异的策略。但是在使用中应该注意该策略只有在谈判的最后阶段才可以使用。在谈判的前期使用该策略，只能使条件不合理的一方得利，折中结果难以公正。在经过严谨的分阶段谈判后，双方立场均有所改善，交易条件日趋公平、合理时，对最后尚存在的文字、数字条件分歧以折中的方式解决，其结果才更合理。

任务四　总体条件交换策略

该策略是指双方将所有分歧条件以有的利于对方(退)、有的利于己方(进)的新条件，组成一个方案向对方提出的做法。也就是说，把对己方有利的条件和对己方不利的条件以及对谈判对手有利和不利的条件进行区分之后，在分别承担一些不利条件的同时获得一些有利条件而组成一个新的谈判方案，由于该方案包括了所有谈判存在的分歧，故称“一揽子交易”，而针对所有分歧提出了有进有退的条件，因而也称为“好坏搭配”。

如果是对方提出的条件，己方谈判人员可以在不利的问题上提出质疑，目的是再争取一些对自己有利的条件，如果对方坚决拒绝，但交易条件已经达到自己的底线，则可以成交。而如果是己方提出的条件而对方要求再谈时，己方只需讲“yes”或“no”。如果对手自以为聪明，非要纠缠，则坚决予以回击，否则，该策略就会失效。

任务五　临阵反悔策略

该策略是指在谈判终结时，为了给己方争取更大的利益，当双方已经进入谈判终结，一切条件都已经达成，正要签署正式的协议时，突然反悔，要求对某一项合同条款进行修改或产生不满。这种策略是希望在最后关头从心理上给对方造成急躁的情绪和带来意想不到的压力，由于对方在谈判过程之中已经消耗了大量的人力物力，如果是客方也已经做好了返程的准备，有时会不得不为了快速交差而同意己方的要求。运用这种策略不能过犹不及，即主要是从附带条件中寻找折扣的机会，不能立刻就针对关键问题要求反悔，因为这样会恶化双方的关系，给合作伙伴造成出尔反尔的不良印象，即使是达成合同，也可能由于不信任而影响到双方未来的合作。

任务六　取舍由之策略

该策略往往与最后通牒策略一起使用比较有效，即当最后通牒策略使用之后对方仍然对条件进行纠缠时，可以采取让对方了解己方可以以谈好的条件成交，当然如果对方不接受的话，我方对于谈判破裂的后果也可以轻松承受，这就是所谓的“取舍由之”。这一策略需要让对方知道如果不与己方成交，己方也可以找到其他的成交对手，从而对对方施压。另外，从使用该策略的时间来看，越在谈判后期使用效果越好，如果在谈判前期就使用该策略，会使对方感觉没有受到尊重。如果是在谈判之中采用该策略，会使对方怀疑有第三方竞争人介入谈判，必然会产生质疑，从而影响谈判进程。

任务七　得寸进尺策略

该策略是一种最为过分、容易激怒对方的策略。该策略是指在谈判就要结束时，己方不断地提出一些新的小难题来强调自己的利益。一个小问题刚刚解决，获得收获，就立刻提出另外的一个类似的问题。当己方面对的对手使用这样的策略时，己方可以要求对方一次性地阐述自己的条件从而不给对方得寸进尺的机会。

任务八　冷冻策略

该策略是指暂时中止谈判的做法。中止谈判从形式上讲就是停止谈判，是某种意义上的终结。只是引起中止的原因不同，冷冻的意义会有所差别。

采用冷冻策略的原因有很多，例如，因为双方谈判条件差距太大，一时难以克服，但双方又都有成交愿望；或因为交易相关的许可证、外汇、行政审批、政治或人事的重大变故，但交易双方自持交易诚意时，冷冻谈判会出现。这时，谈判将进入终局。

对于冷冻了的谈判，双方可以在条件或时机成熟时重新开始谈判，以此来达到成交的目的。

单元三 结束谈判的技术准备及谈判后的管理

经过谈判双方的共同努力，进入到谈判终局阶段，需要结束谈判，在结束谈判之前，除了运用谈判策略之外，还要为谈判成果的确定、签订谈判合同以及谈判后的管理做出一些技术上的准备，同时监督合同的实施，只有这样，双方谈判成果才能准确地确定下来，同时促进双方的合作，并把谈判的收获变成真正的盈利。

任务一 了解结束谈判的技术准备

为了促成交易，协助签订具有正式法律效力的书面合同，在谈判即将结束时，谈判双方应该进行一系列的技术准备，主要包括以下几点。

1. 给对方最后的小利

为了防止对方在谈判确定战果或签字时采用临阵反悔的策略，谈判手应该把一些小利留到谈判最后来使用。谈判的小利能够使谈判对手的心理满足程度极大地提高，也可以防止对方在最后反悔要求好处时已措手不及，失去更大的利益。因此，给对方一定程度的小利是结束谈判前必备的技术准备。

但是小利的施予要注意一些问题。

(1) 小利不要太早提出。太早提出小利的让步会让对方觉得自己的现阶段获得的价格不是己方的底线，而进行继续纠缠，这样小利就不能起到促进谈判快速、无益于签约的作用。

(2) 小利的让步幅度要适当。例如，如果是对方高层领导来组织签约，那么相对适度的让步既可以维护双方的关系，以便谈判后的管理和合作，也可以让对方感觉将要签约的条件已经是底线了。

(3) 小利让步之后态度必须坚定，也可以向对方借以索要相应的利益。

2. 对交易条件做最后明确和检查

通过最后对交易条件的明确和检查可以帮助交易双方在签订合同之前对自己的利益有一个明确的认识，对自己的最后小利的制定给出一个设计，对以前谈判的成果进行全面的总结。检查的内容主要有：明确还有哪些问题没有得到解决，对自己期望成交的每项交易条件进行最后的决定，同时，明确自己对各项交易条件准备让步的限度、决定采取何种结束谈判的战术、着手安排交易记录事宜。检查的时间可以安排在谈判结束前一天的休息时间里进行，也可以安排一个正式的会议，并由本单位某个领导主持，这样的回顾和检查会议往往被安排在本企业与对方进行最后一轮谈判之前。这个阶段是谈判者必须做出最后决定的时刻，并且面临着是否达成交易的最后抉择，因此，进行最后的回顾与检查，应当以协议对谈判者的总体价值为根据，对那些本企业没有同意而未解决的问题，予以重新考虑，以权衡是做出相应让步还是失去这笔交易。

3. 在签订合同前确保交易条款的准确无误

在签订合同前，双方对彼此同意的条款应有一致的认识，要注重合同的细节，以确保合同名副其实，下面所列最容易产生问题的地方有几种。

(1) 价格方面的问题，即价格是否已经确定，缔约者是否能收回人工和材料价格增长后的成本；价格是否包括各种税款或其他法定的费用；在履行合同期间，如果行市发生了变化，那么成交的产品价格是否也随之变化；在对外交易中是否考虑汇率的变化；对于合同价格并不包括的项目是否已经明确；等等。

(2) 合同履行方面的问题。对合同履行方面涉及的问题有：对“履约”是否有明确的解释，是否包括对方对产品的试用，合同履行能否分阶段进行，是否已作了明确规定，等等。

(3) 规格方面的问题。对于产品和合同规格方面涉及的问题有：是否明确哪些问题运用哪些标准，哪些标准与合同的哪部分有关，对于在工厂或现场的材料与设备的测试以及他们的公差限度和测试方法是否作了明确的规定，等等。

(4) 仓储及运输等问题，即谁负责交货到现场，谁负责卸货和仓储，一些永久性或临时性的工作由谁来负责安排与处理，等等。

(5) 索赔的处理，主要是指当合同一方违约的情况下应如何处理，处理是否排除未来的法律诉讼，等等。

当然在这里不可能做到面面俱到，但是上述提到的问题大体上适用于各种谈判，由于在谈判双方对某些问题的标准理解不一致的情况下签订合同，会给双方带来极大的风险，因此，注意并解决好这些问题是非常重要的。

4. 谈判记录及整理

以往的粗放型的谈判谈判双方只关注怎样能够达到目标，目标是否已经达到了，而事实上，谈判的达成是一个过程，所以传统的谈判方式经常让谈判双方忘记谈判是从哪里开始的，以至于重复谈判成为一种很大的资源浪费。另外，对于已经谈判达成一致的内容，如果没有及时记录，对于将来达成具有法律效力的书面合同也是不利的。

如何避免重复谈判，并且在谈判终局阶段能够使双方把谈判已经有成效的内容确定下来，就需要在谈判的过程中进行谈判记录。每一个问题在谈成之后都要认真地记录下来，以防产生含混不清的地方，影响谈判终局合同的签订。可以以谈判记录本或谈判记录表的形式来做谈判记录。一个本是谈判实时记录本，可以有两种写法，如果场合准许可以进行现场记录，如果需要看着对方的眼睛，那就要在谈判结束后迅速总结记录己方得到的信息。一个表是谈判进度表，可以把谈判开始到达到目标之间分成若干块，比如“初步接洽，达成意向，达到目标”等 3 层进度，根据不同的谈判对象记录谈判进度。

通过谈判记录或条款可以表明双方在各点上均一致同意，通过每日的谈判记录，由一方在当晚整理就绪，并在第二天作为议事日程的第一个项目宣读，后由双方通过，只有这个记录通过后，才能继续进行谈判，则可以促进谈判的进程，使双方对谈判的进度有一个共同的认识。

如果只需进行两三天的谈判，则由一方整理谈判记录后，在谈判结束前宣读通过。谈判记录另外一个主要的作用是帮助谈判终局时进行整理，从而作为签订正式的具有法律效力的书面合同的依据，即在谈判终局阶段，谈判手应该检查和整理并共同确认谈判记录的正确无误，从而作为起草合同的主要依据。

实训案例 9-3

童车进口的谈判记录

1. 初次会谈

1) 背景介绍

孩之宝公司是当今世界上最大的玩具公司之一，公司从低端的经典玩具到高端的科技玩具应有尽有。儿童车在英国的需求日趋扩大，该公司将在童车市场开辟新的领域，扩大业务。

特此对中国的童车生产商进行了调研，经比较认为，温州龙湾迷尔乐童车有限公司是理想的国外出口商。取得联系之后，公司特派商务代表张立明先生前往中国与之洽谈。于2006年9月13日上午9时开始了双方的初次会谈。

上午9时，我方人员准时来到迷尔乐公司，一番寒暄之后，谈判正式开始，基本情况记录如下。

时间：2006年9月13日上午

地点：在中国温州龙湾迷尔乐童车有限公司接待室里

谈判人：

我方——中国温州龙湾迷尔乐童车有限公司进出口部负责人董春雷先生

外方——孩之宝公司进出口部商务代表张立明先生

2) 谈判记录

董：(Good morning, Mr Zhang, as far as I know, you are Chinese. Can we talk in our mother language?

张：Of course, oh sorry. 当然可以，很高兴认识你董先生，我是孩之宝公司进出口部的商务代表，这是我的名片。

董：张先生，幸会，幸会。久闻贵公司是专营玩具的大公司，一直没机会合作啊。

张：是的，事实上，我们是当今世界最大的玩具公司之一，我们的公司遍布全英国，我们有着百年的历史，我们现在想在英国销售童车产品，能不能让我看一下你们的产品。

董：当然可以，我现在就领你到样品室去。

董：贵公司的预见真是准确啊，童车市场刚刚走俏啊，现在可是很好的时机啊。

张：当然，做生意最要紧的是选择商品和市场，没有预见性不行啊。

董：我这里有很多品种可供选择，产品分警车系列、摩托系列、豪华轿车系列、手推摇篮车系列等品种。

张：真的是应有尽有啊，英国人喜欢便捷的东西，我看手推摇篮车很不错。

董：这种车确实能给家庭散步带来很大的帮助，带来更大的乐趣。

张：的确很棒，小宝宝在里面一定很舒服。

董：对于国际市场的变化，我们一直是密切关注的。就说这种手推摇篮车，我们是专门为那种工作之余一家人享受天伦之乐设计的。放到英国市场，肯定会畅销。

张：嗯，就这种童车吧，我要2 000辆。

董：好的，没问题，其他样式的不考虑一下吗，销量也很不错呢。

张：嗯，电动车应该也可以要一些，有没有什么好的介绍一下。

董：比较受欢迎的电动车有吉普车和小王子车，你看需要多少？

张：嗯，第一次合作怎么也得弄个好的开始，那就各2 000辆吧。

董：一共6 000辆啊。

张：有什么问题吗，我可是看在能以后长期合作的关系上才订这么多的，请报CIF伦敦价。

董：没想到你们需求这么大，由于我们公司产品销量一直不错，库房存货不多，我尽量从其他地方调些货过来吧。

张：据我所知，你们这样的厂家很多嘛。

董：嗯，可是我们的订单已满，库存量有限啊，这么多只能赶工啊。现在市场需求量很大，这样吧，我回去与厂长商量下，明天再给你答复吧。

2. 第二轮会谈

1) 背景介绍

初次会谈后，我方立即对谈判对手进行了调查。得知此人是个非常厉害的对手，是从基层一步步升起来，现在被厂长委以重任。估计遇到这样的对手谈判会很艰苦，必定会经过多次反复才能最后成交。可能要采用一些策略和技巧。

2006年9月14日上午，第二轮会谈正式展开，现将过程概述如下。

时间：2006年9月14日上午

地点：在中国温州龙湾迷尔乐童车有限公司接待室里

谈判人：

我方——中国温州龙湾迷尔乐童车有限公司进出口部负责人董春雷先生

外方——孩之宝公司进出口部商务代表张立明先生

2) 谈判记录

董：张先生是好久没有回国了吧，在外一个人不容易吧，今天我代表本公司请张先生吃顿正宗传统的中国饭，绝对很正宗。

张：谢谢董先生，那就恭敬不如从命了。

董：张先生这边请，这是这里最老的一家店，据说有百年的历史，不要看它比不上星级酒店，但它能代表我们中国的传统。

张：真的是有种到家的感觉，谢谢了。

董：这里最好的招牌菜就是我们的家常菜，还有就是小笼包，相信张先生一定会喜欢。

张：董先生真是考虑周到啊。

董：应当的，做商人就要务实、讲信誉，这顿饭算是我对自己人的照顾吧，我们边吃边谈吧。

张：那好，货源怎么样，今天能否把价格报给我？

董：货源已经不是问题，不过交货要迟一点，考虑到你们需求大，我方初步报价是CIF伦敦价每箱115美元，因为恰好3种车的价格相同， 我们从来都没低过120美元，六七月份装船，由宁波港发货。

张：时间上可以接受，价格是不是高了一点，交货也不早，是不是可以再商量下。

董：那么你们想出多少价呢？

张：我也不喜欢讨价还价，每箱100美元，怎么样？

董：有点脱离实际吧，你们根据什么哦？

张：根据我的调研目前市场就是这个价格。

董：我们的产品在市场上都是一级产品，我们的质量绝对是一流的，信誉值得信赖。

张：我也知道你们产品质量好，这也是我们公司看中你们公司产品的原因，可也不能高这么多啊。

董：那这样吧，110美元，这是我们最大的让步了。

张：董先生这让我很为难，我们这样吧，取个中间吧，105美元怎么样？

董：说实话，110美元已经是我们公司的最低价格了，在国内我们都没有卖到这么低，看在我们是第一次合作，以后还会有很多合作机会的份上我在让一步，108美元怎么样？

张：董先生不是吧，爽快点大家都再让一步107美元，OK？

董：好吧，希望我们以后一直合作下去，那我们商量一下具体细节吧。

张：好，远洋运输我希望木箱包装，一定要经得起震荡和搬运。

董：没问题，希望贵方能尽快把信用证发过来。

张：没问题，我回去就办理。还有你们提供哪些单据，所保的险是一切险吗？

董：连同汇票我方将提供一套完整的提单、发票、装箱单、保险单和产地证书。我方将按发票的 110% 根据中国人民保险公司保险条款投保一切险。

张：很高兴交易能圆满成功，合同什么时候签？

董：明天下午送到你下榻处请你过目，还有一点就是解决不了的问题，就提交中国国际贸易促进会的外贸仲裁委员会仲裁，我想张先生不会有什么意见吧。

张：祝贺我们合作成功，干一杯，希望我们以后有更多的机会进行合作。明天下午恭候大驾光临。

董：好，干杯，明天下午见。

3. 尾声

2006 年 9 月 15 日下午，在温州大酒店，在进一步确认了合同的主要条款和一般贸易条件，明确了某些枝节问题后，双方正式签署了销售合同，谈判终局。

(资料来源：杭州电子科技大学国际贸易实务课程设计)

【案例分析】

通过上例看出谈判记录可以把已经谈成的交易条件比如价格、合同签订时间、保险事项、交货时间等确定下来，通过该谈判纪录还看出了双方在谈判中所使用的各种策略。

任务二　谈判合同的签订

国际商务谈判合同的签订较国内商务谈判合同的签订更加复杂，因为它涉及语言的问题、民族习惯的问题，最主要的是法律限制的问题。但是无论是国内商务谈判还是国际商务谈判，谈判人都应该了解一个有效合同最基本应该包括的内容和签订合同的注意事项。另外，对于国际商务谈判，谈判人应该明确签订合同应该遵循的法律和国际惯例等内容。

子任务一　谈判合同的构成

从形式来看，国际商务谈判一般由约首、主文和约尾 3 部分构成。约首是合同的首部，用来表明合同的名称、编号、订约的日期、地点、双方的名称、地址、联系方式、订立合同的双方意愿及执行合同的保证等内容。约尾是合同的尾部，用来反映合同的效力、份数、附件和双方的签字等内容，也是合同中不可缺少的要件。合同的主体是正文部分，根据《联合国国际货物销售合同公约》的规定，一个肯定的发盘由 3 个内容构成，分别是货物名称、数量和价格。也就是说，当谈判双方就以上 3 点达成一致时即认为买卖合同成立。当然除了以上最基本的合同正文内容之外，还有其他很多内容或条款，如制定法律适用条款、管理条款、会计与审计条款、税收条款、许可证条款等，这些主条款之外的特殊条款有时会很隐性地改变谈判的条件，或给我方附加更多的条件，因此，这些是应该特别注意的。就谈判合同的主要条款来看，主要包括以下内容。

1. 标的

合同的标的是谈判双方订立合同的当事人权利和义务共同指向的对象。这个标的的形式是多种多样的，购销合同中是商品，劳务合同中是服务，在建设承包工程中指的是工程。标的的语言表达要准确，如果有统一标准的要用统一标准，如果是外文表达的一定要推敲翻译的是否准确，以防由于表达标的的问题造成分歧和纠纷。

另外，标的的内容中也应该包括标的物的数量，而且数量的订立不能用模糊的词语或中性的词语，如套、批等不能明确件数的表达就不能用。除了数量的问题，合同中关于标的的描述还应该包括标的的质量问题。关于质量的问题应该针对“过去、现在和未来”的思路来确定合同条款，即过去产品的设计、现在的质量标准和外观以及将来的质量隐患和服务等。另外，还要在标的的描述上注明产品的产地和出厂日期等内容。

2. 价格条款

价格条款是合同中最主要的条款，也是谈判最重要事项的锁定。价格条款不但要表明主要的标的价格，而且要表明关于合同标的涉及的税费、价格术语(如离岸价和到岸价的问题)，价格是固定价还是可调价，兑换外汇等原因在银行涉及的手续费问题，等等。另外，由于价格条款是合同的主要条款，因此，缺少价格条款的商务合同一般是很难成立的，如果先订立了其他条款，而规定价格条款日后面议，会使合同在实际操作中的可行性降低，甚至当订立了价格条款后，发现其他条款都无效了，因此产生矛盾。

3. 违约责任条款和保证条款

在国际商务合同中，违约条款的约定甚为重要。违约责任条款的约定通常有两种方法：第一是约定专门的违约条款；第二是在质量责任、交付责任等约定的同时进行约定。违约责任的约定要注意不要以“依法承担违约责任”、“依法承担赔偿责任”等字眼来书写，违约责任条款应该明确违约责任实现程序、数额或计算方法，最简便明了的方式就是直接约定违约方支付违约金的具体数额。另外，除了法定的基本条款之外，为了对国际经济活动中常见的问题有所预防，还应该立明免权、免责、保证、不可抗拒、不可预见等条款。另外，对于经济条件和政治条件变换而导致合同不能正常履行的问题的责任分配也要在合同中规定。

当然除了以上的合同内容以外，合同中还会包括很多其他的内容和条款，如监督条款、技术培训条款、包装条款等内容，这些内容会根据谈判的事项不同而有所不同。

知识拓展

违约金条款的意义

(1) 如果约定了违约金条款，会给对方造成一定的心理威慑，促使对方尽可能地依约履行合同。

(2) 如果己方具有一定的实际控制能力，就可以直接依违约金条款扣款、压款，取得进一步的谈判主动。

(3) 如果对方提出的违约金过分地高于所造成的损失，则对方应对此承担证明责任。

违约金条款可与相关的数量条款、质量责任条款、付款条款、延迟交付责任条款一并约定。违约金条款一般约定为：甲方应当……，未……的，应当向乙方支付违约金……元。

示例如下：乙方延迟 10 日交付货物，或不符合第五款第四项要求，甲方有权解除合同，并可要求乙方支付违约金××元。

(资料来源：合同法网 www.hetong365.com)

子任务二　谈判合同起草需要注意的事项

合同起草需要注意以下事项。

1. 合同文本的起草。

一般来讲，文本由谁起草，谁就掌握主动。起草一方的主动性在于可以根据双方协商的内容，认真考虑写入合同中的每一条款，而对方则毫无思想准备。所以，我方在谈判中，应重视合同文本的起草，尽量争取起草合同文本，如果做不到这一点，也要与对方共同起草合同文本。另外，如果用外文文本作基础，对我方也有诸多不利，不仅要在翻译内容上反复推敲，弄清外文的基本含义，还要考虑法律上的意义。因此，在谈判中，我方应该争取拟就合同谈判的草稿。在此基础上进行谈判，形势就会有利于我方。

2. 明确合同双方当事人的签约资格。

合同是具有法律效力的法律文件。因此，要求签订合同的双方都必须具有签约资格。一般来讲，重要的谈判，签约人应是董事长或总经理。有时，虽具体业务谈判出现签约的不是上述人员，但也要检查签约人的资格。如了解对方提交的法人开具的正式书面授权证明，常见的有授权书、委托书等，了解对方的合法身份和权限范围，以保证合同的合法性和有效性。此外，不要轻易相信对方的名片，名片不能代替证书，有的人名片官衔很大，实际上是空的。

3. 合同要明确规定双方应承担的义务、违约的责任。

除了在合同中列明双方应承担的义务、违约的责任外，还应该确定如果一旦违约，对双方惩罚的有效性。

4. 合同中的条款应具体详细、协调一致。

指的是在合同条款的设立和表述上应该做到一致性、协调性和互补性的统一。

5. 应该注意国际商务谈判的法律原则和国际惯例。

在各种各样的涉外商务谈判中，《中华人民共和国涉外经济合同法》以及近年颁布的独资企业、三资企业在华经营的有关条例，是对涉外商务的基本法要求。在国际商务活动中，还经常需要引用国际贸易惯例的规定。应当清楚的是，凡在依法成立的合同中明确规定的事项，应当按照合同规定办理；对于合同中没有明确规定的事项，应当按照有关的法律或国际条约的规定来处理；对于合同和法律中都没有明确规定的事项，则应当按照有关的国际惯例的规定来处理。

任务三　谈判后的管理

在双方经过谈判签订了协议之后，管理过程就变得十分关键了。管理过程的实施力度将决定双方能够从前一段所有的艰苦工作当中得到的真实收益。IT 咨询公司 Impact Innovations 的 COO Jon Piot 在谈到这个问题时说："如果没有有效的管理，承包商的工作重点随着时间的推移会同客户的商业需求产生分歧，这最终将导致双方合作的失败。"

谈判后的管理主要是密切关注谈判合同的履行，并且继续寻找谈判合同对己方有利的内容或损害己方利益的内容，因为任何合同都不是十全十美的，会出现很多的漏洞和不足，往往就在合同履行中被发现。谈判后的管理至少应该做到以下几个方面。

(1) 成立项目管理小组来保证合同的有效执行。

在合同履行的过程中，由于外部条件的变化或其他的原因而导致谈判双方在某一条款或某一事项上违约，成立项目管理小组可以及时发现这些问题，采用逐笔或批量解决的方法来争取己方的利益。

(2) 通过谈判后的管理堵住合同漏洞。

(3) 搜索和跟踪项目信息。

建立项目档案，明确专人负责跟踪，设法取得外商的项目负责人姓名、地址、电话号码等基本资料，以便与外商建立联系。

(4) 巩固已有的关系来促进双方的后续合作。

可通过电话、传真询问项目的进展情况，重大节日对外商致以问候，出差时顺访，等等。为外商来访做好食宿、交通等活动安排。同时及时了解并帮助解决外商遇到的问题，如土地、厂房、原材料进口、产品出口等。

(5) 合同履行遇阻的处理。

当合同由于外界环境的变化而不能履行时，双方可以坐下来重新进行谈判。但是当合同履行受阻是由于谈判一方主观人为地设置的障碍时，谈判一方应该酌情警告或要求按照违约条款进行索赔。当要求索赔时，当事人也应该制定详细的索赔方案，如索赔的事项、索赔的依据、索赔的金额和时间等。

知识拓展

谈判后的技巧：正确处理文化差异

国际商务谈判后的管理涉及合同管理及后续交流行为。不同文化对合同的内容、合同的作用有不同的理解。美国文化强调客观性，注重平等观念，因此，往往依赖界定严密的合同来保障权利和规定义务。结果，美国企业之间的合同常常长达百页以上，包含有关协议各个方面的措辞严密的条款，其目的是借此来保障公司不受各种争端和意外事故的伤害。此外，不拘礼节的美国文化一般将合同签定仪式视作既浪费时间又浪费金钱的举动，所以合同常常是通过寄发邮件来签订的。

那些注重关系的文化，其争端的解决往往不完全依赖法律体制，常常依赖双方间的关系。所以，在这些文化中，书面合同很短，主要用来描述商业伙伴各自的责任，有时甚至写得不严密，仅仅包含处理相互关系的原则的说明而已。即便是针对复杂的业务关系而制定的详细合同，其目的也与美国人所理解的不同。此外，注重关系文化的管理者常常希望举行一个由各自执行总裁参加的正式签定仪式。

就后续交流而言，美国文化强调“把人和事区分开来”，感兴趣的主要为实质性问题，所以往往不太注重后续交流。但是在注重个人关系的文化中，保持与大多数外国客户的后续交流被视作国际商务谈判的重要部分，在合同签订很久以后，仍然会进行信件、图片和互访等交流。

知识链接

NO TRICKS：商务谈判中的八字箴言

商业经营中诚信非常重要。中国自古就有“货真价实，童叟无欺”的八字箴言，英文中也有一个八字经典：NO TRICKS。从字面看来，它与中文的意义非常相近。不过“NO TRICKS”并不仅仅代表字面的意思，每一个字母还有更深一层的含义，它们分别代表了谈判中的 8 种能力。

谈判能力在每种谈判中都起到重要作用，无论是商务谈判、外交谈判，还是劳务谈判。在买卖谈判中，双方谈判能力的强弱差异决定了谈判结果的差别。对于谈判中的每一方来说，谈判能力都来源于 8 个方面，就是“NO TRICKS”每个字母所分别代表的 8 个单词：Need、Options、Time、Relationships、Investment、Credibility、Knowledge、Skills。

1. “N”代表需求(Need)

对于买卖双方来说，谁的需求更强烈一些？如果买方的需要较多，卖方就拥有相对较强的谈判力。卖方越希望卖出产品，买方就拥有越强的谈判力。

2. “O”代表选择(Options)

如果谈判不能达成最后协议，那么双方会有什么选择？如果己方可选择的机会越多，对方认为己方的产品或服务是唯一的或者没有太多选择余地，己方就拥有较强的谈判资本。

3. “T”代表时间(Time)

主要是指谈判中可能出现的有时间限制的紧急事件，如果买方受时间的压力，自然会增强卖方的谈判力。

4. “R”代表关系(Relationships)

如果与顾客之间建立强有力的关系，在同潜在顾客谈判时就会拥有关系力。但是，也许有的顾客觉得卖方只是为了推销，因而不愿建立深入的关系，这样在谈判过程中将会比较吃力。

5. “I”代表投资(Investment)

在谈判过程中，投入了多少时间和精力？为此投入越多，对达成协议承诺越多的一方往往拥有越少的谈判力。

6. “C”代表可信性(Credibility)

潜在顾客对产品的可信性也是谈判力的一种，如推销人员知道一个人曾经使用过某种产品，而他的产品具有价格和质量等方面的优势时，无疑会增强卖方的可信性，但这一点并不能决定最后是否能成交。

7. “K”代表知识(Knowledge)

知识就是力量。如果已方充分了解顾客的问题和需求，并预测到自己的产品能如何满足顾客的需求，知识无疑增强了己方对顾客的谈判力。反之，如果顾客对产品拥有更多的知识和经验，顾客就有较强的谈判力。

8. “S”代表技能(Skills)

这可能是增强谈判力最重要的内容了，不过，谈判技巧是综合的学问，需要广博的知识、雄辩的口才、灵敏的思维……

总之，在商业谈判中，应该善于利用“NO TRICKS”中的每种能力，当然还要做到“NO TRICKS”。

(资料来源：英语点津 2006-04-24)

课 后 习 题

案例分析题

【案例题 1】 在谈判结束采用最后通牒策略时，某谈判手在考虑如何表达，他心里有3种表达方法，分别是：

A:“就是这个价钱，不然没什么可谈的了。”

B:“接受这个条件，我们就结束谈判，不然就到这里了！”

C:“贵方的问题我们能充分理解，但是我们出的条件只能到这里了，您看看这个最后的价位贵方能否接受？”

问题：

如果你是这个谈判手，你应该采用哪种说法呢？为什么？

【案例题 2】 “后街男孩”在他们的第一张唱片合约上失败了，尽管当时唱片公司的总裁一开始对他们非常有兴趣。当他们正准备达成交易时，由于希望得到更多，他们拖延了谈判终结的时间。但是约翰·库加·米伦坎布开始对男孩乐队的合约有所顾虑，最终这笔交易夭折了。这也就是为什么当他们在得到第二份合约时——好几个月以后，便感觉没有多少协商优势。在与唱片公司协商交易时，他们是非常难对付的。他们的执行官都是经验老到的谈判专家，而且由于一些唱片公司在市场中占有主导地位，他们便掌握了大部分杠杆足以影响市场。他们通常根本不会与对方谈条款，而是以命令式的口吻让对方接受。尽管处于这种情况，后街男孩还是让他们在这笔交易上把价格增加了 30%。能做到这一点，后街男孩非常高兴。

问题：

从案例中可以看出，为了达到谈判终结可以采取什么策略？这种策略采取不当会有什么后果？产生这种不良后果的原因是什么？

【案例题 3】 当你在谈判终局阶段需要确定采用时间策略截止日期时，你应该说：

A：“如果您想明天再谈，请于今晚 9 时给我个电话。”

B：“如果今天咱们谈不成，那这笔生意就算吹了！”

问题：

请你选择使用哪一种说法更加适合，为什么？

【案例题 4】 某日汽轮厂与橡胶厂的谈判中，当橡胶厂李厂长分析了对方的价格条件、参与竞争对手条件、己方难处后，表示愿做最后一次努力，出手让价 650 万元。此举无“急风暴雨”式态度相伴，相反是“和风细雨”，但其立场与条件是最后的，告诉了对方是最后性质的出价。“急风暴雨”与“和风细雨”仅是针对对手的具体情况而采用的渲染技巧。汽轮厂王厂长在听了李厂长的论述和出手条件后，为了体面地结束谈判，也应了李厂长一手，提供了运输费补贴 74.3 万元。

问题：

对两位厂长而言，他们在终局阶段运用了什么谈判策略？为了能使该策略成功，李厂长运用了哪些技巧？

【案例题 5】 曾经中海油(Cnooc Ltd.)一度与加州联合石油(Unocal Corp.)接近达成并购协议，但后来还是失之交臂，原因是加州联合石油拒绝为中海油积极游说美国国会，导致双方谈判破裂。加州联合石油提交给美国证券交易委员会(SEC)的文件显示，中海油表示愿意提高出价，但必须有一个前提：由加州联合石油出面游说美国国会支持中海油的收购要约。但是加州联合石油以与雪佛龙(Chevron Corp.)签订的现有收购协议禁止这样做为由拒绝了中海油的要求。中海油对加州联合石油提出了 185 亿美元的全现金收购要约。之后，雪佛龙把它的报价上调至 176 亿美元。尽管在报价上不及中海油，但雪佛龙却得到了加州联合石油董事会的支持，因为后者相信审批前景不明将使中海油收购要约的魅力大打折扣。

问题：

从该案例可以看出，是什么真正导致谈判的破裂？并简述谈判结束的方式。

【案例题 6】 纸张厂和印刷厂在经过了讨价、还价，印刷厂在统一要求卖方 3 次改善价格之后，双方进行讨价还价，这才出手“折中调和”，其结果自然易为双方接受，谈判也必然终结。但是这时印刷厂又要求另一方再进行价格让步，然而，遭到了纸张厂厂长的“边缘政策”的强力回击：“尹厂长，这是我所做的最后努力了。贵方若接受，我即结束谈判。贵方若为难，我也不勉强。”很快就结束了讨价还价使谈判终结。

问题：

纸张厂厂长使用了什么终结策略？

【案例题 7】 小黄为买一台录像机，跑了几家电器商店，这几家电器店的价格都介于 2 800～3 000 元之间。为了购买到更便宜一点的录像机，他又询问了几家商店，最后来到了一家门面装饰不凡的电器公司。店员十分客气的同他打了招呼。他询问了录像机的价格，店员拿一张价目表让他看，他所要的那种型号的录像机价格是 3 000 元，但店员报价 2 800 元，小黄觉得应该买，店员随即开写货单，这时从旁边过来另一位店员，看过货单后说价格应该是 3 000 元而不是 2 800 元，正在试机的店员立即查看价格表，转身对小黄说：“真对不起，我刚才看错了，将 3 000 元看成了 2 800 元”。小黄已经试机了很长的时间，需要赶时间，并且已经挑选了几台，出于面子，他也默许了购货单上的 2 800 元改成了 3 000 元。

问题：

该店员采用的是什么终结策略？

【案例题 8】 小孙由于工作需要经常会出差与各地区代理商谈判，每次下飞机后对方都会首先问他：“您计划在此地停留多长时间？”他一般会毫不犹豫地回答：“没有具体期限，看谈判的进展情况吧。”对方询问小孙的行程也许是制定谈判日程的需要或者是安排时间陪小孙转转当地的风土人情，但是小孙每次的回答都是没有具体期限。

问题：

小孙这么回答有道理吗？为什么？

【案例题 9】 甲欲向乙购进大米，双方签订买卖合同。由于大米的市场行情变化莫测，故双方在合同中约定“大米的价格条款日后面议”。后因甲乙双方就价格条款无法达成一致意见遂起纠纷，甲主张合同因欠缺价格条款而不成立。

问题：

本案例所涉及的问题是欠缺价格条款，是否影响合同的成立？

【案例题 10】 几年前，小王曾经有幸与金融服务业的一家公司合作，该公司同承包商之间的管理关系经过了科学的设计，可以说是一个极为出色的“垂直协调”的范本。公司上下在谈判之后同承包商密切合作，大家简直就融合成了一个整体。每个月 CIO 都会召集一次管理委员会会议，双方代表不仅会对项目的财政和运营状况进行总结评估，还会就环境的变化商讨应对之策。结果如何呢——承包商提供的服务始终与客户的需求保持着同步，双方都从项目中得到了切实的收益。

问题：

从该案例中你得到了什么启发？

项目十　商务谈判的沟通技巧

知识目标

(1) 掌握谈判中的沟通。

(2) 掌握国际商务谈判中的提问、国际商务谈判中的回答、国际商务谈判中的倾听、国际商务谈判中的论辩。

能力目标

(1) 能正确判断商务谈判中发问的类型、掌握提问的时机和谈判时提问的要诀。

(2) 能按规定掌握谈判时“听”的技巧，掌握国际商务谈判中“辩”的要诀和掌握说服他人的基本要诀。

素质目标

培养学生谈判时通过沟通可以做到谈判时的双赢的职业素养。

导入案例

有一个妈妈把一个橙子给了邻居的两个孩子。这两个孩子便讨论起来如何分这个橙子，两个人吵来吵去，最终达成了一致意见，由一个孩子负责切橙子，而另一个孩子选橙子。结果，这两个孩子按照商定的办法各自取得了一半橙子，高高兴兴地拿回家去了。

第一个孩子把半个橙子拿到家，把皮剥掉扔进了垃圾桶，把果肉放到果汁机上打果汁喝。另一个孩子回到家后，把果肉挖掉扔进了垃圾桶，把橙子皮留下来磨碎了，混在面粉里烤蛋糕吃。

从上面的情形可以看出，虽然两个孩子各自拿到了看似公平的一半，然而，他们各自得到的东西却未物尽其用。这说明，他们在事先并未做好沟通，也就是两个孩子并没有申明各自的利益所在。没有事先申明价值导致了双方盲目追求形式上和立场上的公平，结果，双方各自的利益并未在谈判中达到最大化。

试想，如果两个孩子充分交流各自所需，或许会有多个方案和情况出现。可能的一种情况就是遵循上述情形，两个孩子想办法将皮和果肉分开，一个拿到果肉去喝汁，另一个拿皮去做烤蛋糕。然而，也可能经过沟通后是另外的情况，恰恰有一个孩子既想要皮做蛋糕，又想喝橙子汁。这时，如何能创造价值就非常重要了。

结果，想要整个橙子的孩子提议可以将其他的问题拿出来一块谈。他说："如果把这个橙子全给我，你上次欠我的棒棒糖就不用还了"。其实，他的牙齿被蛀得一塌糊涂，父母上星期就不让他吃糖了。另一个孩子想了一想，很快就答应了，他刚刚从父母那儿要了五块钱，准备买糖还债，这次他可以用这五块钱去打游戏，才不在乎这酸溜溜的橙子汁呢。

两个孩子的谈判思考过程实际上就是不断沟通、创造价值的过程。双方都在寻求对自己最大利益的方案的同时，也满足对方的最大利益的需要。

商务谈判的过程实际上也是一样。好的谈判者并不是一味固守立场，追求寸步不让，而是要与对方充分交流，从双方的最大利益出发，创造各种解决方案，用相对较小的让步来换得最大的利益，而对方也是遵循相同的原则来取得交换条件。在满足双方最大利益的基础上，如果还存在达成协议的障碍，那么就不妨站在对方的立场上，替对方着想，帮助扫清达成协议的一切障碍。这样，最终的协议是不难达成的。

单元一　国际商务谈判中的沟通

任务一　国际商务谈判中的提问

在商务谈判过程中，向对方发问或接受对方的提问都是必不可少的。提问是一个打开对方话匣的最好方法，是谈判双方有效沟通的方式之一。尽管提问是"少说多听"的一种最有效的方法，但并不是问得越多越好，巧妙地、恰到好处地、适当地向对方提问，才可能取得良好的提问效果。

国际商务谈判中常把提问作为摸清对方需要、掌握对方心理、表达自己感情的手段。提问是很有讲究的，重视和灵活运用发问的技巧，不仅可以引起双方的讨论，获取信息，而且还可以控制谈判的方向。到底哪些问题可以问，哪些问题不可以问，为了达到某一个目的应该怎样问，以及问的时机、场合、环境等，这里有许多基本常识和技巧需要读者了解和掌握。

子任务一　商务谈判中发问的类型

1. 封闭式发问

封闭式发问指在特定的领域中能带出特定的答复(如"是"或"否")的问句。例如，"您是否认为售后服务没有改进的可能"，"您第一次发现商品含有瑕疵是在什么时候"，等等。封闭式问句可令发问者获得特定的资料，而答复这种问句的人并不需要太多的思索即能给予答复。但是，这种问句有时会有相当程度的威胁性。

2. 澄清式发问

澄清式发问是针对对方的答复，重新提出问题以使对方进一步澄清或补充其原先答复的一种问句。例如，"您刚才说对目前进行的这一宗买卖可以取舍，这是不是说您拥有全权跟我们进行谈判？"澄清式问句的作用就在于：它可以确保谈判各方能在叙述"同一语言"的基础上进行沟通，而且还是针对对方的话语进行信息反馈的有效方法，是双方密切配合的理想方式。

3. 强调式发问

强调式发问旨在强调自己的观点和己方的立场。例如，“这个协议不是要经过公证之后才生效吗？”“我们怎能忘记上次双方愉快的合作呢？”

4. 探索式发问

探索式发问是针对对方的答复，要求引申或举例说明，以便探索新问题、找出新方法的一种发问方式。例如，“这样行得通吗？”“您说可以如期履约，有什么事实可以说明吗？”“假设我们运用这种方案会怎样？”探索式发问不但可以进一步挖掘较为充分的信息，而且还可以显示发问者对对方答复的重视。

5. 借助式发问

借助式发问是一种借助第三者的意见来影响或改变对方意见的发问方式。例如，“某某先生对你方能否如期履约关注吗？”“某某先生是怎么认为的呢？”采用这种提问方式时，应当注意提出意见的第三者，必须是对方所熟悉而且是他们十分尊重的人，这种问句会对对方产生很大的影响，否则，运用一个对方不很知晓且谈不上尊重的人作为第三者，则很可能会引起对方的反感。因此，应当慎重使用这种提问方式。

6. 强迫选择式发问

强迫选择式发问旨在将己方的意见抛给对方，让对方在一个规定的范围内进行选择回答。例如，“付佣金是符合国际贸易惯例的，我们从法国供应商那里一般可以得到3%～5%的佣金，请贵方予以注意。”运用这种提问方式要特别慎重，一般应在己方掌握充分的主动权的情况下使用，否则，很容易使谈判出现僵局，甚至破裂。需要注意的是，在使用强迫选择式发问时，要尽量做到语调柔和、措辞达意得体，以免给对方留下强加于人的不良印象。

7. 证明式发问

证明式发问旨在通过己方的提问，使对方对问题做出证明或理解。例如，“为什么要更改原已定好的计划呢，请说明道理好吗？”

8. 多层次式发问

多层次式发问是含有多种主题的问句，即一个问句中包含有多种内容。例如，“你是否就该协议产生的背景、履约情况、违约的责任以及双方的看法和态度进行一下解释呢？”这类问句因含有过多的主题而使对方难于周全把握。

9. 诱导式发问

诱导式发问旨在开渠引水，对对方的答案给予强烈的暗示，使对方的回答符合己方预期的目的。例如，“谈到现在，我看给我方的折扣可以定为4%，你方一定会同意的，是吗？”这类提问几乎使对方毫无选择余地而只能按发问者所设计好的答案回答。

10. 协商式发问

协商式发问是指为使对方同意自己的观点，采用商量的口吻向对方发问。例如，“你看给我方的折扣定为3%是否妥当？”这种提问，语气平和，对方容易接受。

子任务二　提问的时机

1. 在对方发言完毕之后提问

在对方发言时，一般不要急于提问，因为打断别人的发言是不礼貌的，容易引起对方的反感。当对方发言时，要认真倾听，即使发现了对方的问题，很想立即提问，也不要打断对方，可先把发现的和想到的问题记下来，待对方发言完毕再提问。

2. 在对方发言停顿和间歇时提问

在谈判中，如果对方发言冗长、不得要领、纠缠细节或离题太远而影响谈判进程时，可以借他停顿、间歇时提问。例如，当对方停顿时，可以借机提问："您刚才说的意思是？""细节问题我们以后再谈，请谈谈您的主要观点好吗？"

3. 在议程规定的辩论时间提问

大型外贸谈判一般要事先商定谈判议程，设定辩论时间。在双方各自介绍情况和阐述的时间里一般不进行辩论，也不向对方提问，只有在辩论时间里，双方才可以自由提问、进行辩论。在这种情况下，要事先做好准备，可以设想对方的几个方案，针对这些方案考虑己方对策，然后再提问。

4. 在己方发言前后提问

在谈判中，当轮到己方发言时，可以在谈己方的观点之前，对对方的发言进行提问，不必要求对方回答，而是自问自答，这样可以争取主动，防止对方接过话茬，影响己方的发言。

子任务三　提问的要诀和注意事项

为了获得良好的提问效果，需掌握以下一些发问要诀。

(1) 要预先准备好问题。

(2) 要避免提出那些可能会阻碍对方让步的问题。

(3) 不强行追问。

(4) 既不要以法官的态度来询问对方，也不要接连不断地提问题。

(5) 提出问题后应闭口不言，专心致志地等待对方回答。

(6) 要以诚恳的态度来提问。

(7) 提出问题的句子应尽量简短。

以上几点技巧是基于谈判者之间的诚意与合作程度提出的，切忌将这些变成谈判者之间为了自己的利益而进行必要竞争的教条。

谈判时还要掌握提问的其他注意事项，包括以下几方面。

1. 在谈判中一般不应提出的问题

(1) 带有敌意的问题。

(2) 对方的个人生活和工作问题。

(3) 直接指责对方品质和信誉方面的问题。

(4) 为了表现自己而故意提问。

2. 注意提问的速度

提问时说话速度太快，容易使对方感到是不耐烦，容易引起对方的反感；反之，如果说话太慢，容易使对方感到沉闷、不耐烦，从而降低提问的力量，影响提问的效果。

3. 注意对手的心境

谈判者受情绪的影响在所难免。在谈判中，要随时留心对手的心境，在认为适当时提出相应的问题。例如，当对方心境好时，常常会比较容易地满足己方所提出的要求，而且会变得有些随意，会在不经意间透露一些相关的信息。此时，抓住机会，提出问题，通常会有所收获。

4. 巧提问题

谈判的第二个重要技巧是巧提问题。通过提问不仅能获得平时无法得到的信息，而且还能证实以往的判断。出口商应用开放式的问题(即答复“是”或“不是”，或需要特别解释的问题)来了解进口商的需求，因为这类问题可以使进口商自由地畅谈他们的需求。例如，“Can you tell me more about your company？”“What do you think of our proposal？”对外商的回答，我方要把重点和关键问题记下来以备后用。发盘后，进口商常常会问：“Can not you do better than that？”对此发问，我方不要让步，而应反问：“What is meant by better？”或“Better than what？”这些问题可使进口商说明他们究竟在哪些方面不满意。例如，进口商会说：“Your competitor is offering better terms.”这时，我方可继续发问，直到完全了解竞争对手的发盘。然后，我方可以向对方说明我方的发盘是不同的，实际上要比竞争对手的更好。如果对方对我方的要求给予一个模糊的回答，如“No problem！”，我方不要接受，而应请他作具体回答。此外，在提问前，尤其在谈判初期，我方应征求对方同意，这样做有两个好处：一是若对方同意我方提问，就会在回答问题时更加合作；二是若对方的回答是“Yes”，这个肯定的答复会给谈判制造积极的气氛，并带来一个良好的开端。

5. 使用条件问句

当己方对对方有了初步的了解后，谈判将进入发盘和还盘阶段。在这个阶段，要用更具试探性的条件问句进一步了解对方的具体情况，以修改我方的发盘。

条件问句(Conditional question)由一个条件状语从句和一个问句共同构成，这个问句可以是特殊问句也可以是普通问句。典型的条件问句有“What…if”和“If…then”这两个句型。例如，“What would you do if we agree to a two-year contract？”及“If we modify your specifications, would you consider a larger order？”在国际商务谈判中，条件问句有许多特殊优点。

(1) 互做让步。用条件问句构成的发盘和提案是以对方接受我方条件为前提的，换句话说，只有当对方接受我方条件时，我方的发盘才成立，因此，我方不会单方面接受发盘的约束，也不会使任何一方做单方面的让步，只有各让一步，交易才能达成。

(2) 获取信息。如果对方对我方用条件问句构成的发盘进行还盘，对方就会间接地、具体地、及时地向我方提供宝贵的信息。例如，我方提议：“If we agree to a two-year contract, would you give us exclusive distribution rights in our territory？”对方回答：“We would be ready to give you exclusive rights provided you agree to a three-year contract.”从回答中可以判断，对方关心的是长期合作。新获得的信息对以后的谈判会很有帮助。

(3) 寻求共同点。如果对方拒绝我方的条件，我方可以另换其他条件构成新的条件问句，向对方做出新的发盘。对方也可用条件问句向我方还盘，双方继续磋商，互做让步，直至找到重要的共同点。

(4) 代替“No”。在谈判中，如果直接向对方说“No”，对方会感到没面子，双方都会感到尴尬，谈判甚至会因此陷入僵局。如果我方用条件问句代替“No”，上述的情况就不会发生。例如，当对方提出我方不能同意的额外要求时，可用条件问句问对方：“Would you be willing to meet the extra cost if we meet your additional requirement？”如果对方不愿支付额外费用，就拒绝了自己的要求，我方不会因此而失去对方的合作。

6. 避免跨国文化交流产生的歧义

国际商务谈判大多用英语进行，而谈判双方的母语往往又不都是英语，这就增加了交流的难度。在这种情况下，我方要尽量用简单、清楚、明确的英语，不要用易引起误会的多义词、双关语、俚语、成语。也不要用易引起对方反感的词句，如“To tell you the truth”，“I'll be honest with you...”，“I will do my best”，“It's none of my business，but...”，等等。这些词语带有不信任色彩，会使对方担心，从而不愿积极与我方合作。跨国文化交流的一个严重通病是“以己度人”，即主观地认为对方一定会按照我方的意愿，我方的习惯去理解我方的发言，或从对方的发言中我方所理解的意思正是对方想表达的意思。最典型的例子就是“Yes”和“No”的使用和理解。曾经有家美国公司和一家日本公司进行商务谈判，在谈判中，美国人很高兴地发现，每当他提出一个意见时，对方就点头说：“Yes”，他以为这次谈判特别顺利。直到他要求签合同时才震惊地发现日本人说的“Yes”是表示礼貌的“I hear you”的“Yes”，不是“I agree with you”的“Yes”。实际上，“Yes”这个词的意思是非常丰富的，除了以上两种外，还有“I understand the question”的“Yes”和“I'll considerate”的“Yes”。“No”的表达方式也很复杂，有些文化的价值观反对正面冲突，因此，人们一般不直接说“No”，而用一些模糊的词句表示拒绝。例如，巴西人用“Some what difficult”代替“Impossible”，没有经验的谈判者若按字面意思去理解，就会浪费时间，延缓谈判进程。因此，我方必须尽量了解对方的文化、对方的价值观和风俗习惯，只有这样，才能正确无误地传递和接收信息。

为了避免误会，可用释义法确保沟通顺利进行。释义法就是用自己的话把对方的话解释一遍，并询问对方自己的理解是否正确。例如，对方说：“We would accept price if you could modify your specifications.”我方可以说：“If I understand you correctly，what you are really saying is that you agree to accept our price if we improve our product as you request.”这样做的另一个好处是可以加深对方对这个问题的印象。

最后，为确保沟通顺利的另一个方法是在谈判结束前做一个小结，把到现在为止达成的协议重述一遍，并要求对方予以认可。小结一定要实事求是，措辞一定要得当，否则，对方会起疑心，对小结不予认可，已谈好的问题又得重谈一遍。

7. 做好谈判前的准备

谈判前，要对对方的情况做充分的调查了解，分析他们的强弱项，分析哪些问题是可以谈的，哪些问题是没有商量余地的；还要分析对于对方来说，什么问题是重要的，这笔生意对于对方重要到什么程度，等等。同时也要分析我方的情况，假设我方将与一位大公司的采购经理谈判，首先我方就应自问以下问题。

要谈的主要问题是什么？

有哪些敏感的问题不要去碰？

应该先谈什么？

我方了解对方哪些问题？

自从最后一笔生意后，对方又发生了哪些变化？

如果谈的是续订单，以前与对方做生意有哪些经验教训要记住？

与我方竞争这份订单的企业有哪些强项？

能否改进我方的工作？对方可能会反对哪些问题？

在哪些方面我方可以让步？我方希望对方做哪些工作？

对方会有哪些需求？他们的谈判战略会是怎样的？

回答这些问题后，我方应该列出一份问题单，要问的问题都要事先想好，否则，谈判的效果就会大打折扣。

总之，不少国际商务谈判因缺乏谈判技巧而失败。进出口商通过培养倾听和提问的能力，如果掌握上述的技巧，就可以在谈判中掌握主动，获得满意的结果。

实训案例 10—1

天津某半导体工厂欲改造其生产线，需要采购设备、备件和技术。适合该厂的供应商在美国、日本各地均可找到两家以上。正在此时，中国香港某半导体公司的推销人员去天津访问，找到该厂采购人员，表示可以协助该厂购买所需设备和技术。

由于香港客商讲中文，又是中国人，很快关系就熟了，工厂同意他代为采购。由于工厂没有外贸权，又必须委托有外贸权的公司做代理，A 公司接到委托后，即与美国和日本的厂商探询，结果，美国和日本的厂家有的不报价却回函问：A 公司与中国香港 B 公司的关系是什么？有的出价很高。

A 公司拿的探询结果未达到预期目标，具体人员与工人进行了讨论，最后得出了一致的结论。

问题：

(1) A 公司的探询是否成功？为什么？

(2) 天津工厂应做何种调整？为什么？

(3) A 公司的探询要做何调整？为什么？

【案例分析】

(1) A 公司的探询是失败的。因为外商有的不报价，探询没结果。有结果时，条件太苛刻，非诚意报价。

(2) 天津工厂的委托有时序错误，必须调整。中国香港公司不能代替工厂签进口合同，直接找中国香港公司的探询可能会加快进度，但存在签约和对后续工作影响的问题调整内容；让中国香港公司的外探纳入天津公司的对外探询中，并且以天津公司为主，避免探询混乱。

(3) A 公司要与工厂、中国香港公司统一意见、内容和策略，并把该项目的探询统一组织起来，同时要重新部署探询地区和对象，不给外商造成有多个同样项目在询价的错觉。

任务二　国际商务谈判中的回答

有问必有答，人们的语言交流就是这样进行的。问有艺术，答也有技巧，问得不当，不利于谈判；答得不好，同样也会使己方陷入被动。谈判人员的每一句话都负有责任，都将被对方认为是一种承诺，给回答问题的人带来一定的精神负担和压力。因此，一个谈判人员水平的高低，在很大程度上取决于其答复问题的水平。

谈判中的回答，是一个证明、解释、反驳或推销己方观点的过程。为了能够有效地回答好每个问题，在谈判前，可以先假设一些难题来思考，事先考虑得越充分，所得到的答案就会越完美。

通常，在谈判中，应当针对对方提出的问题实事求是地正面回答，但是，由于商务谈判中的提问往往是千奇百怪、五花八门的，多是对方处心积虑、精心设计之后才提出的，因此，如果对所有的问题都正面提供答案，并不一定是最好的答复，所以答复有一定的技巧。

1. 回答问题之前，要给自己留有思考的时间

在谈判过程中，绝不是回答问题的速度越快越好，因为谈判与竞赛抢答是性质截然不同的两回事。

有些人在对方提问的声音刚落就急着回答问题。这些人通常有这样一种心理，就是如果对方问话与己方回答之间所空的时间越长，就会让对方感觉己方对此问题缺少准备，或以为己方几乎被问住了；如果回答得很迅速，就显示出己方已有充分的准备，也显示了己方的实力。其实不然，谈判经验告诉人们，在对方提出问题之后，可通过点烟、喝水、调整一下自己坐的姿势和椅子、整理一下桌上的资料、翻一翻笔记本等动作来延缓时间，考虑一下对方的问题。这样做既显得自然、得体，又可以让对方看得见，从而减轻或消除对方对己方的错误感觉。

2. 针对提问者的真实心理答复

谈判者在谈判桌上提出问题的目的往往是多样的，动机也往往是复杂的，如果我方没有在深思熟虑、弄清对方的动机之前，就按照常规来做出回答，效果往往不佳。如果经过周密思考，准确判断对方的用意，便可做出一个高水准的回答。

人们常用这样一个实例来说明建立在准确把握提问动机和目的的基础上的回答是精彩而绝妙的。艾伦·金斯伯格是美国著名的诗人。在一次欢迎中国作家代表团的宴会上，金斯伯格向中国作家提出了一个刁钻的问题："把一只 2.5 千克的鸡装进一个只能装 0.5 千克水的瓶子里，用什么办法才能把它取出来？"中国作家镇静自若地答道："您是怎么放进去的，我就怎样把它取出来！显然您是凭嘴把鸡说进这只瓶子的，所以我也用嘴把鸡从瓶子里取出来。"中国作家的智慧和机敏的反应令金斯伯格大为赞叹。

3. 不要彻底地回答问题，因为有些问题不必回答

商务谈判中并非任何问题都要回答，有些问题并不值得回答。在商务谈判中，对方提出问题或是想了解己方的观点、立场和态度，或是想确认某些事情。对此，我方应视情况而定，对于应该让对方了解或者需要表明己方态度的问题要认真回答；而对那些可能会有损己方形象、泄密或一些无聊的问题，不予理睬就是最好的回答，但要注意礼貌。当然，用外交活动中的"无可奉告"一词来拒绝回答，也是回答这类问题的好办法。

例如，对方询问己方产品质量如何，己方不必详细介绍产品所有的质量指标，只需回答其中主要的某几个指标，以给对方造成质量很好的印象。又如，对方对某种产品的价格表示出关心，直接询问该产品的价格。如果立刻回答对方，把价格如实相告，那么在进一步的谈判过程中，己方就会陷入被动。所以，应该首先把对方的注意力引开："我想我们的产品价格一定会令你们满意的。请允许我先把这种产品的集中性能做一下介绍，我相信你们一定会对我们的产品感兴趣。"

4. 逃避问题的方法是避正答偏，顾左右而言他

有时，对方提出的某个问题己方可能很难直接从正面回答，但又不能拒绝回答，逃避问

题。这时，谈判高手往往用避正答偏的办法，即在回答这类问题时，故意避开问题的实质，而将话题引向歧路，借以破解对方的进攻。

5. 对于不知道的问题不要回答

参与谈判的所有人都非全能全知。谈判中尽管我方准备得很充分，也经常会遇到难解的问题，这时，谈判者切不可为了维护自己的面子而强做答复，因为这样有可能损害自己的利益。经验和教训一再告诫人们，谈判者对不懂的问题，应坦率地告诉对方不能回答或暂不回答，以避免不应付出的代价。

6. 有些问题可以答非所问

答非所问在知识考试或学术研究中是一大忌，然而从谈判技巧角度来研究，却是一种对不能答的问题的一种行之有效的答复方法，有些问题可以通过答非所问来给自己解围。

实训案例 10—2

农夫卖玉米

一个农夫在集市上卖玉米。因为他的玉米棒子特别大，所以吸引了一大堆买主。其中一个买主在挑选的过程中发现很多玉米棒子上都有虫子，于是他故意大惊小怪地说："伙计，你的玉米棒子倒是不小，只是虫子太多了，你想卖玉米虫呀？可谁爱吃虫肉呢？你还是把玉米挑回家吧，我们到别的地方去买好了。"

买主一边说着，一边做着夸张而滑稽的动作，把众人都逗乐了。农夫见状，一把从他手中夺过玉米，面带微笑却又一本正经地说："朋友，我说你是从来没有吃过玉米咋的？我看你连玉米质量的好坏都分不清，玉米上有虫，这说明我在种植中，没有施用农药，是天然植物，连虫子都爱吃我的玉米棒子，可见你这人不识货！"接着，他又转过脸对其他的人说："各位都是有见识的人，你们评评理，连虫子都不愿意吃的玉米棒子就好么？比这小的棒子就好么？价钱比这高的玉米棒子就好么？你们再仔细瞧瞧，我这些虫子都很懂道理，只是在棒子上打了一个洞而已，棒子可还是好棒子呀！我可从来没有见过像他这么说话的虫子呢！"

他说完了这一番话语，又把嘴凑在那位故意刁难的买主耳边，故作神秘状，说道："这么大，这么好吃的棒子，我还真舍不得这么便宜地就卖了呢！"

农夫的一席话，趁此机会，把他的玉米棒子个大、好吃，虽然有虫但是售价低这些特点表达出来了，众人被他的话说得心服口服，纷纷掏出钱来，一会儿工夫，农夫的玉米就销售一空。

【案例分析】

说话要讲究艺术，这似乎是一个非常简单的问题，因为生活中，语言是人与人之间交流的一种最基本的手段。但同样一句话，不同的人说，效果会不同，反过来说和正过来说效果也不同。例如，一个人对牧师说："我可以在祈祷时抽烟吗？"这表现了他对宗教的不尊重；反之，他说："我可以在吸烟时祈祷吗？"这又表现了他对宗教的虔诚。

在本案例中，农夫就充分运用了语言的艺术，利用不同的表述方式，反映了问题的不同方面，从而使问题由不利转向有利。

7. 以问代答

以问代答是用来应付谈判中那些一时难以回答或不想回答的问题的方式，此法如同把对方踢过来的球又踢了回去，请对方在自己的领域内反思后寻找答案。例如，在商务工作进展不是很顺利的情况下，其中一方问对方"你对合作的前景怎样看？"这个问题在此时可谓难以回答，善于处理这类问题的对方可以采取以问代答的方式，“那么，你对双方合作的前景又是怎样看呢？”这时双方自然会在各自的脑海中加以思考和重视，对于打破窘境起到良好的作用。商务谈判中运用以问代答的方法，对于应付一些不便回答的问题是非常有效的。

8. 有时可以采取推卸责任的方法

谈判者面对毫无准备的问题，往往不知所措，或者即使能够回答，但鉴于某种原因而不愿意回答。对这类问题通常可以如此回答：“对这个问题，我虽没有调查过，但曾经听说过。”“贵方某某先生的问题提得很好，我曾经在某一份资料上看过有关这一问题的记载，就记忆所及，大概是……”

9. 重申和打岔有时也十分有效

商务谈判中，要求对方再次阐明其所问的问题，实际上是为自己争取思考问题的时间的好办法。在对方再次阐述其问题时，我方可以根本不去听，而只是考虑如何做出回答。当然，这种心理不应让对方有所察觉，以防其加大进攻的力度。有人打岔那将是件好事，因为这可为我方赢得更多的时间来思考。有些富有谈判经验的谈判人员估计谈判中会碰到某些自己一时难以回答而又必须回答的、出乎意料的棘手问题时，于是，为了赢得更多的时间，就事先在本组内部安排好某个人，专门在关键时刻打岔。打岔的方式多种多样，如借口外面有某某先生的电话，有紧急的文件需要某某先生出来签字，等等。有时，回答问题的人自己可以借口去洗手间或去打个电话，等等来争取时间。

总之，在实际谈判中，回答问题的要诀在于知道该说什么和不该说什么，而不必考虑回答的问题是否切题。谈判桌上的双方在各方的实力基础上斗智斗勇，在回答问题时要有艺术性和技巧，谈判人员必须熟练地加以掌握和运用。

实训案例 10-3

招商谈判中的打岔技巧

招商经理：刚才我根据您的投资计划，我对项目做了一个介绍，您看还有什么地方我再详细阐述一下?

客户：我觉得×××的加盟比你们的优惠，你们加盟费8万，他们才5万?

招商经理：说得很好！您知道为什么吗?这就是投资我们项目的关键。

客户：为什么?

招商经理：一个投资1万回报1万的项目，和一个投资2万回报5万的项目，您会选择什么呢?

客户：当然选择2万了，不用说，做生意为了赚钱啊。

招商经理：对，这就是我们费用跟他们区别的地方。

客户：恩，道理是这样，但是说实话，我还是对项目信心不足。

招商经理：您谦虚了，您看，您有做服务管理的经验，做的都还不错啊，虽然不是同一个行业，但是服务行业管理是相通的，这个管理能力对您以及对项目来说，是成功的关键，这也是我们选择加盟商的必要条件之一。

客户：那倒是，我还是懂一些管理的，我曾经开过店，也帮别人管理过店，做过公司的部门经理什么的，他们都说我适合做老板，呵呵……比如……(开始炫耀和细说以前的得意的事情)我人缘比较好，跟我做事的人一般都喜欢跟我在一起，我就喜欢交朋友，您是什么地方的人?

招商经理：我是山东人，看我爽直真实的性格就知道，做事利索，有什么说什么，您就跟我脾气比较像，做事干脆，干净利落。

客户：做事嘛，看好了就做，怕这怕那就没有办法做事。

招商经理：就是，就是，跟您在一起很开心，谈任何事情都很轻松，不用我过多介绍，明白人吧，一点就通。呵呵。开店啊，就是需要您这样有勇有谋，做事魄力的老板。您看没有其他异议的话，我就拿合同过来，我们一起看看。

客户：好的。

【案例分析】

打岔技巧就是不按照对方的思路展开谈话，而是将话题引到另外的线索上去。比如，当客户指出，有其他的客户加盟费比您给我的低；当客户对我们不太信任的时候；当客户提出的异议和竞争对我们不太有利，当客户的质疑直接反驳时会明显的显示出顾客的无知；当客户指责我们的售后服务没有与加盟前承诺的一样的时候；当客户要求降价的时候等，都是投资顾问展示巧妙的、自然的打岔技巧的时机。

比如案例中客户说“恩，道理是这样，但是说实话，我还是对项目信心不足。”这句话，实际更多的表现的是客户对我们公司和项目没有信心，但是在前期优势和项目介绍以前做了详尽的铺垫的情况下，招商经理巧妙的通过打岔的技巧，顺延了话题：“您谦虚了，您看，您有做服务管理的经验，这个对您以及对项目来说，是成功的必要条件，这也是我们选择加盟商的必要条件之一。”将这个问题的重点转向了个人信心方面。

关键点：打岔的要求是自然，新的话题要从对方出发和考虑。高级顾问最需要的就是在关键时刻，可以有效地控制谈话的主题和发展脉络，而首要的技巧就是打岔。

任务三　国际商务谈判中的倾听

在国际商务谈判中，了解和把握对方观点与立场的主要手段和途径就是听。实践证明，只有在清楚地了解对方观点和立场的真实含义之后，才能准确地提出己方的方针和政策。从心理学和日常的生活经验来看，当人们专注地倾听别人讲话时，就表示人们对讲话者的观点很感兴趣或很重视，从而给对方一种满足感，这样就在双方之间产生了一定的信赖感。在谈判中，应以什么样的姿态来听取对方的发言和意见以及怎样听才能获得比较好的效果呢？

这里将“听”的技巧归纳为“五要”和“五不要”。

1. “五要”技巧

(1) 要专心致志、集中精力地听。

专心致志倾听，要求谈判人员在听对方发言时要聚精会神，同时还要配以积极的态度。为了专心致志，就要避免出现心不在焉、“开小差”的现象发生。即使是自己已经熟知的话题，也不可充耳不闻，万万不可将注意力分散到研究对策问题上去，因为万一讲话者的内容为隐含意义时，我方却没有领会到或理解错误，会造成事倍功半的效果。精力集中地听，是倾听艺术中最基本、最重要的问题。

在倾听时，应注视讲话者，主动地与讲话者进行目光接触，并做出相应的表情以鼓励讲话者。例如，可扬一下眼眉，或是微微一笑，或是赞同地点点头，抑或否定地摇摇头，也可不解地皱皱眉头，等等，这些动作的配合，可帮助我方集中精力并起到良好的收听效果。在商务谈判过程中，如果不太理解对方的发言，甚至难以接受时，千万不可塞住自己的耳朵，表示出拒绝的态度，因为这样的行为对谈判非常不利。

(2) 要通过记笔记来集中精力。

通常，人们当场记忆并将内容全部保持的能力是有限的，为了弥补这一不足，应该在听讲时记大量的笔记。记笔记的好处在于：一方面，笔记可以帮助自己回忆和记忆，而且也有助于在对方发言完毕之后，就某些问题向对方提出质询，同时，还可以帮助自己做充分的分析，理解对方讲话的确切含义与精神实质；另一方面，通过记笔记可以给讲话者留下重视其讲话的印象，同时会对讲话者产生一种鼓励作用。对于商务谈判这种信息量较大且较为重要的活动来讲，一定要做记录，过于相信自己的记忆力而很少动笔做记录，对谈判来讲是不利的。因为，在谈判过程中，人的思维在高速运转，大脑接受和处理大量的信息，加上谈判现场的气氛很紧张，对每个议题都必须认真对待，所以只靠记忆是办不到的。实践证明，即使记忆力再好也只能记住主要部分，有的内容会忘得干干净净。因此，记笔记是不可少的，这也是比较容易做到的、用以清除倾听障碍的好方法。

(3) 要有鉴别地倾听对方发言。

在专心倾听的基础上，为了达到良好的倾听效果，可以采取有鉴别的方法来倾听对方的发言。通常情况下，人们说话时总是边说边想，有时一个意思的表达方式可能十分零散，难以捕捉到重点，因此，听话者就需要在用心倾听的基础上，鉴别传递过来的信息的真伪，去粗取精、去伪存真，得到良好的听的效果。

(4) 要克服先入为主的倾听做法。

先入为主地倾听，往往会扭曲说话者的本意，忽视或拒绝与自己心愿不符的意见。这种听话者不是从谈话者的立场出发来分析对方的讲话，而是按照自己的主观想法来听取对方的谈话。其结果往往是使听到的信息变形地反映到自己的脑海中，导致自己接受的信息不准确，判断失误，从而造成行为选择上的失误。

(5) 要创造良好的谈判环境，使谈判双方能够愉快地交流。

人们都有这样一种心理，即在自己所属的领域里交谈，无须分心于熟悉环境或适应环境；而在自己不熟悉的环境中交谈，则往往容易变得无所适从，导致正常情况下不该发生的错误。可见，有利于己方的谈判环境，能够增强自己的谈判地位和谈判实力。

2. “五不要”技巧

(1) 不要因轻视对方而抢话、急于反驳而放弃听。

在谈判中，抢话的现象也是经常发生的，抢话不仅会打乱别人的思路，也会影响自己倾听对方的全部讲话内容。因为在抢话的同时，大脑的思维已经转移到如何抢话上去了。抢话不同于问话，问话是由于某个信息或意思未能记住或理解而要求对方给予解释或重复，因此，问话是必要的。抢话指急于纠正别人说话的错误，或用自己的观点来取代别人的观点，抢话是一种不尊重他人的行为。因此，抢话往往会阻塞双方的思想和感情交流的渠道，对创造良好的谈判气氛非常不利，对良好的收听更是不利。

另外，谈判人员有时也会在没有听完对方讲话时就急于反驳对方的某些观点，这样也会影响收听的效果。事实上，如果我方把对方的讲话听得越详尽和全面，反驳时就越准确、有力；相反，如果在对对方谈话的全部内容和动机尚未全面了解时就急于反驳，不仅使自己显得浅薄，而且常常还会使己方在谈判中陷入被动，对自己十分不利。

(2) 不要使自己陷入争论。

当自己内心不同意讲话者的观点时，对他的话不能充耳不闻，不能只等着自己发言。一旦发生争吵，也不能一心只为自己的观点找根据，而把对方的话当成耳旁风。如果不同意对方的观点，也应等对方说完以后再阐述自己的观点。

(3) 不要为了急于判断问题而耽误听。

当听了对方讲述的有关内容时，不要急于判断其正误，因为这样会分散自己的精力而耽误倾听下文。虽然人的思维速度快于说话的速度，但是如果在对方还没有讲完时就去判断其正误，无疑会削弱己方听话的能力，从而影响倾听效果。因此，切记不可为了急于判断问题而耽误听。

(4) 不要回避难以应付的话题。

在商务谈判中，往往会涉及一些诸如政治、经济、技术以及人际关系等方面的问题，可能会令谈判人员一时回答不上来。这时，切忌不可持充耳不闻的态度。因为这样回避对方，恰恰是暴露了己方的弱点。在遇到这种情况时，要有信心、有勇气地去迎接对方提出的每一个问题。只有用心去领会对方提出的每个问题的真实用意，才能找到摆脱难题的真实答案。另外，为了培养自己急中生智、举一反三的能力，应多加训练，多加思考，以便自己在遇到问题时不乱不慌。

(5) 不要逃避交往的责任。

交往的双方缺一不可，既要有说话者，又要有听话者，而且每个人都应轮流扮演听话者的角色。作为一个听话者，不管是在什么情况下，如果不明白对方说出的话是什么意思，就应该用各种方法使他知道这一点。在这里，可以向对方提出问题加以核实，或者积极地表达出自己听到了什么，或者使用一些方法让对方纠正自己听错之处。

如果能从以上几个方面进行努力，谈判过程中“听”的障碍就可以减轻或消除，也就很少或不会发生因听不见、听不清、没听懂而使双方相互猜忌、争执不下的现象。

实训案例 10-4

谈判者最大的困难是倾听

有些事情在你生活的每一天都要做，但你却并未意识到，并且它们对你的职业成功是绝对关键的。

这里说的是谈判。你可能认为这种技巧对你来说无关紧要，只有对那些大规模的公司并购或煞费苦心构思劳动合同的人来说，它才是重要的。你错了！

你和你的配偶曾经商讨过谁负责家里的哪项家务吧？那你就是一个谈判者。

你曾买过车或房子吗？你是一个谈判者。

开玩笑吧？相信我，你是一个谈判者。

弗兰克·L·阿克福——《如何在世界各地就任何事情和任何人谈判》一书的作者的谈判策略研讨会上，参与者囊括了所有的公司部门——销售、原材料、信息系统和人力资源以及其他的管理者。

随着团队和项目管理的兴起，权力的界限变得模糊，谈判就变得尤为重要。职工盲目按老板的吩咐做事的时代已经一去不复返了。如果你想成功地实现管理，你最好对你所要请求的东西有充足的理由并且善于游说别人。如果你想要更多的人力和预算，他们不会主动跑到你的办公室慷慨解囊。你必须说服他们，如果今年你想获得大幅度的提升，你最好是个善于游说者。

苏珊·普莱伍达是贝克—格林公司在波士顿的律师事务所的合伙管理人，她说：“谈判始于早晨我女儿刷牙的时候。”普莱伍达女士对谈判有所了解，她的专业是企业合并和融资。

那如何成为一名好的谈判者呢？你必须花时间在镜子面前做威胁姿态吗？你需要预先演习拍桌子吗？你必须策划大胆的诈骗吗？

事实上，上面所说的都不需要。所需要的只是精心地准备，主动了解对方的需求以及建立和谐、信任关系的能力。

这种谈判应该是什么样的呢？问问福特汽车公司执行副总裁以及汽车行业杰出劳资谈判代表——彼得·J·皮特里洛吧。他解释道：“如果是一次性的事情，你可以集中全部精力以求获得理想结果。但如果涉及长久的关系，成功则来自于双方都能感到满意。”他建议：“只取自己所需要的，并且尽量不要损害别人的利益。”

普莱伍达女士强调要让对方感到轻松。然而，一些专家可能鼓励你邀请谈判对手到你的家里，在家中你会感到放松，普莱伍达女士却更喜欢在家庭外面。她说：“如果你想要别人的东西，在他们感到轻松时会容易得多。”

她尽力搞清楚她能掌握对方的所有事情。例如，在合并谈判中，她关心卖方，她问业主他为什么要卖，是否因为是孩子或配偶鼓动的，然后她调查业主的每位建议者在多大程度上影响着他。

闲谈是准备工作中的关键部分，她说：“不要一开始就直奔主题，如果在桌子上有婴儿照片，说‘这是你新添的孙子吗？’没有什么害处的。”

此外，普莱伍达女士指出使谈话私人化是很受欢迎的。“人们喜欢谈他们自己的事，它能自然地转换到你想了解的问题上。”

因与谈判者联合会安排高尔夫日期而闻名的皮特里洛先生是个高明的闲聊者。他说：“如果你了解某个人，你就知道一些事情可能对他要比对你来说更重要。”

在谈判中，最困难的部分是认真地倾听。普莱伍达女士解释道：“大部分谈判者都喜欢说话，但你如果理解了他们的问题，你就能掌握一项有创造性的方法。可以这样说：‘我听了你的问题，但我不知道如何解决，让我考虑一下。’”

维多利亚·拉顿博格是华盛顿特区的律师和调停者，她建议在谈判之前的预演会时扮演对方的角色。她说：“并非正好就是他们将要处在的位置，并且也不一定正好就是商业原因驱使他们的东西？”

另外一个要点是：在建议时，你要有一个同盟，拉顿博格女士回忆，一个没有经验的合作人申请一项新的任务，然而，在申请之前，他预料会有人提到他的经验不够的问题，然后他说服一个资格老的同事做他的管理人。拉顿博格女士说：“他已经考虑到了我所关心的事了。”

知道什么时候不说话可能与知道什么时候说话一样重要。一个已被解雇的年轻专业人员决定，即使下份工作的薪水比之前少2 000美元他也愿意干。执行指导刘易斯·克莱维兹说服他在未来雇主采取主动之前，不要轻举妄动。结果是，提供给他的工资比以前的高出2 000美元，这让他呆了半晌，面试者把沉默当作是不同意，他迅速地又在刚才的基础上加了2 000美元。

（资料来源：成功领袖网）

任务四　国际商务谈判中的论辩

子任务一　国际商务谈判中“辩”的要诀

国际商务谈判中“辩”的要诀包括以下几个方面。

1. 观点要明确，立场要坚定

商务谈判中“辩”的目的就是论证己方观点，反驳对方观点。论辩的过程就是通过摆事实、讲道理，以说明自己的观点和立场。为了能更清晰地论证自己的观点和立场的正确性及公正性，在论辩时，要运用客观材料以及所有能够支持己方论点的证据，以增强自己的论辩效果，从而反驳对方的观点。

2. 辩路要敏捷、严密，逻辑性要强

商务谈判中的辩论，往往是双方进行磋商时遇到难解的问题时才发生的，因此，一个优秀的辩手，应该是头脑冷静、思维敏捷、讲辩严密且富有逻辑性的人，只有具有这种素质的人，才能应付各种各样的困难，从而摆脱困境。任何一个成功的论辩手，都具有辩路敏捷、逻辑性强的特点，为此，商务谈判人员应加强这方面基本功的训练，培养自己的逻辑思维能力，以便在谈判中以不变应万变。特别是在谈判条件相当的情况下，谁能在相互辩驳过程中思路敏捷、严密、逻辑性强，谁就能在谈判中立于不败之地，这就是谈判者能力强的表现。

3. 掌握大的原则，不纠缠枝节

在辩论过程中，要有战略眼光，掌握大的方向、大的前提以及大的原则。辩论过程中要洒脱，不在枝节问题上与对方纠缠不休，但在主要问题上一定要集中精力，把握主动。在反驳对方的错误观点时，要能够切中要害，做到有的放矢。同时要切记，不可断章取义、强词夺理、恶语伤人，这些都是不健康的、应予以摒弃的辩论方法。

4. 态度要客观公正，措辞要准确犀利

文明的谈判准则要求：不论辩论双方如何针锋相对，争论多么激烈，谈判双方都必须以客观公正的态度，准确地用词，切忌用侮辱诽谤、尖酸刻薄的语言进行人身攻击。如果某一方违背了这一准则，其结果只能是损害自己的形象，降低本方的谈判质量和谈判实力，不会给谈判带来丝毫帮助，反而会将谈判置于破裂的边缘。

子任务二　说服他人的基本要诀

想要说服他人的人，总是希望自己能够成功，但是如果不讲究手法，不掌握要领，急于求成，往往会事与愿违。人们在说服他人时，常犯的弊病有：一是先想好几个理由，然后才去和对方辩论；二是站在领导者的角度上，以教训人的口气指点他人应该怎样做；三是不分场合和时间，先批评对方一通，然后强迫对方接受其观点，等等。这些做法，其实未必能够说服对方。因为这样做，其实质是先把对方推到错误的一边，也就等于告诉对方，已经对他失去信心了，因此，效果往往不理想。说服他人的基本要诀主要包括以下几个方面。

1. 取得他人的信任

在说服他人时，最重要的是取得对方的信任。只有对方信任自己，才会正确地、友好地理解自己的观点和理由。社会心理学家们认为，信任是人际沟通的“过滤”。只有对方信任自己，才会理解自己友好的动机，否则，如果对方不信任自己，即使自己说服他的动机是友好的，也会经过“不信任”的“过滤器”作用而变成其他的东西。因此，说服他人时能取得他人的信任，是非常重要的。

2. 站在他人的角度设身处地地谈问题

要说服对方，就要考虑到对方的观点或行为存在的客观理由，亦即要设身处地地为对方想一想，从而使对方对自己产生一种“自己人”的感觉。这样，对方就会信任自己，就会感到自己是在为他着想，这样，说服的效果将会十分明显。

3. 创造出良好的“是”的氛围

从谈话一开始，就要创造一个“是”的气氛，而不要形成一个“否”的气氛。不形成一个否定气氛，就是不要把对方置于不同意、不愿做的地位，然后再去批驳他、劝说他。例如，说："我晓得你会反对……可是事情已经到这一步了，还能怎样呢？"这样说来，对方仍然难以接受己方的看法。在说服他人时，要把对方看做是能够做或同意做的。如"我知道你是能够把这件事情做得很好，却不愿意去做而已"；又如："你一定会对这个问题感兴趣的"，等等。商务谈判事实表明，从积极的、主动的角度去启发对方、鼓励对方，就会帮助对方提高自信心，并使其接受己方的意见。

美国著名学者霍华曾经提出让别人说"是"的30条指南，现摘录如下几条，供谈判者参考。

尽量以简单明了的方式说明自己的要求。

要照顾对方的情绪。

要以充满信心的态度去说服对方。

找出引起对方注意的话题，并使他继续关注。

让对方感觉到，己方非常感谢他的协助。如果对方遇到困难，己方就应该努力帮助他解决。

直率地说出自己的希望。

向对方反复说明他对己方的协助的重要性。

切忌以高压的手段强迫对方。

要表现出亲切的态度。

掌握对方的好奇心。

让对方了解自己并非是"取"，而是在"给"。

让对方自由发表意见。

要让对方证明，为什么赞成己方是最好的决定。

让对方知道，自己只要在他身旁，便觉得很快乐。

4. 要推敲说服用语

在商务谈判中，欲说服对方，一定要推敲用语。事实上，说服他人时，用语的色彩不一样，说服的效果就会截然不同。通常情况下，在说服他人时，要避免用"愤怒"、"怨恨"、"生气"或"恼怒"这类字眼，即使在表述自己的情绪时，如担心、失意、害怕、忧虑等，在用词上也要注意推敲，这样才会收到良好的效果。

单元二　谈判沟通技巧实例

任务一　与客户沟通的技巧

当你坐在你的坐席上开始接听客户来电时，你的语言应该从"生活随意型"转到"专业型"。你在家中、在朋友面前可以不需经过考虑而随心所欲地表现出个人的性格特点。而在工作环境中就必须养成适当的修辞、择语与发音的习惯和表达的逻辑性。咬词的清晰与用词的准确应该与播音员媲美，但播音员大部分时间不是照稿宣读，就是养成一种面向广大听众的统一表达方式。作为坐席代表，你面对的是每一个各不相同的来电者，他们是个性、心境、期望值各不相同的个体。你既要有针对性地进行表达沟通，又必须掌握许多有共性的表达方式与技巧。

下面举一些例子。这其中的语言运用虽然要表达的意思差不多，但由于表达的方式不一样，会使客户产生不同的感觉，从而影响其与作为沟通另一方的你及你所代表的企业的关系。

1. 善用“我”代替“你”

有些专家建议，在下列的例子中，尽量用“我”代替“你”，后者常会使人感到有根手指在指向对方。

习惯用语：你的名字叫什么？

专业表达：请问，我可以知道你的名字吗？

习惯用语：你必须……

专业表达：我们认为你那样做，这是我们需要的。

习惯用语：你错了，不是那样的！

专业表达：对不起我没听清楚，但我想它运转的方式有些不同。

习惯用语：如果你需要我的帮助，你必须……

专业表达：我愿意帮助你，但首先我需要……

习惯用语：你做得不正确……

专业表达：我得到了不同的结果，让我们一起来看看到底怎么回事。

习惯用语：听着，那没有坏，所有系统都是那样工作的。

专业表达：那表明系统是正常工作的，让我们一起来看看到底哪儿存在问题。

习惯用语：注意，你今天必须做好！

专业表达：如果您今天能完成，我会非常感激。

习惯用语：你当然会收到，但你必须把名字和地址给我。

专业表达：当然我会立即发送给你一个，我能知道你的名字和地址吗？

习惯用语：你没有弄明白，这次听好了。

专业表达：也许我说的不够清楚，请允许我再解释一遍。

2. 选择积极的用词与表达方式

在保持一个积极的态度时，也应当尽量选择体现正面意思的沟通用语。例如，要感谢客户在电话中的等候，常用的说法是：“很抱歉让你久等了”，这“抱歉久等”实际上在潜意识中强化了对方“久等”这个感觉。正面的表达可以是“非常感谢您的耐心等待”。

如果一个客户就产品的一个问题几次求救于你，你想表达你让客户真正解决问题的期望，于是你说：“我不想再让您重蹈覆辙”。为什么要提醒这个倒霉的“覆辙”呢？你不妨这样表达：“我这次有信心，保证这个问题不会再发生”，这样是不是更顺耳些？

例如，你想给客户以信心，于是说：“这并不比上次那个问题差”，按照上面的思路，你应当换一种说法：“这次比上次的情况好”，即使是客户这次真的有些麻烦，你也不必说：“你的问题确实严重”，换一种说法不更好吗？如“这种情况有点不同往常”。

你现在可以体会出其中的差别了，下面是更多的例子。

习惯用语：问题是那个产品都卖完了。

专业表达：由于需求很高，我们暂时没货了。

习惯用语：你怎么老是觉得我们公司的产品有问题？

专业表达：看上去这些问题很相似。

习惯用语：我不能给你他的手机号码。

专业表达：您是否可以向他本人询问他的手机号。

习惯用语：我不想给您错误的建议。

专业表达：我想给您正确的建议。

习惯用语：你没有必要担心这次修后又坏。

专业表达：这次修后，你尽管放心使用。

3. 站在公司的角度说话

如果有客户一个电话转到你这里，抱怨他在前一个部门所受的待遇，你已经不止一次听到这类的抱怨了。为了表示对客户的理解，你应当说什么呢？“你说得不错，这个部门表现很差劲”，可以这样说吗？适当的表达方式是：“我完全理解您的苦衷”。

另一类客户的要求公司没法满足，你可以这样表达：“对不起，我们暂时还没有解决方案”。尽量避免很不客气的手一摊(当然对方看不见)：“我没办法”。当你有可能替客户想一些办法时，与其说“我试试看吧”，为什么不更积极些说：“我一定尽力而为”。

如果有人要求打折、减价，你可以说：“如果您买 10 台，我就能帮你……”而避免说：“我不能，除非……”。

如果客户的要求是公司政策不允许的，与其直说：“这是公司的政策”，不如这样表达：“根据多数人的情况，我们公司目前是这样规定的……”。如果客户找错了人，不要说“对不起，这事我不管”，换一种方式，可以说：“有专人负责，我帮您转过去”。

另外，方言中有一些表达方式应用在普通话中时就会不妥当，如“一塌糊涂”、“不会啦”等上海或中国港澳台地区味道的表达，不应带到普通话的规范表达中。

语言表达技巧也是一门大学问，有些用语可以由公司统一规范，但更多的是坐席代表自己对表达技巧的熟练掌握和娴熟运用，以使整个与客户的通话过程体现出最佳的客户服务与企业形象。

任务二 业务谈判与客户沟通技巧

第 1 招：妥善安排会面的约定——I'd like to make an appointment with Mr. Lee. 当你计划到海外出差，顺道拜访客户时，必须先以书信通知对方。出国以前再以 Telex 或电话向对方确认访问的日期和目的。如果是临时决定的拜访，也要通过对方的秘书安排，告诉她：“I'd like to make an appointment with Mr.Lee.”让对方对你的造访有所准备，才会有心情和你洽谈。

第 2 招：向沟通对手表示善意与欢迎——I will arrange everything. 如果沟通是由你发起，提供对手一切的方便，能使沟通一开始便在友善和谐的气氛下进行。尤其是当你的沟通对手是远道而来的，你热心地告知他：“I will arrange everything.”不但表现出你的诚意，也能使他在不必顾虑食宿等琐事的情况下，专心与你进行沟通。

第 3 招：沟通进行中应避免干扰——No interruptions during the meeting！ 如果沟通的地点是在你的公司，那么请叮咛你的部属，勿在沟通过程中做不必要的干扰。因为过分的干扰会影响沟通的意愿和热忱。

第 4 招：遵守礼仪——Behave yourself！ 沟通时，仍然要遵守一般奉行的礼仪和保持良好的仪态，这样可以增加人们对你的好感，提高你的沟通效率。此外，坐姿不良，在对手讲话时左顾右盼，都足以使人对体产生不良的印象，而减低与你洽谈的兴致。

第 5 招：适时承认自己的过失——It's my fault. 如果你明显地犯了错，并且对别人造成或大或小的伤害，一句充满歉意的“I'm sorry. It's my fault.”通常能够获得对方的原谅。就算他实在很懊恼，至少也能稍微缓和一下情绪。做无谓的辩解，只能火上加油，扩大事端。

第 6 招：抱怨不是无理取闹——I have a complaint to make. 以激愤的语气向人抱怨某事，很可能令人心生反感，而使结果适得其反。服务员上错了菜，旅馆女服务员忘了整理你的房间，送来的货物根本不是你订单上所指明的东西，等等情况，着实令人懊恼。但是生气并不能解决问题，不如心平气和而语气坚定地告诉对方“I have a complaint to make.”然后告诉他所发生的事。

第 7 招：资料须充实完备——We have a pamphlet in English. 具体的物品通常比口头描述更有说服力。当客户听到你说“We have a pamphlet in English.”或“Please take this as a sample”时，一定会兴趣大增，进而问你许多和产品有关的问题。如果你平时资料搜集得全面，便能有问必答。这在商务沟通上是非常有利的。

第 8 招：缓和紧张的气氛——How about a break？当会议因冗长而陷于沉闷、紧张的气氛时，做无意义的僵持是无法获得令人满意的结果的。如果能在不打断对方的情形下提出“How about a break？”对方必能欣然接受，紧张的气氛也立刻得以经解。当你们再回到会议桌时，也能以清晰的思路继续沟通。

第 9 招：做个周到的主人——You can use our office equipment if necessary. 如果沟通是在你的公司进行，除了应向沟通对手提供舒适的场所以外，更应该尽量配合对手，向他提供有助于沟通进行的服务与设备。例如，大大方方地告诉他“You can use our office equipment if necessary.”协助对手对沟通内容做正确的衡量，其结果可能也是对己方极为有利的。

第 10 招：询问对方的意见——What is your opinion？每个人都希望自己的意见受到重视。当你和他人进行沟通时，除了说出自己的想法以外，随时可加上一句“What is your opinion？”或“I'd like to hear your ideas about the problem.”不但让对方感觉受到重视，更能使你们因思想的交流而逐渐达成协议。

第 11 招：清楚地说出自己的想法与决定——I think I should call a lawyer.

如果在沟通场合中，你无法详实地说出心中的意念，不仅会使对方听得满头雾水，说不定还会让对方认为你对实际情形根本不了解，而失去和你沟通的兴致。试想假如你在向警察描述车祸的发生时，不能提醒他“I had the right-of-way.”或没告诉他“I think I should call a lawyer.”你也许因此而吃了大亏。还有很多情况是特别需要提供翔实资料的，例如：向医生叙述你的病痛，告诉理发师你所要的发型，向客户讲解产品的特性，等等。平常多注意英美人士对这类场合的应对，您这方面的英语一定会大有进步！

第 12 招：找出问题症结——What seems to be the trouble？ 任何一个冲突或误解的产生，都有潜在原因。为什么你的老客户这回不向你的公司订货？为什么对方不能达到你的要求？这种情况发生时，要立刻积极地探索原因。向对方探询“What seems to be the troub？”或问一句“Is there something that needs our attention?”(有什么需要我们注意的吗？)都能表示你对事情的关切。知道问题的症结，才有办法进行沟通。

第 13 招：要有解决问题的诚意——Please tell me about it. 当客户向你提出抱怨时，你应该做的事是设法安抚他。最好的办法就是对他提出的抱怨表示关切与解决的诚意。你的一句“Please tell me about it”或“I'm sorry for my error and assure you I will take great care in performing the work”令对方觉得你有责任感，也会恢复对你的信任。

第 14 招：适时提出建议——We'll send you a replacement right away. 当损失已经造成时，适时地提出补救方法，往往能使沟通免于陷入僵局，甚至于得以圆满地达成协议。例如：你运送到客户手上的货物，的确不是订单上所标明的，而你又能立即向他保证“We'll send you a replacement right away.”或者告诉他“We can adjust the price for you if you keep the material.”那么，客户心中的忧虑必定立刻减半，而愿意考虑您的提议。

第 15 招：随时确认重要的细节——Is this waht we decided? 商务洽谈中，一牵扯到金额、交货条件和日期时，除了洽谈当时要用口头复述加以确认外，合约拟好后，更要详细地过目一遍。一旦发现疑点，应立刻询问对方“Is this what we decided?”合约内容真的错得离谱，就应告诉对方“I'll have to return this contract to you unsigned.”以示抗议。任何合约上的问题，宁可啰嗦一点，也决不可含糊。

第 16 招：听不懂对方所说的话时，务必请他重复——Would you mind repeating it? 英语不是我们的母语，听不懂是很自然的。听不懂又装懂，那才是有害的。其实请人家重复或再讲清楚一点并不难，你只要说“Would you mind repeating it?”，相信对方不但会再说一遍，而且连速度都会放慢些。如果你还是没听懂，那么仍然要用这个老方法：“Could you explain it more precisely?”

第 17 招：使谈判对手作肯定答复的问题——Is it important that…? 连续发问沟通对手给予肯定答复的问题，最后引导他对你的主要建议也作有定的答复，是绝对须要花费一番心思的。通常沟通对手只对自己有利的问题，才会痛快地回答“Yes”。因此，在沟通场合开始前，不妨先细心地想一下，你所希望对方接受的条件，对他有什么好处，试着以“Is it important that…?”或“Is it helpful if…?”未获得他的肯定，那么要使你的建议通过也不难了。

第 18 招：做适当的让步——The best compromise we can make is…沟通双方的互相让步，最常见的例子就是讨价还价。买方希望卖方减价 150 元，而卖方只想减价 50 元，双方一阵讨价还价之后，最后减了 100 元。不论你的对手是如何的咄咄逼人，你总得做一个最后的让步：“The best compromise we can make is…”或是“This is the lowest possible price.”然后坚定不移，否则如果让步得太过，你可就要有所损失了。

第 19 招：不要仓促地做决定——Please let me think it over. 在商场上讲求信用，一旦允诺人家的事情，要再反悔，会令人产生不良印象。因此，在下决定之前，务必要经过深思熟虑。如果你正在和客户商谈一件无法立即下决定的事时，不妨请他给你一点时间“Please let me think it over.”或“Would it be all right to give you an answer tomorrow?”切记，仓促地下决定往往招致严重的后果！

第 20 招：说“不”的技巧——No, but…在商务沟通上，该拒绝时，就应该斩钉截铁地说“No.”拐弯抹角地用“That's difficult”或“Yes, but…”来搪塞，会令对方觉得你答应得不够干脆，而不是在委婉地拒绝。如果你说“No，but…”对方便清楚地知道你是拒绝了，但似乎还可以谈谈。这个时候，你因为已先用“No”牵制对方，而站在沟通的有利位置上了。

第 21 招：不要催促对手下决定——Stop asking“Have you decided?”当你的沟通对方需要时间来考虑一下方案时，千万不要一直催促他“Have you decided?”那样，你不但干扰了他的思考，也可能激怒他。结果原本可能达成的协议或许就此泡汤了。

第 22 招：沉默是金——Silence is golden. 面对对方所提无法接受的提议，沉默是最有力的回答。这种无动于衷所带给沟通对手的压力，远大于浇他一盆冷水。将所达成的协议逐一列入记录——Let's have the agreed items recorded.为了避免签约时的争执或重新商议，交涉中达成协议的项目应做成记录，并在会议结束时传阅。因此，每达成一项协议，要记得提醒对方“Let’s have the agreed items recorded.”(我们声达成协议的项目记录下来。)

第 23 招：过分吹牛，足以败事——Don’t boast！磋商者往往为了达成协议而向交涉对手做过分不实的吹嘘。这种情形在向他人推销产品时，尤其常见。顾客因听信你的吹牛而购买产品，进而造成损失，轻者不再与你打交道；严重的，恐怕还要告你欺诈，多划不来！所以在向他人做“We can give you a guarantee 100 years.”这一类的承诺时，最好先斟酌一番。

第 24 招：不浪费沟通对手的时间——…then I’ll drive you to the airport for your flight at 7:00. 在沟通开始以前，最好事先得知沟通对手的行程表，并尽量配合。当你和客户谈好了一切细节以后，你对他说“I’ll have my secretary type the contract for you to sign at once, then I’ll drive you to the airport for your flight at 7:00. 想必他一定会感激你的周到细心，因此也会采取合作的态度。

第 25 招：达到目的，立即离开——I’m glad to have met you, Mr. Lee. 如果协议达成，而你仍流连忘返，则有以下两种危险：沟通对手改变主意；或者你可能因松懈而口不择言，说错了话。因此商议一完成，立即以“I’m glad to have met you, Mr. Lee.”收场，告别离去。

第 26 招：充满信心地进行沟通——You can ask me any question. 任何有心沟通的人，都希望他的沟通对手是个举足轻重的人物。让对手认为你是有决策力的人，最直接的方法便是一见面就告诉他“You can ask me any question.”如果你在对方面前处处显得紧张兮兮，不是一直抽烟，就是不断干咳，对方必定会怀疑他跟你之间的沟通效果。因此面对每一个沟通场合，一定要充满信心。

第 27 招：对沟通对手的专长与能力表示认知——I know you are good at…每个人都对自己的才能引以为荣。向你的沟通对手表示你认知他的能力，并寄希望他有所表现：“I know you are good at handling difficult situations, and I believe I can count on you.”相信他一定不愿意让你失望。

第 28 招：以肯定的语气，谈论对手的问题——I believe our experts can give you helpful advice for the problem in your company. 当对手正在为某个问题烦恼，而你正好能够帮他忙，一句“I believe our experts can give you helpful advice for the problem in your company.”必能使他宽慰不已，立刻表现合作的态度，而你的沟通力也大大增加了。

第 29 招：委婉地透露坏消息——Bad news，I’m afraid. 要向他人透露坏消息，也需要一点技巧。老师在公布成绩以前，总是光透露有多少人不及格，以使考得不好的同学预先做好心理准备。同样，在向客户透露涨价或其他坏消息时，先告诉他“Bad news，I’m afraid”也能收到相同的效果。人对某件事的发生预先有心理准备时，总是较容易接受的。

第 30 招：强调沟通双方相同的处境——Our costs are way up too. 说服沟通对手的技巧之一，就是强调双方的相同点，使其产生认同感，进而达成协议。一个卖主告诉老客户产品涨价的最常见理由就是“Our costs are way up too,”以使客户觉得他的对手和他一样，正面临着涨价的处境。这时候买主再不愿意，也只好接受涨价的必然结果了。

第 31 招：向谈判对手略施压力——The special price will be effective until May 30. 为了促使谈判对手尽快做决定，略施压力有时也是值得考虑的手段。例如，聪明的卖主都知道，订出“最后期限”，能够刺激原本无心购买或犹豫不决的买主。一句“Unless you order in February, we won’t be able to deliver in April.”或者“The Special price will be effective until Mag 30.”都能使潜在的买主迅速地在心里盘算一番！

第 32 招：不要幸灾乐祸——Don't say“I told you so!”当你以前曾告诉或警告过对手的事被你不幸言中时，用不着再来提醒他“I told you so!”我告诉过你吧！)这种话对你们的沟通没有帮助，却只有使听者更加反感。

第 33 招：保留沟通对手的面子——Your views regarding management differ from mine. 要使沟通彻底失败，最好的办法就是使你的沟通对手颜面尽失。可是，这该不是你所要的结果吧？因为如此一来，沟通不但要破裂，也会招来对手的怨恨。虽然你重重地打击了对手，自己却也成了失败的沟通者。因此向对方提出质疑时，要确定将矛头指向事情本身，而不是对手身上：“Your views regarding management differ mine.”有时候，你甚至于可以将责任归咎于不在场的第三者身上，而不是直接推给沟通对手：“Someone must have given you wrong information.”这样的说法可以引导对方修正他的观点，而不会触怒了他，使他拂袖而去。

任务三 商务谈判的沟通技巧实训

1. 实训资料

中国某公司与美国某公司谈判投资项目。其间双方对原工厂的财务账目反映的原资产总值有分歧。

美方：贵方账务报表上有模糊之处。

中方：贵方可以核查。

美方：核查也难，因为被查的依据就不可靠。

中方：贵方不应该空口讲话，应有凭据证明查账依据不可靠。

美方：所有财务证均系中方工厂所造，我作为外国人无法一一核查。

中方：那贵方可以请信得过的中国机构协助核查。

美方：目前尚未找到可以信任的中国机构帮助核查。

中方：那贵方的断言只是主观的、不令人信服的。

美方：虽然我方没有法律上的证据证明贵方账面数字不合理，但我们有经验，贵方的现有资产不值账面价值。

中方：尊敬的先生，我承认经验的宝贵，但财务数据不是经验，而是事实。如果贵方诚意合作，我方愿意配合贵方查账，到现场一一核对物与账。

美方：不必贵方做这么多解释，请贵方自己纠正后再谈。

中方：贵方不想讲理？我奉陪！

美方：不是我方不想讲理，而是与贵方的账没法说理。

中方：贵方是什么意思，我没听明白，什么“不是”、“不想”，而是“没法”？

美方：请原谅我方的直率，我方感到贵方欲利用账面值来扩大贵方所占股份。

中方：感谢贵方终于说出了真心话，给我指明了思考方向。

美方：贵方应理解一个投资者的顾虑，尤其像我公司与贵方诚心合作的情况下，若让我们感到贵方账目有虚占股份之嫌，实在会使我方却步不前，还会产生不愉快的感觉。

中方：我理解贵方的顾虑。但在贵方心理恐惧面前，我方不能申辩这不是“老虎账”来说它“不吃肉”。但愿听贵方有何“安神”的要求。

中方：我理解贵方的顾虑。但在贵方心理恐惧面前，我方不能申辩这不是“老虎账”来说它“不吃肉”。但愿听贵方有何“安神”的要求。

中方：为了合作，为了让贵方安心，我方可以考虑账面总值的问题。至于怎么做账是我方的事。如果，我没理解错的话，我们双方将就中方现有资产的作价进行谈判。

2. 实训要求

本次实训要求：一是理解和掌握商务谈判中的语言沟通的各种表达方式及相应的表达效果；二是熟悉谈判各阶段的常用语言；三是学会根据谈判策略和技巧合理选择语言表达方式，有效地发问和答复，并从对方语言中探悉谈判信息。

根据上述实训资料请回答以下问题：

(1) 双方的语言运用有何不妥之处？

(2) 如果你作为美方或中方代表会怎么谈？

(3) 请重新设计谈判的语言表达。

【参考答案】美方说的："外国人无法一一检查"。"目前尚未找到可以信任的中国机构帮助核查"以及"请贵方自己纠正、再谈"均有不妥。中方："贵方不想讲理？我奉陪！"不太妥。若自己账目做的本已存在问题，再这么讲就无礼了。

因为是合作性的谈判，双方均可以文学用语开始调好气氛，减少对抗。再以商业法律语言讲实事，有问题讲问题。美方可以指出不妥或提出相应要求。中方也可以再做一次调账，然后再谈。运用一点外交用语，效果会更好。

知识拓展

倾听，到底该听什么？

倾听并不简单。倾听时，到底该怎么听？

倾听，最直接的是，到底该听什么？

这些问题一提出来，好像问题就大了，连最起码的"起步"都没想好，又怎么可能做好呢？

所以，近期就一直在思考这个最简单的问题：倾听，到底该听什么？

先看一张图。

这个图上的女士是位白领，是某个公司的中层经理。这张照片是在上班时间，在她的独立办公室中偷拍的。时间是下午 5: 00，她们公司是上午 8: 30 上班，下午 5: 30 下班。

可以明显地看出，她在微笑，比较开心，她此时一定在思考一件什么事情。

于是，问题出来了，此时她到底在思考工作上的事情呢，还是老公、孩子，又或是漂亮的衣服、首饰？

好，现场同意她想工作的请举手，1 个。

认为她没想工作的请举手，12 个。

现在，我再告诉大家一些信息。

8: 30 上班时，她脸色不好，像是在生气(很可能是老公什么地方让她不高兴了)。

11: 30 她接到一个电话，是个人电话。(很明显是个她很熟悉的男人，而且，刚接电话的时候，她的语气不好，听了一会之后，慢慢就面带笑容了)

现在再来一次，同意她想工作的请举手，没了。

认为她没想工作的请举手，22 个。

变化比较快。

接着，我再告诉大家一些信息：

10: 00 总经理找她谈话，提到了项目和薪水问题，提到项目完成后公司准备给她加薪；

15: 45下属汇报，项目还剩最后一个问题。

16: 50她兴奋地向总经理汇报项目完成。

现在，再来判断一下。

同意她在想工作的请举手，38个。

认为她没想工作的请举手，3个。

为什么大家的判断变化会这么大呢?

纯意识的判断往往并不准确，而信息能在很大程度上左右人们的意识判断结果。

这句话是我通过这个实验和听众共同得出来的一个体会，结合“客户经营”的话题，我们如何看待呢?

倾听，实际上强调的是一种沟通的技巧。

在日常的沟通中，我们经常会看到一些彼此争吵的现象，在这些争吵中，往往会掺杂一句相同的话——求求你，别对我讲道理。

通常，当沟通的双方产生分歧时，彼此的第一反应就是说服对方，让对方了解自己。于是双方都是你讲一段道理，我讲一段道理。但道理来，道理去，没有谁能说服谁，反而火气越来越大，原因是什么?

道理对应于上面提到的意识层次。同样一件事，从不同的角度，运用不同的逻辑，很容易得到不同的道理，甚至是彼此相反的道理。而正如前面提到的，意识本身是很难改变意识判断的。也就是说，通过讲道理，基本上是很难改变对方的意识判断的。

也正如前面感悟到的，信息对意识判断具有极大的影响力，甚至在一定程度上决定意识判断。结合我们的“客户经营”，我们在与客户交流时，不能简单地关注客户和自己的“道理”，而是必须关注客户和我们支撑彼此“道理”的信息。因为，从客户的“道理”上出发，我们实际上无法真正站到客户的立场去思考问题，甚至根本就把握不了客户真正的立场。只有真正了解了支撑客户得出这些“道理”的信息之后，才能真正理解客户，才能真正做到站在客户的立场上思考问题，客户也才有可能真正理解我们，信任我们，甚至信仰我们，我们也才能真正地做到“客户经营”。

所以，回到我们的话题上来，倾听，到底该倾听什么?

答案是：倾听信息而不是道理，去倾听真正支撑客户道理的信息。

知识链接

商务谈判中的拖延战术

商务谈判中的拖延战术形式多样，目的也不尽相同。由于它具有以静制动、少留破绽的特点，因此，它成为谈判中常用的一种战术手段。按目的不同来分，拖延战术大致可分为以下4种。

1. 清除障碍

这是较常见的一种目的。当双方谈不拢造成僵局时，有必要放慢洽谈节奏，看看阻碍到底在什么地方，以便想办法解决。

柯南道尔是《福尔摩斯探案集》的作者，生性固执，在写完探案集第四卷后，执意不肯再写，用实际行动，让笔下的福尔摩斯与罪犯莫里亚蒂教授同坠深谷，“一了百了”了。

柯氏的出版商梅斯是个精明人，知道柯氏只是厌倦了这种通俗文学的写作，对于这个给作者带来过巨大声誉和利益的福尔摩斯，柯氏还是情有独钟的。于是梅斯一面牢牢抓住版权代理不放，同时拼命做柯氏的工作，不时向他透露福尔摩斯迷们的种种惋惜和不满之情；同时又许以一个故事一千英镑的优厚稿酬。双管齐下，一年以后果然有了成果，柯南道尔又重新执笔，让福尔摩斯从峡谷里爬了出来，再演出一段段精彩的探案故事。

试想，如果当时梅斯不是给对方一段缓冲时间，而是心急火燎，不断催逼，恐怕侦探文学史上将会失去一颗亮丽的巨星。

当然，有的谈判中的阻碍是隐性的，往往隐蔽在种种堂而皇之的借口之下，不易被人一下子看破，这就更需要人们先拖一拖、缓一缓，从容地处理这种局面。

美国ITT公司著名谈判专家D·柯尔比曾讲过这样一个案例：柯尔比与S公司的谈判已接近尾声，然而，此时对方的态度却突然强硬起来，对已谈好的协议横加挑剔，提出种种不合理的要求。柯尔比感到非常困惑，因为对方代表并非那种蛮不讲理的人，而协议对双方肯定都是有利的，在这种情况下，S公司为什么还要阻挠签约呢？柯尔比理智地建议谈判延期，之后，他从各方面收集信息，终于知道了关键所在，对方认为ITT占的便宜比己方多多了。价格虽能接受，但心理上不公平的感觉却很难接受，导致了协议的搁浅。结果重开谈判，经过柯尔比一番比价算价，对方知道双方利润大致相同，一个小时后就签了合同。

在实际洽谈中，这种隐性阻碍还有很多，对付它们，拖延战术是颇为有效的。不过，必须指出的是，这种“拖”绝不是消极被动的，而是要通过“拖”的时间收集情报，分析问题，打开局面。如果消极等待，结果只能是失败。

2. 消磨意志

人的意志就好似一块钢板，在一定的重压下，最初可能还会保持原状，但一段时间以后，就会慢慢弯曲下来。拖延战术就是对谈判者意志施压的一种最常用的办法。突然的中止，没有答复(或是含糊不清的答复)往往比破口大骂、暴跳如雷更令人不能忍受。

20世纪80年代末，硅谷某家电子公司研制出一种新型集成电路，其先进性尚不能被公众理解，而此时，公司又负债累累，即将破产，这种集成电路能否被赏识可以说是公司最后的希望。幸运的是，欧洲一家公司慧眼识珠，派3名代表飞了几千英里来洽谈转让事宜。诚意看起来不小，一张口起价却只有研制费的三分之二。电子公司的代表站起来说：“先生们，今天先到这儿吧！”从开始到结束，这次洽谈只持续了3分钟。岂料下午欧洲人就要求重开谈判，态度明显“合作”了不少，最后，电路专利以一个较高的价格进行了转让。

硅谷公司的代表为什么敢中止谈判呢？因为他知道，施压有两个要点：一是压力要强到让对方知道己方的决心不可动摇；二是压力不要强过对方的承受能力。他估计到欧洲人飞了几千英里来谈判，决不会只因为这3分钟就打道回府，这3分钟的会谈，看似打破常规，在当时当地，却是让对方丢掉幻想的最佳方法。

此外，拖延战术作为一种基本手段，在具体实施中是可以有许多变化的，例如，一些日本公司就常采取这个办法：以一个职权较低的谈判者为先锋，在细节问题上和对方反复纠缠，或可以让一两次步，但每一次让步都要让对方付出巨大努力。到最后双方已勾画出了协议的大体轮廓，但总有一两个关键点谈不拢，这个过程往往要拖到对方精疲力竭为止。这时本公司的权威人物出场，说一些“再拖下去太不值得，我们再让一点，就这么成交吧！”此时对方身心力量均已透支，只要这个方案在可接受的范围内，对方往往就会一口答应。

3. 等待时机

拖延战术还有一种恶意的运用，即通过拖延时间，静待法规、行情、汇率等情况的变动，掌握主动，要挟对方做出让步。一般来说，可分为两种方式。

一是拖延谈判时间，稳住对方。例如，1986年，中国香港一个客户与东北某省外贸公司洽谈毛皮生意，条件优惠却久拖不决。转眼过去了两个多月，原来一直兴旺的国际毛皮市场货满为患，价格暴跌，这时港商再以很低的价格收购，使我方吃了大亏。

二是在谈判议程中留下漏洞，拖延交货(款)时间。1920年，武汉某一纱厂建厂时，向英国安利洋行订购纱机20 000锭，价值20万英镑。当时1英镑相当于2.5两白银，20万英镑仅值白银50万两，英商见银贵金贱，就借故拖延不交货。到1921年底，世界金融市场行情骤变，英镑与白银兑换比例暴涨到1∶7。这时英商就趁机催纱厂结汇收货，50万两白银的行价，一下子成了140万两，使这个厂蒙受巨大损失。

总的来说，防止恶意拖延，要做好以下几项工作。

一要充分了解对方的信誉、实力乃至实施谈判者的惯用手法和以往事迹。

二要充分掌握有关法规、市场、金融情况的现状和动向。

三要预留一手，作为反要挟的手段。如要求金本位制结汇、要求信誉担保、要求预付定金等。

4. 赢得好感

谈判是一种论争，是一个双方都想让对方按自己意图行事的过程，有很强的对抗性。但大家既然坐到了一起，想为共同关心的事达成一个协议，说明合作还是基础的东西。因此，凡是优秀的谈判者，无不重视赢得对方的好感和信任。

有一位谈判“专家”，双方刚落座不久，寒暄已毕，席尚未温，此君就好客地说：“今天先休息休息，不谈了吧，我们这儿的风景名胜很多的哩。”当谈判相持不下，势成僵局时，此君忽然又好客地说：“不谈了，不谈了，今天的卡拉 OK 我请。”于是莺歌燕舞之际，觥筹交错之间，双方都心情舒畅，感情融洽了，僵局打破了，一些场外交易也达成了。此君奉行的这一套，据说极为有效，许多次谈不下的业务，经他这么三拖两拖，不断延期，居然不长时间就完成了。

平心而论，场外沟通作为拖延战术的一种特殊形式，有着相当重要的作用。心理学家认为，人类的思维模式总是随着身份的不同、环境的不同而不断改变，谈判桌上的心理和夜光杯前的心理肯定不一样，作为对手要针锋相对，作为朋友促膝倾谈则肯定另是一番心情。当双方把这种融洽的关系带回到谈判场中，自然会消去很多误解，免去很多曲折。

但是，任何形式的融洽都必须遵循一个原则：私谊是公事的辅佐，而公事决不能成为私利的牺牲品，这关系到一个谈判者的根本素质，这种素质也正是中国谈判者需要下大力培养的素质之一。

课后习题

一、名词解释

1．封闭式发问

2．澄清式发问

3．借助式发问

二、单项选择题

1．对方坚持不合理要求，导致僵局时，应做出(　　)。

A．重大让步，以利于协议达成的决定

B．明确而又坚决的反应，使对方明白施加压力无效

C．拒绝对方的要求，让谈判破裂的决定

D．让步以示诚意，让谈判继续进行的决定

2．作为一个听话者，不管是在什么情况下，如果不明白对方说出的话是什么意思，就应该(　　)。

A．用各种方法使他不知道这一点　　B．积极地表达出自己听懂了

C．反复地问对方的意思　　D．可以向对方提出问题加以核实

3．为了获得良好的提问效果，需掌握的发问要诀是(　　)。

A．要提出那些可能会阻碍对方让步的问题

B．可以强行追问

C．既不要以法官的态度来询问对方，也不要接连不断地提问题

D．提出问题的句子应尽量长一些

4．在谈判中，可以提出的问题包括(　　)。

A．带有善意的问题　　B．直接指责对方品质和信誉方面的问题

C．对方的个人生活和工作问题　　D．为了表现自己而故意提问

5．“您说可以如期履约，有什么事实可以说明吗？”是(　　)。

A．封闭式发问　B．澄清式发问　C．强调式发问　D．探索式发问

6．“您刚才说对目前进行的这一宗买卖可以取舍，这是不是说您拥有全权跟我们进行谈判？”是(　　)。

A．封闭式发问　B．澄清式发问　C．强调式发问　D．探索式发问

7．“为什么要更改原已定好的计划呢，请说明道理好吗？”是(　　)。

A．多层次式发问　B．证明式发问　C．强迫选择式发问　D．借助式发问

8．“付佣金是符合国际贸易惯例的，我们从法国供应商那里一般可以得到 3%～5%的佣金，请贵方予以注意。”是(　　)。

A．多层次式发问　B．证明式发问　C．强迫选择式发问　D．借助式发问

9．例如，对方询问己方产品的质量如何，己方不必详细介绍产品所有的质量指标，只需回答其中主要的某几个指标，这是(　　)。

A．不要彻底地回答问题，因为有些问题不必回答

B．逃避问题的方法

C．答非所问

D．对于不知道的问题不回答

10．谈判在辩论时，应该做到(　　)。

A．观点可以不明确但立场要坚定　　B．态度要客观公正

C．逻辑性要强，辩路不一定要敏捷　　D．措辞要准确犀利，不用掌握大的原则

三、简答题

1．简述商务谈判中提问要注意哪些问题。

2．简述商务谈判中回答要注意哪些问题。

3．简述商务谈判中倾听要注意哪些问题。

4．简述商务谈判中论辩要注意哪些问题。

5．说出 5 种以上说话不正确的表达方式。

6．你去应聘，如果对方问你以下问题，你将如何回答？

(1) 说一说你的主要缺点。

(2) 你认为你要花多长的时间才能适应本公司的工作？

(3) 你以前工作单位的领导有什么缺点？

(4) 你希望在本公司工作多久？

7．你们公司的经理开会讨论是否实施一项计划，你对该计划不认可，但需要你表态。如果你反对的话，可能得罪一些重要人物，但实施后，效果不好，你有不可推卸的责任。你该怎么表态？

8．在一次谈判时，对方翻来覆去地强调他的立场，你觉得这样下去浪费时间，而且容易形成僵局。你决定提议跳出这个问题，你如何提议？

四、案例分析题

【案例题 1】“请问，中国人民银行有多少资金？”这明显是一种讥笑。对此，周总理不屑一顾，委婉地说：“中国人民银行货币资金嘛，有 18.88 元。”这一回答，语惊四座，全场

愕然，接着全场爆发出热烈的掌声……

问题：

请说明周总理的回答技巧。

【案例题 2】 美国总统罗斯福去看丘吉尔，他正一丝不挂在洗澡，罗斯福进退两难，丘吉尔见状，咧嘴一笑，拍着肚皮说："总统先生，您瞧，大英帝国在阁下面前可什么也没隐瞒啊！"

问题：

请分析丘吉尔的沟通艺术。

【案例题 3】 毛主席回答说："国共两党的矛盾是代表着两党利益的矛盾。至于我和蒋先生嘛……蒋先生的蒋字是将军的'将'字头上加一棵草，他不过是一个草头将军而已。"又有人问："那么毛……"不等那个人说完，毛泽东立刻接上说："我的毛字可不是毛手毛脚的毛呀！而是一个'反手'毛。"

问题：

请分析毛主席的回答技巧。

【案例题 4】 1985 年，某友好国家工业贸易代表团来华谈判，该国大使先找到有关领导要求促成贸易合作。有关领导指示，在可能的前提下，尽量与对方达成协议。对方要求向中国出口矿山设备，要价高，质量不及先进国家水平。中方代表很为难，如果答应，中方损失太大，如果当场拒绝，又怕影响两国关系。最后中方代表想出了办法，要求对方拿出一台矿山设备到我国北方严寒地区进行一定时间的试验。如能在–40℃中正常工作，我方可以订购，对方答应回去研究。两个月后，对方答复说，他们国家最低气温才–7.20℃，要适应我国–40℃的工作条件，技术上有困难。于是，对方放弃了向我国出口矿山设备的要求。问题：

1．中方代表采用什么方法拒绝了对方的要求？

2．请分析这种拒绝方法的作用何在？

3．这场谈判中体现出哪些谈判的基本原则？

【案例题 5】 某公司的谈判人员拜访一位客户，具体对话如下。

谈判人员问："什么时候决定订购我们的产品啊？"客户说："对不起，我们还没有进行讨论。"

谈判人员说："这么久哇，能不能这两天就讨论呢？"客户说："这是我们自己的事情，我们愿意什么时候讨论就什么时候讨论！"这位谈判人员并不气馁，又谈起了别的话题："某某客户已经与我们合作了，你们也应该与我们合作。"客户生气地说："某某客户是个小公司，我们是大公司，请你不要用小公司与我们比较！"

问题：

1．谈判人员与客户的沟通中，谈判人员主要有哪些不足？

2．为谈判人员设计更好的沟通方法。

项目十一　国际商务谈判的礼仪

知识目标

(1) 了解国际商务谈判基本礼仪的内容。
(2) 不同国家和地区的礼俗对谈判本身产生的重要影响。
(3) 掌握国际商务谈判礼仪的相关规范。
(4) 重点掌握主要贸易国商人的商务礼仪规范要求。

能力目标

(1) 提升我方谈判人员在对方心目中的地位，增强我方的谈判实力。
(2) 可以使谈判在友好、愉快的气氛下进行。

素质目标

培养学生在国际商务谈判中的礼仪素养。

导入案例

郑伟是一家大型国有企业的总经理。一次，他获悉德国一家著名企业的董事长正在本市进行访问，并有寻求合作伙伴的意向，于是他想尽办法，请有关部门为双方牵线搭桥。

让郑总经理欣喜若狂的是，对方也有兴趣同他的企业进行合作，而且希望尽快与他见面。到了双方会面的那一天，郑总经理对自己的形象刻意地进行一番修饰。他根据自己对时尚的理解，上穿夹克衫，下穿牛仔裤，头戴球帽，足蹬旅游鞋。无疑，他希望自己能给对方留下精明强干、时尚新潮的印象。

然而事与愿违，郑总经理自我感觉良好的这一身时髦“行头”，却偏偏坏了大事。显而易见，郑总经理不懂公务谈判时的着装“TOP”礼仪，给德国企业的董事长留下不好的第一印象，导致谈判失败的结局。

(资料来源：夏玲玲．提高公务员素质 从礼仪开始．江东新闻网，2010-11-29)

单元一　国际商务谈判的礼仪要点

礼仪是国际商务谈判的重要组成部分，是每个参与者都必须遵守的规则，可是由于国与国之间的文化差异，对一国商人得体的礼仪，对另一国商人则显得不得体，甚至是失礼，从而产生误会、摩擦，有时竟导致商务谈判失败。因此，作为国际商务谈判人员，了解这些文化差异并采取相应的措施就显得十分必要。

国际商务谈判礼仪的总体要求有以下几点。

(1) 友好相处，互惠互利。对外交往中要以宽阔的胸怀和精神与对方相处，双方在互利互惠的原则下进行相互合作与交流，即使由于条件所限而难以达成互利协议时，也不应采取欺诈、强制等手段来谋取自身的利益。

(2) 遵守时间，不得失约。这是国际交往中非常重要的礼貌。参加各种外事活动，都要按时抵达。过早抵达，会使主人因没准备好而难堪；过迟到达，会使主人与客人空等过久而失礼。如确因故迟到时，应诚恳向主人和客人致歉并说明原因。万一因故不能应邀赴约，要礼貌地告知主人，并表示歉意。

(3) 尊重老人与妇女。尊重老人与妇女，既是我国的传统美德，也是涉外交往中的必备品质。在上下楼梯，进出电梯、车辆时，都应礼让老人与妇女，让其先行，必要时给予适当的帮助；对同行的老人、妇女，男子应帮助提较重物品；进出大门，要主动帮助他们开门、关门；进出屋时，也可帮助他们穿、脱大衣外套；同桌用餐时，男子也应主动帮助他们入座、离席。

(4) 尊重各国的风俗习惯。不同的国家、民族，由于不同的历史、文化、宗教等因素，各有其特殊的风俗习惯和礼节，在外事交往中均应予以重视。如初到一个国家或初次参加活动，应多了解，多留意，多观察，不懂或不会做的事，可仿效别人。

(5) 注意个人卫生与举止言谈。国际交往中，要注意个人卫生，衣着要整齐美观，衣领袖口要干净，皮鞋要上油擦亮，穿西装要打好领带，穿中山装要扣好领扣、领钩，梳理好头发，刮净胡子，修剪好指甲。

(6) 举止要落落大方、端庄稳重、表现自然、和蔼可亲、站有站相、坐有坐相。另外，参加活动前不能吃葱、蒜等带有刺激味的食物，注意吸烟的场所及烟量。

(7) 言谈的态度要诚恳、自然、大方，语气要和蔼可亲，表达要得体，谈话内容要事先有所准备，不应开门见山地说明来意后就进入正题，要留给别人说话的机会；言谈中手势不要过大，讲求倾听的艺术，不要询问妇女的年龄、婚否、工资收入等私人生活方面的问题，不要随意谈论当事国的内政、外交、宗教等问题。

任务一　国际商务谈判中的仪表和行为礼仪

子任务一　仪容仪表礼仪

仪容仪表，即人的外表，包括外部轮廓、容貌、举止、姿态、服饰和风度等。在政务、商务、事务及社交场合，一个人的仪表不但可以体现他的文化修养，也可以反映他的审美趣味。一个人的仪容仪表礼仪是由静态礼仪和动态礼仪构成的，静态礼仪指的是一个人静止状态下所展现的整体外观礼仪，而动态礼仪指的是一个人的举止和表情礼仪。

国际商务谈判人员要在商谈中讲究礼节，保持矜持，不过分流露感情，要仪表整洁、谈吐文雅、举止端庄。

(1) 选择适当的化妆品和与自己气质、脸形、年龄等特点相符的化妆方法，选择适当的发型来增添自己的魅力。发型的修饰最重要的是要整洁、规范，长度适中，适合自己。有条件的话每天都要洗头，还应定期修剪。在重要的工作场合，男士头发一般不可太短也不要太长，具体要求是：前发不覆额，侧发不掩耳，后发不及领。留长发的女士，在上班或重要场合中，最好用卡子或者发箍把头发束起来或编成辫子。发型的选择一定要适合自己的性别、年龄、身份、场合和企业文化。

谈判之前，男士一律应当理发、剃须、吹头发、不准蓬头乱发，不准留胡子或留大鬓角。女士应选择端正、素雅的发型，并且要化淡妆，但是不许做过于摩登或超前的发型，不许染彩色头发，不许化浓妆或使用香气过于浓烈的化妆品。

除此之外，还要注意口部要无异味。要想保持一个良好的个人形象，应该养成饭后及时刷牙的习惯，尽量避免在会客前进食有异味的食物，如葱、蒜、韭菜、海鲜等。一旦发现自己有口腔异味，应及时使用漱口水或喷剂清除。

(2) 服饰及其礼节方面，要注意时代的特点，体现时代精神；注意个人性格特点，应符合自己的体形，举止得体。

(3) 要塑造良好的交际形象，必须讲究礼貌礼节，做到彬彬有礼、落落大方，遵守一般的进退礼节，尽量避免各种不礼貌、不文明的习惯。

(4) 在商务活动中，要给对方恳切、坦然、友好、坚定、宽容的印象，使谈判对手产生亲近、信任、受尊敬的感觉。

子任务二　握手礼仪

握手是见面时最常见的礼仪。因为不懂握手的规则而遭遇尴尬的场面，是谁也不愿意遇到的。行握手礼是一个并不复杂却十分微妙的行为。作为一个细节性的礼仪动作，做得好，它好像没有什么显著的积极效果；做得不好，它却能突兀地显示出负面效果。

1. 握手的时机

(1) 遇到久未谋面的熟人时。
(2) 在比较正式的场合与相识之人道别时。
(3) 自己作为东道主迎送客人时。
(4) 向客户辞行时。
(5) 被介绍给不相识者时。
(6) 在外面偶遇同事、朋友、客户或上司时。
(7) 感谢他人的支持、鼓励或帮助时。
(8) 向他人或他人向自己表示恭喜、祝贺时。
(9) 应邀参与社交活动见东道主时。
(10) 对他人表示理解、支持、肯定时。
(11) 在他人遭遇挫折或不幸而表示慰问、支持时。
(12) 向他人或他人向自己赠送礼品或颁发奖品时。

2. 握手的次序

在正式场合，握手时伸手的先后次序主要取决于职位、身份。在社交、休闲场合，则主要取决于年纪、性别、婚否。

(1) 职业、身份高者与职位、身份低者握手，应由职位、身份高者首先伸出手来。

(2) 女士与男士握手，应由女士先伸出手。

(3) 已婚者与未婚者握手，应由已婚者先伸出手。

(4) 年长者与年幼者握手，应由年长者先伸出手。

(5) 长辈与晚辈握手，应由长辈先伸出手。

(6) 社交场合的先到者与后来者握手，应由先到者先伸出手。

(7) 主人应先伸出手来，与到访的客人相握。

(8) 客人告辞时，应先伸出手与主人相握。

3. 握手的动作要领

(1) 与人握手时，应面含笑意，注视对方的双眼。神态要专注、热情、友好而自然。口中的问候也是必不可少的。

(2) 不要迟迟不握他人早已伸出的手，不要一边握手一边东张西望或忙于跟其他人打招呼。

(3) 向他人行握手礼时要起身站立，以示对对方的尊重。

(4) 握手时双方彼此之间的最佳距离为1米左右。距离过大，会显得是一方冷落另一方；距离过小，手臂难以伸直，也不太雅观。

(5) 双方将要相握的手各向侧下方伸出，伸直相握后形成一个直角。

(6) 与人握手不可以不用力，否则，会使对方感到缺乏热忱与朝气；同样，也不可以拼命用力，否则，会有示威、挑衅的意味。

(7) 握手的时间不宜过短，也不宜过长，握手的全部时间应在3秒内。时间过短，会显得敷衍；时间过长，尤其是和异性握手，则可能会被怀疑为居心不良。

4. 握手的禁忌

(1) 握手时，另外一只手不要拿着报纸、公文包等东西不放，也不要插在口袋里。

(2) 不要在握手时争先恐后，应当依照顺序依次而行。

(3) 女士在社交场合戴着薄纱手套与人握手被允许，但男士无论何时都不能在握手时戴着手套。

(4) 除患有眼疾或眼部有缺陷者外，不允许握手时戴着墨镜。

(5) 不要拒绝与他人握手，也不要用左手与他人握手。

(6) 与基督教徒交往时，不要在两人握手时与另外两人相握的手形成交叉状。这种形状类似十字架，在他们看来是很不吉利的。

(7) 握手时不要把对方的手拉过来、推过去或者上下左右抖个不停。

(8) 握手时，不要长篇大论、点头哈腰、滥用热情，这样会显得过分客套。

(9) 握手时不要仅仅握住对方的手指尖，也不要只递给对方一截冷冰冰的手指尖。

(10) 不要用很脏的手与他人相握，也不能在人与人握手之后，立即揩拭自己的手掌。

任务二　国际商务活动中的着装礼仪

着装指服装的穿着。从礼仪的角度看，着装不能简单地等同于穿衣。它是着装人基于自身的阅历修养、审美情趣、身材特点，根据不同的时间、场合、目的，力所能及地对所穿的服装进行精心的选择、搭配和组合。在各种正式场合，注重个人着装的人能体现出仪表美，增加交际魅力，给人留下良好的印象，使人愿意与其深入交往。同时，注意着装也是每个事业成功者的基本素养。着装体现仪表美，除了整齐、整洁、完好外，还应同时兼顾以下原则。

子任务一　文明大方

要求着装要符合本国的道德传统和常规做法。在正式场合，忌穿过露、过透、过短和过紧的服装。身体部位的过分暴露，不但有失自己的身份，而且也失敬于人，使他人感到多有不便。

子任务二　搭配得体

要求着装的各个部分相互呼应，精心搭配，特别是要恪守服装本身及与鞋帽之间约定俗成的搭配，在整体上尽可能做到完美、和谐，展现着装的整体之美。

子任务三　个性特征

个性特征原则要求着装适应自身形体、年龄、职业的特点，扬长避短，并在此基础上创造和保持自己独有的风格，即在不违反礼仪规范的前提下，在某些方面可体现与众不同的个性，切勿盲目追逐时髦。

任何服装都应清洁、整齐。我国的涉外人员在谈判场合的着装，应该是深色毛料的套装、套裙或制服。具体而言，男士最好是身着藏蓝色、灰色的西服套装或中山装，内穿白色衬衫，脚穿深色袜子、黑色皮鞋。穿西服套装时，务必要系领带。女士的最佳衣着是身着单一色彩的西服套裙，内穿白色衬衫，脚穿肉色长筒丝袜和黑色高跟皮鞋。有时，穿着单一色彩的连衣裙亦可，但是尽量不要选择以长裤为下装的套装。

商务男士在穿西装时，要注意的问题有：在穿西装之前，务必要将位于上衣左袖袖口之上的商标、纯羊毛标志等先行拆除，它们并非与西装的档次、身价有关。要熨烫平整，使其显得平整而挺括，线条笔直。在一般情况下，坐着的时候，西装上衣的纽扣则大都要解开，以防其“扭曲”走样；站起来之后，尤其是需要面对他人之时，则应当将西装上衣的衣扣系上，以示郑重其事。

西装上衣的衣扣有一定的系法：双排扣西装上衣的衣扣，应当全部系上；单排两粒扣西装上衣的衣扣，应当只系上边的那粒衣扣；单排 3 粒扣西装上衣的衣扣，则应当系上边的两粒衣扣，或都单系中间的那粒衣扣。穿西装背心，不论是将其单独穿着，还是穿着它同西装上衣配套，都要认真地扣上纽扣，而不能任其自由地敞开。一般情况下，西装背心只能与单排扣西装上衣配套。单排扣式西装背心的最下面的那粒纽扣应当不系，而双排式西装背心的全部纽扣则必须无一例外地统统系上。因天气原因需要穿羊毛衫时，则只允许穿一件单色薄型的“V”领羊毛衫。不要在西装里面穿开领的、花哨的羊毛衫，特别是不要一下子同时穿上了多件羊毛衫。

穿西装时，一定要注意保持其形状，不卷不挽。在公共场所，千万不要当众随心所欲地脱下西装上衣，更不能把它当作披风披在肩上。无论如何，都不可以将西装上衣的衣袖挽上去，随意卷起西裤的裤管是不符合礼仪的表现。

西装的标准穿法是衬衫之内不穿棉纺或毛织的背心、内衣。穿西装不穿衬衫而以 T 恤衫直接与西装配套的穿法是极不符合礼仪规范的。因特殊情况必须在衬衫之内加穿背心、内衣时，必须注意以下几点。

(1) 数量以一件为限。

(2) 色彩必须与衬衫的色彩相仿。

(3) 款式上应短于衬衫，其领型以“U”、“V”领为宜，最好不要穿高领的背心、内衣，以免在衬衫的领口之外露出有碍观瞻的“花絮”。

(4) 留心别使内衣的袖管暴露于别人的视野之内。

穿长袖衬衫时，需要注意的问题有：在正式场合，下摆要束在裤腰或裙腰之内。袖管不仅不可以挽起来，而且还一定要系上袖扣。不穿西装上衣，或是穿上衣未打领带时，领扣则通常可以不系。打领带时，其位置大致是在七粒扣衬衫自上而下数的第四、第五粒衣扣之间。并要了解并遵守着装的搭配技巧。

要在西装的上衣、背心、裤子、内衣等口袋里少装东西或者不装东西。西装上衣左侧的外胸袋除可插入一块用以装饰的真丝手帕外，不准再放其他任何东西，尤其不应当别钢笔、挂眼镜。西装上衣内侧的胸袋，可用来别钢笔、放钱夹或名片夹，但不要放过大或过厚的东西或无用之物。西装外侧下方的两只口袋，原则上以不放任何东西为佳。西装背心上的口袋多具装饰功能，除可以放置怀表以外，不宜再放别的东西。西装裤子上两侧的口袋只能够放纸巾、钥匙包或碎银包，其后侧的两只口袋大都不放任何东西。

在国外，对于男士在正式场合的着装，有必须遵守“三色原则”的要求。所谓“三色原则”，是指全身上下的衣着应当保持在3种色彩之内。对于女士在正式场合的着装的评价，人们往往关注于一个细节，即她是否了解不应该使自己的袜口暴露在外。不仅在站立之时袜口外露不合适，就是在行走或就座时袜口外露也不合适。穿裙装的女士，最好穿连裤袜或长筒袜。

女士夏天不可光脚穿凉鞋，穿短袜时，袜口不能露在衣裙之外。

参加国际商务活动，进入室内场所应摘去帽子和手套，脱掉大衣、风衣等送入存衣处。西方女士的纱手套、面罩、帽子、披肩、短外套等，作为服装的一部分允许在室内穿戴。在室内，一般不要戴墨镜。

有时，在谈判桌上，常常会面对这样一些人：男的穿夹克衫、牛仔裤、短袖衬衫、T恤衫，配旅游鞋或凉鞋；女的则穿紧身装、透视装、低胸装、露背装、超短装、牛仔装、运动装或休闲装，全身上下戴满各式首饰，从耳垂一直“武装”到脚脖子。这身打扮的人，留给他人的印象，不是不尊重自己、不尊重别人、不重视洽谈、自以为了不起，就是没有一点教养。

【趣味测试】职场形象20问

(1) 你是否要等到衣服显得很旧了才会买新的？

(2) 你是否认为内衣只要干净就行？

(3) 你是否认为头发垂落到眉毛下面很有男人味？

(4) 参加面试的时候，你是否认为系一条鲜艳的领带会显示个性？

(5) 跷二郎腿的时候，你的小腿是否会露出一截？

(6) 你是否选择商家为你推荐的已经配好的衬衫和领带？

(7) 当你参加一次重要会议时，你的着装是否与平日大不相同？

(8) 别人送给你或是开会发给你的衬衫或领带，你并不喜欢，你是否因为觉得可惜而还是要用？

(9) 你的发型是否多年不变？

(10) 是否只有等到你的皮鞋很脏时才会去擦它？

(11) 你是否为了方便只用一次性签字笔？

(12) 炎热的夏天，你是否在谈判场合选择短袖衬衫？

(13) 你是否觉得电熨斗很重要?

(14) 你平时佩戴的手表是否色彩夺目或造型夸张?

(15) 你认为别人会注意你的手和指甲吗?

(16) 你是否用木质衣架挂西装?

(17) 你是否觉得在正装衬衫口袋里放些小零碎儿很不错?

(18) 你是否在长胖了以后还穿着原来的衣服?

(19) 你是否喜欢色彩、图案有趣的袜子，觉得这是一种个性的表现?

(20) 你是否喜欢把包装得鼓鼓囊囊的，这样人们会觉得你很充实?

任务三 国际商务活动中的会见礼仪

会见是商务谈判过程中的一项重要活动。身份高的人会见身份低的人或是主人会见客人，一般称为接见或召见。身份低的人会见身份高的人或是客人会见主人，一般称为拜见或拜会。接见或拜见后的回访称为回拜。

商务谈判中涉及的会见问题，是属于业务商谈一类的事务性会见。在商务谈判活动中，东道主应根据来访者的身份和访谈目的，安排相应的有关部门负责人与之进行礼节性的会见。

子任务一 会见准备

提出会见、会谈要求。如果一方要求拜会另一方，应将会见要求、会谈人的姓名、职务、会见什么人、与什么人会谈以及会见、会谈的目的告知对方。同时要主动了解对方的具体安排(人员、时间、地点)，并通知出席人员。接到要求的一方应尽早予以答复，无故拖延、置之不理是不妥当的。如果接到要求的一方同意对方的请求，可主动将会见的时间、地点、自己一方的参加人员通知对方。双方人员的人数和身份应大体相当。礼节性的会见时间以半小时为宜。会见一般都在会客室或办公室里进行，场所应安排足够的座位。会谈如用长桌，应事先排好座位团，现场放置中外文座位卡。会见时座位的安排是：主人坐在左边，主宾坐在右边，译员和记录员坐在主人和主宾的后面。双方其他人员各自按一定的顺序坐在左右两侧，主方为左，客方为右。主人应在会见开始之前到达，以迎候客人。宾主双方进入会客室后，工作人员应关好门，并退出现场。在会见过程中，不允许外人进进出出。视情况可安排扩音器，如有合影，事先排好合影图，备饮料(茶水、咖啡或冷饮)。

子任务二 会见时的介绍礼仪

主人在大楼正门或会客厅门口迎接客人。(如果主人在会客厅门口迎候，则应由工作人员在大楼门口迎接，将客人引入会客厅)

介绍时，应先将来宾向我方人员介绍，随即将我方人员向对方介绍。如对方是我方人员都熟悉的人，只需将我方人员介绍给对方即可。介绍我方人员时，要把姓名、职务说清楚，介绍到个人时应有礼貌地以手示意，不要用手指点，更不要用手拍打别人。介绍时，对外宾通常可称先生、女士、小姐；对国内客人通常可称同志、先生、女士和小姐。在商务谈判场合，应该按照职务的高低进行介绍，将职位低的介绍给职位高的。

子任务三 会见礼宾次序

1. 商务会见礼宾次序的含义和意义

商务礼宾次序是指国际商务交往中对出席活动的国家、团体、人士的位次按一定的规则和惯例进行先后次序的排列，涉及来访者入场的先后次序、座次安排、发言顺序、国旗悬挂的次序等。礼宾次序体现了东道主队来访者给予的礼遇，在国际交往中，表示对各国主权地位的一视同仁和尊重。

在国际会议上，各国代表的位次不是按国家大小和强弱的原则来排列的，而是按会议所用文字的国名字母顺序来排列，而签证条约协定时，应遵守“轮换制”，即每个缔约国在其保存的一份文本上名列首位，它代表该国要在这份文本上首先签字。在国际活动中，各国代表的序列应以代表的职务高低或就职时间的先后作为排列的依据。例如，驻在某国首都的各大使，即应以到任递交国书的时间先后为序，并由最先到任的大使担任外交团长。只有在少数信奉天主教的国家，由于宗教原因，外交团长总是由梵蒂冈派驻当地的“圣使”担任，而副团长由最先到任的大使担任。

2. 安排礼宾次序的几种做法

(1) 按来访者的身份与职务的高低排列。

(2) 按字母顺序排列。

(3) 按通知商务代表团组成的日期先后排列。

3. 国旗升挂的原则

外国政府要率团来访时，在重大礼仪活动场所，如欢迎仪式、欢迎宴会、正式会谈、签字仪式以及其住所和交通工具上可升挂中国国旗和来访国国旗。

两国国旗并挂的规则：旗幅一致，主左客右(以主办活动方为主方，而不是以活动在哪个国家举行为依据)。在中国境内同时悬挂多国国旗的规则是：同时悬挂中国国旗，只能升挂与中国建立外交关系国家的国旗；旗杆高度划一，但应将中国国旗置于荣誉地位；升挂时，先升中国国旗，降落时，最后降中国国旗。在国际性组织的驻地悬挂成员国的国旗，按成员国在该组织确定的名称的第一个字母为排列顺序的依据。悬挂国旗一般应以旗的正面面向观众，不能随意交叉、反挂、竖挂、倒挂。

子任务四　会见过程中应该注意的问题

商务谈判活动中礼节性会见，因其性质决定，时间不应太长，所以会见的双方应掌握分寸，言简意赅，多谈些轻松愉快的话题，说一些相互问候的话，避免单方面冗长的叙述，更不可有意挑起争论。主谈人交谈时，其他人员应认真倾听，不可交头接耳或翻看无关的材料。不允许打断他人的发言或使用人身攻击的语言。会见结束时，主人应将客人送至门口或车前，握手话别。目送客人乘坐的车子远走之后，主人方可退回室内。

任务四　国际商务活动中的谈话礼仪

商务谈话的礼仪原则就是必须以诚相待，尊重对方，礼貌用语必不可少。商务谈话的目的是沟通信息和感情，从而保证生意做得顺利，从中获得利润。在商务谈判中，对商务谈判人员的口才有很高的要求。商务谈判人员不一定要伶牙俐齿、妙语连珠，但必须具有良好的逻辑思维能力、清晰的语言表达能力，必须在“克己敬人”、“寸土必争”的前提下，在谈话中保持自己应有的风度，始终以礼待人。有道是“有礼走遍天下”，在谈判中也是如此。

子任务一　国际商务活动中的谈话礼仪准则

1. 尊重他人

要对他人的想法及希望表示同情或肯定，赞同对方的所作所为是谈话的基本礼貌，也是得到人心的重要前提。对所听到的每一件事，都要以开放的心态来接受。不存偏见，不急于否定，也不急于肯定。

2. 谈吐文明

双方在交谈时，无论对所讲的内容是否满意，是否感兴趣，都要冷静耐心。一定要控制自己，尤其是力戒发怒。当自己发怒时，别人往往会封闭自己，造成相互间的矛盾，使问题变得更糟糕，发怒是不能解决问题的。

3. 温文尔雅

在谈话时，要温文尔雅，不要恶语伤人、讽刺谩骂、高声辩论、纠缠不休。在这种情况下即使占了上风，也是得不偿失的。

4. 话题适宜

合适的谈话内容有利于彼此之间思想感情的交流和沟通，可使双方增长知识，使精神生活更加丰富。谈话时要注意自己的气量。当选择的话题过于专，或众人不感兴趣，听者如面露厌倦之意，应立即止住。发现对方有意寻衅滋事时，则可对之不予理睬。

5. 善于聆听

谈话中不可能总处在说的位置上，只有善于聆听，才能真正做到有效的双向交流。

听别人谈话要全神贯注，不可东张西望，或显出不耐烦的表情。应当表现出对他人谈话内容的兴趣，在聆听中，积极反馈是必要的，适时地点头、微笑或简单重复一下对方谈话的要点，是令双方都感到愉快的事情，适当地赞美也是必要的。

6. 以礼待人

谈话不必刻意追求“语不惊人死不休”的轰动效应，以礼待人、善解人意才是最重要的。一个人在谈话中，如果对待上级或下级、长辈或晚辈、女士或男士、外国人或中国人，都能够一视同仁，给予同样的尊重，他就是一个最有教养的人。

子任务二　国际商务活动中的谈话礼仪细则

国际商务活动中，在与外国客商谈话时，表情要自然，语言和气亲切，表达得体。谈话时可适当做些手势，但动作不要过大，更不要手舞足蹈，用手指点人。谈话时的距离要适中，太远太近均不合适，不要拖拖拉拉、拍拍打打。

参与别人谈话时，要先打招呼，别人在个别谈话时，不要凑前旁听；有事要找人，可待别人谈完；有人主动与自己谈话，应热情交谈；发现有人欲与自己交谈，可主动询问；第三者参与谈话，应以握手、点头或微笑表示欢迎；若谈话中有急事需离开，应向对方打招呼，表示歉意。

商务人员在社交场合的谈话内容不能涉及疾病、死亡等不愉快的事物。不应直接询问对方的履历、收入、家庭财产等私人生活方面的问题。对方不愿回答的问题，不应刨根问底，对方反感该问题时，应表示歉意并立即转移话题。在谈话中，一般不要批评长辈和身份、地位高的人，不要议论当事国的内政，不要随便议论宗教话题。

男士一般不参加女士的谈话。与女士谈话更要谦让、谨慎。不宜询问女士的年龄和婚姻状况，不要评价对方的身材、健康等，不要与女士开玩笑，更不要长时间地攀谈以免引起对方或他人的反感。

谈话中要使用礼貌语言，如“你好”、“请”、“对不起”、“多多指教”、“再见”等。商务活动以外的话题，可涉及天气、旅游、对方悠久的文化等。

任务五 国际商务活动中的介绍礼仪

介绍是人际交往中与他人进行沟通、增进了解、建立联系的一种最基本、最常规的方式，是人与人进行相互沟通的出发点。

1. 介绍的种类

双方见面后，宾主就应相互介绍。在国际商务活动中结识朋友，介绍分为自我介绍，为宾、主双方充当介绍人和被第三者介绍给对方 3 种情况。在无第三者的情况下，要进行自我介绍，自我介绍时，要主动讲清自己的姓名、身份、单位，对方随后也会自我介绍。其常用语言是“我叫×××，在××单位工作。”“恕我冒昧，我是××单位的×××。”“您就叫我×××好了”。如果对方是两人以上，则由身份最高者出面做自我介绍，然后再将其他人员按一定顺序一一介绍给对方。为他人介绍，要先了解双方是否有结识的愿望。例如，正在交谈的人中，有自己认识的人，便可上前打招呼，由这位熟人将自己介绍给其他客商。为他人介绍时，还应说明与自己的关系，以便于新结识的人相互了解与信任。介绍他人时，要有礼貌地以手示意，而不要用手指点别人。

2. 如何介绍

为宾、主充当介绍人时，应按一定顺序进行介绍。一般是把身份低、年纪轻的介绍给身份高、年纪大的，把男子介绍给妇女，把主人介绍给客人，以示对客人、年长者和女士的尊重。介绍时，除妇女和年长者外，一般应起立，但在宴会桌上、会谈桌上可不必起立，被介绍者只要微笑点头有所表示即可。被第三者介绍给对方时，要说“您好”、“久仰久仰”或“见到您非常高兴”，并主动握手或点头示意表示友善，创造良好气氛。

有些国家(如日本)的客人习惯于以交换名片的方式来介绍自己的姓名和身份，这样，双方见面时，只需将自己的名片恭敬地递给对方即可。若宾主早已相识，则不必介绍，双方直接行见面礼就可以了。

在双方介绍时，如遇有外宾主动与我方人员拥抱时，我方人员可作相应的表示，万不可推却或冷淡处之。

任务六 国际商务活动中交换名片的礼仪

实训案例 11-1

日本客商交换名片的礼仪

1. 给对方名片时的要领

(1) 对方走来时，首先要站起来打招呼。如果在访问对方时，要先于对方拿出名片，要预先准备好名片夹以免到时慌张。

(2) 随便将名片扔到桌上也是失礼的。一边要很客气地说“我是××公司的××”，一边将名片递给对方，这时要注意文字应朝向对方，以便对方接到后能顺利地读出名片上的文字。

2. 接收名片时的要领

(1) 名片就是来客存在的象征。接收时一定要小心慎重。要用双手接收递过来的名片，注意手指不要碰到名片上的文字。

(2) 可将名片暂时放在桌子上，待记住名字后，再放入名片夹里。对方有数人的场合，也可按他们的座位顺序将名片排列在桌子上。

名片是商务人士的必备沟通交流工具，名片就像一个人简单的履历表，递送名片的同时也是在告诉对方自己的姓名、职务、地址、联络方式。由此可知，名片是每个人最重要的书面介绍材料。

名片通常在以下3种情况下使用。

(1) 在社交的礼节性拜访中使用。

(2) 在常有商业性质的横向联系与交往中使用。

(3) 在某些表达感情或表达祝贺的场合中使用。

交换名片也算作相互介绍的一种形式。在送给别人名片时，各个手指应并拢，大拇指应轻夹着名片的右下角，使对方好接拿。应起身站立，走向对方，使用双手或者右手将名片正面对着对方，递给对方，面带微笑，眼睛看着对方，名片的字应朝向对方，以齐胸的高度不紧不慢地递送过去。最好将名片印有英文的那一面对着对方，便于对方观看名片上的内容。将名片递给他人时，应说“多多关照”、“常联系”等话，或是先作一下自我介绍。

在接收对方名片时，应起身站立，迎上前去，面含微笑，目视对方。也应用双手接住或以右手接过，不要只用左手接过。接过名片后，说“谢谢”，然后轻轻念出对方的名字，以让对方确认无误；如果念错了，要记着说对不起。拿到名片后，要放在自己的名片夹中，并随之递上自己的名片。忌讳用左手接，接过后看也不看，随手乱放，不回递自己的名片，等等。

与多人交换名片时，应讲究先后次序。应按照“先客后主、先低后高”的原则或由近而远、同尊而卑的次序进行。位卑者应当先把名片递给位尊者。

切忌不要无意识地玩弄对方的名片，不要当场在对方名片上写备忘事情，上司在旁时，不要先递交名片，要等上司递上名片后才能递上自己的名片。

小知识 11-1

西方人的名片

西方人在使用名片时，通常在名片上写几个法文单词的首字母，它们分别代表如下不同含义。

(1) P.P.(Pour presentation)：意为介绍，通常用来把一个朋友介绍给另一个朋友。当收到一个朋友送来左下角写有“P.P.”字样的名片和一个陌生人的名片时，便是为自己介绍了一个新朋友，应立即给新朋友送张名片或打个电话。

(2) P.f.(Pour felicitation)：意为敬贺，用于节日或其他固定纪念日。

(3) P.c.(Pour condoleance)：意为谨唁，在重要人物逝世时，表示慰问。

(4) P.r.(Pour remerciement)：意为谨谢，在收到礼物、祝贺信或受到款待后表示感谢。它是对收到“P.f.”或“P.c.”名片的回复。

(5) P.P.c.(Pour prendre conge)：意为辞行，在分手时用。

(6) P.f.n.a.(Pour feliciter lenouvel an)：意为恭贺新禧。

(7) N.b.(Nota bene)：意为请注意，提醒对方注意名片上的附言。

按照西方的社交礼仪，递送名片时应注意：当一个男子去访问一个家庭时，若想送名片，应分别给男、女主人各一张，再给这个家庭中超过18岁的妇女一张，但决不在同一个地方留下3张以上的名片；当一个女子去别人家做客时，若想送名片，应给这个家庭中超过18岁的妇女每人一张，但不应给男子名片；如果拜访人事先未约会，也不想受到会见，只想表示一下敬意，可以把名片递给任何来开门的人，请他转交给主人。若主人亲自开门并邀请进去，也只应稍坐片刻。名片应放在桌上，不可直接递到女主人手里。

任务七　国际商务活动中的迎送礼仪

子任务一　迎接礼仪

迎接为谈判礼节的序幕，事关谈判氛围之好环。迎宾所指的是，在人际交往中，在有约在先的情况下，由主人一方派出专人，前往来访者知晓的某一处所，恭候对方的到来。利益对抗较剧烈的双方，可以因为迎接周到得当，先入为主地为谈判准备好恰当氛围及情感基础，会化解双方矛盾，促成谈判的成功。利益较为协调的双方，也完全可能因迎接不热情、不得当，导致双方情绪对立，谈判氛围恶化，使谈判者无功而返。迎送均应善始善终，不可虎头蛇尾。具体做法如下所述。

一定要详尽制订迎接来宾的具体计划，可有助于使接待工作避免疏漏、减少波折、更好地、按部就班地顺利进行。根据常规，它至少要包括迎送方式、交通工具、膳宿安排、工作日程、文娱活动、游览、会谈、会见、礼品准备、经费开支以及接待、陪同人员等各项基本内容。单就迎宾而言，接待方亦应有备在先，最为重要的内容有5项，包括迎宾方式、迎宾人员、迎宾时间、迎宾地点和交通工具。

迎宾方式：要不要搞迎宾活动、如何安排迎宾活动、怎样进行好迎宾活动等内容。

迎宾人员：一定要精心选择迎接来宾的迎宾人员，数量上要加以限制，身份上要大致相当，职责上要划分明确。在迎宾工作中，现场操作进行得是否得当，乃是关键的一环。

迎宾时间：要预先由双方约定清楚，并在来宾启程前后再次予以确认，要提前到达迎宾地点。

交通工具迎宾地点：如机场、宾馆、政府大院门口、广场等。

在一般情况下，迎宾仪式包括如下内容。

(1) 宾主双方热情见面。

(2) 向来宾献花。献花者通常应为女青年。若来宾不止一人，可向每位来宾逐一献花，也可以只向主宾或主宾夫妇献花。

(3) 宾主双方其他人员见面。依照惯例，首先应当由主人陪同主宾来到东道主方面的主要迎宾人员面前，按其职位的高低，由高而低，一一将其介绍给主宾。随后，再由主宾陪同主人行至主要来访人员的队列前，按其职位的高低，由高而低，一一将其介绍给主人。

子任务二　送别礼仪

送别通常指的是在来宾离去之际，出于礼貌，而陪着对方一同行走一段路程，或者特意前往来宾启程返还之处，与之告别，并看着对方离去。最为常见的送别形式有道别、话别、饯别、送行等。

道别指的是与交往对象分手。按照常规，道别应当由来宾率先提出来，假如主人首先与来宾道别，难免会给人以厌客、逐客的感觉，所以一般是不应该的。在道别时，来宾往往会说“就此告辞”、“后会有期”等。而此刻主人则一般会讲“一路顺风”、“旅途平安”等。有时，宾主双方还会向对方互道“再见”，叮嘱对方“多多保重”，或者委托对方代问其同事、家人安好。

在道别时，应当特别注意下列 4 个环节：一是应当加以挽留；二是应当起身在后；三是应当伸手在后；四是应当相送一程。

话别亦称临行话别。最佳的话别地点是来宾的临时下榻处。在接待方的会客室、贵宾室里或是在为来宾饯行而专门举行的宴会上，亦可与来宾话别。参加话别的主要人员，应为宾主双方身份、职位大致相似者，对口部门的工作人员，接待人员等。话别的主要内容有：一是表达惜别之意；二是听取来宾的意见或建议；三是了解来宾有无需要帮忙代劳之事；四是向来宾赠送纪念性礼品。

饯别又称饯行。它所指的是，在来宾离别之前，东道主一方专门为对方举行一次宴会，以便郑重其事地为对方送别。为饯别而举行的专门宴会，通常称作饯别宴会。在来宾离别之前，专门为对方举行一次饯别宴会，不仅在形式上显得热烈而隆重，而且往往还会使对方产生备受重视之感，并进而加深宾主之间的相互了解。

送行在此特指东道主在异地来访的重要客人离开本地之时，特地委派专人前往来宾的启程返还之处，与客人亲切告别，并目送对方渐渐离去。在接待工作中，需要为之安排送行的对象主要有正式来访的外国贵宾、远道而来的重要客人、关系密切的协作单位的负责人、重要的合作单位的有关人员、年老体弱的来访之人、携带行李较多的人士等。当来宾要求主人为之送行时，一般可以满足对方的请求。为来宾送行之际，对于送行人员，在礼节上有着一系列的具体要求：一是要与来宾亲切交谈；二是要与来宾握手作别；三是要向来宾挥手致意；四是要在对方走后才能离去。

任务八　国际商务活动以外的参观及馈赠礼品的礼仪

子任务一　外国客商到国内的参观礼仪

1. 参观项目的选定

事先了解访问目的、性质，尽可能与业务会谈相配合。例如，会谈中涉及某些合作项目，而参观相关单位可有助于对情况和问题的了解，以使参观项目的安排具有一定针对性。结合客人的意愿、兴趣及特点，结合当地实际情况，选定某些参观的项目。

2. 安排布置

项目确定之后，应列出详细计划，向被接待单位交代清楚，并确定、培训全体接待人员。既可安排接待人员带领客人实地参观实物，使客人有身临其境之感，获得对公司的感性认识，又可配备一定的文字资料(如说明书、表格数据等)，赠送给客人参阅；既可通过图片资料(如照片、图画和模型等)进行讲解，形象地反映公司的状况，也可借助电子网络技术、录像和录音等，将公司信息生动地展示给客人。

来访者前来参观访问也是公司广交朋友的一次良机，公司有关部门既可准备些签名册让公众留言、签名，也可跟来访者合影或适当赠送一些带有公司标识、吉祥物的纪念品，以留作纪念；参观期间，来访者所到之处应打扫干净、布置整洁，并可书写一些表示欢迎的标语、条幅，营造一个热情、整洁的参观环境。

3. 陪同人员

按国际交往礼节，外宾前往参观时，一般都有相应身份的人员陪同，如有身份高的主人陪同，应提前通知对方。根据来访者的身份、级别、人数确定相应的陪同人员，如果参观者的身份、级别较高，应安排公司的领导者或身份与级别相当的公司成员亲自出面陪同。陪同人员不仅要事先了解来访者的类型、要求、人数，以便提供针对性服务，而且要熟悉和掌握公司所要宣传的有关信息内容，耐心细致地回答来访者的提问，积极宣传公司。

4. 情况介绍

参观项目，一般是边看边介绍，有保密的内容不要介绍。参观项目概况尽可能事先发给对方书面材料，节约参观介绍时间，让客人尽可能多地实地参观。陪同人员要了解外宾的要求，对外宾可能提出的各种问题应有所准备，不要一问三不知。

5. 用餐安排

参观地点远或是外出游览时，要考虑用餐的时间和地点，如果郊游，则应准备食品、饮料、餐具等，有的地方还要预订休息室。

子任务二　出国参观的礼仪

1. 文明礼仪“十遵守”

中国公民出国(境)应遵守中央文明办和国家旅游局联合发布的《中国公民出国(境)旅游文明行为指南》，注意做到文明礼仪“十遵守”。

第一、遵守衣着文明礼仪。

旅游休闲期间，衣着得体；遇有商务洽谈，需着正装或职业装。

第二、遵守举止文明礼仪。

举止大方，表情自然；不随地吐痰、拥挤抢座；不践踏草地、采花摘果；不追逐打闹；不在公共坐椅上躺卧休息；不在有禁烟标志的地方吸烟。

第三、遵守谈吐文明礼仪。

言辞文明，语气平和，音量适中；不在公共场合大声喧哗。

第四、遵守用餐文明礼仪。

维护餐厅卫生，遵守用餐礼仪。餐厅服务员的小费标准一般为消费金额的10%～15%。

第五、遵守交通文明礼仪。

乘坐交通工具时，按要求提前抵达办理相关手续，遵守秩序、文明礼让、不大声喧哗、爱护环境。

第六、遵守住宿文明礼仪。

爱护设施设备；深夜将电视音量调小，不在通道内高声聊天；注意卫生间的整洁干净，不乱扔东西；不用浴巾床单等擦拭皮鞋；不把烟灰缸、毛巾等带走；乘坐电梯不拥挤，依次进出。行李员、客房服务员的小费可自行确定。

第七、遵守观光文明礼仪。

爱护旅游景点的建筑设施、文物古迹和花草树木，不涂写刻画；注意环境卫生，将废弃物丢进垃圾桶；爱护动物，不随意喂食、捕捉或垂钓，也不挑逗恐吓；拍照主动谦让，不攀爬，不争抢；参观室内场馆时，把背包、雨具等物品存放在指定地点；进入教堂、寺庙，女士不穿裙子，男士不穿短裤、拖鞋；遵守部分相关场馆内禁烟、禁食和禁饮及禁用闪光灯的规定；参观时保持安静，不触摸展品，不品头论足。

第八、遵守购物文明礼仪。

进入超市购物，寄存箱包；选购商品，不打开包装，不随意品尝食物；在免税店购物，需出示护照并请收款员打印收据和免税单，以备出境时交海关检查。

第九、遵守娱乐文明礼仪。

观看电影或演出，提前进场；因故迟到，应到幕间时再就座或请导座员协助就座；就座后脱帽，保持安静，不乱发议论；尊重演员，不高声附唱或乱发嘘声；节日演出完毕，应鼓掌表示感谢；演员出现失误，要给予谅解，不起哄吹口哨、不喝倒彩。

第十、遵守观赛文明礼仪。

观看体育比赛，穿戴得体，不光膀子和穿拖鞋进场；尊重比赛双方和裁判；遵守赛场规定和秩序；适当控制自己的情绪，不失态失控、狂喊乱呼，不辱骂裁判和运动员，不往比赛场地投掷杂物；不私自闯入比赛场地；食物及饮料包装等废弃物品，要自行带离比赛场馆并投入垃圾箱。

2. 具体参观项目礼仪

出国访问的代表团或个人，应邀在国外参观访问，应尊重主人的安排，出国参观所提出的参观项目，要符合访问目的，但也要客随主便，不要强人所难。参观过程中，可以广泛地与对方接触、交谈，以增进了解，增进友谊。注意听取主人介绍，努力学习吸收对己方有益的东西，不应漫不经心，表现出不感兴趣的态度。同时也要注意对方的风俗和宗教习惯。如要拍照，需事先向接待人员了解有无禁止摄影的规定。参观完毕，向主人表示感谢。常驻国外机构的人员外出参观时，应遵守驻在国规定。如去禁区或非开放地区，应事先向有关单位提出申请，征得同意后方能前往。参观完毕，如主人在门口送行，上车之后，应挥手致意。

子任务三　馈赠礼品礼仪

小知识 11-2

送礼在法国

法国人对送礼有自己的看法。“礼貌是至关重要的”，故此，赠送礼品的适当与否要特别注意，包装更要尽善尽美。初次结识一个法国人时就送礼是很不恰当的，应该等到下次相逢时再送。

法国人很浪漫，喜欢知识性、艺术性的礼品，如画片、艺术相册或小工艺品等。礼品留言要表达出对他的赞美，但不要显得过于亲密。应邀到法国人家里用餐时，应带上几支不加捆扎的鲜花，送花不要送菊花、杜鹃花以及黄色的花，尤其菊花更是不能随便赠送的，在法国，只有在葬礼上才用菊花。不要送带有仙鹤图案的礼品，不要送核桃，因为他们认为仙鹤是愚蠢的标志，而核桃是不吉利的。玫瑰是为情人准备的，绝不能送给主人的妻子。

1. 馈赠的基本原则

轻重原则，轻重得当，以轻礼寓重情；时机原则，选时择机，时不我待；效用性原则；投好避忌的原则；注意赠礼的具体时间原则，一般说来，应在相见或道别时赠礼。

2. 受礼礼仪

(1) 受礼者应在赞美和夸奖声中收下礼品，并表示感谢。一般应赞美礼品的精致、优雅或实用，夸奖赠礼者的周到和细致，并伴有感谢之词(按中国传统习惯，是伴有谦恭态度的感谢之辞)。

(2) 受礼者应双手接过礼品。视具体情况拆看或只看外包装，还可伴有请赠礼人介绍礼品功能、特性、使用方法等的邀请，以示对礼品的喜爱。

(3) 只要不是贿赂性礼品，一般最好不要拒收，那会很驳赠礼人的面子。可以找机会回礼。

(4) 接受了他人的馈赠，如有可能应予以回礼。有礼有节的馈赠活动，有利于拉近双方的距离，增加合作的机会。作为商务活动的重要内容之一，馈赠活动越来越受重视，并得到广泛的应用。

3. 馈赠礼节

要使对方愉快地接受馈赠并不是件容易的事情。即便是精心挑选的礼品，如果不讲究赠礼的艺术和礼仪，也很难达到馈赠的预期效果。

(1) 注意包装。精美的包装不仅使礼品的外观更具艺术性和高雅的情调，显示出赠礼人的文化艺术品位，而且还可以避免给人俗气的感觉。

(2) 注意场合。当众只给一群人中的某一个人赠礼是不合适的，给关系密切的人送礼也不宜在公开场合进行。只有象征着精神方面的礼品，如锦旗、牌匾、花篮等才可在众人面前赠送。

(3) 注意态度和动作。赠送礼品时，只有态度平和友善、动作落落大方并伴有礼节性的语言，才容易让受礼者接收礼品。

(4) 注意时机。一般赠礼应选择在相见、道别或相应的仪式上。

(5) 处理好有关单据。礼品上写有价钱和标签一定要早点清除干净。但是如果礼品是有保修期的，如家用电器、电脑等，可以在赠送礼品时把发票和保修单一起奉上，以便将来受礼人能够享受三包服务或方便其转手处理。

4. 礼品的选择

礼品以选择有纪念意义的物品为佳。涉外馈赠可以选择突出民族性的礼品。在许多国家，一般都不讲究礼品的贵重与否，因此，不必为了礼物的轻重而担心，具有民族特色的东西是最好的礼品。我国的剪纸、筷子、风筝、二胡、书画、茶叶等，在外国人看来都具有非常独特的民族特点，非常适合作为礼物馈赠给外宾。

西方人对礼品更倾向于实用，一束鲜花、一瓶好酒、一盒巧克力、一块手表，甚至是一同游览、参观等，都是上佳的礼品。当然，如果再讲究礼品的牌子和包装，就更好了。

5. 馈赠的禁忌

关于馈赠的禁忌是必须了解的，除忌讳“13”和“星期五”这些灾难之数以及一些特殊的场合(如葬礼)礼品的种类、颜色等有一定讲究外，大多数西方国家在礼品上的忌讳是较少的。例如，意大利人忌讳送手帕，因为手帕是亲人离别时擦眼泪的不祥之物；法国男士若向女士赠送香水会显得过分亲密，而餐具(如刀叉等)则意味着双方断绝关系；日本人忌讳绿色；我国香港特区的人们青睐红木制作的小型棺材摆件，寓意为“升官发财”，但是这在其他地区的人看来是无法接受的。

任务九　国际商务活动以外的宴请礼仪

子任务一　宴请的种类

宴请的种类和形式较多，但以宴会、招待会、茶会、工作餐为主。

(1) 宴会。宴会为正餐，分国宴、正式宴会、便宴和家宴4种，坐下进食。按照举行的时间来分，宴会分为早餐、午宴、晚宴。一般情况下，晚宴和家宴最为隆重。

(2) 招待会。招待会是指各种较为灵活的非正式餐会，但准备有食品和酒水饮料。招待会期间不排座位，宾客自由活动。常见的有冷餐会、酒会两种形式。冷餐会即自助餐。酒会又称鸡尾酒会。

(3) 茶会。这是一种简单的招待形式。举行的时间多在下午 4 时左右。茶会通常设在客厅，厅内设茶几、坐椅，不排座次。

(4) 工作餐。是现代商务交往中经常采用的一种非正式宴请形式，利用进餐时间，边吃边谈问题。这类活动一般只请与工作相关的人员。

子任务二　宴请活动的组织工作

成功的宴请需要成功地组织。一般来说，宴请的组织工作主要包括以下内容。

(1) 确定宴请的目的、名义、对象、范围与形式。

(2) 确定宴请的时间、地点。

(3) 发出邀请及请柬。

(4) 订菜。

(5) 安排席位。

(6) 布置现场。

(7) 准备餐具。

(8) 安排宴请程序及现场工作。

子任务三　赴宴

赴宴即参加宴请，和宴请宾客一样，在大型谈判交际活动中具有同等机会，因而，有必要了解参加宴请的一些礼仪。

(1) 应邀。接到宴会的邀请，能否出席要根据邀请方的具体要求，尽早地答复对方，以便主人安排。

(2) 掌握出席时间。出席宴请活动时，抵达时间的迟早、停留时间长短，在某种程度上反映对主人的尊重程度，一般客人应略早抵达。

(3) 抵达。抵达宴请地点，主动向主人问好。如果是喜庆活动，应表示祝贺。

(4) 入座。应邀出席宴请活动，应听从主人安排。

(5) 进餐。入座后，主人招呼，便开始进餐。

(6) 交谈。无论是主人、陪客或宾客，都应与同桌人交谈。

(7) 祝酒。宴会上互相敬酒，表示友好，也可活跃气氛。

(8) 致谢。有时在出席私人宴请活动之后，以便函或名片致谢。

子任务四　餐桌上的礼仪

1. 餐姿、餐巾和餐具

身体与餐桌之间要保持适当距离，仪态自然。进餐前用餐巾纸擦拭餐具是极不礼貌的陋习，餐巾纸须等主人先摊开再使用。中餐宴请外国人时，既要摆碗筷，也要放刀叉，以中餐西吃为宜。

2. 吃和喝

将送到自己面前的食物多少都用一点，在用西餐时，如果吃不完盛在自己盘中的食物是失礼行为。吃西餐中的肉类，要边切边吃，切一次吃一口。吃鸡、龙虾等食物时，经主人示意后，可用手撕开吃。喝汤时，宜先试温，待凉后再用，忌用口吹。嘴内有食物时，切勿说话。正餐中，不易当众用牙签剔牙。吃带腥味的食品时，常备有柠檬，可用手将汁挤出滴在食品上，以去腥味。

单元二　美洲商人的商务谈判礼仪与禁忌

任务一　美国商人的商务谈判礼仪与禁忌

由于美国在国际贸易中的地位，美国文化给谈判带来的特点引人注目。从总体上来说，美国人的性格通常是外向的。因此，有人将美国人的性格特点归纳为：外露、坦率、真挚、热情、自信、滔滔不绝，追求物质上的实际利益。

与美国人谈判，“是”和“否”必须分清楚，这是一条基本的原则。当无法接受对方提出的条款时，要明白地告诉对方不能接受，而不要含糊其辞，使对方存有希望。有些人为了不致失去继续洽谈的机会，便装着有意接受的样子而含糊作答，或者答应以后作答，而实际上却迟迟不作回答，这都会导致纠纷的产生。

在正式场合下，美国人十分讲究礼节，毫不逊色于其他欧洲国家。握手是最普遍的见面礼。握手时应注视对方，并摘下手套，如果因故来不及脱掉手套，须向对方说明原因，并表示歉意。同时，还要注意人多时不要交叉握手，女性之间见面时可不必握手。大多数美国人一般不喜欢用先生、夫人或小姐之类的称呼，他们认为这类称呼太过于郑重其事。因此，多数美国人，无论男女老少，一般都比较喜欢别人直呼自己的名字，并认为这是亲切友好的表示。在美国的社交场合中，女士们总是得到格外的优待。尊重妇女是欧美国家优良的传统习俗。

同美国人交谈时，不要涉及个人私事问题，如询问年龄、婚姻状况、收入多少等。他们还十分讲究“个人空间”。和美国人谈话时，千万不要站得太近，一般应保持在 50cm 以外为宜。

在谈判中，一旦与美国商人发生了纠纷，就要注意谈判时的态度，必须诚恳、认真，绝对不要笑。因为在美国人看来，出现了纠纷而争论时，双方的心情都很恶劣，笑容必定是装出来的，这就会使得对方更为生气，甚至认为自己已经自认理亏了。

与美国人谈判，绝对不要指名批评某人。不要指责客户公司中某人的缺点，或把以前与某人有过摩擦的事作为话题，或把处于竞争关系的公司的缺点摆出来进行贬抑，等等，这些都是绝对不可以的。这是因为美国人谈到第三者时，都会避免损伤其人格。这一点务必牢记于心，否则是会被对方蔑视的。

有一种不正确的理解，认为美国人做生意很死板，丝毫不讲人情。实际上，美国是人种熔炉，美国人的传统是从事商业，特别是犹太血统的人具有经商的才能。

美国人时间观念极强，办事讲求效率，重视有计划地安排每天的时间。去美国人家中做客时，最好带上一些礼物。例如，给主人的孩子捎去一些巧克力、糖果或者是有中国特色的东西，如剪纸、茶叶、书签等。如果礼物太贵重，对方就会很难为情，场面会十分尴尬。

任务二　加拿大商人的商务谈判礼仪与禁忌

加拿大位于北美洲北部，人口中，英裔占 40.2%，法裔占 26.7%，其他欧洲人后裔约占

23%。一般来说，加拿大人的生活习性包含了英、法、美三国人的综合特点。他们既有英国人的含蓄，又有法国人的开朗，还有美国人的无拘无束。他们待人热情友善、爽朗大方，商务活动中，他们喜欢在高级饭店或俱乐部宴请客人，有时也邀请客人到家中做客。在加拿大谈判时，应该因人种而变换手法，否则，难免是要吃亏的。例如，和英裔商人商谈时，从进入商谈到决定价格这段时间是很艰苦的。一会儿，纠缠在这个问题上，一会儿，又纠缠在那个问题上。所以，谈判很费时间。但是，一旦签订了合同，就稳如泰山了。法国后裔商人则恰恰相反，他们非常和蔼可亲，容易接近，对客人很亲切，犹如款待远道而来的客人，无微不至。但是，一旦坐下来正式进行商谈时，他们就判若两人，讲话慢吞吞的，难以捉摸。所以，要谈出一个结果来是很费劲的。因此，签订了契约之后，也仍旧会有不安。

加拿大人性格开朗，自由观念较强，行动上比较随便。见面时，常以握手为礼，熟人、亲友或情人之间，还有行亲吻礼和拥抱礼的习惯。按照加拿大的商务礼俗，宜穿保守式样的西装。一般而言，加拿大商人颇保守，时间观念极强，有准时赴约的好习惯。按照他们的礼貌习惯，若因故不能按时赴约，则要事先打个电话通知对方。己方的商务活动宜在上班时间以正式方式提出，态度要谨慎。

去魁北克省与法裔加拿大人谈生意，如能说几句法语，有意想不到的好处。加拿大人不像美国人那样随便，大部分招待会在饭店和俱乐部举行。如果应邀去加拿大人家里做客，最好带上一些诸如糖果、巧克力之类的小礼物送给主人，但要记住不能将白色的百合花作为礼物送给女主人。在他们看来，白色的百合花表示死亡，人们仅在葬礼上才使用。加拿大人大多信奉天主教或基督教(新教)，平时他们特别忌讳“13”和“星期五”，无论做什么事，他们总是力图避开这一数字和日期。接待时，不能安排单数的席次，尤须避免安排13个席次。加拿大人不喜欢外来人过分地把他们的国家和美国进行比较，而喜欢外来人谈有关他们的国家和人民的长处。

任务三　巴西商人的商务谈判礼仪与禁忌

巴西人性格豪放，待人热情而有礼貌。他们的风俗也颇有趣，如男人喜欢在自己的胸前画一只虎，以表示英勇；或者在胸前画一支箭，表示自己是最好的射手。他们还把一种稀有的“金桦果”视为幸福的象征。巴西商人的商务礼俗，饮食上习惯以吃欧式西菜为主，但有的人也喜欢吃中国菜。

商务访问时，宜穿保守式样深色西装。随时记住自己的言谈举止，宜保持温和友好的态度。无论是访问政府机关还是私人机构，均需事先订约。

和巴西商人进行商务谈判时，要准时赴约。如对方迟到，哪怕是1～2个小时，也应谅解。像大部分拉美人一样，巴西人对时间和工作的态度比较随便。和巴西人打交道，主人不提起工作时，自己不要抢先谈工作。谈话时要亲切，要离得近近的，但不要有失计策。不管那里天气怎么热，穿深色服装都是适宜的。对于当地政治问题最好闭口不谈。

在巴西，人们迷信紫色会给人带来悲伤。另外，还认为深咖啡色会招来不幸，所以非常讨厌这两种颜色。会话和行文时，使用当地语言会更便利和亲切。使用的名片上应有当地通用的文字，商品说明应有当地的文字对照。

任务四　阿根廷商人的商务谈判礼仪与禁忌

在阿根廷，拜访绝对有必要事先约会。阿根廷商界流行以握手为礼，名片交换频繁。一般而言，谈生意的态度仍需保守谨慎，予人印象较佳。阿根廷许多商人会说英语，此外，意大利语和德语也是常用“外语”。

商务活动的时间以5～11月为宜，圣诞节与复活节前后两周不宜。1～3月为阿根廷的“暑假”度假期。

给阿根廷人送礼，不要送衬衫、领带之类贴身用的物品，避免谈论有争议的宗教、政治问题，可以谈谈体育，特别是足球以及当地的公园。

单元三 欧洲商人的商务谈判礼仪与禁忌

任务一 英国商人的商务谈判礼仪与禁忌

英国是绅士之国，讲究文明礼貌，注重修养，同时也要求别人对自己有礼貌。商务交往中，英国人重交情，不刻意追求物质，很有大家风范。对商务谈判，他们往往不做充分的准备，细节之处不加注意，显得有些松松垮垮。但是英国商人很和善、友好，易于相处。因此，遇到问题也易于解决。他们好交际、善应变，有很好的灵活性，对建设性的意见反映积极。在英国经商，必须守信用，答应过的事情，必须全力以赴、不折不扣地完成。与英国人谈生意，态度须保守、谨慎。

英国人注意服装，穿着要因时而异。注意衣着打扮，什么场合穿什么服饰都有一定的惯例。他们往往以貌取人，因此，仪容态度尤须注意。英国人衣着讲究，好讲派头，出席宴会或晚会时，习惯穿黑色礼服，衣裤须烫得笔挺。与他们见面时，对尊长、上级和不熟悉的人用昵称，并在对方姓名前面加上职称、衔称或先生、女士、夫人、小姐等称呼，亲友和熟人之间常用昵称。初次相识的人，应相互握手、微笑并说，“您好！”在大庭广众之下，人们一般不行拥抱礼，男女之间除热恋情侣外一般不手拉手走路。

英国人不轻易动感情或表态。他们认为夸夸其谈是缺乏教养的，认为自吹自擂是低级趣味的。人们交往时常用“请”、“对不起”、“谢谢”等礼貌用语，即使家庭成员间也一样。

英国人的时间观念很强，拜会或洽谈生意，拜访前必须预先约定，准时很重要，最好提前几分钟到达。与他们的相处之道是严守时间、遵守诺言。

访问英国人时，应注意他们的一些忌讳：忌谈个人私事、家事、婚丧、年龄、职业、收入、宗教问题。对英国人称呼“英国人”是他们不愿意接受的。因为“英国人”原意是“英格兰人”，而与自己接触的宾客，可能是英格兰人、威尔士人或北爱尔兰人，而“不列颠”这个称呼则能让所有的英国人都能感到满意。由于宗教的原因，他们非常忌讳“13”这个数字。不能手背朝外，用手指表示“二”，这种“V”形手势是蔑视别人的一种敌意做法。商务活动在2～6月、9～11月最宜。圣诞节及复活节前后两周最好不要去。

任务二 德国商人的商务谈判礼仪与禁忌

德国人讲效率是全球闻名的，如果要与德国人谈判，一定要让他们相信己方公司的产品可以满足交易规定的各方面的一贯高标准，在某种程度上，他们对己方在谈判中的表现的评价取决于己方能否令人信服地说明己方将信守诺言。

在进行商谈之前，他们肯定要进行充分的专业准备。因此，己方应该准备回答关于己方的公司和自己的建议的详细问题。要向他们表明己方公司的产品可以满足他们的要求，而做到这一点是很难的。他们可能是渴望购买己方的产品，但是从他们的谈判方式上，绝看不出这点。

德国人非常擅长商业谈判，他们一旦决定购买，就会想尽办法让对方让步。德国谈判者经常在签定合同之前的最后时刻试图让对方降低价格。因此，最好有所提防，或者拒绝，或者做出最后让步。

德国人最擅长讨价还价，这并不是因为他们具有争强好胜的个性，而是因为他们对工作一丝不苟、严肃认真。无论己方的企业在自己的国家里多么有信誉，他们都要调查企业的情况，只要可能，还要让己方的产品在他们的或己方的工厂中作实际演示。在他们开始讨论产品价值之前，还要向己方和技术人员及客户了解情况。因此，在交易的初期，不能太着急。

德国谈判者的个人关系是很严肃的，他们希望对方也如此。一般情况下，切勿直呼德国人的名字，称其全称或仅称其姓都可以。如果自己和德国谈判对手不熟悉，要称呼他"史密特先生"(或"史密特博士")，而不要直呼其名"弗里茨"。如果对方是20岁以上的女士，应该称呼她为"史密特夫人"。和德国人交谈时，切勿疏忽对"您"与"你"这两种人称代词的使用。对于熟人、朋友、同龄者，方可以"你"相称。在德国，称"您"表示尊重，称"你"则表示地位平等、关系密切。穿戴也要正规，要习惯于在所有场合下穿一套西装。无论什么时候都不要把手放在口袋里，因为这被认为是无礼的表现。服饰和其他商品包装上忌用纳粹标志。

如果己方在商业谈判时迟到，那么德国人对己方那种不信任的厌恶心理就会溢于言表。因此，己方要准时到达，并牢记他们通常比美国上班时间更早(早上8点以前)，而下班更晚(有时到晚上8点)。

任务三　俄罗斯商人的商务谈判礼仪与禁忌

俄罗斯主要是俄罗斯人，主要宗教是东正教。俄罗斯人性格开朗、豪放，集体观念强。他们和人见面，大都行握手礼、拥抱礼也是他们常施的一种礼节。他们还有施吻礼的习惯，但对不同人员，在不同场合，所施的吻礼也有一定的区别，一般对朋友之间，或长辈对晚辈之间，以吻面颊者为多，不过长辈对晚辈以吻额为更亲切和慈爱；男子对特别尊敬的已婚女子，一般多行吻手礼，以示谦恭和崇敬。吻唇礼一般只是在夫妇或情侣间流行。

主人给客人吃面包和盐是最殷勤的表示。一般对晚餐要求较简单，对早、午餐较重视。用餐时间都习惯拖得很长。他们乐于品尝不同风味的菜肴，喜欢菜肴熟透和酥烂。非常喜欢中餐。

在待客中，常以"您"字表示尊敬和客气；而对亲友则往往用"你"字相称，他们认为这样显得随便，同时还表示出对亲友的亲热和友好。外出时，十分注重仪容仪表，衣扣要扣得完整，总习惯衣冠楚楚。男子外出活动时，一定要把胡子刮净；赴约要准时；在社交场合，要处处表现尊重女性。

和俄罗斯人说话，要坦诚相见，不能在背后议论其他人，更不能说他们小气；他们重视文化教育，喜欢艺术品和艺术欣赏。所以，和他们谈论艺术是个很受欢迎的话题。对妇女要十分尊重，忌讳问年龄和服饰价格等。

任务四　瑞士商人的商务谈判礼仪与禁忌

瑞士位于中欧南部，德语、法语和意大利语均为官方语言。按照瑞士的商务礼俗，平时适合穿三件套的西装，拜访各大公司或政府机构时，必须先预订好时间，并且记住一定要守时。一般公司或政府机构主管人员在早晨7～8点上班。

瑞士人作风严谨、保守并讲究信誉，但有时也带有顽固的一面，与他们洽谈业务，必须要有耐心。一旦对方决定购买己方的产品，几乎就会无限期地一直买下去。相反，如果对方流露出了“不”字，也就没有必要继续努力了，因为他们很少轻易改变主意。

遵守契约、诚实守信，瑞士人在这方面堪称楷模。瑞士的大公司多半设在苏黎世，它是全国最大的城市，也是工商业、金融、文化和陆空交通枢纽。瑞士的银行业非常发达，其中，有3/5的总部设在苏黎世。

给瑞士公司写信，信封上只写该公司的名字即可，不要写主管人员的姓名。瑞士商人对名牌产品很感兴趣，如果己方的产品牌子很硬，一定要在信封或信纸上注明该公司设立的年份，这样会大大提高该产品的价格。

按照瑞士的礼节习惯，千万不要在见面的第一天就邀请对方共进午餐或晚宴。应待双方接触几次，甚至相熟之后，再提出邀请，最好在离开瑞士之前邀请对方共进晚餐。万一对方拒不赴约也不要紧，生意照样可以成功。瑞士商人一般不愿主动邀请客人到家中吃饭，如果自己接到邀请，要切记：第一，带上鲜花或糖果送给女主人；第二，准时赴约。

到瑞士进行商务活动，最好安排在3、5、9～11月为佳。圣诞节前一周至后两周，复活节前后各一周，一般不要安排任何活动。6～8月以及2月多为休假时间。

任务五　奥地利商人的商务谈判礼仪与禁忌

我国与奥地利的经济往来不断增加，与奥地利商人接触，必须特别注意各种礼节，因为奥地利商人在正式场合是相当正式、严肃。在从事商务活动时，尤其要注意头衔。例如，外商若把部长误称为处长，那么在以后的商谈中，准会麻烦百出。如果与奥地利人通信，更要细心，务必正确无误地冠上他的正式头衔。如果他的名片上同时印有几个官衔，要提前问清楚，哪一个是最重要的。另外，还要加上博士、教授、工程师、经济学家等头衔。

拜会公私单位均需提前预约。参加商务谈判一定要守时。见面或分手时，切记要与每个人亲切握手。如应邀去吃午餐，千万不要抢着付钱，否则会被认为是自己瞧不起他们，最好找机会回请一次午饭。

到奥地利从事商务，以2～4月和9～11月为宜。7、8两个月为全国度假期，圣诞节和复活节前后两周，各大公司一般不举行商务谈判或其他活动。

单元四　亚洲商人的商务谈判礼仪与禁忌

任务一　日本商人的商务谈判礼仪与禁忌

和日本商人交朋友或做生意，必须要特别谨慎。日本人坚信“优胜劣汰”的道理，他们绝不同情弱者，如果能拿出一套切实可行的办法，他们会给己方提供最大的帮助。

日本人属内向型很强的人，他们尊敬的是强者。同他们打交道、做生意，必须多花时间去了解他们的理念和想法，如能建立互信关系，就会有很好的发展前景。

在日本商界，有两条针对外国谈判对手的不成文习俗：一是谈判对手理应是男性，特别是谈判负责人；二是要求主谈人在年龄与职务上与日方基本一致。日本女士通常不参与正式经贸谈判。若我方谈判负责人是女士，有可能导致不必要的误解。

日本人忌讳代表团中有律师、会计师和其他职业顾问。日方代表团在谈判中不会包括这些人，许多日本人对律师总是抱着怀疑的态度，他们觉得那些每走一步都要先同律师商量的人是不值得信赖的。因此，只要可以不用律师做主要谈判人员，就不要带律师。与日本谈判的代表团中尽可能不包括青年人和妇女。

日本人普遍很讲究礼节，尤其是外出参加各种活动时，男士一般是西装革履，女士必须穿和服。日本人的严谨态度是举世公认的，他们参加任何活动都非常准时。他们在贸易活动中常有送礼的习惯，对地位不同的人所送礼物的档次要有所区别，以示尊卑有序。日本人重视交换名片，一般不论在座有多少人，他们都要一一交换。交换时，首先根据对象不同行不同的鞠躬礼，同时双手递上自己的名片，然后以双手接对方的名片，与日本人交换名片时，要向日方谈判班子的每一位成员递送名片，不能遗漏。传递名片时，一般由职位高、年长者先出示。

会见要遵守时间，要预留一点时间，以免交通堵塞而迟到。谈论日本饮食、建筑、体育以及世界各地旅游观感是容易引起兴趣的话题。注意不要公开批评日本人，如果他们在同事和对方面前丢了脸，他们会感到羞辱和不安，谈判也会因此终结。在拖延很久的谈判中，己方可以写些表示理解的信，或者提醒对方哪些问题达成了协议或存在分歧，己方很快就会得到答复。

任务二　韩国商人的商务谈判礼仪与禁忌

韩国商人非常重视商务谈判的准备工作。在谈判前，他们会千方百计地对对方的情况进行咨询和了解。韩国商人逻辑性强，做事条理清楚，注重技巧。谈判时，他们往往先将主要议题提出讨论。韩国商人会针对不同的谈判对象，使用“声东击西”、“疲劳战术”、“先苦后甜”等策略，不断地讨价还价，并且显得十分顽强。在签约时，韩国商人喜欢用 3 种具有同等法律效力的文字作为合同的使用文字，即对方国家的语言、朝鲜语和英语。

韩国商人十分在意谈判地点的选择，一般喜欢在有名气的酒店、饭店会晤和洽谈。如果由韩国商人选择了会谈地点，他们定会准时到达，以尽地主之谊；如果由对方选择地点，他们则会推迟一点到达。在进入谈判会场时，走在最前面的一般是主谈人或地位最高的人，多半也是谈判的拍板者。

韩国商人重视在会谈初始阶段就创造友好的谈判气氛。他们一见面总是热情地打招呼，向对方介绍自己的姓名、职务等。就座后，若请他们选择饮料，他们一般选择对方喜欢的，以示对对方的尊重和了解，然后再寒暄几句与谈判无关的话题，如天气、旅游等，以此创造一个和谐融洽的气氛，之后才正式开始谈判。

韩国人见面时稍鞠躬，呈递与接收名片时都要用双手，称呼人的习惯与中国人相同。交换礼物是常见的交往礼节，收到礼物后，不要当面打开，而且一定要回赠食品和小纪念品等礼物。

韩国人对人的感情非常敏感，他们非常注意人们的反应和感情，他们也希望对方与他们的感情协调起来。他们不愿意说“不”字来拒绝别人，同时，他们也不希望你别人出“不”字来伤他们的面子。与韩国商人谈判时，要非常讲究策略和通情达理，和气和协调也很重要。如果已经回答过某个问题，而对方又有人提出这一问题，也不要吃惊。因为韩国人做出决定前，要确保其正确性。

任务三　印度商人的商务谈判礼仪与禁忌

印度位于南亚次大陆的南部，国语为印地语，英语为官方语言和商业用语。83%的居民信奉印度教。

印度是一个讲礼节的民族，又是一个东西方文化共存的国度。有的印度人见到外国人时，能用标准的英语问候“你好”，有的则用传统的佛教手势——双手合十。主客见面时，都要用双手合十在胸前致意，口中念着：“纳玛斯堆”(梵文：“向您点头”，现在表示问好或祝福)。晚辈在行礼时会弯腰摸长者的脚，表示对长辈的尊敬。男子不能和妇女握手。许多家庭妇女忌讳见陌生男子，不轻易和外人接触。一般关系的男女不能单独谈话。印度人有严格的等级制度，很重视身份。甲比乙的等级高，甲乙就不能平起平坐，要求相当严格。

在印度初次访问公司商号或政府机关时，宜穿西服，并事先订约。约会时尽量按时赴约。印度商人中，许多人在英美受过教育。商务谈判中，他们往往细细研究，费时较久。在谈判时，切忌在印度人面前谈论印度的赤贫、庞大的军费及外援。与印度人相见应递英文名片，英语是印度的商业语言。

切勿抚摸小孩的头，在印度，如果摸小孩的头，对方一定翻脸。印度人平常表示同意或肯定的动作是摇摇头，或先把头稍微歪到左边，然后立刻恢复原状，表示“Yes”、“知道了”、“好的”，与中国人点头表示同意的差别很大，最易使人误会。

访问新德里的商务活动最好选择每年10月至次年6月，访问孟买最好选择在9～10月，以免酷热或梅雨。

任务四　泰国商人的商务谈判礼仪与禁忌

访问泰国各级政府机构时，宜穿西装，但商人见面时，穿讲究一点的T恤衫、系领带即可。拜访大公司或政府部门必须提前预订时间，并持有用英文、泰文和中文对照的名片，当地两天即可印好。泰国进出口商以华人为主，目前泰商也日渐增多，但大多数是做政府生意的。

同泰国人打交道，千万不要夸耀自己国家的经济如何发达，否则，他们会认为你太傲慢，在以后的交往中，有可能会有意地为难己方。因此，在泰国商人面前，显得越谦虚越好，他们才能很好地与己方配合。另外，在泰国进行商务活动，最好携带旅行支票，少用或尽量不用现金支付。

在泰国进行商务活动，必须尊重当地的教规。如果对泰国的寺庙、佛像、和尚等有轻视的行为，就被视为是有罪的。到当地人家做客，如果发现室内设有佛坛，要马上脱掉鞋袜和帽子。初到泰国，要注意当地人所行的合掌见面礼，也可以仿照这样做。

泰国人非常重视人的头部，他们认为头是神圣不可侵犯的，因此，千万不要轻易抚摸别人的头部。即使是喜爱的小朋友，也绝不可以用手去摸他们的头，否则，将被视为是对此小孩所带的神的不尊重。如果长辈在座，晚辈必须坐在地上或者蹲跪，以免高于长辈的头部，否则，就是极大的不尊敬。在泰国人面前盘腿而坐是不礼貌的，在进行商务谈判坐下时，千万别把鞋底露出来，这样也被认为是极不友好的表示。

单元五　国际商务谈判签约仪式礼仪

在涉外交往中，有关国家的政府、组织或企业单位之间经过谈判，就政治、经济、文化、科技等领域内的某些重大问题达成协议时，一般需举行签字仪式。签字仪式虽然往往时间不长，但由于它涉及各方面的关系，通常也是谈判成功的一个标志，因此，一定要筹办得十分认真。在我国国内举行签字仪式，通常要考虑以下几个方面的礼仪问题。

任务一　签字仪式

子任务一　人员确定

要确定好签字人和参加签字仪式的人员，签字人由签字双方各自确定，但是他的身份必须与待签文件的性质相符，同时双方签字的身份和职位应当大体相当。

子任务二　必要的准备工作

首先是签字文本的准备，同时准备好签字用的文具、国旗等物品。要安排好双方签字人的位置，并且议定签字仪式的程序。

从礼仪上来讲，举行签字仪式时，位次排列是其中最为重要的问题。一般而言，举行签字仪式时，座次排列的具体方式共有 3 种基本形式，它们分别适用于不同的具体情况。

(1) 并列式。并列式排座是举行双边签字仪式时最常见的形式。它的基本做法是：签字桌在室内面门横放，双方出席仪式的全体人员在签字桌之后并排排列，双方签字人员居中面门而坐，客方居右，主方居左。

(2) 相对式。相对式签字仪式的排座与并列式签字仪式的排座基本相同。二者之间的主要差别只是相对式排座将双边参加签字仪式的随员席移至签字人的对面。

(3) 主席式。主席式排座主要适用于多边签字仪式。其操作特点是：签字桌仍须在室内横放，签字席仍须设在桌后面对正门，但只设一个，并且不固定其就座者。举行仪式时，所有各方人员，包括签字人在内，皆应背对正门、面向签字席就座。签字时，各方签字人应以规定的先后顺序依次走上签字席就座签字，然后即应退回原处就座。

子任务三　签字厅的布置

由于签字的种类不同，各国的风俗习惯不同，我国一般在签字厅内设置一张长方桌作为签字桌。桌面覆盖深绿色台布，桌后放两把椅子，作为双方签字的座位，面对正门主左客右。座前摆的是各自的文本，文本上端分别放置签字的文具。国际商务谈判协议的签字桌中间摆一个旗架，悬挂签字国双方的国旗。

任务二　签字仪式的程序

在具体操作签字仪式时，可以依据下述基本程序进行运作。

(1) 宣布开始。此时，有关各方人员应先后步入签字厅，在各自既定的位置上正式就位。

(2) 签署文件。通常的做法是首先签署应由己方所保存的文本，然后再签署应由他方所保存的文本。依照礼仪规范，每一位签字人在己方所保留的文本上签字时，应当名列首位。因此，每一位签字人均须首先签署将由己方所保存的文本，然后再交由他方签字人签署。此种做法，通常称为“轮换制”。它的含义是：在文本签名的具体排列顺序上，应轮流使有关各方均有机会居于首位一次，以示各方完全平等。

(3) 交换文本。此时，各方签字人应热烈握手，互致祝贺，并互换方才用过的签字笔，以志纪念。全场人员应热烈鼓掌，以表示祝贺之意。

(4) 饮酒庆贺。有关各方人员一般应在交换文本后当场饮上一杯香槟酒，并与其他方面的人士一一干杯。这是国际上所通行的增加签字仪式喜庆色彩的一种常规性做法。

我国的惯例是：双方参加签字的人员进入签字厅；东道国签字人座位位于签字桌左侧，客方签字人的座位位于签字桌的右侧；当签字人员入座时，其他人员分主方、客方，按身份顺序排列于各方的签字人员座位之后；双方的助签人员分别站立于各方签字人员的外侧，其任务是翻揭待签文本，并向签字人员指明签字处；主签人在签完本国保存的文本后，由助签人员互相传递文本，再在对方保存的文本上签字，然后由双方签字人交换文本，相互握手。有时签字后备有香槟酒，共同举杯庆贺。

我方人员在外国参加签字仪式时，应尊重该国举行签字仪式的传统习惯。有的国家可能会准备两张签字桌，有的国家可能要求参加签字仪式的人员坐在签字人对面，对此不必在意。关键是要不辱使命，对此，我方人员不应忘记。

实训案例 11-2

"第一印象是最重要的印象"，所谓"第一印象"，即首因。当人们第一次认知客体时，在大脑中留下的第一个印象，由此引发首因效应，即指个体在社会认知过程中，通过"第一印象"最先输入的信息对客体以后的认知产生的影响作用。

在人们日常的社会交往中，如果第一次接触给对方留下了好印象，那么在彼此分开后仍然会保留在脑海中；当双方第二次再相遇时，就会不由自主地按原来第一次形成的好印象来认知和评价对方。

别人对自己最初的评价是基于自己的装束、谈吐和举止。所以，与人交往，不管是站、坐，还是行，一定要具备吸引对方的魅力。

单元六　商务谈判的礼仪实训

任务一　介绍他人

1. 实训资料

韩国某汽车集团公司的金总经理(男，56岁，博士，高级工程师)、业务部韩部长(男，40岁)、职员陈先生(男，26岁)、翻译金女士(女，23岁)一行4人来到武汉市，欲寻找一汽车公司作为合作伙伴，共同生产经营一新款轿车。武汉市商务局王局长欲把本市的东风汽车总公司推荐给他们。见面地点：武汉市商务局二楼会议室。东风汽车总公司出席的人员：周总经理(男，59岁，高级工程师)、业务部陈部长(女，48岁，国际高级营销师)、职员张先生(男，25岁)、翻译赵先生(男，25岁)。

2. 实训要求

假如你是武汉市商务局王局长，请在第一次引见时介绍其他成员。

任务二　制定接待客人日程安排表

1. 实训资料

韩国某汽车集团公司的金总经理(男，56 岁，博士，高级工程师)、业务部韩部长(男，40 岁)、职员陈先生(男，26 岁)、翻译金女士(女，23 岁)一行 4 人直接到东风汽车总公司洽谈合作事宜。

2. 实训要求

假如你是东风汽车总公司总经理办公室主任，请制订接待客人日程安排计划。

任务三　电话联系训练

1. 实训资料

甲是韩国某汽车集团公司的业务部韩部长，乙是东风汽车总公司业务部陈部长。因情况有变，乙欲通过电话告诉甲第二天的洽谈时间和地点。

2. 实训要求

在此次电话联系中应怎样表达？注意哪些礼仪？请列出谈话内容。

任务四　正确安排双边谈判座位次序

1. 实训资料

对方谈判人员：韩国某汽车集团公司的金总经理(男，56 岁，博士，高级工程师)、业务部韩部长(男，40 岁)、职员陈先生(男，26 岁)、翻译金女士(女，23 岁)。己方谈判人员：东风汽车总公司的周总经理(男，59 岁，高级工程师)、业务部陈部长(女，48 岁，国际高级营销师)、职员张先生(男，25 岁)、翻译赵先生(男，25 岁)。谈判地点：东风汽车总公司五楼会议室。

2. 实训要求

请你正确安排双边谈判座位次序。

课 后 习 题

一、名词解释

1. 礼仪
2. 仪容仪表
3. 着装礼仪
4. 会见
5. 商务礼宾次序
6. 迎宾
7. 送别

8．介绍

9．饯别

10．工作餐

二、单项选择题

1．正式场合谈判人员的仪表要给人(　　)的感觉。

A．随意、整齐、干净　B．漂亮、美观、时髦　C．端正、大方、美观　D．端正、严谨、整齐

2．能与西装相配的衬衫很多，最常见的是(　　)衬衫。

A．蓝色　B．白色　C．浅色　D．深色

3．穿着西装时，纽扣的扣法很有讲究，穿(　　)西装时，不管在什么场合，一般都要将扣子全部扣上，否则，会被认为轻浮不稳重。

A．两粒扣　B．三粒扣　C．单排扣　D．双排扣

4．英国人的谈判风格一般表现为(　　)。

A．讲效率　B．守信用　C．按部就班　D．有优越感

5．日本人的谈判风格一般表现为(　　)。

A．直截了当　B．不讲面子　C．等级观念弱　D．集团意识强

6．谈判中，日本人如果不断点头并说“哈依！”，这往往表示(　　)。

A．同意　B．在听　C．你好　D．谢谢

三、多项选择题

1．穿西装时的三大重要规则是(　　)。

A．三色原则　B．三大场合　C．三一定律　D．3个错误不能犯

2．仪表对人们形象塑造的作用是(　　)。

A．自我标志　B．修饰弥补　C．包装外部形象　D．表明审美情趣

3．下面(　　)属于德国商人的谈判风格。

A．开放随意　B．严谨保守　C．讲究效率　D．自信固执

E．出言谨慎，崇尚契约

4．身份高的人会见身份低的人称为(　　)。

A．接见　B．会见　C．拜见　D．朝见

5．在与来宾会见时，通常的两种介绍方式是(　　)。

A．自我介绍　B．主人介绍　C．来宾介绍　D．第三方介绍

6．在谈判中，双方较为合适的距离在(　　)之间。

A．0.5m　B．1m　C．1.5m　D．2m

7．国际上宴请的方式主要有(　　)等几种。

A．冷餐会　B．晚宴　C．工作餐　D．招待会

8．西方人普遍认为(　　)这个数字是凶险不吉利的，而日本人特别忌讳(　　)。

A．4　B．15　C．13　D．7

四、判断题

1．我国的惯例是：双方参加签字的人员进入签字厅，东道国签字人座位位于签字桌右侧，

客方签字人的座位位于签字桌的左侧。（　）

2．访问泰国各级政府机构或与商人见面时要穿西装。（　）

3．和巴西商人进行商务谈判时，可以不准时赴约。因为对方有时会迟到 1～2 个小时。（　）

4．与多人交换名片时，应讲究先后次序，应按照“先客后主，先高后低”的原则进行。（　）

5．进行介绍时，一般是把身份低、年纪轻的介绍给身份高、年纪大的，把男子介绍给妇女，把主人介绍给客人。（　）

6．涉外馈赠可以选择突出民族性的礼品，如送给英国客商有荷花图案的礼品。（　）

7．客人告辞时，应首先伸出手来与主人相握。（　）

8．谈话时，不要询问妇女的年龄、婚否、工资收入等私人生活方面的问题，不要随意谈论当事国的内政、外交、宗教等问题。（　）

9．在中国境内悬挂国旗，只能升挂与中国建立外交关系国家的国旗。（　）

10．为了表示我方的诚意，应尽量满足外国客人提出的所有要求。（　）

五、案例分析题

【案例题 1】 接待礼仪

某省鸿达外贸公司欲与美国史密斯公司的客人在公司洽谈业务，办公室吴小姐到机场接回了客人。当时正值酷暑气温很高，吴小姐把客人带到会议室就座，按照中国的习俗给每位美国客人倒了杯热茶。然后离开会议室通知老板美国客人已到，正在办公室等候。老板随即过来，和客人作了简短的交谈。客人索要订单汇总表和生产计划，吴小姐马上打印了一份交给客人。接着老板安排副总经理陪同客人出去用餐。到了中餐厅，吴小姐为了翻译方便，坐在副总经理和美国客人中间的座位上。用餐期间，吴小姐为了显示东道主的热情，不停地给客人夹菜和倒酒，向客人解释每道菜的原料和做法，并教客人使用筷子。用餐结束，询问客人第二天的日程安排。最后送客人回宾馆休息。

请找出吴小姐在接待过程中哪些做法不够妥当。

【案例题 2】 安排礼宾次序

某市人民政府举行多国商务合作城市洽谈会，有 40 个国际友好城市组团参加。其中，由市长亲自率领的代表团有 8 个，由副市长带团的有 15 个，由市长助理带团的有 17 个。请具体说明应当如何安排每个代表团的礼宾次序？

【案例题 3】 150 万美元的口头捐赠

纽约大学有意设立一座日本经济研究中心，设立基金预定为 300 万美元，其中的 150 万美元打算向日本募捐。他们派了一位代表前往日本游说财界领袖，结果获得积极而热诚的反应。

“我们认为设立这座中心极具意义，不但可以消除贸易摩擦，促进美、日两国的相互了解，对于日本式经营的体系研究更是极其必要，我们绝对会努力协助它实现。”这是日本人给这位美国代表的一致答复。

因此当美国方面开始募集预定目标的 150 万美元时，问题立刻出现，因为日方连一毛钱也不肯捐出来。

问此案例中的捐赠分歧是怎样产生的？

【案例题 4】 中国式的招呼

“你吃了吗？”

“你干什么去呀？”

“你最近在哪发财呀？”

“你这段时间忙吗？”

试分析上述打招呼的方式是否符合礼仪规范？

【案例题 5】 迟到的策划

李丽是一名装饰公司的设计师，工作能力强，设计理念更是独树一帜。一次，公司竞标一个大的设计项目，派李丽作为首席设计师去竞标。约定好的时间是下午两点半，结果李丽路上塞车三点多才到项目客户的公司。虽然团队的其他成员早已到达，但因为设计构思是她一个人策划的，大家只好等待她的到来。

项目公司的客户见到她后只说了一句话：“我宁可聘请几个资质平庸的设计师，也不要一个拿迟到当家常便饭的天才。”一笔大的生意就这样丢掉了。

问李丽的问题出在哪里？

参考文献

[1] 刘园. 国际商务谈判[M]. 北京：对外经济贸易大学出版社，2006.

[2] 罗树民. 国际商务谈判[M]. 上海：上海财经大学出版社，2005.

[3] MBA 核心课程编译组. 国际商务[M]. 北京：九州出版社，2006.

[4] 黎孝先. 国际贸易实务[M]. 北京：中国人民大学出版社，2006.

[5] 冯华亚. 商务谈判[M]. 北京：清华大学出版社，2006.

[6] 杨晶. 商务谈判[M]. 北京：清华大学出版社，2005.

[7] 金正昆. 社交礼仪[M]. 北京：北京大学出版社，2007.

[8] 连娟珑. 国际礼仪[M]. 天津：天津科学技术出版社，2006.

[9] 徐克茹. 商务礼仪标准培训[M]. 北京：中国纺织出版社，2007.

[10] [英]林恩・布伦南. 21 世纪商务礼仪[M]. 朱晔，等译. 北京：中国计划出版社，2006.

[11] 夏志强. 商务礼仪[M]. 北京：中国书店出版社，2006.

[12] 白远. 国际商务谈判[M]. 北京：中国人民大学出版社，2004.

[13] 丁衡祁，张静. 商务谈判英语[M]. 北京：对外经济贸易大学出版社，2005.

[14] 方其主. 商务谈判[M]. 北京：中国人民大学出版社，2004.

[15] 甘长银. 国际商务谈判语言研究[M]. 上海：上海交通大学出版社，2002.

[16] [美]Jeffrey Edmund Curry. 国际商务谈判[M]. 史兴松，导读. 上海：上海外语教育出版社，2000.

[17] 吕维霞，刘彦波. 现代商务礼仪[M]. 北京：对外经济贸易大学出版社，2003.

[18] 李健，李旸. 商务沟通[M]. 北京：中国商务出版社，2005.

[19] 潘肖珏，谢承志. 商务谈判与沟通技巧[M]. 上海：复旦大学出版社，2000.

[20] 周忠兴. 商务谈判原理与技巧[M]. 南京：东南大学出版社，2003.

[21] [美]保罗・A・郝比格. 跨文化市场营销[M]. 芮建伟，李磊，孙淑芳，译. 北京：机械工业出版社，2006.

[22] 张尧. 论文化因素在国际商务谈判中的影响[J]. 大众科技，2005，(8)：121-121.

[23] 周娟美. 跨越企业国际商务谈判中的文化障碍[J]. 科技情报开发与经济，2005，15(6)：108-109.

[24] 李郁，张泳. 浅谈国际商务谈判中的跨文化问题及对策[J]. 商业研究，2004，(24)：86-88.

[25] 左小平. 国际商务谈判中的文化因素[J]. 商业研究，2005，(6)：23-25.

[26] [美]Lillian H.Chaney，Jeanette S.Martin. 国际商务沟通[M]. 2 版. 北京：高等教育出版社，2005.

[27] 白远. 国际商务谈判理论案例分析与实践[M]. 北京：中国人民大学出版社，2005.

[28] [美]Richard M. Hodgetts，Fred Luthans. 国际管理文化、战略与行为[M]. 4 版. 北京：清华大学出版社，2003.

[29] [美]约翰・B・库伦. 多国管理战略要径[M]. 邱立成，等译. 北京：机械工业出版社，2004.

[30] [美]玛丽・爱伦・伽菲. 商务沟通过程与结果[M]. 柳治国，等译. 大连：东北财经大学出版社，2004.

[31] [美]马克斯・H・巴泽尔曼，玛格丽・A・特尼尔. 理性谈判[M]. 魏清红，方海萍，译. 北京：机械工业出版社，2005.

[32] [美]德博拉・科尔布，朱迪恩・威廉斯. 影子谈判[M]. 许玫，刘静萍，译. 北京：机械工业出版社，2005.

[33] 丁建忠. 国际商务谈判指南——518 释疑[M]. 北京：中国对外经济贸易出版社，2002.

[34] 陈栋康. 现代国际商务礼俗[M]. 北京：中国商务出版社，2004.

[35] http：//www.mofcom.gov.cn.

[36] http：//www.people.com.cn.

[37] http：//www.cofortune.com.cn/moftec_cn.

北京大学出版社高职高专经管类规划教材书目

序号	书 名	主 编	定价	出版日期	序号	书 名	主 编	定价	出版日期
1	统计学基础	阮红伟	30	2009	47	国际贸易实务	李湘滇 等	34	2011
2	统计学原理	廖江平 等	25	2009	48	国际贸易实务操作	王言炉 等	38	2011
3	统计学原理与实务	姜长文 等	26	2009	49	国际商务谈判	卞桂英 等	33	2008
4	经济法原理与实务	孙晓平 等	38	2009	50	国际商务谈判(第 2 版)	刘金波 等	35	2011
5	经济法实用教程	胡卫东 等	39	2009	51	国际商法实用教程	聂红梅 等	35	2010
6	财经法规	李 萍 等	35	2009	52	进出口贸易实务	周学明 等	30	2008
7	会计基本技能	高东升 等	26	2010	53	商务英语学习情境教程	孙晓娟	27	2011
8	基础会计	常 美	28	2010	54	金融英语	刘 娣	24	2009
9	基础会计教程	侯 颖	30	2009	55	财政基础与实务	才凤玲 等	34	2007
10	基础会计教程与实训	李 洁 等	28	2009	56	财政与金融	谢利人 等	37	2008
11	基础会计教程与实训(第 2 版)	李 洁 等	30	2011	57	市场营销学	李世宗 等	28	2008
12	基础会计实训教程	王桂梅	20	2009	58	市场营销	钟立群	33	2010
13	基础会计原理与实务	侯旭华 等	28	2009	59	管理学原理	季 辉 等	26	2008
14	财务管理教程与实训	张 红 等	37	2008	60	管理学基础	李蔚田	34	2010
15	财务会计	张双兰 等	40	2011	61	管理学原理与应用	秦 虹	27	2010
16	财务会计(第 2 版)	李 哲 等	32	2010	62	企业管理	张 亚 等	34	2008
17	财务会计实用教程	丁增稳 等	36	2008	63	通用管理实务	叶 萍	39	2009
18	财务活动管理	石兰东	26	2011	64	现代公共关系原理与实务	张美清	25	2007
19	财务管理	翟其红	29	2011	65	现代企业管理	于翠华 等	38	2009
20	财务管理	林 琳 等	35	2011	66	现代企业管理	刘 磊	32	2011
21	Excel 财务管理应用	陈立稳	33	2011	67	商务礼仪	李 巍	33	2009
22	成本会计	李桂梅	28	2009	68	商务礼仪	金丽娟	29	2011
23	成本会计	陈东领 等	25	2010	69	现代商务礼仪	覃常员 等	24	2009
24	成本会计	徐亚明 等	24	2011	70	商务沟通实务	郑兰先	31	2011
25	成本费用核算	王 磊	27	2011	71	人力资源管理	李蔚田	40	2008
26	成本会计实训教程	贺英莲	23	2008	72	人力资源管理实务	赵国忻 等	30	2011
27	成本会计实务	王书果 等	36	2011	73	电子商务实务	胡华江	27	2009
28	审计学原理与实务	马西牛 等	32	2007	74	电子商务实用教程	卢忠敏 等	33	2011
29	审计业务操作	涂申清	30	2011	75	电子商务英语	陈晓鸣 等	22	2010
30	审计业务操作全程实训教程	涂申清	26	2011	76	网络营销理论与实务	范军环 等	32	2010
31	税务会计实用教程	李克桥 等	37	2008	77	商务谈判	范银萍 等	32	2009
32	涉税业务核算	周常青	29	2011	78	市场调研案例教程	周宏敏	25	2008
33	企业纳税实务	司宇佳	25	2011	79	市场调查与预测	徐 林 等	27	2011
34	会计电算化实用教程	张耀武	28	2008	80	市场营销理论与实训	路 娟	27	2011
35	会计电算化实用教程(第 2 版)	刘东辉	20	2008	81	市场调查与预测	熊衍红	31	2011
36	会计英语	杨 洪	28	2009	82	管理信息系统	刘 宇	30	2009
37	行业特殊业务核算	余 浩	20	2011	83	商品学概论	方凤玲 等	20	2008
38	财经英语阅读	朱 琳	29	2010	84	广告原理与实务	郑小兰 等	32	2007
39	资产评估	董亚红	40	2009	85	零售学	陈文汉	33	2009
40	国际结算	徐新伟	32	2009	86	消费心理学	臧良运	31	2009
41	国际结算	黎国英	25	2009	87	营销策划技术	方志坚	26	2008
42	货币银行学	曹 艺 等	28	2009	88	中小企业管理	吕宏程	35	2008
43	国际金融基础与实务	冷丽莲 等	33	2008	89	连锁经营与管理	宋之苓	37	2010
44	国际贸易概论	黎国英 等	28	2009	90	秘书理论与实务	赵志强	26	2008
45	外贸单证	程文吉 等	28	2011	91	现代物流管理	沈 默 等	37	2007
46	国际贸易理论与实务	程敏然 等	40	2008	92	消费心理与行为分析	王水清	30	2011